バウッダ

［佛教］

中村　元
三枝充悳

講談社学術文庫

序文

本書の題名『バウッダ』は、サンスクリット語のBauddha（ブッダを信奉する人）にちなんでいる。

古代インドの哲学書などでは「仏教の教説」のことを「バウッダ・ダルシャナBauddha-darśana」といい、「バウッダ」というときには、どこまでも「仏の教えを信奉する人」のことである。

インドの古典では、学派や宗派を意味する特別の語を用いることが少なくて、その教えを奉ずる個人の複数形が、その学派または宗派を意味する。インドでは、宗教や哲学は、それぞれ各個人のものなのである。社会的権威によって束縛されるものではない。だから、西洋でいう「クリスチャニティ」や「イスラーム」に相当する造語法が、古代インドにはないのである。

現代インドでは、仏教を意味して「バウッダ・ダルマBauddha-dharma」といい、スリランカでは「ブッダ・ダンマBuddha-dhamma」あるいは「ブッダ・サーサナBuddha-sāsana」という呼称を用いるが、これらの場合には、外から入ってきた諸宗教に対立する宗教、という自覚が強くはたらいている。

ところで、本書は、仏教について、その起原から現代に至るまでを総覧するものであるが、書名を従来のように『仏教』とせずに、あえてサンスクリット語にその言葉を求めて

『バウッダ』としたのは、著者と編集者の合議の結果による。

その理由等について、共著者の三枝充悳氏も序文で述べられているように、「仏教」なる用語の使用例は存外に新しく、明治期の日本が欧米「近代」の移入を図った時と軌を一にする。そして、やはり同時期、同様にして「哲学」が新しく造語され、「仏教」、「宗教」の語も本来的意味を改変されて、すでに日常語化して現在に至っているが、それらは必ずしも本源的な概念を包括するものではなく、また表現しきっているものでもない。昔は「仏法」という語で称していたが、「仏教」としたところに、すでに西洋的思惟による変容がなされているのである。

むしろ、これらの基本的かつ抽象的語彙《ごい》が日常語化したことによって誤解が増幅され、伝達されていく危険すらはらむ。その典型が「宗教」であり、「仏教」の語であるように思われる（これら一連の意味することの重大さについて、あるいはその歴史的経過等については、本書後半でさらにこれを詳述した）。

本書は、以上の事柄によって、これら明治期の造語や新用語による観念を大きく超えて企画されたものであり、したがって従来のような、いわゆる「宗教書」でもなければ「仏教書」でもないということになる。

こういう事情を知られるならば、題名に『バウッダ』という名称を用いた所以《ゆえん》も理解されるであろう。

なぜこのような特異な書が刊行されることになったのかというと、その経緯は次のごとくである。

すでに数年前から三枝教授と編集部とがしばしば会談され、仏典に関する大きな講座を計画されていたが、諸種の事情の変化が起こったので、その計画を変更し、三枝氏の論稿を中心とし、わたくしが同講座への原稿として依頼されていた論稿を添えて、一冊の書として刊行することになったのである。したがって計画立案者は三枝充悳氏と編集の服部貫氏であり、その功は没すべからざるものがあると思う。わたくしは単なる協力者にすぎないが、わたくしの執筆した部分については、もちろん責任を負うものである。なお、「宗教」と「哲学」の語義に関する拙稿は、編集部の強い希望によって掲載された次第である。「仏教」に新しい照明の光をあてた書として、読者諸賢の熟思反省のよすがともなれば、幸せである。

昭和六十二年二月

中村　元

仏教とは何かを本書は主題とする。

しかし、「仏教」の語は「仏の教え」を意味する少数の場合を除くと、江戸時代末期まで知られていない。五世紀以前の中国では「道教」とも呼ばれた。また、多種多彩な漢訳仏典中から特定の教えをみずから選び取って「宗（むね・主・本・長）」とすることが六世紀の中国に生まれ、その宗の教えとして「宗教」の語がここに発明された。宗教は仏教の下位概念に属し、仏教徒のあいだでのみ用いられて、わが国でも明治初期まで仏教諸宗は「わが宗教」と称し、かつ仏教は仏道や仏法などの語で扱われた。江戸末期の開国によって一挙に右の諸事情は逆転し、外国語の翻訳として今日の用法が定着する。同時に、それは真の意味の仏教学がわが国にも開始される導火線となった。日本人がそれまで信じ奉じ親しんでいた仏教は、すべてインド仏教にすでにその原型があり、極言すれば、その中の片鱗の結晶とも称し得ることが学界の常識と化した。

こうして、ことごとくがインドに基づく以上、その地の呼称の「バウッダ」が、正確には「バウッダ・ダルマ（またはバウッダ・ダルシャナ）」が問われなければならぬ。本書が『バウッダ（佛教）』と題したのは、それに由来し、この書は一貫して「バウッダ（佛教）」とは何かを明らかにしようとする。

バウッダの語はブッダから派生し、ブッダは、第一に「ゴータマ・ブッダ（釈尊）」に、そして第二に、釈尊からは歴史的に遠く離れた「大乗の諸仏」に連なる。そのために、当然のことながら、「釈尊」と「大乗の諸仏」とは判然と裁断される。

わが国の伝統教学はその配慮を怠り、関心さえ示さず、しばしば偏見と誤解とを交じえた仏教が氾濫《はんらん》して、現在もなおそれが喧伝され、この風潮は山積された仏教書の多くもほとんど変わっていない。過去には、外国の実情は知られず、文献類も伝わらず、往時の教学の必然性が容認されるとはいえ、現状では時代錯誤《アナクロニズム》もはなはだしい。さらに、すでに一世紀以上も世界的に営々と続けられてきた仏教学の諸成果は、一般の仏教理解にはほとんど及んでいない。まことに微力ながらも、現在の仏教学を可能な限り忠実に反映すべく、またわが国に充満する仏教文化の諸現象にも触れつつ、平明な文章により本書の叙述を進めた。

バウッダ（佛教）はみずからブッダを宣言した釈尊を創始とする。イエスの死後にイエスをキリスト（救世主）として発足したキリスト教とは、まったく異なる。また、『新約聖書』に含まれる諸テクストが当初の数十年間にほぼ完了したのに比して、釈尊とその弟子たちとの言行を伝える唯一の資料である阿含《あごん》経典は、百余年（別説、二百余年）間の口伝《くでん》を経て、ようやく現形に整備された。さらに、釈尊入滅後数世紀を隔てて、新たなる「大乗の諸仏」が登場し、大乗諸経典（キリスト教ではあり得ない新しい聖書）が大量に創作された。ただし、それ以後に「仏の出現」はない。後者を信奉して、中国・朝鮮半島・日本・チベットなどの北方の大乗仏教圏が広がり、他方に、今日いっそう活潑な東南アジア一帯の仏教は阿含経典の伝統を守る。

本書では、それらの全仏教圏に通ずる「三宝」を最初に論じ、続いて、阿含、大乗の流れを追い、最後にとくに仏教・宗教・哲学の語の解明を行なった。この最初と最後との部分は、中村元先生の寄稿を仰ぎ、したがって本書は共著となる。以上は編集者の強い意向でもあった。また、末尾に、一種の実践篇として「三帰依文《さんきえもん》」と『般若心経《はんにゃしんぎょう》』とを付した。なお、わたくしごとながら、中村先生には四〇年昔に仏教学の手ほどきを受けて以来、つねに絶大な学恩を浴びつつ今日に至る。

きわめて限られた紙幅のために、なお論述の不足は不可避であった。ただし、古代インド語（サンスクリット語、パーリ語その他）はすべてローマ字化し、カタカナで発音を示し、とくに重要な原語には語解を施したほか、独自の術語・固有名詞・原典の引用などには振仮名を付した。

幾多の困難を極めた編集を長期間にわたり強力に推進された服部貴氏に、ならびに関係された諸氏に、衷心よりの謝意を捧げる。

一九八七年二月

三　枝　充　悳

目次

凡　例　サンスクリット語の読み方

本書は、正確な理解を期するために漢訳語だけに頼らず、原則として、それぞれの術語や固有名詞などにローマ字化したサンスクリット語の原語を付した。このことによって、日本語の中にも多数のサンスクリット語起原のあることに気づかれ、言語に関する知的興味もより深まろう。

ちなみに、わが国の「五十音図」は、このサンスクリット語のアルファベット（四八種、パーリ語は四一種）を借用してつくられており、日本人にとってもあながち無縁な言語ではない。その読み方や発音については、もとより片仮名で表現することは至難ではあるが、ほぼ大半は日本語のローマ字音と思って発音されてよい。次にその読み方の要領を示す。

母音で長音記号の付くものは伸ばす。ā（アー）、ī（イー）、ū（ウー）、ṝ・（リー）。

e・oは、常に長音で読む（エー・オー）。エ・オとは読まない。

ñは、たとえば母音a（ア）が付くと「ニャ」。

ś・ṣは、同じく「シャ」、子音が続く場合多くは「シュ」。

ṛ・ṭ・ḍ・ḥは、それぞれr・t・d・hの発音としてよい。

ṅ・ṇ・ṃは、それぞれn音に準ずる。

cは、「チ」または「チュ」。

jは、「ジ」または「ジュ」。

vは、「ヴ」。

そのほか「連声法《れんじょうほう》」（サンディ sandhi）があって、たとえば、ヒマ hima（雪）とアーラヤ ālaya（家・蔵）との合成語は、まえの語尾とあとの語頭との母音を合わせて長音となりヒマーラヤ himālaya となるし、また本書末尾の『般若心経』中にあるように、-a（ア）+e-（エー）や -ā（アー）+e-（エー）は -ai-（アイ）になり、-n（ン）+c-（チ）は -ṃś+c-（ンシュ・チ）に変化するなど、規則は多様であるが、本書ではここまで深入りしなくても充分に読める。なお、パーリ語の読みもほぼこれに準ずる。

バウッダ［佛教］

第一部　三宝——全仏教の基本

中村　元

仏教徒の標識「三宝」

仏教徒であることの最小の条件は、「三宝《さんぼう》」（トリ・ラトナ tri-ratna、またはラトナ・トラヤ ratna-traya「三つの宝」の意、すなわち仏・法・僧）に帰依することである。「仏に帰依《きえ》したてまつる、法に帰依したてまつる、僧に帰依したてまつる」ということは、どこの仏教国でも、どこの仏教民族でも行なわれていることである。彼らはそれぞれ自分の言語でとなえる。ときには、サンスクリット語またはパーリ語でとなえる、というわけであるから、言語は異なっているが、その内容は「三宝に帰依する」という文句を表現しているので、趣旨は同じである。

仏と法と僧、つまり「仏法僧の三宝に帰依する」という、いわゆる「三帰依」の定式は、仏教を一貫して存するものと考えられているが、最初から三宝としてまとめられていたものではないらしい。古い詩の文句には、「仏と法に帰依する」という表現がしばしば現われている。(1)

成立史的にいうと、おそらく「法（ダルマ、ダンマ）」の観念が最初に成立し、次にそれを自覚した「ブッダ」の観念が現われて、そののちに、ブッダのもとに集まる「サンガ（僧団）」が自覚されるようになったのであろう。そうして、その三つが一応まとまると、「三宝」というものが仏教の標識となったのである。

古い経典の中に説かれている崇拝の対象はいろいろであるが、やがて「仏」と「法」と「サンガ」との三者にまとめる傾向が圧倒的に有力となった。(2) アショーカ王のカルカッタ・バイラート詔勅では、ブッダとダンマ（＝ダルマ）とサンガとに尊敬と信心とを捧げているから、そのときまでには、この三者の崇拝が定着していたにちがいない。

パーリ文の聖典の散文部分では、異教徒が釈尊に帰依するとき、次のような定型句で信仰を表明している。

すばらしいことです。ゴータマ（ブッダ）さま。すばらしいことです。ゴータマさま。あたかも倒れた者を起こすように、覆われたものを開くように、方角に迷った者に道を示すように、あるいは『眼《げん》ある人びとは色《しき》を見るであろう』といって、暗夜に灯火をかかげるように、ゴータマさまは種々のしかたで法を明らかにされました。ですから、わたくしは、ゴータマさまに帰依《きえ》したてまつる。また、真理と修行僧のつどいに帰依したてまつる。ゴータマさまは、わたくしを在俗信者として受けいれてください。今日以後、命の続く限り帰依いたします。

（『スッタニパータ』*Suttanipāta* 一四二詩に対する散文）

ここでは、実質的には三宝に言及しているのであるが、まだ「三宝」という語は用いられていない。ところが『スッタニパータ』（二二二〜二三八詩）の『宝』（ラタナ・スッタ Ratana-sutta「宝経」）という経では、仏、法、僧をラタナ（宝）と呼んでいる。こういう径路をへて、三宝の観念が確立したのであった。(3)「三宝に帰依する」に似た表現はジャイナ教のほうにも認められるが、「サンガに敬礼する」ということは、ジャイナ教のほうではいわないから、それは仏教特有であるということができるであろう。

古いインドの彫刻を見ると、バールフトやブッダガヤーの彫刻にも出ているが、「三宝《さんぼう》標《ひょう》」というものがある。上が三つに分かれている。シヴァ神は、三叉《さんさ》に分かれた槍を持っているし、ヒンドゥ教の行者の持っている杖も、上が三つに分かれているものがある。あるいはそれから由来するとか、それに示唆を与えられたとも考えられるが、よくはわからない。それは文献的に立証できないからである。そのわけは、「三宝標」というものは、学者の研究の結果として、三宝を象徴しているということがわかって、こういう名称が仮に付せられたのであって、遺品に「三宝標」という語が刻せられているわけではないからである。また、「三宝標」という語は、パーリ語やサンスクリット語の古典のうちには見当たらないようである。ともかく「三宝」の観念が仏教徒のあいだにしだいに定着していった過程が、仏教美術の遺品によっても確かめられるのである。

仏

「仏教」というのは、ブッダ（Buddha 仏、仏陀）が説いた教え、ということである。

そのブッダというのは、「覚った人」という意味である。語源的に説明すると、インドの諸言語で、ブドゥbudh（知る）という動詞の過去分詞の形である。古代インドのサンスクリット語の文献を調べてみると、ブドゥという動詞は、経験的な事実を知ること、あるいは経験世界における事実に気がつくことを意味する。たとえば、木の枝から葉が落ちるのに気がつく、というようなときにもブドゥという語を用いている。

さらにブッダというのは、「目覚めた人」という意味であると解されている。英語では“the awakened one”であり、ドイツ語では“der Erwachte”と訳される。つまり、ブドゥという動詞は、眠りから目覚めることをも意味しているが、われわれ凡夫は、無明《むみょう》の迷いの夢の中に眠っており、それが、真理に触れて、はっと目覚める、その目覚めた人がブッダだというのである（その意味で、ブッダのことをジ・エンライテンド・ワン the Enlightened One〈直訳すれば「光を浴びた者」〉と英訳することもある）。

この「ブッダ」という呼称は、仏教と同じ時代に興ったジャイナ教でも用いられていた。ジャイナ教（英語でジャイニズム Jainism という）でも、最高の聖者を「ブッダ」と呼ぶ。それは、覚った人、つまり真理を覚った人という意味である（ただし、「ブッダ」以外の呼び方も知られている）。

仏教は当時行なわれていたこの呼称を採用したのである。漢訳仏典では、これを「覚者《かくしゃ》」と訳しているが、まれに「知者《ちしゃ》」とも訳されており、真理を知る人、正しい覚りを開いた人を「正覚者《しょうがくしゃ》」と呼んでいる。

ジャイナ教徒のあいだでは、『聖仙《せいせん》のことば』（イシブハーシヤーイム *Isibhāsiyāim*）という書を伝えているが、それは、それまでに聖人、賢者とみなされていた哲人たちのことばを集めたもの、あるいはその哲人たちについて歌った詩を集めたものである。この書の中では、いかなる宗教の人であろうとも、聖人、聖者を全部「ブッダ」と呼んでいる。

以上の用例、訳例について見る限りは、漢文に訳した人びとは、インドの諸言語で「ブッダ」という語が共通のものとして使われていたことを承認していたわけで、いわば合理主義的解釈ということができる。この場合に、漢文の仏教典籍でいう「知る」とか「覚る」とかは、インドの文芸作品一般の用例から離れて、むしろ哲学的、宗教的な意味となっている。

ところで真理を覚るというのは、どういうことであるか。それは特定の宗教と関係があるのか、どうか。つまり特定の宗教によらなければ覚りは得られないのか？　仏教が興った時代における諸文献から見ると、覚りというものは、最初の時期においては、特定の宗教には関係がなかった。

すでに古い『ウパニシャッド』の中に「ブッダ」という語が現われるが、それは単に「真理を覚った」というだけの意味であったし、ジャイナ教の古い聖典では、いかなる宗教の人でも、聖人、賢者を全部「ブッダ」と呼んでいた。インド最古の『ヴェーダ』聖典とか『ウパニシャッド』聖典の中に出てくるバラモン教の哲人や、叙事詩『マハーバーラタ』などに出てくる聖人たちも、さらにジャイナ教の聖者、祖師たちも、ジャイナ教の方では「ブッダ」と呼んでいるし、まれに釈尊のことも「ブッダ」と呼んでいる。この事実から見ると、個別的な個々の宗教とはかかわりなしに、聖者、覚りを得た人は「ブッダ」と呼ばれていたわけである。

こういう用例は、最初期の仏典についても認められる。パーリ語で書かれたものとしては、おそらく最古の仏典である『スッタニパータ』には、「ブッダ」という語が複数で出てくるが、それは、過去・未来にわたって無数の仏のことを考えていなかった時代、すなわち大乗仏教思想の興起する以前の時代のものであるから、真理をひたすらに求めて修行している人、実践している人たちを、「ブッダたち」と複数で呼んだのである。

ところで時代の経過とともに、ブッダはますます讃嘆《さんたん》されるようになった。

釈尊への尊崇の念がますます発展して、釈尊は普通の人間とは違った偉い人であると考えるようになった。仏典の古い詩の文句では、ある場合には、釈尊が衣を受け取って身につけたところが、体が金色に輝いた、光を受けて金色に輝いた、となっているが、のちにそれを散文で注釈するようになると、釈尊の、体、皮膚は金色であった、と説明された。しだいに神格化されていったのである。

この傾向は、仏典自体の中にたどれるが、その論理的構造は、仏の正字である「佛」という字の用法に見られる。ブッダを「佛陀」と音写したのは、ほぼ唐代の玄奘三蔵《げんじょうさんぞう》のころから始まるらしい。それ以前には「佛」とのみ書いていた。ところが、玄奘三蔵がインドに行ってサンスクリットを習学して、このブッダ Buddha という語を見ると、昔からの「佛」という字だけでは、どうもぐあいが悪い、-dha があるから「陀」という字をつけようということになった。

しかし、古い時代には「佛」の一字だけでよかった。そのわけは、中央アジアには、言語が多数あって、そのうちの若干の言語では、ブッダのことをブト but とかブド bud とか発音していたらしい。サンスクリット系の諸言語におけるように -dha がついていなかった。仏教伝来の最初の時期には、中央アジアの言語における発音をわりあい忠実に写していたが、玄奘三蔵以後になって、全部サンスクリットから音訳し直したわけである。

ところで、ブトまたはブドという音を写すのに、なぜ「佛」という字を用いたのか？　発音さえ同じならどの漢字でもいいわけであるのに、「佛」という漢字を使ったのは何故であるか？

これについて、諸橋轍次《もろはしてつじ》博士（一八八三－一九八二）は次のように推定された。——

「仏」という字の正字である「佛」の字の旁《つくり》のほうの「弗」というのは、「あらず」という意味で、漢字では否定の意味によく用いる。「沸」というのは、水をわかして沸騰するときに用いるが、水が熱を加えられて沸騰して蒸気になると、水でありながら水でないもの、気体になる。それで「弗」がつく。それと同じ道理で、釈尊はもとは人間であるが、人間をも超えた偉いものであるということから、否定を加えて、人でありながら人にあらず、としたのである。したがって、「佛」には二重の性格があるということになる。この性格を表現するために、シナ(ここでいうシナは、漢民族の居住地を示す歴史的概念。サンスクリット語のチーナ、英語のチャイナに相当する)ではこういう字を当てたのである、――と。

この解釈には、賛否両論がある。「佛」とは、よく見えない、ほのかで、見てつまびらかでない、という意味であるとも解せられている。ともかく「佛」という字には、独特の理解の仕方が見られる。「人にして人にあらず」という見解は、遠い極東の島国である日本において現代でも生きている。

たとえば、日本では、ブッダに対してのみならず、亡くなった人のことをも「ほとけ」と呼ぶが、この場合の「ほとけ」は、ブッダの音写語である「浮図《ふと》」に由来する。さらに「ほとけ」の語は、現在は転じて種々の意味に使用されている。①慈悲深い人。②ばか正直な人。「あの人はほとけさまのようだ」。③阿呆。「知らぬがほとけ」。④死人。「ほとけができた」。などと拡大する。そして、この④の場合、その「ほとけ」が生きている間にはどんなことをしていたのか、それはわからない。けれども、もう亡くなって息絶えてしまえば、みな仏《ほとけ》さまのお慈悲に救われている。仏さまと同じようなものにしていただいているはずだ、そういう暗黙の了解が人びとのあいだにあるからなのである。

これは西洋の言語には絶対にないことである。英語では、亡くなった人のことに言及して、「このゴッドは」という言い方はしない。つまり、西アジアから向こう、あるいはヨーロッパの諸宗教においては、人間と神とのあいだには、絶対の断絶があるからである。ところが、仏教文化圏においては、仏さまといえども、もとは人である。ただ、凡人を超えたすぐれたところがある、と考える。この性格が、この「佛」という漢字にも現われているし、なんでもない日常の表現にもそれが出ている。

法

「三宝」のうちで、「仏」に続くものは「法」である。

「ダルマ」は、漢訳仏典では多くの場合「法」と訳されるが、ときにはまれに「道《どう》」と訳されることもあった。世間でいう法律の「法」よりも、もっと根底的なものを意味する。法律をも含むけれども、もっと深い意味をもっている。

ダルマは、仏教の中心観念をなすものであるが、その起源は古く、すでにヴェーダ時代に、リタ ṛta（天則）、ヴラタ vrata（法度《はっと》）などと併用されている。ただ、リタやヴラタは、絶対的な支配神の意思を示すのに対して、ダルマは、ヴァルナ神のような人倫を治める道徳的・司法的な神の法として存したので、集団的な社会生活が定まり、人間社会を規定する権力・法律・道徳的秩序が重要な問題になっていくにつれて、神的意思としてのリタ、ヴラタに代わって、人間の側に立って、人間生活を秩序づけるものとしてのダルマが高く用いられるようになる。後期ウパニシャッドになると、ダルマこそ最高の真理であり、全世界の根底であり、万物はダルマにおいて安住すると強調されてもくる。しかし、全体として、ウパニシャッド時代は、形而上学的原理としてのブラフマン brahman（梵）、アートマン ātman（我）を最高のものとみなし、ダルマはそれより低位に置かれた。

原始仏教では、人間がいかなる時、いかなる所においても、「遵守すべき永遠の理法」があると考え、それを「法」（サンスクリット語でダルマ dharma、パーリ語でダンマ dhamma）と呼んだ。その原語ダルマは「保つもの」という意味で、サンスクリット語におけるドゥフル dhṛ（保つ）という動詞からつくられた名詞である。人を人として保つものである。

人間には、まず人間として守らねばならない道筋、理法がある。それは、「人間を人間として保つ」ものである。もしも、人間が人間としての道を守らないならば、形は人間であっても、実は「人でなし」と呼ばれる。畜生にも劣る、といわれる所以《ゆえん》である。

さらに人間は、その人自身がさまざまな資格のうちに置かれ、そうして生きている。たとえば、同一の人が、家庭にあっては、夫であり、親であり、あるいは親に対しては子であり、兄弟に対しては兄であり、弟である、または妻であり、親であり、子であり、姉であり、妹である、そういう関係をもっていて、その関係ないし資格において生きているわけである。そうだとすると、それぞれのつながりにおいて、生かさるべき道筋があるわけである。夫は夫として守るべき道がある、妻は妻として守るべき道がある。子は子として、親は親として、やはり守り行なうべき務めがある。このように、同一人が、それぞれの資格、関係において実現すべき理法、道筋がある。これもやはり、特殊なダルマ、法である。

さらに、それが広がると、共同体の一員として、地域社会、利益社会、国家、民族の一員としてやはり守り行なうべき理法がある。

その実現される姿、状況は国により、時代によりかなり異なることはあるであろうが、ダルマそのものは永遠の理法である。それは普遍的に実現さるべきものである。

理法は普遍的なものであり、永遠に通用するといっても、それは動かない固定したものではない。普遍的なものは、現実の場面において生かされねばならない。根本の理法は同じであっても、それを具現する仕方は、時とともに異なり、また所によって異なる。人間の理法というものは、具体的な生きた人間に即して展開する。そのことは、思想的には無限の発展の可能性をもっているというわけである。

仏教では「無常《むじょう》」を説くが、「あらゆるものは移りゆく」という認識に基づいて、現実に即した柔軟性に富んだ実践原理が成立する。

古いものを喜んではならない。また、新しいものに魅惑されてはならない。滅びゆくものを悲しんではならない。牽引《けんいん》するもの（妄執《もうしゅう》を指す）にとらわれていてはならない。
（『スッタニパータ』九四四詩）

このような「法」を仏教では説くのであって、教義を説くのではない。諸宗教や哲学の説く教義なるものは偏見（パーリ語でディッティ diṭṭhi という）である、として、仏教ではこれを排斥する。

仏教の説く教えも「方便《ほうべん》」にほかならない。それは筏《いかだ》のようなものである。目的を達したならば、捨てられねばならない。筏を大切なものだとして、大事にしがみついているのは単に「執著《しゅうじゃく》」にすぎない。

原始仏教においては、「法」の権威が最高のものであり、「仏」の上に位していた。(4) たとえば、「縁起《えんぎ》の理法」について、決まり文句として次のようにいう。——この縁起の理法は「永遠の真理」である。「如来が世に出ても、あるいはいまだ世に出なくても、この理は定まったものである」(5)。如来は、ただこの理法を覚って「覚り（等正覚《とうしょうがく》）」を実践し、衆生《しゅじょう》のために宣説《せんぜつ》し、開示しただけにすぎない、という。

このように、仏教では、永遠に妥当する法の権威を尊重する。神々もブッダの説いた法を讃嘆《さんたん》して、信奉する。[6] ゆえに、ブッダは永遠の理法を説いたのであって、新しい宗教を創始したのではない。ブッダは普通名詞であって、幾人あってもかまわない、ということは、この点からも理解されるのである。

僧

三宝のうち最後のもの、第三は、「僧（サンガ）」である。この観念の成立を考えてみよう。釈尊のもとにおもむいた人びとは、世の苦しみ、悩みから逃れて、自分の道を求めようとした。人は、その運命のぎりぎりのところに置かれた場合には、孤独である。その孤独についての自覚がなければならない。現実には、人は人に恋し、執著して、恋着して迷っている。しかし、人にたよるというその迷いを捨てなければならない。人は人に縛《しば》られ、人は人に依存する。人は人に害《そこな》われ、人は人を害う。人はどうして他人を要するのであろうか？人にとって他人が何の役に立つのであろうか。人は多くの他人を悩まして、しかも他人を捨ててゆく。

そこで、真実の修行者は、人間が孤独であることを自覚して、孤独に徹することに努めた。人びとから遠ざかり、離れて坐し、ひとりで心を落ち着けて、統一して瞑想《めいそう》につとめた。多勢の人びとといっしょに住んでいると、とかく騒がしくなる。「人は独立、自由を目ざして、犀《さい》の角《つの》のように、ただ独《ひと》り歩め」と教えていた。

しかし、修養につとめるということになると、自分はひとりでいても、修養について指導してくれる人が必要になる。原始経典でも、一方では、静かな所にひとりで住め、と教えているとともに、他方ではまた、よき友をもて、と説いている。まじめに修養につとめている人びとのあいだでは、おのずから心が通い合うことになる。そこで、聡明《そうめい》な友を得たならば、ともに行ぜよ、ともに歩め、ということも教えられる。やがて高い目的のために協力するという関係が成立した。

ここに、仏教において、「つどい（サンスクリット語でサンガ saṃgha 僧または僧伽《そうぎゃ》と音写）」の成立する思想的根拠が認められる。

仏教修行者たちの「つどい」である「サンガ」という語は、もとは「集まり」または「団体」を意味していた。単なる「集まり」から、続いて「集団」、「集会」、「会議」を意味するようになり、のちには転じて経済上の「組合（ギルド）」のことをもいうようになった。また、政治の上では、「共和国」または寡頭《かとう》政治の「国家」のことをも「サンガ」と呼ぶことがある。また、友邦の「連合」、「同盟」のことをそのように呼ぶことがある。そして、仏教教団の運営様式には、「組合」または「共和国」のそれが多分に影響を及ぼしている。

ところで、仏教ではこの「サンガ」に神聖な意味を認めるようになった。アショーカ王のころになると、「サンガ」という語で仏教教団を意味している。すなわち、最初期においては「出家修行者のつどい」のことを意味したらしいが、のちには次の四種類から構成されている、と一般に認められるようになった。

- サンガ
  - 出家者
    - ビック bhikkhu（比丘《びく》）
    - ビックニー bhikkhunī（比丘尼《びくに》）
  - 在家者
    - 在俗信者の男性（ウパーサカ upāsaka、優婆塞《うばそく》）
    - 在俗信者の女性（ウパーシカー upāsikā、優婆夷《うばい》）

「ビック」は「食を乞う者」、「乞食者《こつじきしゃ》」の意味で、托鉢《たくはつ》する修行者である。いわゆる乞食《こじき》ではなくて、威張ったものである。食物をもらっても、けっして「ありがとう」とはいわない。在家者が合掌して礼拝するが、ビックのほうはつんとして立っている。

女性の修行者をビックニーといい、「比丘尼《びくに》」と音写する。「尼《に》」とは、単に nī という音を写しただけの女性語尾にすぎないが、漢字文化園では、女性の修行者、尼僧を意味することになった。ウパーサカ upāsaka とは「近く侍する者」、「尊敬する者」という意味で、出家修行者に給侍し、供養し、尊敬する人をいう。これは在家の在俗信者のことである。それの女性をウパーシカー upāsikā という。

　このように、信徒のうちには、出家修行者と在俗信者との二種類があったが、教団の中心を構成していたのは出家修行者であった。「サンガ」という語がシナに伝えられたときに、それを何と訳すか、シナ人は当惑した。ときには「衆」と訳すこともあるが、なかなか訳しにくいので、「僧《そう》」という字を新たにつくり出して音写し、玄奘三蔵以後は「僧伽《そうぎゃ》」と音写している。

　のちにシナ・日本では、「僧」という字が修行者個人を意味するようになったが、それは、集団の名称を個人に適用するという、シナ・日本独特の思惟方法に基づいたものだと考えられる。

〔註〕

（1） *Suttanipāta* 192; *Dīgha-Nikāya* II. p.208 gāthā; p.211 gāthā; p.227 gāthā; *Saṃyutta-Nikāya* I, p.30 gāthā. 諸仏と諸法を並べて讃嘆しているが、まだ saṃgha には言及していない。*Theragāthā* 201.

（2） *Therīgāthā* 53; 132; 286; *Saṃyutta-Nikāya* I, p.102 gāthā. なお *Theragāthā* 178 は、三宝の成立過程について教えてくれる。

　三宝を尊ぶことは *Theragāthā* 589 に出てくるが、そこでは buddha の語が複数になっている（buddhesu sagāravatā)。原始仏教や保守的なアビダルマ教学においては、一世界に同時には一人の仏があるだけであるから、ここで複数で示されている「ブッダたち」とは真理を覚った人たち一般をいうのであろう。

（3）やがて「念仏、念法、念僧」が説かれるに至った（*Theragāthā* 382～384）。

（4）後代のアビダルマでは、法に従って「法喜」を得、ついで、「仏喜」を得、最後に「僧喜」を得るという順序が説かれていることがある（『尊婆須蜜菩薩所集論』第二巻、大正蔵、二八巻・七三五ページ上）。ここには、おそらく、伝統的保守的仏教の立場が表明されているのであろう。そして、大乗仏教の立場とは異なっていたのであろう、と考えられる。

（5）e.g. *Aṅguttara-Nikāya* I, p.266.『雑阿含経』第三〇巻。これを受けて天台大師智顗《ちぎ》は「有仏にも無仏にも性相は常然たり」という（『法華文句』第九巻下）。なお嘉祥大師吉蔵『浄名玄論』（大正蔵、三八巻・八九三ページ下）参照。

（6）たとえば、*Dīgha-Nikāya Mahāpadānasutta* 参照。

第二部　阿含経典——釈尊の教え

三枝充悳

はじめに

仏教は、インドで起こり、栄え、あまたの変貌と発展とを交じえながら、伝承され、推移するあいだに、徐々に衰退の兆しが見えはじめ、やがてインド本土においては、紀元一三世紀にその幕を閉じる。この間およそ一六〇〇年。

このインド仏教を、一応、次の初期・中期・後期に区分してみよう。その詳細は後述に譲るが、初期は、ゴータマ・ブッダ（釈尊）にはじまって、その教えがしだいに北インド全体に拡大し、しかしやがて教団内に異論が生じて、最初の分裂を招く、それまでの約一五〇ないし二〇〇年間（紀元前五世紀ごろから前三世紀半ばごろまで）。中期は、分裂のあとに生じた部派《ぶは》仏教が栄える一方に、しばらく遅れて大乗《だいじょう》仏教運動が興り、各種の初期大乘経典を成立させ、また少数の論書もつくられた。その約五五〇年間（前三世紀半ば〜後四世紀初頭）に、仏教は全インドに最も隆盛を誇ったけれども、紀元三二〇年にグプタ王朝という生粋《きっすい》のインド的王権が確立すると、最もインド的なバラモン文化が一大光輝を放って、仏教は一部を除き、急速に民衆の支持を失いはじめるので、これを後期とすれば、四世紀初頭からの約九〇〇年間となろう（この時代区分はいまだ学界で試みられてはおらず、私見に基づく）。

さらに地域的にながめると、それは前三世紀半ばにスリランカ（セイロン）に伝えられ、また紀元前後から一一世紀ごろにかけて、西域（ときに南方海路）を経て中国に渡り、四〜五世紀には中国から朝鮮半島に、そして六世紀前半には日本に達した。また一方では、日本と同じころ、インドから直接チベットに入り、とくに後期のインド仏教はチベットに多く遺《のこ》る。

その後、右のそれぞれが、それぞれの歴史を刻んで現在に及んでいるものの、おのおのの歴史的・風土的な性格や文化の伝統・風俗・習慣の差や民族感情などが、伝来した仏教に大きく反映したほかに、上述したように、その起原であるインド仏教の時代を異にしているところから、それぞれの仏教の様相は著しく相違しており、同時にまた、仏教は複雑な多様を含むことになる。

大別して、東アジアの南方の仏教を「南伝《なんでん》」、北方の仏教を「北伝《ほくでん》」と呼ぶ例が多く、本書にもこの術語を用いるが、南伝と北伝との最大の相違は、ここにとりあげる「阿含経《あごんぎょう》」においてー挙に鮮明になる。しかしながら、この認識は中国に薄く、日本ではほぼ皆無に等しく、ようやく最近に至って、学界の一部に知られるにすぎない。そのために、「阿含経」とは何か、に関する文献学的な説明が、とくにわが国においては現在いっそう必須とされる。これについて、従来積み重ねられた学問的成果に即しながら、かなり詳細に、しかしそれらは膨大であるので、その結論だけを、なるべく的確・判明に述べることにしよう。そのためには、とくに現在もなお、世に広がる仏教評論の類《たぐ》いに浸透し、また一般に横行している多数の「ひとりよがり」、「身びいき」的な阿含経解釈の風潮は、ここではいっさい顧みない。あくまで広義のインド学・仏教学の方法論とその成果とに立脚して、それらを要約しつつ、解説することに努める。

なお、この第二部では、ほぼパーリ語を用い、必要に応じてサンスクリット語を付随して記す。両語の一致する場合はもちろん一語のみ。また、両語についてはのちに説明する。

第一章　阿含経とは何か

序　節　釈尊とその時代

①　釈尊の時代

エジプト、メソポタミア、黄河の諸文化とともに、世界の四つの先史文化のひとつに数えられるインダス文明が、ようやく衰退に向かったころ、紀元前一五世紀頃に、ヒンドゥクシュの山脈を越えて、インドのパンジャーブ（五河《ごか》）地方に南進したアリアン人（アーリヤ人ともいう）は、以後数百年のあいだ、この地に定住する。そのあいだに、一方には、崇拝する神々を謳《うた》う傑出した讃歌集《さんかしゆう》『リグ・ヴェーダ』を、他方に、その社会を今日もなお強力に階層区分しているカースト制度（ブラーフマナ、クシャトリヤ、ヴァイシュヤ、シュードラの四階層を軸に多種に分かれる）をつくりあげる。さらに『サーマ・ヴェーダ』と『ヤジュル・ヴェーダ』と『アタルヴァ・ヴェーダ』との三種のヴェーダが、そしてその註釈文献の諸種が、彼らのいうある天啓より得られて、それらの聖典をカースト最上位のバラモン（ブラーフマナ、現在は訛《なま》って「ブラーミン」という）が守り続け、バラモン教はインド社会に浸透してゆく。

アリアン人は、その後、インダス河からガンジス河に出て、その流域を下り、インド大平原において、半遊牧から農耕に完全に転換する推移の中で、さらにウパニシャッド（秘密の教義、奥義書）の諸テクストが生み出される。そこには、宇宙の根本原理ともいうべき超越的なブラフマン（梵《ぼん》）が、そしてまた個人の主体を統括する内在的原理のアートマン（我《が》）が説かれ、やがては両者が一体視されて、「梵我一如《ぼんがいちにょ》」という壮大な智慧《ちえ》が聳《そび》え立つ。換言すれば、ここにおいて、いわゆる宗教と哲学とは完全に一致し、この確固たる基盤は、以後のインド思想のすべてに揺らぐことがない。また、個人の現実に関しては、「業《ごう》（カルマ、カルマン）」による「輪廻《りんね》（サンサーラ）」の思想が芽生え、その多岐に広がる発展ないし変種が、現在においても、インドのみならず、東アジア全体に深く根をおろしている。

インドの農耕社会は、紀元前六世紀前後に成熟し、豊饒《ほうじょう》な諸物資の流通を促して、商工業の興隆を迎える。貨幣の出現による経済活動の急速な発展が見られる背後に、それを支える群小国家（とはいっても、現在のヨーロッパの諸国ほどの大きさ）の誕生があり、それらはやがてしだいに併合されて、計一六の国家に成長し、各地に都市が建設される。

新しい社会が新しい空気を求めるさなかに、ヴェーダの宗教は隠れ、バラモンの権威は失墜もしくは低下して、クシャトリヤ（武士－王族）が第一線に立つ。現に、ウパニシャッドにおいては、クシャトリヤがしばしばバラモンを圧倒している。同時に、自由で清新な思想家たちが続々と登場する。すでに出家して流浪し、世俗の一切を捨てた彼らは、ひたすら新思想を求めて精進し、文字どおり「努力する人（サマナ、シュラマナ、沙門《しゃもん》）」として、世の歓迎と尊敬とを受ける。バラモン教を否認するこれらの新思想は、きわめて徹底したものを磨きあげ、しかも自由を標榜する彼らの主張は、まことにヴァリエーションに富む。仏教も、ジャイナ教も、このような環境において生まれ、育った。それら新思想の資料は、やがて失われたけれども、その数を、仏教は六二、ジャイナ教は三六三といい、それぞれの特徴の大綱を、それぞれの文献に伝えている。

新思想のうち、仏教はとくに、次の六人の思想家（俗に「六師外道《ろくしげどう》」と称する）について、かなり詳しく述べる。それぞれの説くところを一言に凝縮して述べるならば、プーラナの道徳否定論、アジタの唯物論に基づく快楽主義、パグダの七要素還元論（一種の唯物論）、ゴーサーラの唯物論を伴う宿命論、サンジャヤの懐疑論、そしてマハーヴィーラのジャイナ教とされよう。

ジャイナ教は、仏教とほぼ歩をそろえて誕生し、その初期にはかなり相互に関連し合う。教説も、その後の栄枯盛衰も、また信徒の層も、両者は共通するところが多く、バラモン教（とそれの変身したヒンドゥ教）以外の二大宗教として、インド文化・思想その他に、多大な影響と感化とを及ぼした。ただし、両者を分ける大きな相違点としては、おおよそ次の三点があげられよう。ジャイナ教は、理論よりも実践に徹して、たとえば苦行を貫き、また不殺生の戒はあくまで厳しい。ジャイナ教には、のちに詳述する大乗仏教のような顕著な変革はない。そして、ジャイナ教は、つねにインド国内にとどまり、現在もかなり活発な活動を続け、四百余万の信徒数ながらも、富裕者が多く、インド民族資本の最高位を掌握している。

②　釈尊の登場と仏教の創始

釈尊の伝説的な生涯やその前世などを語るいわゆる「仏伝《ぶつでん》」は、さまざまな形で、広く流布し、文学作品化されているが、ここには省く。注目すべきことは、以下に説明する現存するアーガマ諸文献（「阿含経《あごんぎょう》」）でさえも、いわんやおそらくその原型においても、「仏伝」への関心はほとんど見られず、「仏伝」そのものはすべて後代の創作に成る。すなわち、「阿含経」の中にちりばめられている釈尊の懐古談の断片をつなぎ合わせ、またときにその説法に際して、一種の範例ないし譬喩《ひゆ》としてあげられた釈尊の体験談の片鱗《へんりん》などを補足しつつ、さらに教団の規定である「律」の制定の因縁話などを材料として、すでに仏教がかなり確固たる基礎を築きあげたのちに、釈尊への帰依と尊崇を謳《うた》いあげ、空想を好み、想像力の豊かなインド的な天才たちによって、「仏伝」は構想され、成立した。そこに流れるモティーフは、釈尊の一種の神聖視・超人化・神格化であり、讃嘆《さんたん》のあまり、不可思議な神通《じんづう》その他が横溢《おういつ》するのは、むしろ当然の帰結と評してもよい。

「阿含経」を見ると、ほとんど大部分の形式は、まず問いがあって、それに釈尊（まれには代わって仏弟子）が答える。問いの文は、簡略化されてはいても、鋭くかつ厳しい。釈尊は、それらに臨機応変に種々の答えを示す。古来、これらの種々なる答えは次の四種に分けられる。第一は、問いをそのまま直ちに肯定する（これを一向記《いっこうき》または決定答《けつじょうとう》という）。第二は、問いを整理し、細かく分析して、そのひとつひとつについて答える（分別記《ふんべつき》または解《げ》義答《ぎとう》）。第三は、問う相手に反問して、その意図や内容を問者にも反省して熟考させ、それらを確認しつつ答える（反問記《はんもんき》）。第四は、答える必要のない問いに対しては、あくまで沈黙を貫き、けっして答えない（捨置記《しゃちき》または置答《ちとう》）。これらがきわめて巧みに用いられ、しかも答えの中に適切な譬喩《ひゆ》を交じえる（たとえば、「目の見えない人びとが象の各個所をなでる」の譬喩により、一部をもって全体を誤解する過失が明かされるなど）ことが頻繁《ひんぱん》に見られる。

問いを発するものは真剣そのものであり、釈尊はその質問者と一体となって熟慮し、つねに飾ることなく、偽りごまかすことなく、まして大言壮語することなく、淳々《じゅんじゅん》と答えた。「阿含経」の伝えるところは、多種多様な問いに対して、それぞれにふさわしい答えに満たされ、ほぼ大半の質問者は信徒となり、さらには出家して仏弟子となる。

釈尊は定住することなく、つねに遊行《ゆぎょう》の旅にあり、多数の苦しみ悩む人びとに接した。それを釈尊の慈悲と解するのも、また布教とみなすのも、実は必ずしも正しくない、と私は思う。それらの受けとめ方は、すべて信徒や仏弟子から眺めた釈尊像なのであり、釈尊はただひとり、あるいは晩年の二五年間あまりは、いとこに当たる阿難《あなん》（アーナンダ）を伴なって、路上にまたは樹下に、ときには仮の精舎《しょうじゃ》に、夜を過ごす旅にあり、信徒から朝のみ一日一回の食を受け、一片の貯えももたず、あらゆる欲望から遠ざかって、みずからの途をみずから思うとおりに、争うことなく、競《きょ》うことなく、衒《てら》うことなく、激することなく、いわば無《む》に徹しきったまま、安らかに、浄らかに歩み続けた、と見るのが妥当であろう。

そのころ、はたして仏教教団（サンガ、僧伽《そうぎゃ》）が、少なくともその原型が成立したとしても、それは今日の様相とはまったく異なる。釈尊に帰依して、衷心《ちゅうしん》から尊敬し、思慕する人びとのうち、釈尊にならって出家し、その意志を確かめる一種の儀式を経たあと、釈尊や先輩の仏弟子たちの教えを敬虔《けいけん》に聴き、実践に精進した、いわば有志たちの、きわめて緩やかなサークルという程度に、推察してよいであろう。そして「律蔵《りつぞう》」（ヴィナヤ・ピタカ）の各条項は、日々の生活の指針として、厳粛ではあっても、おそらくごく日常的な規律を指示し、当初はその数も少なくて足り、それがのちにつぎつぎと随犯随制《ずいぼんずいせい》があって各条項が付加され、またインド人の特徴である羅列偏重《られつへんちょう》その他も加わって、細目が増加した、と推定される。

繰り返していえば、バラモン教に対抗し、さらにはウパニシャッドの原理に拮抗《きっこう》して、もしくは同時代のあまたの自由思想家の中からひときわ傑出して、新しい宗教を樹立しよう、そしてそれを喧伝《けんでん》して、信徒を掌握し、弟子を糾合《きゅうごう》し、増強させようなどの意図は、釈尊にはまったくない。自由で清新な思想界の坩堝《るつぼ》において、釈尊は、史実としては仏教を創始したとはいえ、後代のサンスクリット文献にしばしば現われて現在の「仏教」にほぼ相当する「バウッダBauddha（「ブッダ信奉者」が原意）という名称（正確には、サンスクリット語では「バウッダ・ダルマ」または「バウッダ・ダルシャナ」）そのものは、単に「仏の教え」などの語義に相当するにとどまり、現在の宗教概念を適用することは、とんでもない見当違いといわなければならない。

もとより、釈尊には、当時の多くのものに学びつつ、みずからの思索をどこまでも深めた末に、みずからさとり、みずから真理を獲得し、完成したとの自覚は、強く、固く、その内部にあった。しかし、それを格別の教義にまとめあげて、ドグマを築こうとはけっしてしなかった。しかも、そのさとりによって達せられた真実は、以下の第三章に詳述するように、あくまでも、現にここにある生の現実を凝視して、それと表裏一体をなしている。釈尊のさとりの真実が、そのように現実と不即不離にあるのと同じく、質問者の問いのありようもまた、それぞれの現実に立っている。しかも、質問者は各種各様であり、したがってその現実も多彩にわたる。当然のことながら、問いに最も妥当する答えは、ヴァラエティに富むことになり、ここから「対機説法《たいきせっぽう》」の語が由来する。「対機説法」とは、ちょうどそれぞれの病いに応じて、それに最もふさわしい薬を与える（これを「応病与薬」と呼ぶ）ように、その人の機根《きこん》（素質）に相応する教えを説くことをいい、俗に「人を見て法を説く」とも称される。

釈尊は、八〇歳をもって、クシナーラー郊外の沙羅双樹《さらそうじゅ》のもとに静かな、安らかな入滅《にゅうめつ》を迎える。「阿含経」の諸資料はすべて、この入滅を「完全なるニルヴァーナ（パリニッバーナ、パリニルヴァーナ、般涅槃《はつねはん》）」と表現する。そのあと、付近の村民の篤実な信徒たちによって荼毘《だび》（火葬）に付され、駆けつけた有力な信徒たちにより、仏舎利《ぶっしゃり》（遺骨）は手厚く葬られた。

しかし、そのあとも、弟子たちにも、信徒たちにも、釈尊はそのまま生き続けた。ただ姿はなく、形はない。その肉身は消滅しても、教えは「法《ほう》（ダンマ、ダルマ）」として、ますます尊く、いよいよ高く、深い。仏弟子たちは忠実にその法を守り、また釈尊のなしたそのままに遊行して、新たに問う人びとに法を伝える。その過程であらためて法を自覚し、その中核を相互に確認し合う。教えを伝える法の核は、おそらくは、最初は、簡単な詩句ないし短い散文にまとめられて、あい合してともに誦《じゅ》され、また仏弟子の集まりは、自然発生的に小サークルからひとつの結合体になり、やがて教団として確立するプロセスにおいて、釈尊の遺《のこ》した生活の規範である「戒《かい》」は、法とともに教団の軸とされる。

それは、釈尊の入滅後のまもない時機であったかもしれない。こうして、仏教はインドに出現し、釈尊をその創始者とすることになる。ただし、あえて付言すれば、そのような教団のリーダーは、つねに「形のない釈尊」そのものであり、実在する特定の仏弟子ではなかった。瞼《まぶた》の奥に焼きついた釈尊、そして耳朶《じだ》に残るその教えのもとに、仏弟子はすべて一様に釈子《しゃくし》（釈尊の子、もしくは弟子）なのであり、釈尊がつねに説き続けた一切の平等は、あくまで徹底していた。

第一節　阿含経について

①　阿含経とは何か（1）

「阿含経」は、仏教の創始者ゴータマ・ブッダ（釈尊）の教えを直接に伝える唯一の経典群であり、同時にまた現存の「阿含経」は、ゴータマ・ブッダ（釈尊）の教えを原型どおりに記しているのでは、けっしてない。

言い換えれば、ゴータマ・ブッダ（釈尊）の教えそのものは、現在伝えられている「阿含経」を、広義のインド学・仏教学に基づいて、充分に検討し、研究して、はじめて知られ得る。そして、その他のきわめて多数の諸経典、とくに大乗経典からは、まったく知ることができない。ということは、反面、わが国のいわゆる常識として、広く一般に信じられているような日本人の仏教受容をめぐっての通念を根底から批判して、全面的にくつがえすことになろう。それは、日本人一般に漠然と、わが国に伝来して継承されてきた仏教がそのままゴータマ・ブッダ（釈尊）の教えであり、読誦《どくじゅ》され、尊重された諸経典に書かれている一語一句がすべてゴータマ・ブッダ（釈尊）のことば、と信じられてきており、現にまたそのように信じられているからである。この根本的に誤り歪《ゆが》められた日本人の仏教観を正し、ひるがえって、日本人が受容した仏教とはいったい何であったかを明らかにするためには、何よりもまず「阿含経」に関する正確な把握《はあく》を必要とし、ついでインド仏教史の概略から大乗仏教についての概観がなされなければならない。

このような断定に関連して、以下の諸項がただちに付随する。

②　仏の名称

仏教がゴータマ・ブッダ（釈尊）にはじまることについては、異論はまったくない。まずこの固有名詞をめぐって論じてゆこう。

ゴータマはその姓であり、名はシッダッタ。このゴータマ・シッダッタがブッダとなり、この結果ゴータマ・ブッダという名称が、通常の呼び名とされる。これらはすべて、当時のインドの俗語であるパーリ語によるものであり、これをいわゆる標準語のサンスクリット語に置き換えれば、ガウタマ・シッダールタ、そしてガウタマ・ブッダとなる。

本来、ブッダ Buddha は、「目覚める」を意味するブドゥ budh を語根として、「目覚めた人」を指す。いうまでもなく「真理に目覚めて、さとりを成就した人」が、ここでは含意されている。ただしそれは、固有名詞ではなくて、普通名詞であり、「さとったもの（覚者《かくしゃ》）」がブッダなのである以上、複数のブッダが出現し、登場することは、なんら奇異を感じさせない。

仏教の興起した当時のインドの思想界の大要については、すでに述べたが、仏教と同時代の、しかもきわめて近い新宗教のひとつに、ジャイナ教があり、その創始者（ただし、ジャイナ教内部では古くからの伝統の改革者として扱う）であるニガンタ・ナータプッタ（本名はヴァルダマーナ）は、尊敬を受けてジナ（耆那《じな》と音写し、「勝者」の意）やマハーヴィーラ（「偉大な英雄」の意）と称されるほかに、やはりしばしばブッダと呼ばれ、名ざされる。また、このジャイナ教が伝えた古い聖典には、仏弟子の中で最もよく知られたサーリプッタ（シャーリプトラ、舎利弗《しゃりほつ》、舎利子《しゃりし》）が、ブッダとして登場し、そのほかの仏弟子をもブッダと呼ぶ例が見られる。このように、ブッダという名称は、当時は著名な宗教者に冠せられた共通の尊称であった。

付言すると、この名称は、時代が下るにつれて仏教においてのみ用いられるようになり、いわば仏教の独占物のごとく転じていって、ここに仏教をインドで「バウッダ（Bauddha）」と呼びならわすようになる。なお、この「バウッダ」とは、先にも触れたように、「ブッダに属する、ブッダに関連するもの」、「ブッダの教えを奉ずる人（びと）」を表わす。これは、サンスクリット文法にいう「母音《ぼいん》の階梯《かいてい》」において、この場合には、Buddha の中の弱音の -u- が、ヴリッディ vṛddhi と呼ばれる最強級の -au- に交替する。同類の例として、ジナ Jina の -i- が -ai- に変わって、ジャイナ Jaina となる。英語のクライスト Christ（キリスト）がクリスティアン Christian（キリスト教徒）となるのと共通すると見てよい。

ブッダの名称は、中国に伝えられた当初、その音をそのまま写して、「浮屠《ふと》・浮図《ふと》」などの漢字が当てられ（このような例を「音写」ないし「音訳」＝トランスリテレイション transliteration という）、この文字がそのまま日本にもたらされ、伝えられる過程で、この「フト」という読みにケを付し、フはホに近づいて、「ホトケ」の語が生まれた。ここに付せられた接尾辞のケについては、数種の異説があって、現在まで定説はない。いずれにせよ、「ホトケ」という日本語は、「仏」の訓《くん》として、古くから現在においても、日本人のだれもが用いているが、この「ホトケ」の語そのものは、古代インドのサンスクリット語およびパーリ語に共通な「ブッダ」の音《おん》を、その一部に宿した貴重な語といってもよい。

またのちに、ブッダが別に「仏陀《ぶつだ》」と音写されることが増え、とくにそれは、中国の最も有名な訳経僧の玄奘《げんじょう》（六〇〇－六六四）以降に固定する。それに対して、より古い時代には、ブッダの音が中国に伝わる長い道程の途中で、末尾の母音の脱落などがあって、「ブト」と省略され、その「ブト」に「仏」の音写が当てられたとされている。いうまでもなく仏の正字は「佛」であって、この「佛」の字は、左側の人偏に「人」を、右の旁《つくり》に「弗」すなわち否定に近い意味を含んでいる文字を配した。この両方を合わせてつくられた「佛」の字は、「人であって人ではない（人を越えている）」と解する学者（たとえば諸橋轍次《もろはしてつじ》博士）もいる。ちょうど「沸《ふつ》」が、水のまさに水蒸気に化するのを表わすように。

ところで、上述したところから、ゴータマ・ブッダは、いわばゴータマという姓のブッダであることが明示されているけれども、そのほかに多数の異名が知られる。

まず、その出身はサーキヤ（シャークヤ）族であり、これを釈迦《しゃか》と音写する。これに基づいて、ゴーマタ・ブッダを、現在わが国では、「釈迦」と表示することが一般に行なわれているが、これはときに誤解を招きやすい。というのは、この語は、紀元前二〇〇年前後に北インドに侵入したサカ（塞《そく》）族の音写語として、往時の仏典に登場するからである。したがって、その資料による限り、「釈迦」という呼称は退けられ、当然のことながら釈迦族出身のブッダ、すなわち、釈迦仏《しゃかぶつ》（サーキヤ・ブッダ、シャークヤ・ブッダ）と呼ぶのが正しく、これは古い漢訳経典に多く用例がある。さらには、ゴータマ・ブッダが、この釈迦族から出たムニ（牟尼《むに》）であるところから、サーキヤ・ムニ（シャークヤ・ムニ）すなわち釈迦《しゃか》牟尼《むに》と尊称する。この呼称は紀元前後ごろのインドの石柱刻文などに数例残っている。ムニ muni とは、尊者・聖者・賢人をいう（のちにインド特有の偽似語原説により「沈黙を守る人」とする場合もある）。したがって、釈迦牟尼を置き換えて「釈尊」と略す。正確には、おそらく釈迦牟尼世尊《しゃかむにせそん》の略（この世尊はバガヴァン Bhagavan の訳で、尊称のひとつ）。この名称が、長くまた広く、わが国で用いられてきているので、本書では、この「釈尊」の名を用いることにする。冒頭の部分に、「ゴータマ・ブッダ（釈尊）」としたのは、右の理由に基づく。

さらに、釈尊は、真理（タター tathā、原意は「そのように」）に到達した（ガタ gata）、または真理から私たちのところに到来した（アーガタ āgata）と考えられて、タターガタ Tathāgata と尊称される例がきわめて多い。そして、この真理は「如《にょ》」（とくに「真如《しんにょ》」）と訳され、タターガタは「如来《にょらい》」（ごくまれに「如去《にょこ》」）と漢訳される（チベット語訳は「如去」をとる）。このガタやアーガタの語根のガム gam には「理解する」の意もある。したがって、「如来」とは「真理完成者」と解してよい。なお、この呼称もジャイナ教と共通しており、両者の当初から伝えられている。

釈尊の別称は、そのほかにも多くのものがあり、これらをとくに「仏《ぶつ》の名号《みょうごう》」と呼ぶ。これらの仏の名号は、『マハーヴィウトパッティ』(Mahāvyutpatti『翻訳名義大集《ほんやくみょうぎたいしゅう》』と訳される）という、九世紀に作成された古い基本的な諸術語の訳語用辞典（サンスクリット語からチベット語・漢語・モンゴル語へ）には、計一〇一もの多数が掲げられている。さらに、後述する最初期の経典には、それ以外の呼称も見られ、その例を加えると、名号の数はさらに増大する。それらの中で、最も著名なものを一〇だけ数えあげて、これを「仏《ぶつ》の十号《じゅうごう》」と名づける例が、かなり古くから行なわれている。

③ 阿含経とは何か（2）

阿含経はその名のとおり「経《きょう》」（スッタ、サンスクリット語はスートラ）であるが、初期の仏教のきわめて重要な資料としては、この「経」のほかに「律《りつ》」がある。略していえば、「経」とは教えそのものを、「律」とは仏教教団の規律を指す。

語原的には、「経」も「スッタ（sutta、スートラ sūtra）」も、それぞれの言語で「たていと」を意味し、この「経糸《たていと》」に「緯糸《よこいと》」をからませて布が織りあげられるように、基本的な線を表現し、それから「基本的な短い要説」をいう。また、「律」の原語の「ヴィナヤ」vinaya は、「除去」また「指導」、「訓練」から「慎しみ深い行為」を表現する。

スートラは、古代インドのバラモン教をはじめ、やがてそれがインド土着思想を受容してインドの民俗宗教となったヒンドゥ教や、それ以外の諸宗教ならびにインド正統哲学の諸学派においても、それぞれに編纂《へんさん》されている。仏教の各種のスートラは、本来は、釈尊の教えを伝えるもの、そして後代には、とくに釈尊とは直接的なつながりのない大乗経典のもろもろのブッダ（諸仏《しょぶつ》。これについては第三部に詳述する）の説を述べるテクストをいい、その形式としては、散文のもの、韻文《いんぶん》のもの、両者を含むものの三種があり、またその散文がかなり長文にわたるものもある。

そして、「律」に含まれる古いテクストの一部にも、「釈尊の教え」の数多くのものが伝えられている。ただし、このような例は、元来はその「律」の起原や沿革、また条日の解説に資するためであり、しかもしばしば同類の文を、ときにはそれよりも古い形を、この阿含経が残している。こうして、阿含経に漏れるケースを考慮して、①の冒頭に記した文の中の「唯一の経典群」を「ほぼ唯一の資料」としてもよい。

なお、阿含経という「経」も、そしてまた「律」も、けっしてただひとつのテクストではない。そうではなくて、ともに、多くのテクストを集めたいわば一種のグループに対する名称であり、そこでそれらのいわば収集《コレクション》を意味する「蔵《くら》」（ピタカ）の語を付して、それぞれ「経蔵《きょうぞう》（スッタ・ピタカ）」、そして「律蔵《りつぞう》（ヴィナヤ・ピタカ）」と称する。

ところで、阿含経－「経蔵」の内容については、次の第二章に詳しく記すとして、ここではその成立について、従来の伝承を軸に、概略を述べておこう。

釈尊の教えと、それに直接の仏弟子たちの言行の主要なものを加えて、釈尊の入滅《にゅうめつ》後のまもない時期に、それらの散逸と誤伝とを免れるために、あるいは歪曲《わいきょく》や逸脱などを防止しようとして、いわゆる「結集《けつじゅう》」が行なわれた。その後もこの種のことが反復されるところから、これを「第一結集《だいいちけつじゅう》」と呼ぶ。

結集は、現在でいえば、総括と校訂と編集とに相当し、その原語のサンギーティ saṃgīti には、結集のほかに、合誦《ごうじゅ》や等誦《とうじゅ》という訳もあって（原意としてはいまのコーラス、合唱に近い）、そこに参加する一同で誦したことも推察される。ここに、経蔵と律蔵とが（実はそれぞれの原型が）成立する。そして、それらが、その伝承を重ねるあいだに、やがてそれらの註釈を兼ねつつ、みずからの説をも盛りこんだ文献である「論《ろん》」（アビダンマ、アビダルマ）がつくられ、それもしだいに数を増して「論蔵《ろんぞう》」となり、こうして経蔵・律蔵・論蔵の「三蔵（ティ・ピタカ）」（南伝仏教では律蔵を先に置く）が成立する。

これらのうち、とくに経蔵と律蔵とは、当時の仏弟子たちの記憶するところなどを集めて再確認し、おそらく討議を経て編んだものであり、この第一結集において、一応の基本的な骨格ができあがるとはいえ、それが、どのようなものであったかは、まったく不明であり、これに関する厳しい文献学が要請される。ともあれ、このいわば骨格に基づいて、それになんらかの肉づけを施しながら、それらはその後に口伝《くでん》によって、何世代にもわたり、また遠近の各地へと伝承されてゆく。こうして、仏教の拡大とともに、それが仏教の名のもとに、インド各地に、そして後代へと伝来される。

この「伝来」という意の原語を「アーガマ āgama」と称する。アーガマとは、もともと英語の go やドイツ語の gehen（ともに「行く」の意）などと、同じ語原と意味とをもつサンスクリット語・パーリ語の gam に、「こちらへ」を表わす接頭辞の ā を付したもの。すなわち「伝来されたもの」、「伝来された諸経典」を「アーガマ（āgama）」と呼び、これが中国では「阿含《あごん》（経《ぎょう》）」と音写された。

したがって、「阿含経」つまり「アーガマ」は、最初期ないし初期の仏教において成立した諸経典の総称とみなしてよい。ただし、それの原型と現存のものとの間に、さまざまのきわめて重大な、しかも困難な諸問題があり、それらについては後述する。

④ 阿含経の扱いをめぐる仏教小史

東南アジアのほぼ全域に広がる南伝仏教《なんでんぶっきょう》は、その成立年代などはすぐあとに記すとして、すべてアーガマに基づいて成立し、組織されており、これをパーリ語で伝えるテクストが、中心の軸となる。もとよりそこには、パーリ語の律蔵（と論蔵）も重大な役割を果たしている。

今日に至る南伝仏教は、おおよそ紀元前三世紀の半ばごろに、西インドから海路インドの南端を回ってスリランカに渡り、その後に、何度かの試みを経て、正式には一二世紀以降に、スリランカからベンガル湾を北上して、ビルマ、タイ、カンボジア、ラオスその他に伝わり、広まった。これらの地域は、地方ごとに言語がそれぞれ異なり、言語学から見ると、スリランカはインド系、ビルマはチベット系、タイは中国系という言語環境のもとで、仏教経典だけは、以上の各地において、すべてパーリ語がそのまま使用され、保存されており、逆にいえば、彼らの共通語となっている。それは、西欧の各国が言語を異にしながら、ラテン語がキリスト教圏の共通語として、今日も一部に生きているのと事情はまったく変わらない。

南伝仏教そのものは、ときに一地方で断絶や衰退を挟《はさ》みつつも、東南アジア全体としては、その伝承が現在まで継続し、最近はいっそう繁栄して、その地域の諸民族の生活の基盤を堅持している。

インドの仏教は、釈尊の入滅後およそ一〇〇年（別説、二〇〇年）を経た時代に、インド史上はじめてインド全体を統一したマウリヤ王朝の、とくにその第三代のアソーカ王（アショーカ王、阿育《あいく》王、紀元前二六八－二三二在位）の帰依《きえ》を受けて、それまでの緩やかな拡大から、ここに一大飛躍を遂げる。ギリシアの資料に記録されたアソーカ王の時代から逆算して、釈尊の生没や事績の年代の定かでないところを推定し、それからほぼこのころまでの仏教を、「初期仏教」もしくは「原始仏教」と呼ぶ。右の南伝仏教の基点となったスリランカへの初伝は、アソーカ王の時代であり、それはスリランカの史書に明白に語られる。ただし、ここで次の点をとくに強調しておかなければならない。

おそらくアソーカ王よりもやや以前に、主として「律」の解釈をめぐって、仏教教団内部にいくつかの異論が生じ、いわゆる「第二結集《だいにけつじゅう》」が行なわれる。この異論は解決不能に陥り、ここに教団の分裂が引き起こされて、伝統を重んずる保守的な上座部《じょうざぶ》（スタヴィラ・ヴァーダ、「尊敬される長老の説」の意のサンスクリット語）ときに長老部《ちょうろうぶ》（テーラ・ヴァーダ、右と同じ意のパーリ語）と、革新を掲げる進歩的な大衆部《だいしゅぶ》（マハーサンギカ、「大きな集団・組合の派」の意のサンスクリット語・パーリ語）とに二分される。このことから、初期仏教（もしくは原始仏教）の呼称は、釈尊の時代からこの教団の分裂までを指示すると考えたほうが、より適切であろう。なお、第二結集は、あらためて上座部においてのみ行なわれたとの説もある。南伝仏教はこの上座部の系譜を引き、その伝承によれば、アソーカ王の時代に「第三結集《だいさんけつじゅう》」も開催されたという。

教団の最初の分裂は、さらに再‐細分裂へと展開し、それぞれを「根本分裂《こんぽんぶんれつ》」、「枝末分裂《しまつぶんれつ》」と呼んで、ここに部派《ぶは》仏教の成立を見る。この枝末分裂はおおよそ紀元前一〇〇年ごろまで、前後約二〇〇年近く続き、合わせて二〇ないしそれ以上の部派名があげられている。それらのうちで、上座部とその系統の説一切有部《せついっさいうぶ》（略称、有部）、法蔵部《ほうぞうぶ》、犢子部《しくしぶ》、止量部《しょうりょうぶ》、経量部《きょうりょうぶ》などと、大衆部の名がよく知られる。そして、一応、この時代以降を中期仏教と呼ぶことにしよう。

中期仏教には大きな柱が二つあり、そのひとつをこの部派仏教が占める。ここでは、各部派が互いにみずからを固めて仏説《ぶっせつ》（釈尊の教え）を伝えようと意図して、まず第一に、「経」そのものの整備に熱中し、こうしたプロセスにおいて、現在に伝わる「アーガマ」の形式と内容との大綱が確定する。

しかし、上述したように、それはすべて口誦《くじゅ》によって長期にわたり伝承されてきたものを継承しつつ総括しており、しかも伝承の間に、付加や増大（これを「増広《ぞうこう》」という）、縮小や削除（これを「損耗《そんもう》」という）、また変更や再構成など、一言で表わせば原型の変貌をか

仏教の歩み

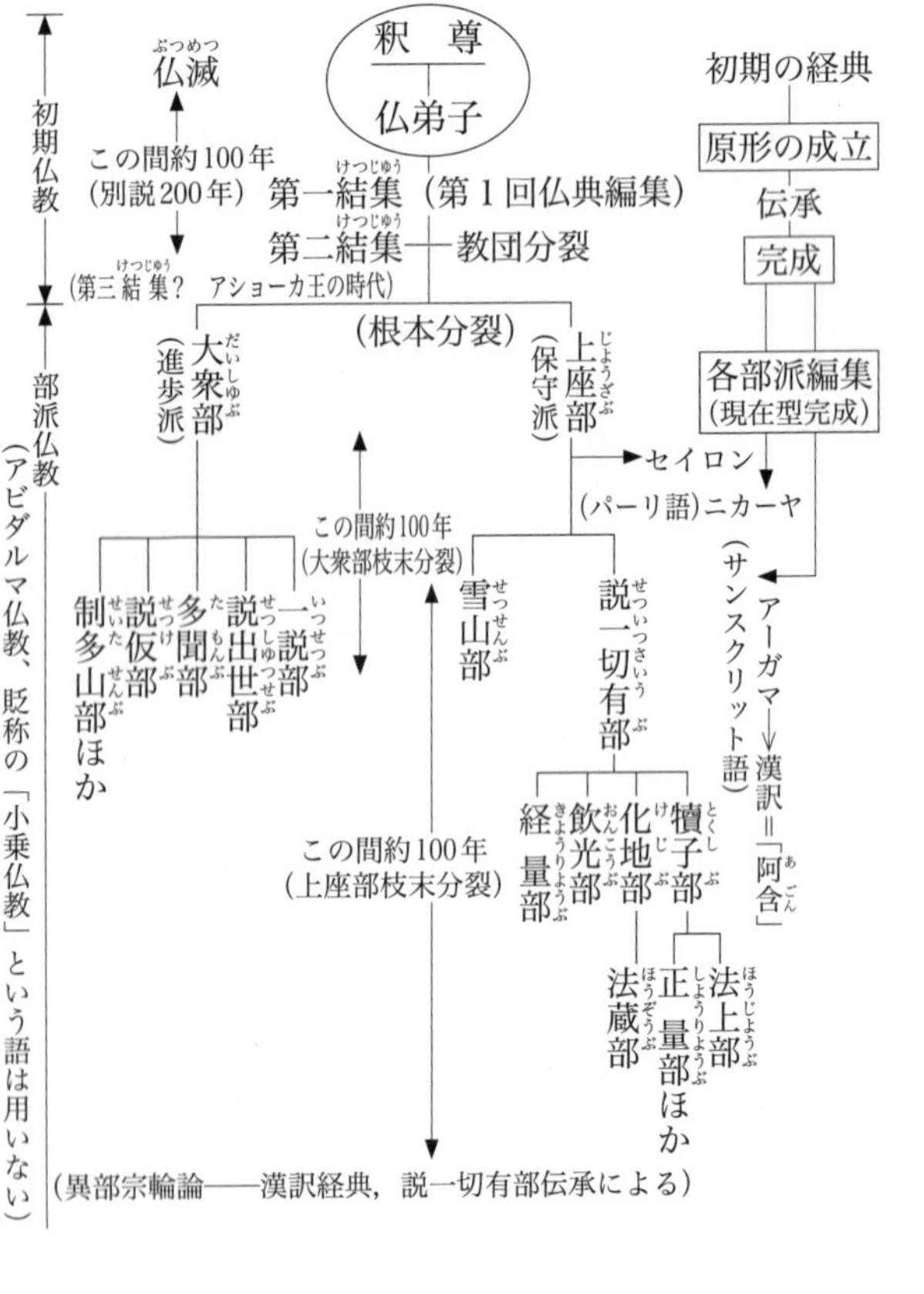
初期仏教
部派仏教（アビダルマ仏教、貶称の「小乗仏教」という語は用いない）
釈尊
仏弟子
仏滅《ぶつめつ》
この間約100年
（別説200年）
第一結集《けつじゅう》（第1回仏典編集）
第二結集《けつじゅう》──教団分裂
（第三結集《けつじゅう》？　アショーカ王の時代）
（根本分裂）
大衆部《だいしゅぶ》
（進歩派）
上座部《じょうざぶ》
（保守派）
セイロン
（パーリ語）ニカーヤ
この間約100年
（大衆部枝末分裂）
一説部《いっせつぶ》
説出世部《せっしゅつせぶ》
多聞部《たもんぶ》
説仮部《せっけぶ》
制多山部《せいたせんぶ》ほか
雪山部《せっせんぶ》
説一切有部《せついっさいうぶ》
犢子部《とくしぶ》
化地部《けじぶ》
飲光部《おんこうぶ》
経量部《きょうりょうぶ》
法上部《ほうじょうぶ》
正量部《しょうりょうぶ》ほか
法蔵部《ほうぞうぶ》
この間約100年
（上座部枝末分裂）
初期の経典
原形の成立
伝承
完成
各部派編集
（現在型完成）
（サンスクリット語）
アーガマ→漢訳＝「阿含《あごん》」
（異部宗輪論──漢訳経典，説一切有部伝承による）

なり多く被っている。それはとくに、各部派において、従来の伝承を固定してアーガマを作成する際に、その部派の態度や主義・主張といったものが、当然のことながら、かなり大きく左右したであろうし、しかもアーガマこそがその部派の立脚する基盤を形成したのであるから。

これらのことから、冒頭にも記したとおり、現存のアーガマ（阿含経）を、そのまま「釈尊の教え」に直結することは、あまりにも短絡化しすぎており、今日の仏教学からすれば、むしろ誤りとみなされる。ただし、釈尊の教えと仏弟子たちの言行などは、そして最初期ないし初期の仏教の資料は、アーガマ（阿含経）にしか存在していないのであり、のちの第三部に登場するあまたの大乗経典《だいじょうきょうてん》（これを日本人は「釈尊の教え」そのものと誤解し、「仏教」として受容してきた）には、求むべくもないことが明白である以上、何よりもまずアーガマ（阿含経）の解明に専念する仏教文献学が必要不可欠の前提とされる。そして、それは、近代学問としてすでに一〇〇年以上の年月を刻んで、今日もなお営々として継続している。この文献学の大要は、次節に述べる。

ところで、諸部派は、それぞれに「経」の整備・確定と並んで、まさしくみずからの主義・主張を一種の教理ないし教義にまとめあげて、「論《ろん》（アビダンマ、アビダルマ）」の作成に懸命となる。また同時に、そのような理論的側面もさることながら、それぞれの部派にそれぞれが立てこもり、その部派の特質を推進してゆく出家《しゅっけ》の比丘《びく》（ビック bhikkhu、ビクシュ bhikṣu。原意は、食を乞うもの、乞食者《こつじきしや》。もともと出家修行者はみずからの修行に集注して、食事は托鉢《たくはつ》によって得る。女性は比丘尼《びくに》、ビックニー bhikkhunī、ビクシュニー bhikṣuṇī）たちは、その実践面において、いっそう力を注ぎ、厳しい修行に励み、このころから見られる僧院を根拠とする厳格な生活が、ますます強固に維持される。それが激しくなればなるほど、出家比丘の地位は高まり、質も向上するとはいえ、他方では、仏教そのものがしだいに出家者中心に、そしてさらに出家者独占へと傾いてゆくことも否めない。

しかし、それと並んで、仏教に帰依《きえ》して、釈尊や仏弟子の遺徳・遺訓などを偲《しの》びつつ、高徳の出家者に奉仕する在家《ざいけ》の信者たちが、初期から中期に継続して活躍し、その数を増加してくる。彼らは、もちろん出家比丘への布施《ふせ》その他の奉仕に努めるほかに、出家者たちの孤高が強化されるのとはやや距離をおいて、みずからのひたすらの思いを、何か形あるものに求めようとし、あるいは、ある新しい道の探索に向かう。すでに釈尊の入滅《にゆうめつ》直後にその遺体を荼毘《だび》（ジャーペーティ jhāpeti というパーリ語の音写。火葬）に付し、さらに仏舎利《ぶつしやり》（舎利はサリーラ sarīra、シャリーラ śarīra の音写。原意は身体、遺身、それから遺骨をいう）と呼ばれる遺骨の奉納にその端を発し、やがていっそう盛んになってゆく仏塔（ストゥーパ）の建立《こんりゆう》とその維持、すなわち仏塔崇拝になびくものも、多数現われる。そのほか、釈尊の前世を空想し、かつその生涯を美化する讃仏文学《さんぶつぶんがく》や仏伝文学の作品に、またその他さまざまの方策の模索の中で、新たなる胎動が芽生える。

およそ、紀元前後ごろを中心として、おそらく、これらの在家信者たちに、少数の出家比丘を交じえながら、それまでの部派《ぶは》‐僧院の仏教とはタイプを異にする一種の新しい運動が兆しはじめ、それらはインドのあちらこちらに散在しつつ、やがてそれぞれに大きな盛り上がりを見せる。

その新しい型の運動の絶頂に、再び新たなる諸仏が誕生し、新たなる諸経典（の原型）が成立していった過程において、この運動の内部に「大乗《だいじょう》」の自称が生まれる。大乗とは、サンスクリット語でマハーヤーナ mahāyāna すなわち「大きな乗り物」を意味する。のちにこの大乗の自称に対して「小乗《しょうじょう》」の語が派生するが、小乗とはヒーナヤーナ hīnayāna、すなわち「小さく（卑小で）劣悪な乗り物」という貶称《へんしょう》であり、インドの資料には、登場しはじめるのも遅く、また用例も乏しい。それに対して、とくに中国において、「小乗」の語が固定され、一種の偏見が加えられて著名になり、やがて一般化して、それがそのまま日本仏教に凝結している、と評し得る。ともあれ、この大乗仏教の初期が、インド中期仏教のもうひとつの柱を形成する。

ただし、いわゆる大乗仏教運動はかなり緩やかに進行して、けっして突発的なものではない。また、そのイデー（理念）や活動の方向も、一種類のみではなくて、多岐・多種にわたり、それら多数の諸運動間の連繋《れんけい》は、それほど密ではなく、不明なところが多い。また、ようやくその姿を鮮明にした新たなる大乗の諸経典は、仔細《しさい》に検討してみると、すでに初期経典に説かれていた、ある思想なり、術語なりを、いわば種子から萌芽《ほうが》へ、さらに大輪の花へ、確固たる果実へと進展させ、結晶させた跡もあり、見方によっては、大乗仏教が初期仏教とある形で連絡して通じ合うところは必ずしも少数ではないことが、承認されている。ただし上述したように、大乗仏教を「釈尊の教え」そのものに直結させることは、到底許されない。

こうして、中期仏教には、一方に、繁栄を後期まで継続してゆく部派仏教があり、他方に、かなりの年代を要したとはいえ、在家信者の推進による大乗仏教運動の中から大乗諸経典群の成立を見る。ここでもやはり、大乗のそれぞれの諸経典ごとに、その原型やたまたま現存しているテクストについて、上述のアーガマの場合と同様、さまざまな変貌の経過を見ることができる。

紀元三世紀には、初期の大乗経典がほぼすべて出そろい、やがて部派の論書を根底から批判して、新たなる大乗仏教の基礎づけを果たす大乗の論書が創作されて、部派仏教と互角に競合し、中期仏教はインドにおける仏教の最盛期を謳歌《おうか》する。

しかし、クライマックスは永遠に長続きすることはできず、そのエネルギーがいつか衰えかけたところに、インドは再び政治的に大きな転換期を迎える。すなわち、最もヒンドゥ色の濃いグプタ王朝（四世紀前半〜五世紀末）の全インド統一があり、バラモンを頂点とするカースト制度が社会の全般をくまなく支配して、哲学・文学・芸術などの文化はもとより、日常生活のすべてにそれが根をはり、バラモン教－ヒンドゥ教の全盛を迎えた中では、バラモン文化のみがもてはやされて、仏教の影は急速に薄くなる。このグプタ王朝登場の紀元三二〇年までを中期仏教とし、以後を後期仏教とみなしていこう。

後期仏教に移るさなかにおいて、大乗仏教もいわば成熟して、大乗仏教中期に移る。その間、諸経典の増広や整備が続き、同時にさらに新たな諸経典や論書が誕生し、成立する。それとほぼ同じ活動が大乗仏教後期にも継続し、反復される過程で、一部には、哲学に相当する論理学や認識論などの研究が深められ、またしだいに「部派」と「大乗」との境界は失われ、同時に、後期仏教がヒンドゥ教的な要素を受け入れて変貌しながら、「密教」が生まれる。それが仏教の最後を飾る一種の光輝とはなるけれども、すでにヒンドゥ教との類似が目立って、仏教の独自性は稀薄化し、さらに西方から侵入したイスラームの軍の標的とされて、ついに紀元一三世紀初頭に、正確には一二〇三年に、ヴィクラマシラー大寺院がイスラーム軍に徹底的に破壊されたあとは、後期仏教は立ちなおる余力をもたず、インド仏教の衰滅が訪れる。

仏教の中国への伝来は、おおよそ紀元前後から後一世紀ごろと推定されている。当初は、中国に移入した外来人の一部において、そして少しずつ周囲の漢民族に仏教は迎えられ、いわばか細い糸をたぐりつつあったものの、やがて機が熟すると、五世紀以降にはきわめて活発化した。すなわち、いわゆる秦・漢帝国が滅んだのち、中国には三国、西晋、東晋、南北朝、とくに北には五胡十六国が目まぐるしく交替するなど、戦乱の絶えなかったこの約三〇〇年のあいだに、かつて政治と緊密な関係にあった儒教の権威はほとんど無力と化し、頼るべき規範が失われた中で、ひたすら内心の平安を求めていた中国人たちは、おそらく西方の新しい文化への好奇心も加わって、大きく仏教の受容に傾き、切実な関心と期待とを寄せはじめてゆく。そして、五世紀には、アーガマ（阿含経）も、そしてまた前述のようにのちに生じた大乗の諸経典を含む諸テクストの多くも、あいついで漢訳された。

インド人を父とする西域クチャ（亀茲《きじ》、キジル）の僧のクマーラジーヴァ（鳩摩羅什《くまらじゅう》、略して羅什または什、三五〇―四〇九）が長安に到着した四〇一年から、五四六年に南海を経て渡来し、広州あたりを流浪したパラマールタ（真諦《しんたい》、四九九―五六九）を経て、計一六年間に及ぶインド留学から六四五年に唐の都の長安に帰国した玄奘《げんじょう》（六〇二―六六四）に至るまで、あるいは七一六年渡来の善無畏《ぜんむい》（シュブハーカラシンハ、六三七―七三五）と七二〇年渡来のあと、いったんインドに帰り、七四六年に再渡来する不空《ふくう》（アモーガヴァジュラ、七〇五―七七四）までの約三七〇年間が、仏典漢訳の最も華やかな年代ということができる。

中国仏教そのものは、隋の中国全土の統一より玄奘が没してまもないころまで、すなわち隋から唐の前期にかけて黄金時代を誇り、ここにインド仏教からはある意味で独立した中国仏教の成立を見る。名僧・高僧・学僧が数多く現われ、ひとりでそのすべてを兼ねるものもあり、彼らによってあまたの諸経典（「論」や「律」も含む）から、とくに依拠すべきテクストがおのおの独自に選択され、それに基づいて、新しい論書が述作され、ここに教学が確立して、彼らのそれぞれを祖とする学派、やがて諸宗派が形成される。なお、これらのおのおのの宗派（多くがテクストの名称により、たとえば毘曇宗《びどんしゅう》、地論宗《じろんしゅう》、摂論宗《しょうろんしゅう》、やがて三《さん》論宗《ろんしゅう》、天台宗《てんだいしゅう》、華厳宗《けごんしゅう》、法相宗《ほっそうしゅう》、また律宗《りつしゅう》、真言宗《しんごんしゅう》など）のそれぞれの「宗の教え」という意味において、ここにはじめて「宗教《しゅうきょう》」の語が仏教内部に生まれ、いわば仏教の下位概念として、仏教者のあいだでのみ、この語は用いられた。

　その際、中国人の仏教者が最も当惑したのは、アーガマ（阿含経）から大乗諸経典まで、経典のことごとくが、いずれも「仏説」を標榜《ひょうぼう》し、すべて釈尊の説く教説としており、言い換えれば、釈尊入滅の数百年後のインドに成立した大乗のあまたの諸経典までも、そのどれもがアーガマの形式をまったくそのまま踏襲していることであった。たとえば、ほぼあらゆる経典のそれぞれの冒頭には「如是我聞《にょぜがもん》」（是《か》くのごとくわれ聞けり）とあって、仏（釈尊）から直接に仏弟子たちが聞いた、と記述され、また仏はもとより、仏弟子の阿難《あなん》（アーナンダ）・舎利弗《しゃりほつ》（サーリプッタ、シャーリプトラ）・須菩提《しゅぼだい》（スブーティ）その他が重要な役割を担って登場しており、そのことは大乗経典においてもまったく変わらない。それにもかかわらず、同時にまた必然的に、アーガマ（阿含経）と大乗諸経典とのそれぞれの説く内容には、多くの隔たりがあり、違いが目立つだけではなく、ときに反対し、矛盾することも、けっして少なくない。

これは、上述したインド仏教史の推移からすれば、きわめて当然であるにもかかわらず、その史実が正確には伝えられず、知ることのできなかった中国人には、全経典を一貫する仏教そのものへの探究が強まれば強まるほど、これらの（本来は当たりまえの）諸混乱をしいて統一すべき見解が求められ、望まれる。このような中で、アーガマ（阿含経）と大乗諸経典との違いの識別あるいは分類を、当時の中国の仏教界は、（後代のような実証的・客観的・学問的な）文献学には依らずに、まったく別の方法を採用することによって解決しようと試みた。

その方法論は「教相判釈《きょうそうはんじゃく》」と呼ばれ、略して「教判《きょうはん》」といわれる。すなわち、それまでにすでに漢訳されていた全経典を「釈尊一代における説法」とみなして、独自の解釈に基づきながら、釈尊の成道《じょうどう》（さとりの完成）から入滅《にゅうめつ》までの四五年間のそれぞれの年代に、諸経典を区分して配当することが行なわれた。この中国独自の文献操作の方法論は、その後の中国・朝鮮半島・日本などのいわゆる北伝仏教圏にそのまま継承されている。これは大乗仏教をもそのまま「釈尊の教え」とする誤った「仏教」像を生み出して、今日もなお仏教国といわれるわが国においてすら、そのとおりに信じられている事態を引き起こし、他方ではまた、「阿含経」の扱いについて、絶大なマイナスの作用を果たしているところから、以下に項をあらためて詳しく述べよう。

⑤「教判」とは何か

上述のように、「教判《きょうはん》」は「教相判釈《きょうそうはんじゃく》」の略ではあるが、この略称のほうが長く親しまれているので、ここにもそれを用いる。

空想的な時間に遊んで、過去の歴史への関心が極度に薄いインド人に対して、逆に、漢民族は現世－現実に固執し、現在に至るまでに推移した遠近の史実を丹念に記録して、歴史と伝統とを重んずる。こうして、インドでは、何百年もの差を無視して、同一の人名の登場するあまたの経典が生まれる一方、それをそのままに受容した中国では、そのような諸経典に対して、格別の歴史解釈の工夫がこらされる。

仏教思想の全体を、ことごとく「釈尊の一代記」として位置づけようとする「教判」は、ようやく漢訳経典の多くが出そろった南北朝時代にはすでにはじまった。古く有名なものは、光宅寺《こうたくじ》法雲《ほううん》（四六七－五二九）の名著『法華経義記《ほけきょうぎき》』（聖徳太子の『法華経義疏《ほけきょうぎしょ》』の最も重要な参考書）に説かれ、ここには仏教全体を「頓教《とんきょう》」（その場でただちにさとる）と「漸教《ぜんきょう》」（習熟に従い、しだいにさとる）との二つに分けたうえで、漸教をさらに、①有相教《うそうきょう》（阿含《あごん》）、②無相教《むそうきょう》（般若《はんにゃ》）、③抑揚教《よくようきょう》（維摩《ゆいま》）、④同帰教《どうききょう》（法華《ほっけ》）、⑤常住教《じょうじゅうきょう》（涅槃《ねはん》）の「五時《ごじ》」（釈尊の一生を分けて五つの時期とする）に区分する。これは、釈尊の成道《じょうどう》直後から入滅までに、いわば初歩的なものから高度なものへと、五つのステップにわたって、その説法が行なわれたとする考えであり、右の（　）内には、それぞれの段階において説かれた教えを含む代表的経典とみなしたものが掲げられる。なお、法雲以前にすでに教判は行なわれ、また同じ時代に種々の教判があったとされている中で、この「五時説《ごじせつ》」はとくに名高い。

それは、隋代に受けつがれ、天台智者大師《てんだいちしやだいし》智顗《ちぎ》（五三八－五九七）や、嘉祥大師《かじようだいし》吉蔵《きちぞう》（五四九－六二三）といった、中国仏教史上の最大の高僧・学僧として尊崇される人びとに、これが採用されることによって、以後の仏教は、ほぼその跡を追うことになる。

とくに智顗の説いた「五重玄義《ごじゆうげんぎ》」はよく知られ、その第五にあげられる「判教《はんきよう》」とは教判を指す。それは智顗の遺《のこ》した諸本や語録にちりばめられており、のちに高麗《こうらい》の諦観《たいかん》（一〇世紀）の『天台四教儀《てんだいしきようぎ》（別名、諦観録《たいかんろく》）』にまとめられて、広く中国・朝鮮半島・日本に普及した。それには、冒頭に、

天台智者大師《てんだいちしやだいし》は、五時八教《ごじはつきよう》を以《も》って、東流《とうる》一代《いちだい》の聖教《しようぎよう》を判釈《はんじやく》し、罄《ことごと》く尽《つ》くさざるは無《な》し。五時《ごじ》と言《い》うは、一《いち》に華厳時《けごんじ》、二《に》に鹿苑時《ろくおんじ》、三《さん》に方等時《ほうとうじ》、四《し》に般若時《はんにやじ》、五《ご》に法華《ほつけ》・涅槃《ねはん》時《じ》なり。是《これ》を五時《ごじ》と為《な》す。

という。つまり、インドより東の中国に伝来した尊い仏教の教え全体を、釈尊が一代にわた

り（約五〇年間）続けられた説法の五つの時期にそれぞれ区分して解釈し、その五つの時期すなわち「五時」にそれぞれ独自な命名を施す、という偉業は、天台智者大師によって完成した、と賞賛する。

続いて、この五時にそれぞれに説かれた経典をあげているので、その大要を表示すると、

(1) 華厳時《けごんじ》　三七日《さんしちにち》（二一日間）　華厳経《けごんぎょう》
(2) 鹿苑時《ろくおんじ》　一二年　阿含経《あごんぎょう》
(3) 方等時《ほうとうじ》　八年　維摩経《ゆいまきょう》・思益経《しやくきょう》・金光明経《こんこうみょうきょう》・勝鬘経《しょうまんぎょう》など大乗諸経典
(4) 般若時《はんにゃじ》　二二年　諸般若経《はんにゃきょう》
(5) 法華《ほっけ》・涅槃時《ねはんじ》　八年　法華経《ほけきょう》、一日一夜だけ涅槃経《ねはんぎょう》

となり、それの説くところを紹介すれば、

釈尊は、成道《じょうどう》の直後の三七日《さんしちにち》（二一日間）に華厳経を説いたけれども、あまりに高遠荘厳《しょうごん》のために、人びとの理解はそれに及び得なかった。そこで、以後の一二年間は、とくに意識的に卑俗化して、素質なく、智慧《ちえ》もない人びとに、具体的にわかりやすく、阿含経を説

いて、彼らを教化した。以後は、しだいにレベル・アップして、八年間は維摩《ゆいま》経や勝鬘《しょうまん》経などの大乗諸経典を、あと二二年間にあまたの般若経、そして最後の八年間に法華経を、臨終に（大乗の）涅槃経を説いた。

という。

なお、以上の根拠となる「五時」、すなわち時間経過と五つのステップに分ける着想は、往時から今日まで最も愛好される羅什《らじゅう》訳『妙法蓮華経《みょうほうれんげきょう》』第四章の「信解品《しんげぼん》」に見える有名な「窮子喩《ぐうじゆ》」にすでにある。すなわち、①長者の子が幼年で家出し、②五〇年のあいだについに貧窮に陥って、③長者の父を訪ねると、父は子とわかるが、子は父とは知らず、④二〇年間子はその家に熱心に勤め、⑤老い病んだ父は一同に子と告げて財物を譲るという、五段階にわたる譬喩《ひゆ》が説かれる。ただし、この物語（その他の喩《たと》えもある）は別として、このように「五時」を立てる教判は、現在知られる経典成立史とはまったく別の価値観によっている。

あるいはまた、そのような「五時」ないしは「五種」に全仏教経典を配分する解説は、たとえばインド初期大乗仏教の最大の論師であり、当時の中国仏教者が深く依拠したナーガールジュナ（龍樹《りゅうじゅ》、約一五〇－二五〇）の著『大智度論《だいちどろん》』（現在は一部に著者問題がくすぶる）の巻二にあり、それは、「仏法五種人説《ぶっぽうごしゅにんせつ》」といって、①仏自身の口から発した説、②仏弟子の説、③仙人（聖者の一種）の説、④多くの天（デーヴァすなわち神）の説、⑤化人《けにん》（仏が形を変えて現われる）の説という。しかし、天台の「五時」説は、このいわば形式的な「仏法五種人説」とは異なって、経典内容への理解の豊かさを示している、とも評されよう。

智顗《ちぎ》の説を起原とするこの「五時八教《ごじはっきょう》」の教判は、のちにたとえば法相宗《ほっそうしゅう》の「十宗《じっしゅう》」や華厳宗の「五教十宗《ごきょうじっしゅう》」など、またわが国の弘法大師《こうぼうだいし》空海《くうかい》（七七四―八三五）の「十住心《じゅうじゅうしん》」の説ほか、多くの卓説を導くことになる。しかも、教判は智顗に発する天台宗の隆盛とともに中国仏教全体に広く受容され、それをそのまま導入した日本仏教では、この「五時八教」説が不動の基本教説となり、江戸時代末期まで、それどころか、学界の実情が伝わらない世間一般には、今日もなお忠実に、堅固に守り続けられている。

したがって、この「教判」に依拠して、そのとおりに仏教を考え、実践する大部分の仏教者のすべて、またそれに傾倒したままの大多数の仏教信者にとっては、ほぼ必然的に、阿含経は「釈尊の教え」の最も低俗のものであり、みずから読誦する大乗経典こそが最も高級であって、しかも「釈尊のさとり」そのものを伝えている、と頑として信奉し続けて、けっして譲らない。とくにわが国では、古くから仏教者のすべてがみずから「大乗相応《だいじょうそうおう》の国土《こくど》」であることを誇り、他方、阿含経の軽視というよりは、阿含経そのものがまったく無視されていて、その内容への関心も皆無であったという歴史的事情が、今もなお根強く残存する。

⑥「大乗非仏説」論

ところが、江戸時代の中期にひとりのきわめて篤実な研究者が市井《しせい》に出る。その名は富永《とみなが》仲基《なかもと》（一七一五－一七四六）。彼の残した業績はあまりにも卓抜であるので、やや詳しく述べよう。

仲基は大坂の町人の三男に生まれ、富裕で好学の父ほか四人のいわゆる五同士が創設した懐徳堂《かいとくどう》に学ぶ。まず儒学に関して、おそらく十代の半ばには、『説蔽《せつへい》』（蔽《へい》とは断定、判断）という書を著わすが、激しすぎた批判的文章のために、破門される。この書は、刊行には至らず、原稿も失われて伝わらないが、後述する二つの著書の中に大要がうかがえる。すなわち、その批判は、孔子《こうし》にはじまって、伊藤仁斎《いとうじんさい》・荻生徂徠《おぎゅうそらい》にまで及んだ。その後、仏学《ぶつがく》（仏教研究）に移り、当時知られていた中国選述の諸仏典（ただし、インド選述の漢訳経典はほとんど見ていないことが明らかにされている）をあまねく読破して、仏典およびその教理の歴史的発展を跡づけた『出定後語《しゅつじょうこうご》』を公刊（一七四五年）、その二ヵ月後に、穏健な彼自身の「道」の思想を和文で説く『翁《おきな》の文《ふみ》』を刊行（一七四六年）して、そのほぼ半年のあと、年来の病弱から、数え三二歳で没した（この両書はほぼ併行して著述が進められた）。

彼は、インド人の「幻《げん》」（神秘的性癖）、中国人の「文《ぶん》」（修飾的性癖）、日本人の「絞《こう》」（絞直して秘密を穏す性癖）を批判する。また、インドの仏、中国の儒、そして日本の神代へのいたずらに形式的な模倣や心酔に、厳しい攻撃を加え、いっさいの権威主義的な伝統から離れて、神儒仏《しんじゆぶつ》の三教を（排斥するのではなくて）超越しつつ、「人《ひと》のあたりまえより出《いで》来《き》たる事《こと》」である「誠《まこと》の道《みち》」を説いてやまない。しかし、彼の最大の功績というべきものは、彼自身が創案した「加上《かじよう》」という彼独自の術語にある。これは「上に加える」を意味する。すなわち、すべての思想は、歴史の展開する一過程にあって、しかもそれぞれが、それ以前のものの上に加え、かつ正統を装《よそお》って形成される、という。彼はこれを神儒仏の三教について、縦横にかつ鋭利に論じ尽くした。

ここには、『出定後語』にあふれる仏学《ぶつがく》の批判（というよりは不動の地位を誇示していた「教判」への批判）を記す（以下の文中の「　」は同書よりの引用を示し、（　）に説明を補う）。

それは、仏教史をその前史から略述して、「釈迦文《しやかもん》（＝釈尊）の道《みち》」（仏教）が成り、その没後に「結集《けつじゆう》」があって、「両部《りようぶ》」より「十八部《じゆうはちぶ》」への分裂（別の個所には「小乗二十部」という）を導くが、それらは「有《う》」を説く。そのあと、「文殊《もんじゆ》の徒《と》は般若《はんにや》を作《つく》り」「空《くう》を以《も》って相《そう》と為《な》す。……是《こ》れ所謂《いわゆる》大乗《だいじよう》なり」。そこで「法華《ほつけ》氏《し》」が出て、「諸法実相《しよほうじつそう》」を説き、のち「華厳氏《けごんし》」が「従前《じゆうぜん》の大乗《だいじよう》を斥《しやく》して、特《とく》に一家《いつか》の経王《きようおう》を作《つく》る」。これこそ「加上」の典型という。次に「大集《だいじつ》・泥洹《ないおん》の兼部《けんぶ》氏《し》」が興り、大集経《だいじつきよう》と涅槃経《ねはんぎよう》を説いて、大小二乗を合わせつつ、涅槃経を重視する。のちに「頓部《とんぶ》氏《し》」（禅）は「凡《およ》そ二十」の経を尊び、中でも楞伽経《りようがきよう》を優先させる。そして、「秘密曼陀羅金剛手氏《ひみつまんだらこんごうしゅし》」（密教）が興り、それまでの諸経説をすべて包括して、「一切智智《いっさいちち》」「曼陀羅《まんだら》」「阿字門《あじもん》」に帰一させる。

つまり、釈尊の道（仏教）が完成、その没後に「結集」があって、（そののちに根本分裂が起こり）二部に分かれ、二部からさらに一八部に分裂し、これらの多くの部派は「法の有」を説いた。そのあと、文殊（菩薩）が活躍して「空」の説をその特徴とする般若経が作られて、これが「大乗」といわれる。そこで法華経が出て「諸法実相」を説き、華厳経はそれまでの「大乗」をしりぞけて全体を統一する「経の中の王」を作る。次に大集経と涅槃経とが作られ、大乗と小乗とを統合しつつ涅槃経を重視する。それ以後に、禅が約二〇の経の中から楞伽経をトップにすえ、次に起こった密教は、以上の諸経説をすべて包括して、「一切智智」「曼陀羅」「阿字門」に帰一させる、という（以上に現われる経や術語は、あとの第三部第三章に説明する）。

このように、仲基の文には、不適切な擬人化があり、一部の理解に適切を欠いて、学問的に正確とはいいがたい点も多く見えるとはいえ、インド仏教史の骨子をほぼ誤りなく伝えている。彼によって、全部の大乗経典は、それぞれの異部が漸次「相い加上《あいかじょう》」して成立し、前説を批判しては自説の優越をつぎつぎと主張しつつ成立したことが明らかにされる。それに続いて、しかもそれらの諸経典がみな「金口親しく説く所《こんくしたしくとくところ》」すなわち釈尊の直説《じきせつ》であり、「多聞親しく伝える所《たもんしたしくつたえるところ》」すなわち仏弟子の直伝である、と主張する点を、彼はときに痛烈に非難する。

以上は、『出定後語』「第一」のいわゆる総論の要約であり、以下、「第二」から「第二十五」までの各論は、それぞれの経について、また教説や術語などのひとつひとつについて、実に多岐にわたる引用を交じえながら、詳細で鮮明な論述を、まことに独自・自在・勇敢・苛烈に繰り広げる（ただし、彼の引用は正確とはいいがたい）。なお、その「第三」には、「経説、多《おお》くは仏滅後《ぶつめつご》五百歳《ごひやくさい》の人《ひと》の作《つく》れる所《ところ》」といって、大乗経典の年代を跡づけ、また「第四」に、「迦文《かもん》（＝釈尊）は民《たみ》を救《すく》うに急《きゆう》」と記し、「第十八」には、「諸悪莫作《しよあくまくさ》、衆善奉行《しゆぜんぶぎよう》、自浄其意《じじようごい》、是諸仏教《ぜしよぶつきよう》」という『法句経《ほつくきよう》』（パーリ文の『ダンマパダ』）の一文（これについてはあとに詳述する）を引いて、「是《こ》れ迦文《かもん》の教《おし》え」と主張する。そして、「第二十五」の末尾近くに、「諸法《しよほう》は相《あ》い万《よろず》なりと雖《いえど》も、其《そ》の要《よう》は善《ぜん》を為《な》すに帰《き》す。尚《まこと》に能《よ》く其《そ》の法《ほう》を守《まも》りて、各々善《おのおのぜん》を為《な》すに篤《あつ》ければ、則《すなわ》ち何《なん》ぞ彼此《ひし》を択《えら》ばん（あれこれを選択しようか）。仏《ぶつ》も亦《ま》た可《か》なり、儒《じゆ》も亦《ま》た可《か》なり」と述べている。

なお、書名の「出定《しゆつじよう》」とは、「禅定《ぜんじよう》を出《い》づ」すなわち成道《じようどう》を達した釈尊をいい、「その後《ご》の語《ご》」が『出定後語』の由来とされる。またその「第一」に、仲基みずからが戯れに「出《しゆつ》定如来《じようによらい》」と自称する。

このような古典文献学の方法論に依って仏典の成立史を論じたのは、世界の仏教研究史において最初であり、後に詳しく紹介するヨーロッパの古典学－文献学の方法論およびその結論に共通するところがきわめて多く、しかもそれより約一世紀も先んじている。

この『出定後語』に見られる仲基の学識を、たとえば本居宣長《もとおりのりなが》（一七三〇－一八〇一）は、『玉勝間《たまかつま》』（一七九三年起稿）第八に、特別に言及して絶賛を惜しまない。

仲基によれば、大乗仏教はまさしく仏滅後五〇〇年に加え重ねられた「加上の新説」なのであり、ここにいわゆる「大乗非仏説」（大乗は仏説にあらず）という論が、わが国でははじめて出現する。ただし、『出定後語』の厳正な漢文は、その内容の高度・精密・該博《がいはく》とともに、おそらくそれを読みこなし得るものも少なかったためか、その後、数点の反駁書《はんばくしょ》が著わされるとはいえ、いずれも反論の域には達していない。やがて、仲基に激発された京都の儒学者の服部天游《はっとりてんゆう》（号は蘇門《そもん》、一七二四－一七六九）は『赤倮倮《せきらら》』を著わし（ただし、刊行は遅れて一七八五年）、仲基とほぼ同じ主張を、とくに天台の教判に対する厳しい批判を、平易な和文で論述し、さらに仲基にはまだ見られなかった経論《きょうろん》の異訳対照をも行なった。

なお、富永仲基に関する記述については次の書物がある。①中村元《なかむらはじめ》『近世日本の批判的精神』（『中村元選集9』春秋社、一九六五年。これは同『近世日本における批判的精神の一考察』三省堂、一九四九年の改訂版）、②石濱純太郎《いしはまじゅんたろう》・水田紀久《みずたのりひさ》・大庭脩《おおばおさむ》校注「翁の文」（『近世思想家文集』＝『日本古典文学大系97』岩波書店、一九六六年）、③水田紀久校注「出定後語」（『富永仲基・山片蟠桃』＝『日本思想大系43』岩波書店、一九七三年。ここには、その書き下し文、原文＝漢文、解説がある）。

しかしながら、これらの純粋の古典学研究は、それから六〇年余を経て、思わぬ方向に発展した。すなわち、かなり偏狭な国学を当時の風潮にそって扇動した平田篤胤《ひらたあつたね》（一七七六－一八四三）ほかによって、仏教を嘲笑《ちょうしょう》しつつ、攻撃し、排斥するという偏見の吹聴《ふいちょう》にそれが利用され、中でもこの『出定後語』の書名をもじった篤胤の『出定笑語《しゅつじょうしょうご》』（一八一一～一七年ごろ）が知られる。この書はただ仏教憎悪を乱雑に書き散らすに尽きる。しかも、やがて迎える明治維新は、その指導者のブレーンに、篤胤に傾倒した多数の国学者たちが参画しており、彼らは明治最初期の極端な廃仏棄釈の政策を強行し、それを通じて、この「大乗非仏説」論が、ただ伝統的な「教判」の権威に堕していた仏教者自身の怠慢もさることながら、仏教関係者を大いに悩ませることになった。

明治時代には、それに対して、村上専精《むらかみせんしょう》（『仏教統一論』一九〇一年）や前田慧雲《まえだえうん》（『大乗仏教史論』一九〇三年）などの懸命の努力もあるが、同時に外国から新たに続々と導入された仏教学の成果とあいまって、結論としては、富永仲基の提起した「大乗非仏説」の論を、仏教界からも否定し去ることはできなかった。それならば、明治中期から一世紀あまりを経た現在、大乗非仏説は解消されているのかといえば、必ずしもそうではない。したがって、ここに卑見を記すことも、ある意味があろう。

大乗仏教は、どのような典拠を、どれほど探索し尽くしても、それが釈尊の直接の教え（「金口《こんく》の説法《せっぽう》」）では、けっしてあり得ない。もとより、大乗の諸説の萌芽《ほうが》は初期経典（阿含経）中に見いだされ得よう。しかし、それからかなりの変貌を経て、はるかに発展したものを基盤とする大乗経典は、釈尊入滅の数百年後に至り、はじめて成立しているのである以上、この年代差はいかにしても動かすことはできない。だが、ここに正当な反論が聳《そび》え立つ。すでに②に記したとおり、仏（ブッダ）はけっして固有名詞ではなく、したがって単数ではない。すでに大乗仏教では、第三部に詳述するように、多数の仏を迎え、それらの諸仏と呼応しつつ、それぞれの経が成立している。その意味においては、大乗経典もそれぞれの仏がそれぞれに教えを説いており、したがって「大乗は仏説」にほかならず、「大乗非仏説」は葬られる。この説はすでに江戸時代末期に真言宗豊山派《ぶざんは》の戒定《かいじょう》その他に見える。

これは、同時にまた、「大乗の諸仏」を、そのまま釈尊に直結することは、どのようにしても認めることができないことを意味する。こうして、歴史上に実在した釈尊を、その後に現われる諸仏と明確に区別して、とくに「釈迦《しゃか》仏《ぶつ》」と呼ぶ（この呼称は初期経典からある）ならば、この論は、「大乗非仏説」ではなくて、「大乗非釈迦仏説」すなわち「大乗は歴史上実在の釈迦仏（釈尊）の説にあらず」として解決され、これは百パーセント正しい説として、万人の納得が得られよう（なお、江戸末期の浄土宗の普寂《ふじゃく》や敬首《きょうしゅ》などは、釈尊の説のうち、一部が秘かに伝えられ、展開を遂げて、大乗になったと主張する。また、ヨーロッパの仏教学者のなかで、ポーランド系のピシルスキィ、シャイエルなどの説も、ややこの主張に共通するところがある。ただし、この主張は、あまりにも大乗仏説擁護に傾きすぎて、根拠が乏しい)。

付言すれば、「大乗非仏説」論にごく類似の説は、実は大乗経典がインドにはじめて出現した当時、すでにインドにおいてその主張があり、比較的初期の大乗経典である『大品般若経《だいぼんはんにゃきょう》』や『大宝積経《だいほうしゃくきょう》』には、悪魔から非仏説として非難攻撃される文が見える。また、中国にも、その初期に、大乗仏説に不信を表明した数人の学僧が、仏教史の片隅に現われる。中でも、五世紀の中国僧の竺法度《じくほうど》は、カシュミール(罽賓《けいひん》)出身の訳経僧の曇摩耶舎《どんまやしゃ》(ダルマヤシャス Dharmayaśas、南路を経て中国に渡り、四〇五年に長安に入って、重要な論書のひとつである『舎利弗阿毘曇論《しゃりほつあびどんろん》』などを訳した)について出家し、いわゆる小乗だけを仏の真説として、大乗経典を読むことを固く禁じた。その際、少数ながらも有力な共鳴者を得て、一時的に騒がれた。しかし、これらは、ほぼ大乗の理解不充分ないし偏狭として退けられ、圧倒的多数の大乗仏教徒は、みずから大乗の権威をひたすら謳《うた》いあげた。興味深いことに、インド仏教史全体にわたって、大乗から小乗と貶《けな》された部派仏教は、はるかに多く初期仏教の諸説を伝えながら、ついに最後まで、「仏説」に関しては、まったく触れていない。それに対して、たとえば中期大乗の『大乗荘厳経論《だいじょうしょうごんきょうろん》』などは、「大乗仏説」を延々と説く。すなわち、「大乗仏説」論は大乗においてのみ、繰り返し問題とされた。

以上の詳述に明らかなように、釈迦仏の説すなわち「釈尊の直接の教え」そのものは、わが国の江戸時代まで、そしてまた今日の大多数の日本人(仏教者を含めて)が幻想するように、代々継承されてきている大乗経典のどこにも、けっして存在してはいない。換言すれば、常識や社会通念に反して、日本に繁栄した仏教、すなわち大乗仏教は、「釈尊の直接の教え」そのものではあり得ない。そして、「釈尊の直接の教え」である「金口《こんく》の説法」は、ただアーガマすなわち阿含経のみにある。ただし、その阿含経は、すでに述べたように、とくに日本ではまったく無視され続け、存在さえも定かではなかった。

それならば、阿含経の全体がそのまま「釈尊の教え」そのものなのか。これもまた強く否定される。たしかに、アーガマ（阿含経）のみが釈尊の直接の教えを伝えている。しかしアーガマ（阿含経）は、上述したように、アーガマの原意である「伝来」の過程で、「釈尊の教え」以外のものを、少なからず混入しており、先の富永仲基の用語をもっていうならば、いわば「加上《かじょう》」がある。こうして、近代的なアプローチ（文献批判《テクスト・クリテイク》など）による仏教文献学が必然的に要請されるに至る。

以上の富永仲基の「加上」説に関して、同時代から現在まで、いわば被害者意識の反感による非難か、もしくは絶大な賞賛の羅列だけかがあって、それへの正当な学問的批判を、寡《か》聞《ぶん》のゆえか、私はほとんど聴いたことがない。今日の思想史研究の立場からするならば、加上説はたしかに思想史の展開の最も重大な要点を衝《つ》いているとはいえ、単にそれのみをもって全思想史を断截《だんせつ》することは、到底不可能であり、より広範な視圏が強く要求される。後の第三部に大乗仏教を論ずる中で明白なように、大乗仏教には種々雑多の他の諸要素が絡み合って加わり、ときにその展開の方向を変えることもあり、あるいは新奇ともいうべき道に迷いこむこともある。

そのうえ、釈尊以来、仏教思想全体にみなぎる「思想の多様、すなわち教理の寛容」という、他の宗教には例を見ない最大の特性は、やはり後述するように、大乗仏教を、そしてひいては一種の「大乗文化」というべきものを、きわめて幅広く、ときには無節操とまで評し得るほどに、容認してしまう傾きがある。単に「加上」のみで、大乗経典が成立したのではなく、多種多様な考察こそ、現在の思想史研究には必須であることを、充分に知らなければならない。ただし、そのようなことを、当時の厳しい鎖国のもとで、外地の諸事情は一切知られず、またそれらの諸資料すら存在せず、しかも流星のごとく現われて消えて逝《い》った仲基に、期待し、要求するのは、まったく不可能であったこともまた承認され得よう。

なお、この項の最後に、先のインド仏教小史に付言しよう。後期のインド仏教は、数派の部派仏教がリードしつつ、他方に大乗仏教も栄え、とくに幾多の俊秀が精密な仏教学の体系を整えて、おりから隆盛を迎えたインド哲学の諸学派と果敢な論争を行ない、またコーガの実践に集注して、たとえば「如来蔵《にょらいぞう》」、「仏性《ぶっしょう》」、そして「唯識《ゆいしき》」という、大胆でユニークな道を開拓し、「唯識」説の線上に仏教独自の認識論や論理学が栄える（これらについては後述する）。やがて、それまでの部派と大乗との区分も不鮮明となる中で、とくに最後期の大乗仏教には、いわゆる密教への傾斜があり、その加速は急を告げる。ほぼ七世紀以降は、主流を密教が占め、そこにはインド土着の民族宗教に転化したヒンドゥ教との混交がしだいに色濃くなる。密教の中心は大日如来《だいにちにょらい》であり、如来は仏の別名であるから大日仏《だいにちぶつ》といってもよい。その原語は、まさしくマハーヴァイローチャナ（Mahāvairocana、音写して毘盧遮那《びるしゃな》、大いなる光明の遍照の意）・ブッダ。ここでは、釈迦仏は後退し、阿弥陀仏《あみだぶつ》ほかの大乗の諸仏、また文殊《もんじゅ》や普賢《ふげん》などの諸菩薩などが、大日如来の眷属《けんぞく》の地位に置かれる。

とくに、タントリズム Tantrism（秘儀を交じえて、最高原理との合一を現世に大胆に実現するインド中世の潮流）の採用によって、すでに密教はヒンドゥ化の波にさらわれ、しかし最後まで栄えた少数の学問寺（そこではもちろん熱心な実践修行も行なわれていたであろう）は、新しい侵入者イスラームの破壊によって、全面的に壊滅し、こうして、仏教を支えてきたサンガ（僧団）の滅亡とともに、仏教はインドの表舞台《おもてぶたい》からは消えて去る。

そのあとには、敬虔で熱心な出家者や在家信者がなお散在して、なんらかの仏法を伝え、あるいは小規模の寺院などが暫時残存したとしても、それらは永続し得ない。あれほど多数の仏教の諸経論は散逸して消失し、往時のストゥーパをはじめとする記念碑的なものは、しだいに、または急速に、仏教遺跡と化してゆく。ただ仏教のイメージの断片が、ヒンドゥ教の中のヴィシュヌ派に吸収されて、そこでは、ブッダは、主神ヴィシュヌの化身《けしん》のひとつとして扱われ、かろうじてインド民衆に伝えられて、今日に残る。

第二節　阿含経のテクスト成立について

①　テクストと文献学（1）

釈尊の教えを伝える唯一の資料である阿含経（アーガマ）のテクストについて述べる前に、おおまかな文献学に関する説明を記す。

文献学（フィロロジィ philology）とは、現に手許にある文献（資料といってもよい、断片的なものまで含む）について、それらのいちいちをさまざまな角度から、でき得るかぎり厳密に解明し、検討し、解釈し、批判して、それぞれの文献の歴史的な位置とその原典（の内容）とを確定または推定し、その成立史を樹立する。そしてまた、引用されている語句その他に基づいて出典を明らかにするなどの作業を行なう学問であり、それによって、その文献（ここではテクスト）の定本《ていほん》が得られるのみならず、さらに発展して、その時代の人びとの文化や学問や伝統などをも研究する学問をいう。

これには、ある意味での歴史的意識がベースとなるために、そのような関心さえもたず、歴史そのものから離脱し、超越しているインドには、文献学は育たないどころか、発生の芽さえきわめて弱い。

日本人は、古くから歴史は尊重するものの、その歴史がある権威によって歪《ゆが》められるとき、上からの圧力になびきやすく、ややもすると史実よりもその権力や伝統などの重圧に傾いてしまう。

中国には、歴史、しかも史実そのものを重視して尚《とうと》ぶ風潮があり、したがって文献学も生まれ育っている。ただし、古い中国は、諸資料の不備その他が重なり合って機の成熟が遅れ、一七世紀以降の清《しん》の時代に、文献学は隆盛を見る。しかし、仏教は当時すでに中国では微弱であって、その恩恵を受けるに至らなかった。

中国の文献学の余波は、江戸時代の日本に伝わり、いわゆる漢学－儒学はそれをまともに受け、のちに国学に及んで、本居宣長《もとおりのりなが》の偉業を生む。また、前述の富永仲基《とみながなかもと》の「加上《かじょう》」の説も、したがって「大乗非仏説」論も、微妙ながら中国文献学と漢学との影響下にある、と批判する学者も見られる。

南伝の仏教では、スリランカ、ビルマ、タイの各国が、それぞれの文字に記されたパーリ語の諸聖典を集めて、ある程度の文献学的な研究の加えられたそれらの校訂出版が、かなり古くから行なわれた。とくに、タイのチュラーロンコン王の「パーリ三蔵」の刊行（一九一九～一九二八年）は、誤植も誤謬《ごびゅう》も少なくて、現在もたえず利用される。そのほかビルマの出版も名高い。ただし、右に「ある程度」と記したのは、各国ともに、伝統の経文を正確にそのまま保存することには忠実でありながら、それら諸経典が確定されるまでの歴史的経過ないし変遷や発展などへの顧慮が稀薄である、という実情に基づく。

もともと、仏教聖典の書写は、南伝によれば紀元前一世紀のスリランカにおいて、北伝では紀元後二世紀後半のインドのカニシカ王の時代にはじまるとされる。ただし、後者については、初期大乗経典の多くのもの（とくに法華経は著しい）に経典書写が奨励されているところからすれば、それ以前から書写は慣習化していたと見るほうが正しいであろう。ただし、当時のものがそのまま現存するようなことは到底あり得ず、何代も書写は反復して続けられたことはまちがいないところであり、たとえそれらの文献が、インドおよびその周辺、さらに西域地方などに出土するようなことがあっても（このような例は今日でもなお見られる）、まず第一にその書写年代が多方面から研究されなければならない。

南伝について付言すると、アソーカ王の時代の「第三結集《だいさんけつじゅう》」のあと、さらに千余年を経て、一二世紀のスリランカに、名君バラッカ王のもとで「第四結集」があり、経典の整備や確認を見る。そのあと、「第五結集」は、一九世紀半ばに、その全土がイギリスの統治下に組み入れられる直前に、イギリスによる仏教弾圧を危惧《きぐ》したビルマ仏教徒によって、一八六八年から四年間にわたり、全経典を石に刻んだ事業を指し、この石経は完全な形で現存している。そして、第二次世界大戦後の一九五四年から三年間、ビルマのラングーンに南方諸地域の優れた諸学僧が集まり、「第六結集」が催され、その成果としてビルマ文字による出版が完成した。

さらに追加すれば、南伝仏教は、古代インドの俗語のひとつであるパーリ語聖典に全面的に依拠するところから、パーリ仏教とも呼ぶことがよく知られており、それは実態を衝《つ》いていて、まことにふさわしい。スリランカをはじめ、東南アジアの各地に、先に記したように、初伝としてアーガマを奉ずる初期の仏教が伝来し、やがて定着し、のちに各地に栄枯盛衰を重ねながらも継続して現在に至り、現在はいよいよ盛況を呈している。その間には、インド本土から大乗仏教が、そして密教が、それぞれの地域に伝えられ、地域によってはそれらが一時的にかなり広く普及したかに見えながら、結局はその本来的なパーリ仏教が根強く継承されてきており、それはイギリスその他の主権国の植民地政策に対抗してかえって強力となり、現在のパーリ仏教の全盛を迎えている。

② テクストと文献学（2）

仏教国における仏教聖典の右のような扱いに対して、文献学、とくに古典文献学という見地からすれば、仏教のテクストに関しても、その本流は、万人の認めるように、ヨーロッパにある。

当初、文献学という学問は、（ギリシア起原説もあるが）四世紀以降にローマ帝国の国教となったキリスト教内部において、聖書、とくに『新約聖書』の本文確定にその端を発し、延々と続けられて、現在までのところ四〇〇〇点を超える諸資料（写本、パピルスの断片、多数の諸言語訳本、往時の教父たちの引用その他）に基づき、その研究は今日も営々と行なわれている（この跡は、たとえば一九七九年発行の日本聖書協会発行の『新約聖書共同訳』の底本が、一九七二年刊の聖書協会世界連盟発行の『ギリシア語新約聖書』第三版であることにも歴然としている）。

文献学のこの方法と成果とは、ルネサンス以降に、ギリシア古典への憧憬《しょうけい》とあいまって、ギリシア語テクストの文献学へ、そして古代ラテン語テクストの文献学へと連係しつつ発展し、これもまた現在に及ぶ。同時にまた、ヨーロッパ諸国は、それぞれの自国の古典に関しても、同様の態度で臨む傾向が顕著であり、定本刊行をつねに至上命令として受けついでいる。

ヨーロッパの目と知とが東方に向けられるに従い、その文献学は、東方の諸文献とそこに用いられている諸言語とに広く適用されたプロセスにおいて、最も多く彼らの関心を集めたのがサンスクリット語の研究であり、それは実にインド・ヨーロッパ語（印欧語 Indo-European Language）の発見と確定とに結実する。

サンスクリット語は元来インドの古語であり、標準語として、すでに紀元前四世紀の大文法学者パーニニにより完璧《かんぺき》な文法書がつくられ、「高尚で完全、純粋で神聖な雅語」という自称は、他の諸言語との比較においてまことにふさわしい。それは、インド最古のヴェーダ聖典に用いられたヴェーダ語に親近性をもちつつ、正確無比の文法によって固められている。そして、仏教誕生以前の諸文献たとえば古ウパニシャッドをはじめ、インドの宗教・哲

印欧語＝インド゠ヨーロッパ語族
(Indo-European)

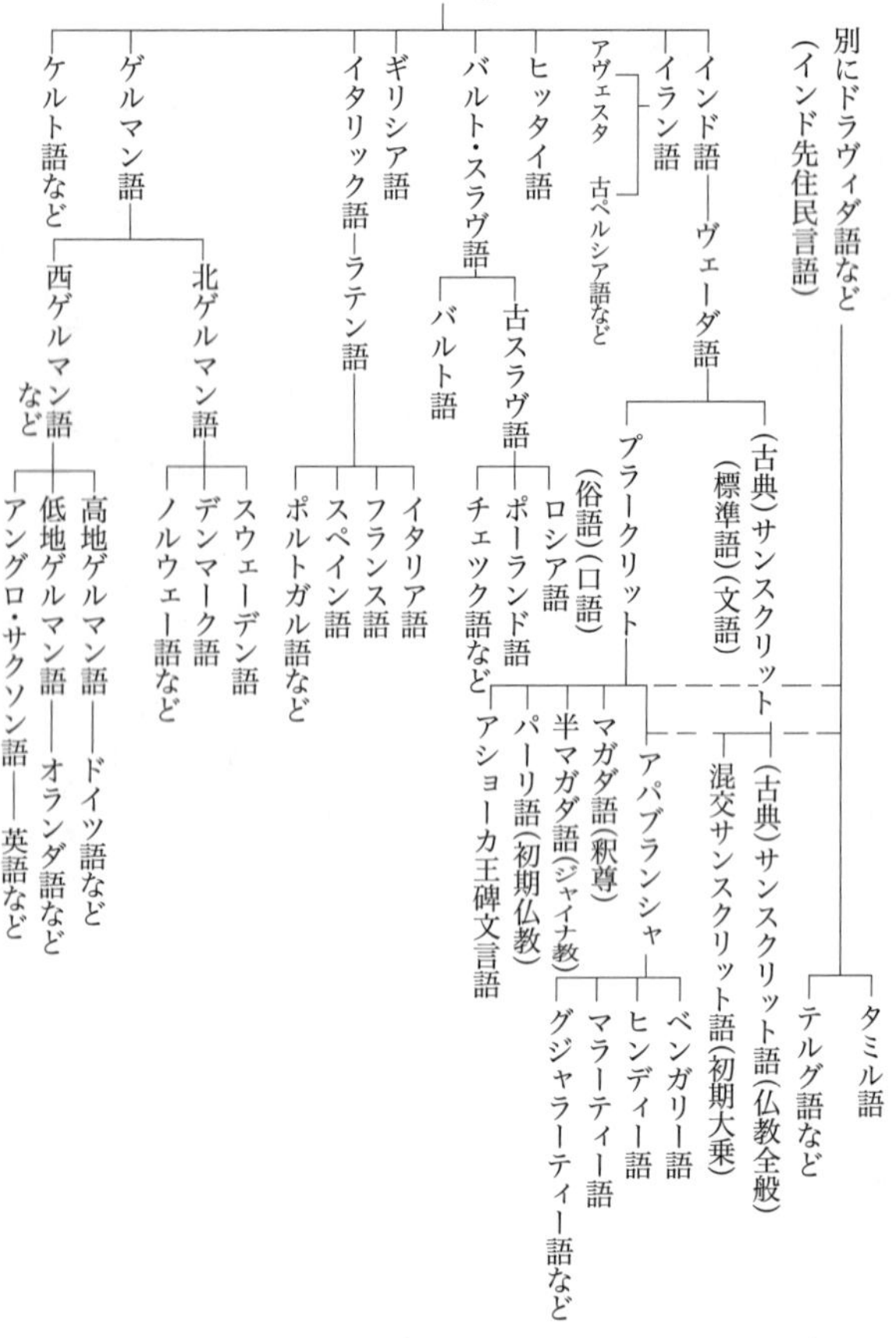
別にドラヴィダ語など
（インド先住民言語）
タミル語
テルグ語など
インド語
ヴェーダ語
（古典）サンスクリット
（標準語）（文語）
（古典）サンスクリット語（仏教全般）
混交サンスクリット語（初期大乗）
プラークリット
（俗語）（口語）
アパブランシャ
ベンガリー語
ヒンディー語
マラーティー語
グジャラーティー語など
マガダ語（釈尊）
半マガダ語（ジャイナ教）
パーリ語（初期仏教）
アショーカ王碑文言語
イラン語
アヴェスタ
古ペルシア語など
ヒッタイ語
バルト・スラヴ語
古スラヴ語
ロシア語
ポーランド語
チェック語など
バルト語
ギリシア語
イタリック語
ラテン語
イタリア語
フランス語
スペイン語
ポルトガル語など
ゲルマン語
北ゲルマン語
スウェーデン語
デンマーク語
ノルウェー語など
西ゲルマン語など
高地ゲルマン語
ドイツ語など
低地ゲルマン語
オランダ語など
アングロ・サクソン語
英語など
ケルト語など

学・文学の膨大な古典はすべてサンスクリット語で記されており、現在もなおインドのパンディットと呼ばれる学者たちは、それらの諸文献を口誦によって完全に記憶し、またサンスクリット語を自由に駆使し日常語としても流用する。

サンスクリット語の諸文献の一部が、一八世紀半ば以降に、ラテン語訳などを通じてヨーロッパに伝えられると、いちはやくとくに一部の文学者（ゲーテをはじめ、とくにドイツ・ロマン主義作家や詩人たち）に広まり、やがてその本格的な研究が開始された。仏教研究に先んじて、インドの正統哲学研究が着手され、一八世紀後半には、ヨーロッパ各地に少数ながら傑出したサンスクリット学者が出現する。一九世紀にはいって、それは仏教文献に及ぶようになり、それにやや遅れて、パーリ語の諸仏典がヨーロッパの学界に知られるに至って、やがてそれらを包括した仏教聖典のテクストの刊行がヨーロッパに起こり、繁栄を迎えるようになった。

その際、彼らはすでに鍛えあげた文献学の術《わざ》を駆使して、ヨーロッパで公刊された諸テクストは見事な成果に結晶している。

いまパーリ語仏典に関していえば、その最初のテクスト出版は、デンマークのファウスベル（Fausbøll, M. V. 一八二一－一九〇八）による『ダンマパダ（法句経《ほっくきょう》）』の公刊（一八五五年）であり、それは原典と註とラテン語訳とから成る。彼はついで膨大な『ジャータカ（本生譚《ほんじょうだん》）』に移り、そのパーリ語テクスト全六巻を完成（一八七七～一八九七年）するが、その間に、『スッタニパータ（経集《きょうじゅう》、別名ブッダのことば）』のテクスト（一八八四年）と語彙集《ごいしゅう》（一八九七年）とを刊行した。

まもなくドイツのオルデンベルク（Oldenberg, H. 一八五四－一九二〇）の、パーリ語の『律蔵』の原典五巻（一八七九～一八八三年）、パーリ語による貴重な仏教史『ディーパヴァンサ（島史《とうし》）』の原典と英訳（一八七九年）、またアーガマに属する『テーラガーター（長老《ちょうろう》偈《げ》）』と『テーリーガーター（長老尼偈《ちょうろうにげ》）』との原典公刊（一八八三年）があり、そのさなかに、彼の名を不朽にさせた著名な研究書『ブッダ　その生涯と教説と教団』（*Buddha, Sein Leben, Seine Lehre, Seine Gemeinde*, 1881）を刊行した。この『ブッダ』は、今日もなお最も権威ある書のひとつとして刊行（グラーゼナップによる補訂版、一九六一年）が続けられ、古くから各国語に翻訳されて、広く読まれている。

インドやスリランカを植民地としたイギリスには、いっそうパーリ研究が栄える。まずチルダース（Childers, R. C. 一八三八－一八七八）の『パーリ語辞典』（*Dictionary of the Pali Language*, 1872～1875）をはじめ、何人かの研究や出版があり、中でも最も特記すべきは、リス・デーヴィズ（Rhys Davids, T. W. 一八四三－一九二二）によるパーリ・テクスト協会（Pali Text Society）の創立（一八八一年）であって、ここに、それ以後のパーリ語に関する諸研究の基点が定礎される。ＰＴＳと略称されるこの協会は、成立の翌年から、パーリ語の仏教テクストおよび研究誌を毎年一～三冊ずつ刊行しはじめ、その中にはアーガマのすべての原典とその英訳とを包括するほか、それらの註釈文献や史書など、そして辞典（*The Pali English Dictionary*, 1921〜1925）、語彙集《ごいしゅう》、また後代のパーリ語諸文献をも含み、今日もなお続く。原典だけで約一五〇冊、主要な諸テクストの英訳研究誌一〇点以上にのぼるその偉業には、イギリスのほか、ドイツ、フランス、ロシア、ベルギー、オランダ、スイス、デンマーク、スリランカ、インドなど、そしてのちには日本の学者（高楠順次郎《たかくすじゅんじろう》、長井真琴《ながいまこと》ほか）が参画し、このPTS本が現在パーリ聖典研究（翻訳を含む）の底本となっている。

以上、おおまかながらもスケッチしたパーリ語文献の傍らに、アーガマのもうひとつの重要な資料である漢訳の「阿含経」があり、それについての同様の説明を必要とする。ただし、その前に、アーガマ文献の成立そのものに関する簡単な小史が便宜であろう。それはかなり厳密を要するので、新しい項のもとに記述する。

③　アーガマ文献の成立史（1）

釈尊が生まれ育った故国は現在のネパールであり、それに基づいて、釈尊を生んだ釈迦族がネパール人（モンゴル系）であったという可能性もあり、それから、釈尊は古ネパール語を母国語としていたとの説も成立し得る。しかし、そのことを立証するどころか推定させるような痕跡《こんせき》は、現在までのあまたの資料にはまったく存在しない。

釈尊の故国のあたり一帯は、インド大平原に平坦のまま接続していて、現在でも国境という厳しさは、その気配すらない。まして当時、圧倒的なアリアン人の進出とその文化の隆盛のさなかに、釈尊もすっぽりと包まれていたと考えるほうが、はるかにふさわしい。とくにすでに成立していたカースト制度のもとで、釈尊をクシャトリヤ（武士－王族）出身とする説がきわめて有力であるところからすれば、釈尊は、新興のアリアン文化のもつ、いわゆるフロンティア・スピリットに多くのものを受けつつ、同時にそのころようやく顧みられることの増大していた土着文化からも、なんらかのものを吸収していたと見るのが、最も的確であろう。

釈尊は少なくとも三つのヴェーダ聖典を学んでいたらしい。すでに四つのヴェーダ全体が成立して、かなり広く学ばれ、普及していたと推定されるが、その中で、成立も遅く、やや呪術的色彩の濃い『アタルヴァ・ヴェーダ』を除いて、三つのヴェーダが「三明《さんみょう》」（パーリ語ではテヴィッジャー tevijjā）として、アーガマに何度か登場する。したがって、釈尊はヴェーダ語も解していたと見てよい。ただし、アーガマの中には、仏教の経典をヴェーダ語に変更することに関して、釈尊が反対の意向を述べる個所がある。それは、ヴェーダ語の文では、いわゆる知識人のみの独占となり、そのような特殊な雅語には、多数の庶民の理解が到底達し得ないことを、その理由としている。

釈尊はまた、上述した標準語であるサンスクリット語に充分に通達していたであろうことも、確実といってよい。

多くの仏伝がほぼ一致して認めているように、釈尊は三五歳の成道《じょうどう》以後、八〇歳入滅《にゅうめつ》までの四五年間を、東は王舎城《おうしゃじょう》（ラージャガハ、ラージャグリハ、現在のラージギル）と、西は舎衛城《しゃえじょう》（サーヴァッティー、シュラーヴァスティー、現在のサヘート・マヘート）とを拠点として、およそ三〇〇キロメートルあまりの、東西に長く、南北に短い、薄い楕円《だえん》形に似たガンジス川流域の範囲に、その一生涯にわたる教化《きょうけ》・遊行《ゆぎょう》の旅を続けた。そして、この地域で、当時用いられていた言語は、ほぼマガダ語（マーガディー）であり、釈尊はもっぱらこのマガダ語により、弟子や信者たちの問いに答えつつ、教えを説いたのであろう、というのが今日の定説となっている。マガダ語は、当時の俗語の一種であり、とくにそのころの最強国のマガダ国の勢力をバックに、かなり広く流通《るつう》していた。

釈尊の教え、弟子たちのことば、信者たちとの問答に、マガダ語が使用された以上、最初に行なわれた経典結集《けつじゅう》（第一結集）の際の言語も、マガダ語であったにちがいない。このような歴史的情況をふまえて、まず最初に成立した仏典は、すべてマガダ語によっていたとする意見が、フランスのレヴィ（Lévi, S. 一八六三－一九三五）により、またドイツのリューダース（Lüders, H. 一八六九－一九四三）によって主張され、現在の学界には一般化している。

しかしながら、これらマガダ語による文献資料は、現在まったく見いだされていない。同時にまた、マガダ語の痕跡《こんせき》のいくつもが、現存のパーリ語文献中に残存する。

次に、パーリ語について紹介しよう。パーリ語は、東のマガダ語に対して、インド中央の西部地域に当時用いられた俗語のピシャーチャ語の一種であり、パーリ語の中心は、おおむね往時の西方の強国アヴァンティの首都ウッジャイン（ウッジェーニー、ウッジャイニー）あたりであった、とされる。さらに厳密にいえば、パーリ語は、実は言語学的な正規の名称ではない（言語学上は上述のようにピシャーチャ語の一種とされる）。「パーリ」とは「聖典」の意味であり、パーリ語は聖典語にほかならず、しかもパーリ語の呼称は一〇世紀をさかのぼることはないともいわれるが、しかし確実なことは判然としていない。しかも、その註釈文献の中では、その言語を「マガダ語」と呼んでいる。そのような事情はあるけれども、以上のパラグラフのほかは、全世界に共通の慣例に従い、すべて「パーリ語」という呼称を、そのまま本書では用いてゆこう。なお、インドでは一般的に俗語をプラークリットprākrit（「自然の」「風俗」を原意とするプラークリタprākṛtaに基づく）と呼ぶが、パーリ語はプラークリットの中で最も古いもののひとつであり、俗語の崩れもそれほど大きくはなくて、標準語であるサンスクリット語との距離が最も近いといい得る。パーリ語よりもさらに崩れたプラークリットに、半マガダ語（アルダ・マーガディー。ただし、マーガディー＝マガダ語そのものが資料を欠いて不明のために、この「アルダ＝半」の基準も知り得ず、この名称だけが伝わる）があり、現在に伝わるジャイナ教のあまたの諸文献はこの言語で書かれている（ごく一部、たとえば、オーストリアのフラウヴァルナー〔Frauwallner, E. 一八九八－一九七四〕は、釈尊を含む仏教最初期の言語も、この半マガダ語と推定する）。

いったん、マガダ語により結集された諸経典は、釈尊の入滅後のまもない時期から開始される仏教の普及拡大とともに、仏教の故郷ともいうべき上述の釈尊遊行の地域一帯に根づき、そのほか、ちょうどインドの中心部に位置して、最も有名な最古（紀元前一世紀以前）のストゥーパ（仏塔）を現在に残しているサーンチー付近から、そのあたり一帯のインド北西部にも栄えて、その地の言語であったパーリ語に置き換えられたのであろう。そして、それには、この地域に活躍したと伝えられる仏弟子たち、たとえば富楼那《ふるな》（プンナ、プールナ）や摩訶迦旃延《まかかせんねん》（マハーカッチャーヤナ、マハーカーティヤーヤナ）などの貢献も考えられる。こうして、パーリ語原典（現存するもののいわば核）の成立年代は、釈尊入滅とアソーカ王とのあいだの約一〇〇年（別説、約二〇〇年）と推定されている。

上述のように、マガダ語の文献資料は、仏教にも、そのほかにも、いっさい現存していないので、確たる根拠は乏しいとはいえ、マガダ語とパーリ語との相違は、それほど大さくはなく、むしろかなり近似していたのではないかと推定され、語彙《ごい》をほぼ共有していたのみならず、文法上の差違も、さほど多くはなかったらしい。しかも、既述したとおり、現在のパーリ語文献中には、パーリ語の活用・曲用（名詞・代名詞・形容詞の語形変化）とは異なる語形が、ある程度混在しており、それがマガダ語（の遺物）であろうとされる。換言すれば、旧来のマガダ語形を一部に含んで保存することは、それによってその経典をある意味で権威づけようとしたのではないか、との推定がうがちすぎであるとしても、これら二つの俗語の相違が相互に容認できるほど接近していたと見てよい。

他方、とくに年代が下るに従って、仏教の普及は広まり、当然のことながら、マガダ語の諸経典は標準語であるサンスクリット語に置き換えられてゆく。のちに中国では、インド哲学の全体を貫く中心概念のブラフマン brahman や、インド神話の中枢を占めていたブラフマー Brahmā に、音写の「梵《ぼん》」の字を当てるとともに、そこに用いられているサンスクリット語を「梵語《ぼんご》」と漢訳し、この訳語はわが国でも古くから広く使われている。ただし、仏典のサンスクリット語化は、最初は、一部を除いて、なお基準からややはずれており、これを「混交《ハイブリッド》サンスクリット語」またはとくに「仏教梵語《ぶっきょうぼんご》」ともいう。しばらく時代を経たのちには、インド仏教全体に、正確なサンスクリット語の諸文献が覆うようになった。

それらの中に、アーガマ（阿含経）も含まれていて、比較的最近には、これら仏教梵語を含むサンスクリット語のアーガマの断片資料がいくつか発見され、報告され、校訂出版されている。また、おそらく、このサンスクリット語の諸経典から、さらに別の俗語に置き換えられることも生じた。現在知られる有名なテクストに、ガンダーラ語の『ダルマパダ（法句《ほっく》経《ぎょう》）』があり、精密な校訂出版に続いて、優れた研究もある。

次に、漢訳の「阿含経」について、少しばかり触れておこう。次章に詳述するような、まとまった四つの「阿含経」（いわゆる四阿含《しあごん》）の漢訳は、四世紀末から五世紀半ばまで待たなければならないが、そのうちの一部であるいわゆる単経《たんきょう》の数十点は、後漢の桓《かん》帝（一四六－一六七在位）のはじめに安息《あんそく》から洛陽《らくよう》に渡来した安世高《あんせいこう》（生没不詳）によって漢訳されており、しかもそれが中国における仏典漢訳の嚆矢《こうし》（初訳、最古訳）とされている（そのわずかのちに月氏の支婁迦讖《しるかせん》〈生没不詳〉の大乗経典の漢訳があり、以後約二〇〇年ばかりは、ほぼ大乗経典の漢訳が主流を占める）。そして、これら漢訳経典の原典は、とくにその音写語などから見て、途中の長い径路には、いわゆるシルクロードの西域仏教の影響その他があり、かなりの変容を受けているとはいえ、ごく一部を除いて、すべてサンスクリット語ないし混交《ハイブリッド》サンスクリット語（仏教梵語）であった（その俗語のガンダーラ語などを含む）。近年、この径路のところどころに、多少の崩れを含むサンスクリット語のアーガマ文献が出土し、校訂出版されている。

さらに、後代には、これらサンスクリット語のアーガマの一部がチベット語に翻訳され、いわゆるチベット大蔵経の中に収められて今日に伝わる。

ただし、マガダ語によるアーガマなどの諸文献が、どの年代に、どのようにして、リンスクリット語に移されたかはまったく不明であり、おそらく今後もよほど有力な新資料の発見（その可能性はきわめて薄い）がない限り、なんびとにも解明され得ないであろう。

付言すれば、漢訳仏典は、①年代がほぼ明確、②書写がそのときにほぼ確定、③紀元二～

五世紀というのは現存の他の写本および出土資料その他よりも古い、などの利点により、まことに貴重な意義を担い、重大な役割を果たす。

④ アーガマ文献の成立史（2）

上述の、第一結集《だいいちけつじゆう》がマガダ語によってなされ、はじめて最初期の仏教資料が収集され、整備された際、それがおそらく現在にいう経蔵《きようぞう》（スッタ・ピタカ）と律蔵《りつぞう》（ヴィナヤ・ピタカ）との原型を中心とするものであったであろうとはいえ、その内容は知り得ない。

さらに、伝えられるような第二結集がアソーカ王即位直前ごろにあり、それは主として律蔵、すなわち教団の諸規定をめぐる保守派と進歩派との対立がその原因とされていて、経蔵に関しては触れるところがない。

以下は、ほぼ経蔵、すなわち釈尊の教えと仏弟子の説などとを主とする諸経典の収集についてのみ、記すことにする。

経蔵は、仏弟子からそのまた弟子へ、さらにその弟子へと伝承されてゆく。同時にまた、その仏教の普及とともに、その伝承はインド各地に拡大する。今日の学界の通説によれば、その間に、これら経蔵に一種の区分がなされたといわれ、その最もよく知られたものに「九分教《くぶんぎよう》」があり、さらに「十二分教《じゆうにぶんぎよう》」がある。この術語のうち、分は部、教は経、ときに法とも記す。十二分教は九分教に三を加えており、おそらく九分教が古い。

以下に、その九および十二の分割の名称を掲げる。ただし、その配列は経典により多少異なっており、それも経典研究の一資料となる。

表のうち、九分は(4)と(8)と(9)とを除く。

この九あるいは十二の区分は、アーガマをはじめ後代の大乗経典にも頻出《ひんしゅつ》するが、その名

	〔サンスクリット語〕	〔パーリ語〕	〔漢訳（音写と訳語例）〕
(1)	スートラ　sūtra	スッタ　sutta	修多羅《しゅたら》、契経《けいきょう》・経《きょう》
(2)	ゲーヤ　geya	ゲーッヤ　geyya	祇夜《ぎや》、応頌《おうじゅ》・重頌《じゅうじゅ》
(3)	ガーター　gāthā	ガーター　gāthā	伽陀《がだ》、諷頌《ふうじゅ》・孤起頌《こきじゅ》
(4)	ニダーナ　nidāna	ニダーナ　nidāna	尼陀那《にだな》、因縁《いんねん》
(5)	イティヴリッタカ　itivṛttaka	イティヴッタカ　itivuttaka	伊帝目多伽《いていもくたか》、本事《ほんじ》
(6)	ジャータカ　jātaka	ジャータカ　jātaka	闍多伽《じゃたか》、本生《ほんじょう》・前生《ぜんしょう》
(7)	アドブタ・ダルマ　adbhuta-dharma	アッブタ・ダンマ　abbhuta-dhamma	阿浮達磨《あぶだつま》、未曾有《みぞう》
(8)	アヴァダーナ　avadāna	アパダーナ　apadāna	阿波陀那《あばだな》、譬喩《ひゆ》
(9)	ウパデーシャ　upadeśa	ウパデーサ　upadesa	優婆提舎《うばだいしゃ》、論議《ろんぎ》
(10)	ウダーナ　udāna	ウダーナ　udāna	優陀那《うだな》、自説《じせつ》
(11)	ヴァイプルヤ　vaipulya	ヴェーダッラ　vedalla	毘仏略《びぶつりゃく》、方広《ほうこう》
(12)	ヴヤーカラナ　vyākaraṇa	ヴェーッヤーカラナ　veyyākaraṇa	和伽羅《わきゃら》、授記《じゅき》

称（ときに表とやや異なるものもごくわずかある）の列記を見るのみで、その内容はほとんど推察の域を脱し得ず、したがってそれぞれの分類に、現存の諸経典を配置しようとする優れた研究が試みられてはいるものの、その九ないし十二の全体に及ぶことはきわめてむずかしい。また、当時、はたして全経典を蒐集し尽くしてこの九ないし十二に完全に区分し得たかどうかについても、それを伝える資料は存在せず、なお疑問の余地がある。ただ、この区分の名称は、上述のとおり、仏教の伝統として初期から後代まで継続し、けっして動かない。

さらに重大なことに、これらの経蔵は、口伝《くでん》の間にさまざまの変化を受ける。すなわち、付加による「増広《ぞうこう》」があり、ときに削除などによる「損耗《そんもう》」もあったとされる。しかも、このことは、経典そのものの中に記されている。また、整備における再編成なども、かなり多く受けたかもしれぬ。このような伝承の過程における変容・変化を、好むと好まざるとにかかわらず、確実に承認して、そのテクスト批判《クリティイク》の態度をつねに保持していなければならない。それから離反する限り、アーガマの解明はもとより、初期仏教（原始仏教）の研究は、そのスタートにおいてすでに逸脱したコースを進んでしまう。

いよいよアーガマの整備は、経蔵を四種に分割することにより、いわば終点に達する。これが「第一結集《だいいちけつじゅう》」において行なわれたとする根拠は、諸種の後代の伝説に妄執《もうしゅう》しない限り、学問的には皆無といってもよく、仏滅後約一〇〇年（別説、約二〇〇年）の「第二結集」よりも古いことは、ほぼ確実であるとはいえ、正確にいつ、どのような手続きによってなされたかは、一切不明のまま残されている。

アーガマに属する経蔵の四種の区分は、おおよそおのおのの経の文章の長短によって、それぞれのグループにまとめるという、ほとんど形式的な作業に属する。①長い経のグループ、②中ぐらいの長さの経のグループ、③短小の経のグループ、④おそらく残余のものを一から一一までの数でくくったグループであり、この④も、ほぼ短小の経から成っていて、かなり後代のものも含む。ただし、なおこれに漏れた重要な経が多数あって、これらは右の四種からはずれるものの、第五部として加えられる。

このようなプロセスを経て、現在伝わるテクストには、パーリの五部と漢訳の四阿含経（その異訳を含む。以下の叙述も同じ）とがある。そのうち、パーリ四部と漢訳四阿含とは、右の①〜④にあげた大綱において、ほぼ共通しているうえに、上述したように、漢訳の原典はサンスクリット語（ないしその俗語のガンダーラ語などを含む）の文献とほぼ断定されるところから、以上の四種の区分は、マガダ語文献においてすでに施されていた可能性が濃く、パーリ文献のみに見られるいわば第五部は、その後の編集によると考えられる。

ただし、ただちに補足しておかなければならないのは、以上は区分に関する事項のみに限定されるのであって、この四種ないし五種のそれぞれに含まれている各種経典の新古、および伝承中の変化の多少などには、なんら関係しない。

こうして区分され、整備されたアーガマの経蔵も、当時はいまだにその原型にとどまっており、「第二結集」によって部派の分裂があり、さらに細分裂に長い年月を要して、ようやく諸部派の成立したのちに、各部派による再び新たな経典整備のもとで、ここにはじめて現在に伝わる諸テクストがほぼ確定した。すなわち、「パーリ五部」にせよ、漢訳の「四阿含」にせよ、いずれもある特定の部派の所属に帰するものであって、これらがそのまま仏説ないし釈尊直説（「金口《こんく》の説法」）であるかのごとく考えるのは、きわめて無理があり、むしろ到底許容され得ず、極言すれば荒唐無稽《こうとうむけい》であると評してもよい。

しかしながら同時に、本書の冒頭にも断言したように、「釈尊の教え」を含む初期の仏教思想を直接に伝える資料は、「パーリ五部」および「漢訳四阿含」以外にはまったく存在していない。

そのことは当然、「五部」および「四阿含」などを、前述の文献学に即して、あるいはさらに文献学の方法その他をあらためて考察することによって、その慎重で綿密な研究から、これらの資料に釈尊の教えや初期仏教の思想を探索し、検討し、推定してゆかなければならないことになる。

以上、アーガマ（阿含経）の成立について詳述した。以下には「パーリ五部」および「四阿含」のおのおのについて述べる。なおパーリ語では経蔵を「スッタ・ピタカ Sutta-piṭaka」と称し、また「五つのニカーヤ Nikāya（部）」、すなわち「五部」と呼んで、普通は「アーガマ」の語を用いない。

第二章　阿含経のテクスト

第一節　阿含経のテクストの概要

①　パーリ五部と漢訳四阿含（1）

前章の終わりに記したように、アーガマ（阿含経）と呼ばれる初期経典は、現存するテクストとして「パーリ五部」と漢訳の「四阿含経」とがある。ここに両者を対照して示す。

〔パーリ五部〕	〔上の邦訳〕	〔漢訳四阿含〕
(1)『ディーガ・ニカーヤ』(Dīgha-Nikāya 略称 DN)	長部《ちょうぶ》	『長阿含経《じょうあごんぎょう》』
(2)『マッジマ・ニカーヤ』(Majjhima-Nikāya 略称 MN)	中部《ちゅうぶ》	『中阿含経《ちゅうあごんぎょう》』
(3)『サムユッタ・ニカーヤ』(Saṃyutta-Nikāya 略称 SN)	相応部《そうおうぶ》	『雑阿含経《ぞうあごんぎょう》』
(4)『アングッタラ・ニカーヤ』(Aṅguttara-Nikāya 略称 AN)	増支部《ぞうしぶ》	『増壱阿含経《ぞういちあごんぎょう》』
(5)『クッダカ・ニカーヤ』(Khuddaka-Nikāya 略称 KN)	小部《しょうぶ》	

次に、これらのそれぞれの所属の部派を記す。

「パーリ五部」は一括して上座部《じょうざぶ》（テーラヴァーダ Theravāda）に属する。

漢訳の四阿含経の帰属については、多くの難問があり、古くから今日まであまたの議論が絶えない。やや不審を残すとはいえ、最も新しい現在の説を次に示す。

⑴『長阿含経』　法蔵部《ほうぞうぶ》
⑵『中阿含経』　説一切有部《せついっさいうぶ》（略して、有部）
⑶『雑阿含経』　根本説一切有部《こんぽんせついっさいうぶ》（有部の分出）
⑷『増壱阿含経』　大衆部《だいしゅぶ》または法蔵部、もしくはやや非正統の有部

右のうち、⑷は議論が最も多岐に分かれており、上述したように大乗仏教的要素も混じていて、不明としたほうが適当かもしれぬ。

誤解を避けるために付言すると、右にあげたそれぞれの部派が、ここに記したその「阿含経」だけを所有したのではけっしてない。むしろ現在まで名称の知られているインドの計二〇あまりの部派のそれぞれに、すべて四阿含（四つのアーガマ）が備わっており（一部には、欠けているものが、または共有しているものが、存在したことも考えられる）、それら

の中から（たまたま）ある部派の、あるアーガマが、中国で採用されて漢訳されたにすぎない。それぞれの阿含経において、同一の術語ないし句や文などが、別の訳語・訳文・表現に変わっているのは、漢訳者の異同や漢訳の年代や場所の違いもあるほか、所伝の相違その他が加わると見られる。

漢訳の原本はサンスクリット語と先に記したが、最近の詳しい研究では、少なくとも『長《じょう》阿含経《あごんぎょう》』と『中阿含経《ちゅうあごんぎょう》』とはその俗語のガンダーラ語ではないか、とも推定されている。

次に漢訳四阿含の訳者名・年代・場所を表示しよう。これに関しても異論はあるものの、ほぼ次のようにみなしてよい。

⑴『長阿含経』　仏陀耶舎《ぶつだやしゃ》（ブッダヤシャス Buddhayaśas）と竺仏念《じくぶつねん》　四一二〜四一三年　長安（後秦）

⑵『中阿含経』　僧伽提婆《そうぎゃだいば》（サンガデーヴァ Saṃghadeva）　三九七〜三九八年　揚州建康（現在の南京、東晋）

⑶『雑阿含経』　求那跋陀羅《ぐなばつだら》（グナバドラ Guṇabhadra）　四三五〜四四三年　広州（？）（宋）

⑷『増壱阿含経』　⑵と同じ

右の末尾に（　）を付したのは、当時の中国がいわゆる戦乱の時代で、南北に分かれており、とくに北朝は五胡十六国と王朝の変遷もめまぐるしく、そのように地域も隔たり、王朝の異なるもとで、四阿含の漢訳が出そろったことを示すために、当時の国名を入れた。

なお、右のうち、現存の『雑阿含経』は、訳出後に全体の配列が乱れたものをのちに無理にそろえ、また「巻二三」と「巻二五」とが消失したあと、『無憂王経《むうおうきょう》』という後代のものを挿入している。そのうえ、『雑阿含経』には、①『別訳雑阿含経《べつやくぞうあごんぎょう》』、②同名の『雑阿含経』という二種の異訳がある。ただし、右の(3)に掲げた『雑阿含経』五〇巻に対して、①は一六巻（三六四経）、②は一巻（二七経）と小さく、ともに訳者は不明。訳出年代は、①が西秦（三八五〜四三一年）、②が呉・魏代（二二二〜二八〇年）ともいわれるが、詳細はわからない。この二種と『雑阿含経』との関係や対応については、しばしば論究の対象とされている。

以上の漢訳四阿含を含み、いわゆる一切経《いっさいきょう》のうち、今日、最も完備している『大正新脩《たいしょうしんしゅう》大蔵経《だいぞうきょう》』（以下『大正』と略す）の「阿含部」二巻は、計一五一経を収めている。それらの訳者は新古さまざまであり、古い失訳（訳者不明）も交じるが、ごく少数の例外を除いて、四阿含以外はほぼ（中国の数え方の）一巻ないし二巻の小経で占められ、しかも多くが右の四阿含経中に関連する単経の異訳に相当する。さらに、アーガマ（阿含経）は、『大正』においてはこの「阿含部《あごんぶ》」だけではなく、「本縁部《ほんえんぶ》」（たとえば『仏説義足経《ぶっせつぎそくきょう》』や『法句経《ほっくきょう》』などがある）や「経集部《きょうしゅうぶ》」（たとえば『陰持入経《おんじにっきょう》』や『本事経《ほんじきょう》』などがある）にも含まれている。

以上、パーリ五部と漢訳の四阿含との対照および漢訳の阿含経の概要を説明したが、パーリ語テクストはさらに第五部として、「小部《しょうぶ》」（クッダカ・ニカーヤ）と総称される経典群を有し、それは以下の計一五の経から成る。

(1)『クッダカ・パータ Khuddaka-pāṭha』（『小誦《しょうじゅ》』）
(2)『ダンマパダ Dhammapada』（『法句《ほっく》』）
(3)『ウダーナ Udāna』（『自説経《じせつぎょう》』または『感興偈《かんきょうげ》』）
(4)『イティヴッタカ Itivuttaka』（『如是語《にょぜご》』）
(5)『スッタニパータ Suttanipāta』（『経　集《きょうしゅう》』）
(6)『ヴィマーナヴァットゥ Vimānavatthu』（『天宮事《てんぐうじ》』）
(7)『ペータヴァットゥ Petavatthu』（『餓鬼事《がきじ》』）
(8)『テーラガーター Theragāthā』（『長老偈《ちょうろうげ》』）
(9)『テーリーガーター Therīgāthā』（『長老尼偈《ちょうろうにげ》』）
(10)『ジャータカ Jātaka』（『本生譚《ほんじょうたん》』）
(11)『ニッデーサ Niddesa』（『義釈《ぎしゃく》』または『釈義《しゃくぎ》』）
(12)『パティサンビダーマッガ Paṭisambhidāmagga』（『無礙解道《むげげどう》』）

(13)『アパダーナ Apadāna』(『譬喩《ひゆ》』または『宿世物語《しゅくせものがたり》』)
(14)『ブッダヴァンサ Buddhavaṃsa』(『仏《ぶつ》の種姓《しゅせい》』)
(15)『チャリヤー・ピタカ Cariyā-piṭaka』(『所行蔵《しょぎょうぞう》』または『行蔵《ぎょうぞう》』)

右のうち、(2)〜(5)と、(8)〜(10)とは、アーガマ成立史において、とくに重要であり、最初期の思想を知る資料とされるが、それについてはのちに詳述する。なお、(2)は『真理のことば』、(5)は『ブッダのことば』、(8)は『仏弟子の告白』、(9)は『尼僧の告白』と題した邦訳(中村元、岩波文庫)がある。

以上の、パーリ第五部の「小部」は、現存する漢訳経典には、それがそのまま相当するものはない。しかし、次の二点が注目される。

第一に、右の「小部」に含まれる諸経典ときわめて密接な関係にあるテクスト何点かが漢訳されて、ひとつの独立した単訳経典として伝えられている。たとえば、右の(2)は『法句《ほっく》経《きょう》』(その類書に『法句譬喩経《ほっくひゆきょう》』、『出曜経《しゅつようきょう》』、『法集要頌経《ほうじゅうようじゅきょう》』)、(5)の一部(その第四章)の『仏説義足経《ぶっせつぎそくきょう》』、(10)の一部の『本事経《ほんじきょう》』・『生経《しょうきょう》』など(ただし、これらの漢訳の底本はすべて現存のパーリ本とは異なる)。

第二に、パーリ語の「クッダカ」はサンスクリット語の「クシュドラカ Kṣudraka」であり、これに「小」の意味もあるが、「雑」の意味もあり、むしろ「雑」のほうがふさわしい。そして、これを冠した「雑蔵《ぞうぞう》」（クシュドラカ・ピタカ Kṣudraka-piṭaka）の語が、諸テクストに見えて、実際に化地部《けじぶ》・法蔵部《ほうぞうぶ》・大衆部《だいしゅぶ》などが「雑蔵」を所有していた、と文献はいう。しかし、これは名称だけが伝わって、現存しないために、その内実は不明としか言い得ないけれども、もしもそれが右のパーリ「小部」と一致していたとすれば、「小部」の編集は四阿含と同時とみなす可能性も生じよう。なお、このパーリ語を「小部」と称して「雑部」を避けるのは、『雑阿含経』のサンスクリット語名（クシュドラカ・アーガマ Kṣudrakāgama）と混同される危惧《きぐ》に基づく。いずれにせよ、「小部」もしくは「雑蔵」は、その名のとおり、きわめて古い成立の経典から比較的後代の文献までを含むのに至便であった、とみなすこともできる。

②　パーリ五部と漢訳四阿含（2）

上述したように、パーリ五部も漢訳四阿含も、それぞれ多くの経のグループの名称であり、またパーリの「小部」を除く四部と漢訳四阿含とは、ほぼ同類の共通項に立っている。以下に、パーリ四部と漢訳四阿含とに含まれている経の数を表示する。

〔パーリ〕		〔漢訳〕	
(1)『長部』	三四経	『長阿含経』	三〇経

(2)『中部』　一五二経　『中阿含経』　二二二経
(3)『相応部』　二八七二経　『雑阿含経』　一三六二経
(4)『増支部』　約二三〇八経　『増壱阿含経』　四七一経

右のうち、(1)と(2)とに関しては、格別の疑問もないのに対して、(3)と(4)とは異論続出といってよい。

まず、(3)について。そのうち、『相応部』は、古く七七六二経という伝説が存するものの、それを収録するPTS本の序文に明記されているように、到底承認され得ない。現在は研究も翻訳も、すべてPTS本を底本とし、必要に応じてタイやビルマの版を参照して行なわれる以上、PTS本の記述は必ず通過しなければならぬ。PTS本の『相応部』は、本文五巻に索引一巻の計六巻より成る。その第一巻の序文に、右の七七六二経の否定を記したあと、第五巻の序文には、計五編のおのおのの経数をあげてから、計二八八九経と論じている。しかし、これに従っているわが国の書物は、宇井《うい》伯寿《はくじゅ》『印度哲学研究第二』、『仏教思想研究』のみ。他は単に多数といい、ほかには右の伝説をそのまま写しているものさえ多い。

しかしながら、このPTS本は多少の混乱を含み、とくに第五編＝第五巻にはそれが頻出する。PTS本が第一編＝第一巻から実施している方法を踏襲して、その第五編を解体して組織し直すと、その経数は一七経を減じ、こうして『相応部』全体の経数は二八七二経となる。右に一覧した経数は、このような綿密な再構成から得られた研究成果による。

『雑阿含経』を一三六二経としたのは、それを掲載する『大正新脩大蔵経』がこの経に限り、（一）から順次番号を付して、（一三六二）で終わっていることに基づく。これは、ほぼすべての著書や論文にそのまま採用されて、一種の定説にまでなり、しかも『雑阿含経』の経の番号付けをも果たしている。

ところが、実際にその本文をひとつひとつ検討してゆくと、ここにも重大なミスがある。すなわち、（一一一二）の四行の経のあとに、「如是我聞《にょぜがもん》」ではじまり、定型句の一種で閉じる七行の経に、その番号付けが脱落している。したがって、これを一経と数えれば、計一三六三経としなければならない。さらに、厳密にいうならば、『大正新脩大蔵経』の、その番号付けの原則であるはずの、冒頭の「如是我聞」を欠くものが計二三経あり、また本来は数行の短小の経のはずが一巻にわたる（六〇四）の一経（上述した『無憂王経』）もあり、そのほかあまたの疑問個所の指摘されるものが一五〇経近くにも及ぶ。

したがって、右のように一応は一三六二経としておくものの、これは、実は確定できない厄介な諸問題を含んでいる。後述する赤沼智善《あかぬまちぜん》『漢巴四部四阿含互照録《かんぱしぶしあごんごしょうろく》』（巴《は》とは巴利《ぱり》、パーリ語の意）では、『雑阿含経』の巻数ごとに一連番号を付して、みずから付した経名とともに掲げているが、それを合計すると一四六八経となる。また、上述したように、『雑阿含経』は、古い時代にその組織が乱れて、配列の順序などに明白な混乱があるため、それを正す試みが数人の学者によってなされてきた。とくに顕著なものに椎尾弁匡《しいおべんきょう》『国訳一切経《こくやくいっさいきょう》・阿含部《あごんぶ》』一〜三巻があり、そこでは配列を変えるだけではなくて、経文を適宜に切断した結果、その経数は計一万三四四四経と増加している。

次に、⑷について。『増支部』は伝説に九五五七経との数が示され、それをそのまま引用するものが現在も数多いけれども、実数ははるかに少ない。このPTS本は本文五巻と索引一巻の計六巻より成り、その第五巻の序文には概数として約二三四四経という。しかし、同じ第五巻の末尾には四六ページにもわたる付録㈠に、第一集から第一一集までのそれぞれの詳しい章名その他が記され、それに経の数が付されている。それらを丹念に集めて合計すると、約二三〇八経もしくは約二三六三経となる。右のリストにはこの約二三〇八経の数を掲げた。

『増壱阿含経』は四七一経とされるのに、それに付された道安《どうあん》（三一二－三八五、中国初期仏教の黎明《れいめい》期に活躍した最も重要な中心人物）の序は「四百七十二経」としており、道安がほぼつねに正確な史実を伝えるだけに、この四七二経の数も捨てがたい。

いずれにせよ、⑶の『相応部』と『雑阿含経』、⑷の『増支部』と『増壱阿含経』は、その中に含まれる経が短小のために数がきわめて多く、また経の数え方にも問題が少なくないところから、単に多数として済ましておくのもやむを得まい。

ところで、このパーリ四部と漢訳四阿含とは、細部にはかなりの異同があるものの、大綱としては共通しているものが多く、それらの比較対照はどうしても欠くことができない。その試みはすでに姉崎正治《あねざきまさはる》博士などによってなされたあと、ほぼ完璧《かんぺき》に近いものとして、先の赤沼智善『漢巴四部四阿含互照録』があり、本文に漢－巴と、巴－漢とが詳細綿密に対照されている。そこには、四部と四阿含とがおのおの対照されるだけではなく、各部と各阿含経とが縦横に交錯し合い、さらには四部四阿含以外のいわゆる単経・律蔵の諸本、後代のサンスクリット断片（一九二九年発行時までに公刊されたもの）をも網羅《もうら》し、末尾に付録と補遺とを加える。

③　漢訳経典の伝承

漢訳の四阿含経をはじめ、各種の単経のアーガマ漢訳本、さらには後代の大乗経典、それに律蔵と論蔵という、膨大なテクストの漢訳がある。中国では古来しばしばその全体を集めて、それを「大蔵経《だいぞうきょう》」または「一切経《いっさいきょう》」と称した。そして、その収集の際には、必ずといってもよいほど、その目録が作成され、これを「経録《きょうろく》」と呼んだ。その経録には、単に書名だけではなく、漢訳の訳者、年代、場所その他もかなり詳しく記載されていて、仏典研究に大きなメリットを与えてきた。ただし、その正確さがつねに問題とされ、現在の学界ではそのひとつひとつについて、その他の種々の諸資料と突き合わせて検討されている。たとえば、多くの経録では、この阿含経についても『増壱阿含経《ぞういちあごんぎょう》』の訳者を曇摩《どんま》難提《なんだい》（ダルマナンデイ）、訳時を三八四～三八五年、訳場を長安（東晋）、とするなどの過誤が見られる。

ところで、漢訳経典の伝承は、往時はすべて書写によっており、その中に少数の誤写が交じり、また読みやすくしたり、訳解の便などから、ある程度の書き換えなどが免れ得ないとはいえ、ほぼ古形を長い年代にわたってそのまま後代に遺《のこ》した。

これらがはるか後代の宋（北宋）にはじめて木版に刻まれるようになる。これを「開板《かいはん》」という。北宋の第二代の太宗《たいそう》はそれを国家的事業として着手し、ここに漢訳経典の本文がいわば定着し得た。太宗は、九七二年に蜀《しょく》（四川省）において、諸写本を集めて校訂したうえで、決定稿を作製し、それを磨滅の少ない堅い版木《はんぎ》に彫りはじめてから、計五五八六巻五三七帙《ちつ》を収めた計一三万枚の版木を、一二年間を要して九八三年に完成し、ただちに紙に印刷させて、刊本を発行した（その一部、すなわち一そろいは、入宋した東大寺の奝然《ちょうねん》が太宗から下賜されて、九八七年にわが国に将来した。それは稀有《けう》の法宝として珍重され、のち藤原道長の建てた法成寺《ほうじょうじ》の宝蔵に安置されたが、一〇五八年の火災で焼失した、といわれる。ただし、この刊本の一部は、京都の南禅寺《なんぜんじ》や敦煌《とんこう》の発掘物に現存する）。これを『北宋官版《ほくそうかんぱん》』または『蜀版《しょくばん》』と呼ぶ。このあとも、北宋では、新訳の経典を追加して開板が行なわれた。

ほぼ同時代に、シベリア南部からモンゴルを含んで中国北部に国を建てた遼《りょう》（契丹《きったん》）でも、仏教が信奉されていて、その皇帝の道宗《どうそう》により開板が進められ、いわゆる『契丹版《きったんばん》』五〇四八巻が一〇五五～一〇五八年に完成する。

これら『北宋官版』と『契丹版』との刊本を対校したうえで、朝鮮半島の高麗《こうらい》では、顕宗《けんそう》（一〇一〇－一〇三一）と文宗《ぶんそう》（一〇四七－一〇八二）の代にわたって開板が行なわれ、『高麗版大蔵経』を完成するが、その版木は、のちに侵入した元《げん》により壊滅してしまう。遼に代わった金《きん》には、『蜀版』にさらに追加した覆刻があり、そのあとに中国全体を統一した元《げん》では、世祖《せいそ》の勅命によって、一二九〇年に、『金版大蔵経《きんばんだいぞうきょう》』を改訂した『弘法寺版《こうぼうじばん》』が開板された。以上はすべて最初の『蜀版』の系統に属する。

これに対して、宋代の一二世紀のはじめ、中国南部の福州《ふくしゅう》（福建省）の東禅寺《とうぜんじ》では、六代にわたる住職によって、『蜀版』系とは形式も内容も異なる別の開板がなされ、三三年間（一〇八〇～一一一二年）を要して完成した。これを『東禅寺版《とうぜんじばん》』といい、もと純粋の民間事業であったが、のちには官版に準ずるようになった。『蜀版』系は一巻ずつを軸に巻く巻《かん》子本《すぼん》であったが、『東禅寺版』は現在の寺院に普及している経典の原型の折本《おりほん》をとる。しかも、この『東禅寺版』は、いわゆる『宋版《そうばん》』・『元版《げんばん》』・『明版《みんばん》』などの源となる。これらの刊本（宋本・元本・明本）は共通するところが多く、合わせて「三本《さんぼん》」と呼んで、今日でも貴重なテクストとして、たえず活用される。

宋から元にかけては、中国の南北で大蔵経は一〇回あまり刊行されたが、元の末の戦乱で版木は失われた。そのために、明の太祖《たいそ》（一三六八－一三九八）によって南京で「明《みん》の南《なん》蔵《ぞう》」が、そしてその誤植をすっかり改めて、成祖《せいそ》（一四〇二－一四二四）により北京で「明《みん》の北蔵《ほくぞう》」が刊行された。いずれも『東禅寺版』系に基づく。同類の開板は私版により継続され、種々のものが伝えられている中で、明末の万暦一七年(一五八九)から数十年を要して刊行された「方冊《ほうさく》本」(和綴《わとじ》)の『万暦版大蔵経《ばんれきばんだいぞうきょう》』は、閲読に便利のうえ、安価のために広く流通《るつう》した。

再び高麗にもどると、上述のように、高宗の時代に、元の侵攻によって最初の版木が失われた(一二三二年)ため、百官を伴い江華島《こうかとう》に遷都した高宗は一六年間(一二三六~五一年)を要して、諸刊本(いずれも『蜀版』系)を集めて厳重な校訂を加えつつ、再彫本を完成した。これがいま『高麗大蔵経《こうらいだいぞうきょう》』(略称は「麗蔵」もしくは「麗本」)と呼ばれる。

この再彫には、火災にも耐えられるよう、江華島と南海島《なんかいとう》とで、海水中に何度も沈めて固く強化した版木八万余枚を用いた。この版木は、李朝《りちょう》を創始した太祖《たいそ》によって、現在の慶尚《けいしょう》南道《なんどう》にある伽耶山海印寺《かやさんかいいんじ》に移されたところから、『海印寺版《かいいんじばん》』とも称する。その庫に収められたまま、現在まで伝わり、いわば世界最古の完備した大蔵経版として、韓国の国宝とされている。それからの印出は、儒教を奉じた李朝約五〇〇年間に数回にすぎないが、日本からの要求は八十余次に及び、六十余部が日本に伝えられた、ともいう。戦後になって、ソウルの東国大学校がその影印本を刊行し、その普及に努めたことから、一般の入手も容易になった。

日本の状況を見よう。古く孝謙天皇の発願《ほつがん》によって、七六四~七七〇年に木製の小塔のいわゆる百万塔がつくられ、その中に『無垢浄光大陀羅尼経《むくじょうこうだいだらにきょう》』からの四種の陀羅尼《だらに》（ダーラニー dhāraṇī の音写、原意は「保持するもの」、呪文）のうちのいずれか一種が印刷されて納められた。上述の中国や高麗がすべて木版であったのに、これは銅版ではなかったかと推察され、グーテンベルク（一三九八ごろ－一四六八）の印刷術をさかのぼること七〇〇年近く、世界最古の銅版印刷とされ、現存するこの陀羅尼は貴重である。ただし、四種の陀羅尼の文字の総計は四〇〇字あまり。その後、朝廷にも、最高の権力者にも、篤実な、ときに熱烈な仏教信者が数多く現われて、その何人かが写経に（また造寺造像などに）すこぶる熱中した例はしばしば見受けられるものの、大蔵経開板のような大事業は、官制ないし公的にはついに試みられず、中国や高麗からの刊本の輸入に依存する大勢が続く。

　これに対して、民間の寺院では、経典流布のために、特定の経典類に限っての開板が鎌倉時代に奈良で起こり、興福寺を中心とした『春日版《かすがばん》』が知られ、また鎌倉の諸寺院でも行なわれた。

　日本での大蔵経の開板は、すべて民間において有志の私的事業として行なわれるが、それは江戸時代にようやく起こり、寛永寺で天海《てんかい》のはじめた『天海版《てんかいばん》』（一六三七年完成、四五三部六三二三巻を収める）と、黄檗宗《おうばくしゅう》の鉄眼《てつげん》が『万暦版』をそのまま覆刻した『黄檗版《おうばくばん》』（一六八一年完成）とがとくに名高い。

　これらの刊本の流布の中で、江戸時代には、それらと『高麗版』との比較対照が奇特な学僧たち（一八世紀はじめの忍徴《にんちょう》、一九世紀半ばの順恵《じゅんけい》など）によって進められた。この比較研究が明治以後に結実する。

明治以降の大蔵経刊行は三種類あり、『大日本校訂大蔵経《だいにっぽんこうていだいぞうきょう》』（俗に『縮冊蔵経《しゅくさつぞうきょう》』、一八八〇〜一八八五年）、『大日本校訂蔵経』（俗に『卍字蔵経《まんじぞうきょう》』、一九〇二〜一九〇五年）、『大正新脩大蔵経《たいしょうしんしゅうだいぞうきょう》』（略して『大正』ないし『大正蔵経』、一九二四〜一九三二年）がそれで、いずれも『高麗版』系と『万暦版』系とを総合したうえに刊行され、またそれぞれ「正蔵《せいぞう》」（インド原典の漢訳テクスト）の出版のあとに、中国や日本などにおける著述を追加した「続蔵《ぞくぞう》」が付随する。

以下に、右の中から『大正新脩大蔵経』について述べよう。『大正新脩大蔵経』は、いわば日本のインド学・仏教学を近代〜現代の学として創立した高楠順次郎《たかくすじゅんじろう》博士によって大正一一年（一九二二）に計画され、大正一三年以来、博士の文字どおりの粉骨砕身の苦心と努力により、昭和七年（一九三二）二月に完成した。これには、文献学を身につけて新しい仏教学を学んだ多くの学者が熱心に参加・協力し、『高麗版』を底本として、従来の「三本」をはじめとする諸刊本や諸写本などを照合し、多数の異同を各ページの下欄に綿密に註記し、さらにその註には、パーリ語やサンスクリット語をも一部ながら加えている。また、組織を一新して、諸テクストを「阿含部」以下の歴史的順序に配列し、合計三〇五三部一万一九七〇巻を計八万六三四ページ（計八五巻）に収める。さらに詳しくいえば、①「正蔵」の五五巻二一八四部は、はじめの三二巻に漢訳テクストを、あとの二三巻に中国選述のテクストを含む。②「続蔵」三〇巻七三六部は、日本選述のものと敦煌《とんこう》出土本とを収める。『大正蔵経』はさらに③『図像』一二巻三六三部、④『総目録』三巻七七部を加えて、合計一〇〇巻より成る。もとより、中国や高麗の木版とは異なって、活字印刷であるために、ごくわずかの誤植はやむを得ないとはいえ、その学問的価値はすこぶる高く、この出版以後は、全世界の学者がこれに依拠して、「大正」または「Taisho」の略号のもとに、そのまま引用する。

この『大正蔵経』の最初の二巻が「阿含部」であり、その第一巻に『長阿含経』と『中阿含経』とそれぞれの別訳経典および関連する異訳単経などが、第二巻に『雑阿含経』と『増壱阿含経』とそれぞれの別訳経典および関連する異訳単経などが含まれる。本書もこれを底本として記述する。

④　その他の諸テクスト

以上、パーリ五部と漢訳四阿含とを中心に、パーリ語および漢訳のアーガマ（阿含経）文献について記してきた。以下の叙述もほぼそれらに集中するとはいえ、世界諸国の学界の研究はすでにそれらをほぼ掘り尽くしており、あとはそれらの再検討にとりかかっている。それと同時に、これまでの文中にそれぞれ一言ずつ触れておいたパーリ語および漢訳以外の諸文献が、今後新しく付加されてゆくことになろう。

それらのうち、チベット語に訳されたアーガマ文献は、現在までのところ単に参照程度にとどまって、それほど大きな期待は寄せられていない。

学者や研究者の眼《まなこ》は新たな出土本に向けられており、それらのほとんどはサンスクリット語ないし混交《ハイブリッド》サンスクリット語（仏教梵語）もしくはその俗語形、とくにガンダーラ語などによる。これらのほとんどは、いわゆるシルクロードのどこかで出土しており、これらはドイツあるいはイギリス（一部にフランスやインドその他）の卓越したインド学者によって、校訂出版がなされている。出土する地域はトルファンとギルギットとが多く、ときにその他の地域にも及ぶ。また、インドからパキスタンにかけて、またネパールにおいても、少数の報告がある。そして、さらに将来には、おそらくチベットなどにおいて、新資料の発見とその刊行とが続くであろう。

おそらくはそれらの新しい諸文献が、今後の初期仏教の研究に種々の話題を提供するであろうが、しかしそれらがすでにかなり多く紹介されたとはいえ、初期仏教の思想として、これまで知られてきたことをそれほど大きく揺り動かすまでには至っておらず、将来も多分生じ得ないであろうと推察される。しかしながら、わが国で知られている初期仏教の思想の概説書やとくに啓蒙《けいもう》的な仏教書は、いたずらに古い研究の一部を敷衍《ふえん》したり、書き換えたりしているのみで、文献学をほとんど無視し、研究の方法論ももたず、いわんやパーリ五部と漢訳四阿含との全体にわたる徹底した比較対照を織りこんでの探究は、なおざりにしたままでいるものが圧倒的多数を占める。

従来の内外の緻密《ちみつ》な検討を経て、ようやくごく最近になって、それらを着実に踏まえ、諸外国の成果をすべて消化した思想研究が結実し、諸研究者のあいだに批判や再批判が行なわれるようになった。本書は、その一部を紹介することを目ざすものの、その前に再び文献学的な阿含経テクストの検討について述べておこう。それは、実は、学問の基幹である仏教研究の方法論をも兼ねている。

第二節　阿含経テクストの検討

①　阿含経テクストの検討

阿含経テクストの検討に当たって、その文献学的な従来の諸成果と方法論との概要を記す。

冒頭に強調し、そのほかにも念を押してきたように、阿含経テクスト＝アーガマ文献だけが（ときには律のテクストの一部を加える）、釈尊の教え、ならびに最初期から初期にかけての仏教思想を知り得る唯一の資料であって、ほかには存在しない。したがって、これらの資料のみに基づいて、釈尊および最初期の仏教思想を、あるいは可能な限り、それに近いものを探索しなければならない。しかしながら、すでに述べたように、これらの資料はアーガマの名のとおり「伝承されたもの」であり、その間にあまたの増広その他の変更を受けている。ただし、それらの変更の中にも、いくらか幸いなことには、現存している諸テクストを綿密に検討してみると、おそらく忠実な伝承をと念じたためであろうか、変更によって原文を書き換えてしまう場合のほかに、変更前の文章や語句と、変更後の結果とが混在し、また併記されているものもけっして少なくない。ということは、これらの諸資料には、その全体をくまなく緻密《ちみつ》に探究し尽くすならば、数々の混乱があり、不統一があるという、それらの実情が判明し、それらを残らず拾い集める作業に専念することにより、そしてまたそれらに最も妥当する解釈を加えることによって、かなり統一的な像を描き出すことが可能になる。

ただし、仏教には、おそらく釈尊以来、「対機説法《たいきせっぽう》」（人を見て法を説く）と称される伝統があり、教えは臨機応変に語られた。同時にまた、同一の教えを、さまざまな人びとがそれぞれ異なって受けとり、それを他に伝えるという例も経典に記されている。したがって、伝承された教えの中には、明白な矛盾を、ときには正反対を伝えるものの少なくないことを、つねに念頭に置かなければならない。だが、それらも文献学的にはそれほど重大な問題ではなくて、それらはそれぞれにふさわしい場が与えられ得る。

さらには、変更などの交じることが少ない諸文献もある。これらのあるものは、おそらく教団の整備に伴う教理の確定以前の思想を伝え得る資料として、とくに注目されよう。

要するに、初期仏教の基本的思想を述べるいくつかの術語や、それらの術語を用いての教説などに対して、なお整備されていない跡の残る諸資料を、批判的に、また総合的に観察しつつ検討し、他方また忠実な口伝《くでん》と解されるものも、部分的ながら歴然と残存しているところから、あらゆる資料の原型とその変遷ないし発展とを探究するという研究態度こそが必要不可欠なのであり、したがってその際に、文献学の緊急性はいっそう増大する。

まず、阿含経テクスト（アーガマ文献）は、大別すると、韻文すなわち詩型をとるものと、散文のものとに分かれる（しばしば前者を偈《げ》・頌《じゅ》・偈頌《げじゅ》などと、後者を長行《じょうこう》と術語化する）。より正確にいえば、①経の全体が詩型のもの、②ほとんどが詩から成り、一部に散文を付すもの、③ほぼ大部分が散文で、一部に詩を伴なうもの、④全体が散文のもの、という四種のいずれかに属する。

古来、インド人は詩を愛好し、その風潮は今もなおきわめて強い。詩人はインドにおいて、今日のいわゆる文学者はもとより、宗教者や哲学者などとして最高の尊敬を受け、同時に非常に多くの人びとに慕われる。

インド最古の文献である『リグ・ヴェーダ』は、すばらしい独自の韻律を踏まえた詩であり、その当時のままの朗詠が三〇〇〇年後の現在もなお長く継続し、広く浸透している。それは、ギリシア（すなわち、ヨーロッパ）最古のホメーロスの作品とされる『イリアス』、『オデュッセイア』が詩編であるのと共通し、しかも成立はその数百年前にさかのぼって、すでに定型を得た。その後の諸文献の主要なものを見ると、古ウパニシャッドの最初期のものは散文であるが、初期から中期の諸作品は韻文となり、やがて成立する『バガヴァッド・

ギーター』の詩は実に美しい。バラモン教がやがてヒンドゥ教に変身する過程で、『バガヴァッド・ギーター』の詩は最高の聖典の地位を占め、現在も大多数のインド人が愛唱している。この詩を含む膨大な文学作品の『マハーバーラタ』も、そしてまたインドから東南アジア一帯に愛好される『ラーマーヤナ』も、さらに第五のヴェーダとも称せられる多くの「プラーナ」文献なども、多くは詩より成る。

それは哲学書にも共通しており、いわゆるインドの正統哲学の諸派（通常これに六種をあげて六派哲学と呼ぶ。すなわち、サーンキヤ学派、ヨーガ学派、ニヤーヤ学派、ヴァイシェーシカ学派、ミーマーンサー学派、ヴェーダーンタ学派）のおのおのの根本聖典は、「スートラ sūtra」すなわち「経」の名が付されるが、中には直接に「カーリカー kārikā（詩）」を自称するテクストもある。

その事情はインド仏教においてももちろん変わらない。日本に最もなじみ深い大乗仏教の多くの論書も、詩で書かれている。たとえばナーガールジュナ（龍樹《りゅうじゅ》、約一五〇－二五〇）の『中論《ちゅうろん》』、ヴァスバンドゥ（世親《せしん》または天親《てんじん》、約四〇〇－四八〇）の『倶舎論《くしゃろん》』、『唯識二十論《ゆいしきにじゅうろん》』（これらの二部ははじめ詩のみで、のちにみずから散文の註訳を加えた）、『唯識三十頌《ゆいしきさんじゅうじゅ》』は、どれもが「シュローカ śloka」という、最もよく知られた韻律の詩から成る。

釈尊の場合はどうか。釈尊がみずから詩を愛好し、詩をつくり、吟じたという確たる証言はない。しかしながら、阿含経テクストに詩を交じえることはきわめて多く、その点で後代の大乗経典（上述の論書とごく少数の経典は除く）と著しく異なる。

パーリ「小部《しょうぶ》」の中の『ウダーナ（自説経《じせつぎょう》）』を見てみよう。それは『感興偈《かんきょうげ》』などの訳もなされ、また前に掲げた九分教・十二分教にも「ウダーナ」の名があり、さらにいくつかの部派で聖典としてまとめられた「ウダーナ集」もある（現存するのは有部《うぶ》系のみ）。なお、ウダーナ udāna の語原は、ud-an（息を出す、語を発する）で、「自発的なことば」を「ウダーナ」という。ただし、後代はその意味が曖昧《あいまい》となった。ここには、パーリ文テクストの『ウダーナ』について述べる。他の諸文献のほとんどが仏弟子または信者などからの問いに対する答えという形式をとるのとは異なり、『ウダーナ』は、釈尊がみずから問い、みずから答える（以上は散文）うち、感興が高揚し直後に詩を詠ずるという構成から成り、その散文は詩の説かれる因縁を記して、八章八〇経より成る。ただし、この詩の作者は、通常は釈尊に帰せられるとはいえ、現在伝わる詩型のとおりに釈尊自身が詠じたとは、なかなか断定しがたい。

さらに、九分教の中に「ゲーヤ」と「ガーター」とがあり、「ガーター」は詩そのものである。また「ゲーヤ」はまず散文があり、それに応ずる詩を重ね合わすという形式をとるもののの、逆に詩が先にあり、のちに詩を説明する散文が加えられた、との説も成り立つ。詩型の成立については後述するが、「ガーター」や「ゲーヤ」の詩を含めて、種々の阿含経テクストに多数ちりばめられてある詩が、仏説、すなわち釈尊自身の作によるかどうかは、なお不明とされており、むしろ疑問視する傾向のほうが学界には濃い。

とくに注目すべきことは、釈尊よりもしばらく前に成立した古ウパニシャッドの最初期の諸作品はすべて散文であり、それに続いて新しい時代を迎えたさなかに、釈尊を含む多種多彩な諸思想家が輩出して、彼らはおそらくほとんどすべてが、日常的な散文により語り、説き、論じ合ったにちがいない。

先に触れたように、阿含経テクストの伝える釈尊の教えは、そのほとんどが問いに対する答えから成っており、その問いにしても、また答えにしても、その原型は常識的に考えても散文であった、と断定してよいであろう。

そのような中で、かなり古い時代に、あるいはすでに釈尊の在世のころに、それらの問答を軸とする散文が、その全部ではなくて、一部であったかもしれないとはいえ、ある理由に基づいて詩型に置き換えられ、そのような詩型によって、仏弟子からさらにその弟子へ、また信者へと伝承され、それらが流布するという事態になった可能性は、すこぶる大きい。そして、その理由としては、上述したインド人の詩に対する愛好と尊崇、ひいては詩型による一種の権威づけ、またそれらの確実な記憶の便などが考えられる。そのほかにも、特別な事情があったかもしれぬ（たとえば、後述する大乗仏教の諸経典のうち、「法華経」だけは、韻文すなわち詩がきわめて多い）。なお、仏弟子の中に詩人の存在したことが伝えられ、とくに即興の詩でブッダを讃《たた》えた詩人のヴァンギーサ Vaṅgīsa（婆《ば》耆《ぎ》舎《しゃ》）は名高い。たとえば、『相応部《そうおうぶ》』も『雑阿含経《ぞうあごんぎょう》』も、その一部に釈尊との会話を数経にわたる詩で掲げており、それらの一部はヴァンギーサが詠じたと伝える説もある。

こうして成立した詩は、インドに古くから定まっていた韻律に制約されるために、いったん成立したあとはそのまま保存され、比較的とはいえ、変化を蒙《こうむ》る確率は、散文よりもはるかに低い。アーガマ諸文献中には、共通の詩、ときにまったく同文の詩が、別々の経に見られる例も少なくない。

漢訳においては定かではないけれども、パーリ語文献に含まれる詩のあるものには、その中に、正規のサンスクリット語に復原され得ず、それをさかのぼるヴェーダ語との親近の指摘されるような、きわめて古い語形を遺《のこ》す語が残存する。現在の文献学は、これをその詩そのものの古さと直結させており、その議論には多大の説得力がある。ただし、同時に、詩においては、ともすれば古雅を尊び、愛し、保つという、世界各地の詩に共通する性格を考慮すると、そのような古形は一種の擬古にすぎず、あるいは伝統尊重癖に帰せられるのではないか、との異論ないし反対意見も一部にはある。

一方、経典中の散文は、右の韻文におけるような制約をまったく受けない。そして、すでに反復して強調したように、アーガマそのものが伝承なのであり、そのさなかで増広《ぞうこう》や付加や再編その他を経過していることは、なんびとも認めなければならない。それを立証するのに、パーリ文と漢訳とが同一の内容を説く経は、数多く存在するにもかかわらず、仔細《しさい》に検討するとき、両者がまったく同文であるという例が、ただのひとつも見当たらないという実情を述べれば、もはや充分であろう。それには『長部』と『長阿含経』というような長文の経はもちろんのこと、『相応部』と『雑阿含経』とのごく短い対応経典においても、そのとおり妥当する。しばしば誤解されてきたように、対応し合っていて、共通の内容から成り、同一の事柄を説く経であっても、パーリ語の文がそのとおりそのまま漢訳にも見られるという例は、ほぼ絶無に近いといい得る。このことは、先に記したように、漢訳の阿含経の原文は、ごくわずかの例外を除いて、サンスクリット語系またはその俗語系のアーガマなのであって、パーリ語ではなかった、いわんや現存のパーリ語文献ではなかったことが、その最大の根拠と考えられる。

そのような中にあっても、それでもなおパーリ語文献と漢訳経典とがそのような共通の内容を述べているテクストは、現存する相互の文に含まれる多少の異同にもかかわらず、すでにマガダ語で聖典が編集された時代に成立したのであろう。このことは、ほぼすべての学者の支持を得ており、定説といってよい。要するに、両者に共通する諸経典は古い内容を伝えている。ただし、それでもなお、両者の綿密な比較対照から、些細の異同は必ずともいえるほど発見されて、両者ともに伝承の間の変更を見のがすことは許されない。

しかしまた、パーリ文と漢訳とのどちらかにしかないような、たとえばパーリにだけあって漢訳にはない、もしくはその逆の経について、それは新しいと一方的に断定することもまた、早計を免れ得ない。伝承における変更・変化の過程には、増大や付加だけではなくて、削除もあり、また放置の末の喪失もあった、と考えなければならない。とくに漢訳の阿含経の場合には、上述したように、四阿含経のまとまった翻訳が紀元四〇〇年前後という、阿含経の成立史からいえばかなり後代であり、また中国では、ごく少数の例外を除いて、大乗仏教への偏重が強く、アーガマ文献を伝えた諸部派への配慮は完全とはいい得なかった、むしろきわめて不充分であり、欠落さえしかねなかったという、そのような背景などへの考慮がぜひとも必要であろう。したがって、漢訳を欠くことは、パーリ語文献にとって、それほど重大なマイナスとはみなさないほうが、かえって妥当な場合もあり得る。ただ、念を押していえば、あるパーリ語経典は、それに対応する漢訳経典を見いだし得れば、それはかなり強力な後押しとなる、というほどにとどまる。

②　阿含経に基づく思想研究の方法

これまで阿含経テクスト（アーガマ文献）における詩（偈《げ》）と散文（長行《じょうごう》）との問題のいくつかを論じた中で、詩が古形を伝え残しやすい、とは述べたけれども、もとより現存する詩がすべて古形そのままということは、到底不可能であり、詩型そのものにも新古の別が存在するであろうことを、ここにあらためて補足する。

それと同時に、たとえ伝承の間に変更を受けやすい散文においても、その全体がそっくり変貌してしまうようなことはあり得ないであろうから、それら散文の中には、古形をそのまま伝え、ないしはごくわずかの変容にとどまっているというケースもまた、必ず含まれているにちがいない。とくにすでに記したごとく、釈尊の説法にせよ、多数の問答にせよ、仏弟子その他の会話にせよ、すべて散文形式でなされたことは、常識的に考えてもほぼ確実である以上、経文が散文であるからといって、そのことごとくが新しいのではなく、古形を保存しているもの、またそのような一部分を含むものも、数多く存在するとみなされる。

そしてまた、パーリ文と漢訳経典との対照も、両者に共通し合う経典類はかなり古い、と推定されるとはいえ、その二経ないし複数の経について、ひとつひとつの語・句・組織・構造その他に及ぶ、詳細で厳密な照合が必ず施されなければならず、さらに近年は、新たに出土したサンスクリット語あるいはその俗語などの諸テクストや諸断片の存在を確かめて、もしもそれが世界の学界のどこかに報告されているならば、それらとの照合なども、多くの場合に厳しく要求される。同時にまた、パーリ文と漢訳との一方にのみ存する経についても、ただ単にそれだけの理由で新しいと断定してはならない。

文献学は、おおよそ以上の事柄にさらにいくつかの手続きをつけ加えて、多分に複雑な方法論を説き、要求する。たしかに複雑ではあるけれども、いったんそれを充分にわきまえて、アーガマ文献（阿含経テクスト）に立ち向かってゆくならば、そこにこそ釈尊の教えないし最初期の仏教の思想、すなわち最古の仏教がその姿を示してくるであろう。そして、それをわきまえず、またそれへの顧慮を怠って、みだりにある阿含経テクストの諸経典を任意にとりあげたり、みずからの好みのままに選択したりするならば、それは学問的研究から大きく逸脱して、その当人の身勝手な釈尊像を、また初期仏教思想の放恣《ほうし》な偶像をつくりあげているにすぎない。

以上のような文献学に基づく方法論の総論のうえで、現在の仏教文献学がいわば常識として採用しているところを、各論的に、より具体的に、次に個条書に記してゆこう。

(1)　詩型のものないし部分は一般的にいって古い。ただし、散文に説かれている文献も、その中に古いものないし部分を含む。

(2)　パーリ文と漢訳とに共通する内容を説く諸経典をあまねく収集して、新しい出土本にも当たり、それらを綿密に対照して、一致と類似と異同とを明確に指摘しつつ、原形を探索する。

(3)　アーガマ文献中に、他のアーガマ文献の引用を査定する。この作業において、最も多くの注目を集めているテクストに、「小部」に含まれる『スッタニパータ』がある。『スッタニパータ』はパーリ語の文中に、ヴェーダ語やマガダ語などに近しい語が見いだされ、その他の種々の点に古形を保持する要素をいくつか含むとされ、最大の関心が注がれている。そのうえに、この中のあまたの詩の引用が他のアーガマ文献に立証された。さらには、同書は全五章から成っていて、その第五章の「パーラーヤナ・ヴァッガ」（彼岸に至る道の章）という名称（漢訳では音写して「波羅延《はらえん》」、「婆羅延《ばらえん》」など）がそのまま他のアーガマ文献に引用されており、そこではこの章が、独立の一経として扱われている。同じ例に、その第四章の「アッタカ・ヴァッガ」（八つの詩句の章）は、サンスクリット語で「アルタ・パダ（正確には、アルタ〔カ〕・ヴァルギーヤ）」と変形して、その一部のサンスクリット経典が発見され、公刊されている。また、この章の別種のプラークリットによるテクストからの漢訳『仏説義足経《ぶっせつぎそくきょう》』があり、別に「義《ぎ》品《ぼん》」、「衆義経《しゅうぎきょう》」などとして他の諸文献に伝えられて、やはり独立の一経であったことが判明している。先にも記したとおり、『スッタニパータ』とは「スッタ（経）」の「ニパータ（集）」であり、五章の各一章ごとに別々の独立経典であったものを編集して、『スッタニパータ（経集《きょうしゅう》）』としたことは、以上の史実によっても明白である。こうして『スッタニパータ』の第四と第五との二章は、他書への引用などからして、最古とされる。

(4)　『スッタニパータ』について、さらに説明を加えよう。それは全五章一一四九の詩（および後述する散文）より成る。そのうち、第四章は、上述したように「八つの詩句の章」を名乗って、全文が詩であるが、第五章の「彼岸に至る道の章」の詩には、その各詩に質問者の氏名などが短い散文で付せられている。ほかの第一〜第三章も、本文を成す詩に一部は散文を伴なう。ことに、第二章の、第六・七・一〇・一二の各節に記された散文はかなり長く、後述するような重複－冗長が見られる。後世の付加とされるこれらの散文を除いた詩が、アーガマ文献のうちの最古の資料のひとつとみなされる。

(5)『スッタニパータ』と並んで、やはり「小部」に属する『ダンマパダ（法句《ほっく》）』は、計四二三の詩のみから成り、最初期の資料として不可欠のものとされる。この章の末尾にそれの多数の異本を紹介し、またとくにその中からひとつの詩を選んで、パーリ原文、その拙訳、サンスクリット原文、相当する漢訳などを掲げるところで、さらにこのテクストに触れることにしよう。

そのほか、詩と散文とから成る諸経典、とくに「小部」の『ウダーナ（感興偈《かんきょうげ》）』、『イティヴッタカ（如是語《にょぜご》）』、そして『相応部』冒頭の「有偈品《うげぼん》」（「サガータ・ヴァッガ Sagātha-vagga」詩を伴なう章）と称されるかなり長い第一篇、またやはり「小部」に属する詩集で、仏弟子たちの詠誦とされる『テーラガーター（長老偈《ちょうろうげ》）』と『テーリーガーター（長老尼偈《ちょうろうにげ》）』も、初期仏教思想研究の資料としての価値は高い。

(6)詩による経および経中の詩が古いと主張される理由は、言語学的に見て、古形と考えられる古語を保存しているほかにも、詩によるそれらの文が、いわゆる仏教の専門用語ないし術語（以下に仏教術語という）をほとんど含まず、たとえ見られてもごくわずかであり、その大半は平易な日常語の域を出ない、ということがあげられる。

たしかに最初期の仏教では、そのような仏教術語は成立しておらず、釈尊の教えにしても、問答にしても、仏弟子たちの会話にしても、いわば日常的な言語がそのまま用いられていたことは、疑う余地はない。いうまでもなく、仏教そのものが存在する以前に、そのような仏教術語のあり得たはずはない。

しかし、同時に、ある程度の術語ないしその片鱗は、その思想の核を形成しようとする場合、またそれを他に説き伝えようとする場合などに、おそらく最初期から生まれていたにちがいない。

(7) 単に仏教術語の使用の有無もしくは多少を、ただちに古形と短絡してしまうのにも、なお危険はある。というのは、アーガマ文献が、問答形式に依拠することが大部分である以上、その問いと、それに応ずる答えの中に、故意に（もしくは意識的に）仏教術語を省いたことも、当然考えられて、右のような短絡は、実は原因（理由）と結果（帰結）とを逆転しているのではないかが、指摘され得るからである。また、釈尊まれには仏弟子による説法という情況においても、それを聴く人びと（対告衆《たいごうしゅ》という）への配慮は必ずあったであろうし、そのために仏教術語を用いなかったということも、充分にあり得たであろう。そして、これらの多くは、日常的な用語による散文のまま、やがて原型が定められ、口伝されたのであろう。

(8) 釈尊の説法は四五年間の長期にわたり、しかも問答‐説法の相手は多種多様であるところから、その教えはけっして同一句の不変のままの反復ではあり得ない。その期間の長さと種類の豊かさとを考えるならば、教えの言語も、用語も、そして内容も、多種に広がり、ときには少分の変更もあったかもしれぬ。そのようなプロセスにおいて、あるいは理論づけがあり、術語化があり、あるいは発展があった可能性なども、考慮に入れてよい。

しかしながら、最初期の諸資料の収集される作業は、釈尊入滅の直後の第一結集において果たされて、阿含経テクスト（アーガマ文献）の原型がようやく定まり、それらがさらにあと一〇〇年（別説、二〇〇年）以上もの間は口伝によってのみ伝承されて、のちに諸部派の整備が及び、おそらくは再編集を経てから、現存する諸テクストの成立を見たという史実は、あらためてここでも強調されなければならない。

(9)　ともあれ、阿含経テクストは、再三述べたように、口伝の収集であって、あまたの仏教者のあいだに口誦《くじゅ》されたゆえでもあろうが、その中には、ペーッヤーラ（peyyāla サンスクリット語はピヤーラ piyāla）と称される「決《きま》り文句」がしだいに固定したほか、何よりも特徴的なのは、同文の重複・繰り返しが目にあまるほどにきわめて多いことであろう。ただただ冗長としかいいようのないこれらの反復は、諸経典中のいたるところにある。しかし、これらは、すべて、敬虔《けいけん》な仏教者が口誦によってアーガマを唱《とな》え伝える過程で、いわば念を押して記憶にとどめ、反復して強調した結果の所産であり、それによってこそ固くみずからの信を確かめ、教えが充分によく把握され、安らぎと落ち着きとを得たといえる。

なお、この冗長ないし反復は、大乗経典もその伝統をそのまま受けついでおり、とくに最初の大乗経典である「般若経」群は、すでに説いた文の一部分ずつのみを変更して、他はほとんど同じ長文が、何度も回を重ねて登場して、読むものを呆然《ぼうぜん》とさせてしまう。

③『ダンマパダ』とその第一八三詩

前項の(5)に記したとおり、全文が韻文の詩（偈《げ》・偈頌《げじゅ》という）から成る『ダンマパダ』は、最初期の仏教の資料として、とくに重要視されるばかりではなく、その貴重さは、後述するように、以後の南伝、北伝、さらに大乗、という仏教全体に一貫し、徹底する。『ダンマパダ』は、成立の年代からすれば、おそらく『スッタニパータ』にやや遅れると推定されるものの、それとははるかに比較を絶して、最も頻繁に、広範囲に、しかも古くから長い年月にわたって読誦《どくじゅ》され、愛好されて、今日まで至り、その点では、他の初期経典はもとより、大乗経典をも含むすべての仏典の中で、とりわけ傑出している。

本来、「ダンマパダ」は、いわば一般的な普通名詞ともみなし得る。すなわち、「ダンマ dhamma（サンスクリット語はダルマ dharma）」は、通常は「法」と訳されて、ここでは、「徳、真理、基本、教え」の意。また、「パダ pada（サンスクリット語も同じ）」は、

「語、ことば、詩句、賛歌、道、小径《こみち》」の意。そして、現存するパーリ五部の文献中には、「ダンマパダ dhammapada」の語が十数回も使用され、単数形も複数形もある。

このような中で、パーリ文の『ダンマパダ』を名乗るテクストは、右の用例からも推察されるとおり、「釈尊の教え（法）のうち、とくに重要な詩句（句）」を示す。現存するこのテクストは、南伝の上座部《じようざぶ》（長老部《ちようろうぶ》）が伝来して、現在も南方仏教の根本聖典とされている。しかし、往時は、そのほかに、後述するように説一切有部《せついっさいうぶ》（略称は有部）、法蔵部《ほうぞうぶ》、化地部《けじぶ》、正量部《しようりようぶ》、そして大衆部《だいしゆぶ》系の説出世部《せつしゆつせぶ》の各部派によっても、部分的にやや内容の異なる同類のテクストが各種伝えられ、それぞれに尊重されて、今日に残る。

それらを総合すると、『ダンマパダ』は、「釈尊の教えを説いた諸経典から、重要な詩句を選んで集めた、いわば仏教のエッセンスの詩集」、あるいは「釈尊の金言的説法の詩集」と、定義され得る。

次に、上述した現存の諸テクストを、ほぼ成立の年代順に紹介してゆこう。

(1)　パーリ文『ダンマパダ』

これは、同類の諸本の最古と推定されると同時に、第一章第二節の②にも記したように、ヨーロッパの先進的な文献学に基づいた仏典刊行の嚆矢《こうし》でもあった。すなわち、デンマークのファウスベル Fausbøll, M. V. は、諸刊本などを集めて、厳密な校訂のもとに、パーリ文の原典を決定し、そのラテン語訳を添えて、一八五五年にコペンハーゲンで出版し、続いて彼は、原典の校訂本をPTSから一九〇〇年に公刊した。それ以後、別の刊行本もあり、現在のこのPTS本はスマンガラ（Sūriyagoḍa Sumaṅgala Thera）の新訂（一九一四年）による。

全体は、二六章四二三詩から成る。『ダンマパダ』研究の世界的権威である水野《みずの》弘元《こうげん》博士の綿密な探究によれば、①この四二三詩のうち、半数以上の詩は、現存するパーリ語の他の聖典中にはまったく見いだされず、したがってこれらの詩の出典となった聖典（あるいは諸聖典）は、『ダンマパダ』の編集以後に滅びてしまった。換言すれば、この『ダンマパダ』は、現存しない最古の聖典に含まれていた詩をも、今日に残している。②この四二三詩は、以下に述べる同類の諸本中に、わずか四詩を除いて、必ず相当する詩が見いだされ、これが諸本の基本とされたのであろう、とされ、以上の二点は特筆に値する。

このパーリ語テクストは、世界の各国で、もとよりわが国でも、最も多数の翻訳があり、しばしば「仏教のバイブル（聖書）」とも称されている。

なお、このパーリ本には、そのひとつひとつの詩ごとに、それぞれにふさわしいような「因縁物語」を付した、一種の註釈書（パーリ語）がある。

(2)　ガンダーラ語『ダルマパダ』

この写本は、一九世紀末に中央アジアのコータン（于《う》闐《てん》）の廃寺跡で発見され、その字体から、二世紀ごろの写本と推定される。それは、発見当時の完全な無知のために二分され、前半をフランス人が、後半をロシア人が買いとり、それぞれの国の学者が別々に研究を進めて、おのおのの成果が同じ学会で鉢合わせするなどのこともあったのちに、さらに多くの学者がこの研究に参加した。あらゆる写本のほか、すべての砕片まで調査して、徹底した厳密な校訂による本文の公刊は、ロンドン大学教授のブラフ（Brough, J. 一九一七－一九八四、のちにケンブリッジ大学教授）により、一九六二年に果たされた。書名は『ガーンダーリー・ダルマパダ』（The Gāndhārī Dharmapada）で、詳細な「序」と「註」とが付されている。

全体は、約五四〇詩より成り、それを二一章に分け、この配列は(1)のパーリ文と大きく異なる。さらに、不明の第二二章、そして欠本の第二三〜二六（あるいは二八）章があるとされ、計二六章とみなしてよい。

これは、法蔵部の所属ではなかったか、とブラフは推定している。なお、ガンダーラ語は、パーリ語よりもさらに崩れたプラークリットのひとつで、習熟には格別の言語学の資質を要する。

(3)　仏教梵語『ダルマパダ』

一九三四年に、インド人のラーフラ・サーンクリトヤーヤナ（Rāhula Sāṃkṛtyāyana）が、チベットの寺院で、この写本を発見し、それを写真に収めた。その原版はパトナ大学が保管する（そのために、『パトナ・ダルマパダ』の名もある）。写本は、一一世紀の古いベンガル文字で書かれ、紛らわしい文字が少なくないが、これをローマ字化した校訂出版が、一九七九年にインドでシュクラ（Shukla, N. S.）により、また、その直後の一九八〇年にドイツでロート（Roth, G.）により、相互の連絡なく、別々に公刊された。

この二本の詳しい比較対照をも含む精密な研究が、水野博士によってなされており、それによれば、原文は通常の仏教梵語（混交《ハイブリッド》サンスクリット語）からさらにはずれていて、むしろパーリ語に近く、たとえば本文中には、サンスクリット語の「ダルマ dharma」はまったくなく、パーリ語の「ダンマ dhamma」となっていて、むしろ書名も『ダンマパダ』が正しい、とされる。

公刊されたものは、全体が四一四詩（シュクラ本）－四一五詩（ロート本）から成るが、その「跋文《ばつぶん》」（書物の終わりに記す文）には、「五〇二詩より成る」とあり、また約二六章のうち四章が欠けて、二二章のみ。一応、全体は約二六章五〇二詩とみなしてよい。

これは正量部《しょうりょうぶ》の所属と推定され、⑵のガンダーラ語本と比較してみると、成立年代の差は少なく、あるいはやや古いかもしれない。

(4)『ウダーナヴァルガ』（『ウダーナ品《ぼん》』と訳される）

説一切有部《せついっさいうぶ》（略称は有部）は、パーリの『ダンマパダ』と『ウダーナ』（前項の⑸に記した）とを合わせたような形で、同時にまた、先の定義を拡大した広義の「金言的説法の詩集」を収集して、この『ウダーナヴァルガ』を編集し、伝承した。しかも、厄介なことに、有部のこの『ウダーナ品』が、他の部派からは『ダルマパダ』と呼ばれていた、と推定される。その例証として、大乗経典の『坐禅三昧経《ざぜんさんまいきょう》』と『成実論《じょうじつろん》』と『大智度論《だいちどろん》』と『十住毘《じゅうじゅうび》婆沙論《ばしゃろん》』、また世親《せしん》釈で真諦《しんたい》訳の『摂大乗論釈《しょうだいじょうろんしゃく》』、そのほか大乗の『大般涅槃経《だいはつねはんぎょう》』などには、いずれも「法句《ほっく》」（この原語はダルマパダ）と呼んで、この中の詩を引用した文の漢訳が、何回も見られる。逆にいえば、他部派で『ダルマパダ』（『ダンマパダ』）と称していたものを、有部は『ウダーナ』と扱っていたことになる。

また、種々の資料から、この『ウダーナ品』の集録者は、カニシカ王（後述）時代に活躍した、有部の大学者の法救《ほうぐ》（ダルマトラータ Dharmatrāta）であろう、と推定される。

この書の断片的な諸写本は、前世紀末から今世紀はじめにかけて、中央アジアの諸地方（いわゆるシルクロード各地）に挑《いど》んだ、イギリス、ドイツ、フランス、ロシアの各探検隊により発見され、それらがヨーロッパの各国で、綿密に整理し研究した諸成果に結実し、部分的ながら、一六種あまりの公刊を得た。

研究開始より六〇年余を経て、それぞれ系統を異にする計二百余種の、それらの写本のすべてを集め、さらに漢訳とチベット訳とを、また一部は、中央アジア諸言語（トカラ語A、トカラ語B、古代トルコ語）への訳などをも参照して、その原文の全貌のきわめて厳密な校訂本が、『ウダーナヴァルガ（Udānavarga）』と題して、ドイツの年若いベルンハルト（Bernhard, F. 一九三二－一九七二）により、一九六五年に公刊された。この中には、原文のほか、対照リスト、索引、言語学的説明なども含む（これの邦訳は、パーリ文『ダンマパダ』の邦訳と合わせて、中村元博士により『ブッダの真理のことば 感興のことば』岩波文庫、に収められている）。

この本の言語は、仏教梵語とはいっても、かなり正規のサンスクリット語に近い。

これは、全体が三三章から成り、約九五〇詩（ベルンハルト本は、新しい成立の詩をも、註を付して列挙しているので、総数は約一〇三〇詩になる）を数える。

成立は、上記の(1)〜(3)に遅れるとはいえ、当時最も栄えた有部のテクストであったためであろうが、往時の仏教者に広く読まれ、上述したように、種々の大乗経典に引用され、またその諸写本がインドから中央アジア一帯に及んでいた。

後述する(5)(7)(8)ように、この漢訳本があり、またこの本のチベット訳は三三章約九九〇詩より成る。

なお、この本のほかに、大衆部《だいしゅぶ》系《けい》の説出世部《せつしゅつせぶ》に属するとされる、仏伝文学の『マハーヴァストゥ』(Mahāvastu『大事《だいじ》』)は、この本より崩れた仏教梵語で書かれているが、その中に『ダルマパダ』の名をあげて、計四回の引用がある。それらに相当する詩は、あるものはパーリ文『ダンマパダ』に、しかしあるものは『ダンマパダ』になくて、この『ウダーナヴァルガ』に近似する詩が見いだされる。

(5)『法句経《ほっくきょう》』二巻（『大正』四巻）

呉《ご》の黄武《こうぶ》三年（二二四）に、維祇難《いぎなん》（ヴィジターナンダ Vijitānanda ?-）等の訳とされる。中国仏教の最初期の著名な訳経僧のひとり支謙《しけん》（月氏出身）がこの経に付した「序」には、①それ以前からあった、きわめて不完全な漢訳の七百詩（不明）、②そこへ維祇難が将来して、同行してきた竺将焰《じくしょうえん》とともに訳したが、なお不明を残した五百詩（おそらく⑴のパーリ本）、③のちに伝わり、支謙が竺将焰とともに訳した七百詩（右の⑷の『ウダーナヴァルガ』）という、計三種の漢訳を支謙が整理して、この『法句経《ほっくきょう》』を得た、と記す。したがって、現存するこの経は、支謙訳とみなしてもよく、成立は右の数年後と推定される。

全体は三九章七五八詩（ただし、支謙の「序」には、七五二詩という）より成る。これらの中には、同一の詩に対して、二種の漢訳が見られるという例がしばしば交じる。所属は、上述の「序」から、有部を主とすると考えられる。

⑹『法句譬喩経《ほっくひゆきょう》』四巻（『大正』四巻）

西晋《せいしん》の恵帝《けいてい》の年代（二九〇－三〇六）に、法炬《ほうこ》・法立《ほうりゅう》の共訳という。⑸の『法句経』と同じく三九章より成るが、その中から二八七詩を選び、おのおのの詩の説かれた因縁物語を付したものの漢訳。ただし『法句経』が、右に記したように、まったく系統の異なる三種の異本に基づく翻訳を整理して得られた本のため、このような因縁物語の原本がインドに存在したかは、きわめて疑問視される。いずれにせよ、謎が多く、所属の部派もわからない。

(7)『出曜経《しゅつようきょう》』三〇巻（『大正』四巻）

姚秦《ようしん》の建元《けんげん》一九年（三八三）に、竺仏念《じくぶつねん》の訳というが、正しくは、後秦《ごしん》の皇初《こうしょ》六年（三九九）に、竺仏念とカシュミール出身の僧伽跋澄《そうぎゃばっと》（サンガブーティ Saṃghabhūti）との共訳とされる。

『出曜経』の原語は、「ウダーナ」または「ウダーナヴァルガ」であり、(4)で述べた『ウダーナヴァルガ』の各詩に、その詩の説かれたそれぞれの因縁物語を付して、漢訳している。現存するこの書は、『ウダーナヴァルガ』より一章多い三四章より成るが、これはもと三三章のものが、漢訳の伝承の間に、第四章を二章に分けたためとされる。章の配列も二つの書は一致する。

ひとつの詩が四句ないし六句を含み、その中の一句だけの訳もあるので、これらの不完全なものをも加えると、おおよそ八六〇詩から成る。

なお、これによく類似したテクストのチベット訳がある。

(8)『法集要頌経《ほうじゅうようじゅきょう》』四巻（『大正』四巻）

宋《そう》の太平興国《たいへいこうこく》五年（九八〇）から咸平《かんぺい》三年（一〇〇〇）に、天息災《てんそくさい》の訳。『ウダーナヴァルガ』そのものの漢訳で、詩のみから成る。全体は三三章約九二〇詩で、ベルンハルト本より一〇〇詩以上も少ない。これによっても、ベルンハルト本が新しく成立したものをも含むことが、判然とする。これは、(7)とともに、(4)と同じく、有部《うぶ》の所属と見られる。
以上、『ダンマパダ』とその諸異本を列挙したが、これほど多くのテクストが伝えられている（それらの引用を加えれば、さらにいっそう増大する）ことは、右にも述べたように、仏教の栄えた全地域において、この経がいかによく読まれたかを如実に物語る。
なお、やはり右に少しく触れておいたが、このテクスト類には、四句から成る詩と、六句から成る詩とがあって、たとえば一二句の場合に、それを三詩とするか、二詩とするかなどの、数え方の違いによって、詩の番号と総数とに相違を生ずる。

このテクスト類は、(1)〜(8)に示したように、パーリの四二三詩から、仏教梵語および漢訳やチベット訳などの約一〇〇〇詩に至る、多数の詩より成るが、その中でも、最も有名な、最も広く愛誦された、そしてさらに日本人にも最も馴染《なじ》みの深い一詩だけを、次に紹介しよう。

それは、上述の番号で示すと、(1)パーリ本の第一八三詩（Pとする）、(3)仏教梵語本『ダルマパダ』の第三五七詩（シュクラ本による、ロート本では、第三五八詩、Sとする）、(4)『ウダーナヴァルガ』（ベルンハルト本）の第二八章第一詩（Uとする）、(5)『法句経』述仏《じゅつぶつ》品《ぼん》の第一一詩（『大正』四巻・五六七ページ中、Cとする）に相当し、(7)『出曜経《しゅつようきょう》』長行品《じょうごうぼん》の第一詩（『大正』四巻・七四一ページ中）はCに同じ、(8)『法集要頌経《ほうじゅうようじゅきょう》』罪障品《ざいしょうぼん》の第一詩

（『大正』四巻・七九二ページ上）は、Cとはほんのわずか異なる。（なお⑵ガンダーラ本と⑹『法句譬喩経《ほっくひゆきょう》』とには欠）。また、この詩は、上述した『マハーヴァストゥ』ほかにもあり、漢訳についていえば、『増壱阿含経《ぞういちあごんぎょう》』をはじめ、種々の「律」や「論」、さらに大乗の『大般涅槃経《だいはつねはんぎょう》』や数多くの論書など、計三〇に近いテクストに掲げられている。

このうち、パーリ文（P）と、その拙訳、漢訳（C）と、その読下し文とを記し、あとに註を付して、詳しい説明を加えよう。

サッバパーパッサ　アカラナム　　sabbapāpassa　akaraṇaṃ
クサラッサ　ウパサムパダー　　kusalassa　upasampadā
サチッタパリヨーダパナム　　sacittapariyodapanaṃ
エータム　ブッダーナ　サーサナム　　etaṃ　buddhāna　sāsanaṃ

ありとあらゆる　悪《あく》をば　なさず
善《ぜん》なるを　行《おこ》ない　そなえ
みずからの　こころを　浄《きよ》む
これぞ　もろもろの　ほとけの　教《おし》え

諸《しょ》悪《あく》莫《まく》作《さ》
諸《しょ》善《ぜん》奉《ぶ》行《ぎょう》
自《じ》浄《じょう》其《ご》意《い》
是《ぜ》諸《しょ》仏《ぶつ》教《きょう》

諸悪《しょあく》作《な》す莫《な》し
諸善《しょぜん》奉行《ぶぎょう》す
自《みずか》ら其《そ》の意《い》を浄《きよ》む
是《こ》れ諸仏《しょぶつ》の教《おし》え

〔註〕

(1) 右の漢文は、従来は「諸悪《しょあく》（は）作《な》す莫《なか》れ、諸善《しょぜん》（は）奉行《ぶぎょう》せよ、自《みずか》ら其《そ》の意《い》を浄《きよ》めよ、是《こ》れ諸《しょ》仏《ぶつ》の教《おし》えなり」と、第一句〜第三句を、命令形で読んでいる。たしかに、「莫」は、通常は禁止の命令を示す重要な語ではあるが、一般の否定にも用いられる。しかも第二句と第三句には（訳文は異なるが『法集《ほうじゅう》要頌経《ようじゅきょう》』も同じ）、命令形を指示する語がまったくない。パーリ文は（他に命令形の文は数多くあるが、ここでは）平叙文としている。以上の理由から右のように読んだ。なお、「奉行」は、こころを込めて行なう。「意」はこころ。

(2) パーリの第三句のパリヨーダパナ pariyodapana は、pari-o-dā-pana（あまねく浄らかにさせる）で、dā（浄める）という語原に由来する。Uも paryavadana とあって、これに等しい。ところが、SとUの異本とは、それぞれ payirodamana (payiro... は pariyo... の発音上の倒置であろう), paryavadamana とあり、Uのベルンハルト本（三五三ページ、第六五一詩）に掲げられる諸本にも、paridamana, paryodamana とあって、これらは、pari-dam-ana. pari-ava-dam-ana（あまねく訓練・制御する）で、dam（訓練し、制御する）という語原に基づく。

すなわち、仏教梵語本には、「浄める」と「訓練・制御する」との二種があって、上述のベルンハルト本の諸資料、および『マハーヴァストゥ』の引用などを眺めると、おおむねパーリと有部とは前者を、大衆部系は後者をとる。漢訳Cが「浄」の前者となっているのは、おそらく有部系のゆえであろう。

玄奘《げんじょう》訳の中に、この詩の登場するのを参照すると、『発智論《ほっちろん》』と『大毘婆沙論《だいびばしゃろん》』（いずれも有部）では「浄」とし、また『瑜伽師地論《ゆがしじろん》』（大乗の論書）では、「調伏《ちょうぶく》」とあって、原文の異同を正確に示す。ただし、義浄《ぎじょう》訳の『根本説一切有部戒経《こんぽんせついっさいうぶかいきょう》』は「遍調《へんちょう》」とする。

水野博士説によれば、パーリ語において、p→v, v→m という変動（およびこの逆）の用例が見られ、これはむしろPが最古形を示す例証とされる。

パーリの第四句のブッダーナ buddhāna は、buddha の複数属格 (plural genitive) すなわち「多くのブッダたちの」という意。仏教梵語のSには buddhāna とあって、正規のサンスクリット語では buddhānām とあるべきものが、詩に特有の韻の関係で、右のようになったらしい。さらに、Uでは、buddhasya とあり、これは単数属格、すなわち「ブッダの」という意に転じている。また、仏教梵語の上述した『マハーヴァストゥ』の引用詩には、次の語（アヌシャーサナ）と続けて、ブッダーヌシャーサナム buddhānuśāsanaṃ とあり、ここでは、ブッダは、単数とも複数ともとれる。

(3)

ところで、第四句に見られる、複数形のブッダ（「もろもろのほとけ」、「諸仏」）とは何を意味するか。それは、最初期にはブッダを普通名詞として扱い、ゴータマ・ブッダ以外にも用いたとの解釈もなされるが、古来の大多数の説によれば、初期仏教のかなり古い時代にすでに、後の第三部に大乗仏教の説明中にも述べるように、いわゆる「過去仏《かこぶつ》」の登場と符合するとして扱う。すなわち、釈尊への限りない尊崇と、すでに仏教創始以前からの「輪廻《りんね》―業《ごう》」の思想とが重なって、これほど偉大な釈尊は、その一代で（しかも若い時期の数年間で）その絶大な偉業をなしとげ得たのではなく、すでにその前世に、すばらしい行ない（すなわち業《ごう》）を積んでいたことによると解して、釈迦仏《しゃかぶつ》の一代前のブッダに迦葉仏《かしょうぶつ》を想定し、さらに、その迦葉仏の前世へ、そしてそのまた前世のブッダへとさかのぼり、ついに、毘婆《びば》尸仏《しぶつ》に至り、このブッダから数えて七代目が釈迦仏に当たる、という説が立てられ、広く普及した。これを「過去七仏《かこしちぶつ》」と称し、この過去七仏に関する物語は、『長阿含経《じょうあごんぎょう》』の「大本《だいほん》経《ぎょう》」と、『長部《ちょうぶ》』の「マハーアパダーナ（大譬喩《だいひゆ》）経《きょう》」との全体を占め、そのほか単経の異訳経典が数種あるほか、アーガマ文献の各所に、「過去七仏」が言及される。

　そして、その七仏のすべてが、まさしく右に説明したこの詩を説いたとされ、そのような事情から、この詩は「七仏通誡偈《しちぶつつうかいげ》」（偈は詩と同じ）と命名され、上述のとおり、全仏教を通じて最も名高い。

　この詩は、わが国においても、古くから現在に至るまでとくによく知られ、愛好された。漢訳の第二句の「諸善《しょぜん》」を、おそらく修辞《レトリック》のうえから「衆善《しゅぜん》」とあらためた詩は、日本仏教のほぼすべての宗祖たち、また高僧や学僧たちによって、必ずといってよいほど、どこかに引用されており、上述したとおり、富永仲基もこの詩を「迦文《かもん》（釈尊）の文」とした。また、墨痕《ぼっこん》鮮やかな「諸悪莫作《しょあくまくさ》　衆善奉行《しゅぜんぶぎょう》」の、室町時代の一休《いっきゅう》（宗純《そうじゅん》、一三九四－一四八一）による二行の書は、驚嘆するほどに魅せられる。

要約すれば、この詩の前半二句は、「どんな悪もなさず、善を行なう」という、最も普遍的な倫理を説き、それが第三句の「(みずから) 自分のこころを浄める」との、いわば宗教の究極にまで高められ、ないし深められており、それを「もろもろのほとけの教え」と押さえて、これこそまさに「仏教」そのものを、一詩により見事に表現している、と解してよい。したがって、たとい仏教に関心が薄く、あるいはそれを欠いていても、「仏教とは何か」との問いに接した際、この「しょあく　まくさ　しゅぜん　ぶぎょう　じじょう　ごい　ぜしょ　ぶっきょう」という、記憶しやすいこの詩をもって、それなりの解答がなされ得よう。

なお、この項のすべての資料は、ごく一部を除いて、水野弘元『法句経の研究』(春秋社、一九八一年)、同「梵語法句経 (S. Dhp) の研究」(『仏教研究』第11号)、同「諸法句経の偈の新古について」(同第12号) などに仰ぎ、それに基づいて全部の原典を検討した。

第三章　阿含経の思想

第一節　阿含経の基本的思想

①　基本的立場

この第三章に、阿含経の思想について、諸項目を立てて記述してゆく中には、もとより釈尊に帰せられるものもあろうけれども、しかし、先に詳述したとおり、文献学の結論からすれば、おそらく釈尊はその教説ないし思想に関して、それの萌芽に相当するもの、ないしは核となるものを人びとに説いたのであろう、というほうがふさわしい。以下には、私自身が阿含経を通読して収集した諸資料を検討しつつ解釈したものを、ここに提示し得るにとどまる。

むしろ、仏教文献学は、いくつかの術語などにより、釈尊および最初期の仏教の思想を、単純に結論づけることに関しては、消極的ともいえる。しかしながら、それでもなお、その思想を伝えようとするならば、それに充分に対応しながらも、古来からの通説である諸種の術語を提示して検討を加えては、それらに対して私が理解し、解釈するところをここに記してゆく。そして、その前に、それらを一貫する、いわば阿含経にうかがわれる基本的立場を述べておきたい。

阿含経に満ちているあまたの「問い」は、すべてみずから現に体験している苦しみ、悩みから発せられ、そのそれぞれに対して釈尊はその質問者の現実に即して答える。ただし、苦悩そのものを即座に解消するような、いわば直接的な手段や方策というよりは、むしろ苦悩に対処してゆくべきその在り方をとりあげて、それを熟慮しつつ、「答え」がなされる。いわば、外部の情況その他は不変のままありながら、みずから苦悩としているところが、実は苦悩ではなくなり、いつしかその苦悩がその内部において消え、安らかな境地にもたらされる、そのような図式を描いて展開する、と解してよい。

釈尊は、その「答え」において、人間の力を絶した創造主としての神も、また祈禱《きとう》や呪術《じゆじゆつ》に応じて魔力をふるう神秘も、ことごとく退けており、一切の不可思議で超自然的なものはすべて排し、捨てる。そうではなくて、あくまでもこの現実に徹し、この現実に即し、終始この現実において解決しようとする。この意味において、釈尊は、総じて仏教は、つねにこの現実を直視し、凝視するという立場に基づく現実主義、と表現され得よう。

この現実主義は、いわゆる素朴実在論《そぼくじつざいろん》ではもちろんないし、世にいう功利主義や刹那《せつな》主義と結びつくそれでもない。また、世俗の現実に浸りきり、その充足に溺《おぼ》れて、なんらの目標も抱かず、理想を忘れ去るような、安易で気ままな現実主義でもない。しいて一言で尽くそうとするならば、これらのネガティヴな現実主義ではなくて、むしろそのようなものとは正反対の、はるかにポジティヴな現実主義、と称することができよう。すなわち、どこまでも、この現世に生きている一個の人間として、苦を内に抱き、欲望（煩悩《ぼんのう》）に眼《まなこ》のくらむことはあっても、その苦をそのまま見つめて、その消滅を、そして欲望（煩悩）を自覚して、その超克を、この現実の世界において実現しようとする。そして、理想の境地であるニルヴァーナ（涅槃《ねはん》、絶対の安らぎ）を、またそれとほぼ同義である解脱《げだつ》、すなわち大いなる自由を、天上のどこかに掲げるのではなくて、この日常の現実において獲得しようとする。それを目ざすたゆまざる精進努力、そこに据《す》えられる「こころ」もしくは、主体そのものの確立、同時に、その主体を拡大しようとする過程に生ずるもろもろの執着からの解放などを、この現実主義は繰り返し強調する。宗教哲学的な表現によるならば、あくまでも現実に根ざし、立ちつつ、その当の現実における「超越即内在《ちょうえつそくないざい》」の途《みち》を踏み固めてゆく。

　このような基本的立場において、どうしても避けて通れないひとつのアポリア（難問）がある。それは、釈尊当時すでにあったし、その後もたえず全人類に共通しているものであり、一言に凝縮すれば、形而上学《けいじじょうがく》への対応ないし形而上学的志向との対決、ということになろう。

　形而上学に導こうとする諸テーマを、阿含経は整理して次の十種にまとめ、これをしばし

ば「十難《じゅうなん》」（十の難問）と術語化する。すなわち、

a ⑴ 世界は、常住《じょうじゅう》（世界は時間的に無限）
⑵ 世界は、無常《むじょう》（世界は時間的に有限）
b ⑶ 世界は、有辺《うへん》（世界は空間的に有限）
⑷ 世界は、無辺《むへん》（世界は空間的に無限）
c ⑸ 身体と霊魂とは、同一
⑹ 身体と霊魂とは、別異
d ⑺ 真理達成者（如来《にょらい》）は、死後に生存する
⑻ 生存しない
⑼ 生存し、かつ生存しない
⑽ 生存するものでもなく、かつ生存しないのでもない

なお、これに次の四種を加えて、「十四難《じゅうしなん》」と称する場合もある。

a ⑴と⑵とのあとに、①常住であり、かつ無常　②常住でもなく、かつ無常でもない
b ⑶と⑷とのあとに、③有辺であり、かつ無辺　④有辺でもなく、かつ無辺でもない

この「十難」を掲げる経典は、パーリ文と漢訳とを合わせて計二〇、また十四難は、パーリ文には欠けて漢訳のみに六つあり、さらにこれらの一部を述べ、またはある変型を記すものを加えると、合計五〇あまりの資料が見いだされる。それらはすべて、この難問をあげて、釈尊に解答を求め、逆にいえば、釈尊は何回も反復して人びとからのこの難問に直面する。

それに際して、釈尊はつねに「無記《むき》」を通した。すなわち、どのような誘導があり、あるいは誹謗《ひぼう》があっても、あくまでも沈黙を守り続けたまま、なんの答えもしていない。第一章の序節にあげた分類によれば、「捨置記《しやちき》」に属し、この場合は「無記」（アヴィヤーカタ、アヴィヤークリタの訳）と呼ぶ。なぜか。それは、右の「十難」（「十四難」）はすべて形而上学にかかわり、そのような関心に基づく問題設定にほかならないことを、釈尊は充分に透視していたがゆえに、と阿含経は語る（なお、以上に、「形而上学」という語を用いてはきたが、経典にそのような語が登場するというのではなくて、より具体的な教えとして説かれている。それは以下の記述中に明らかになろう）。

さらに、とかく知に走り、知のみの解決を求めようとする質問者は、それならば、なぜ「無記」なのかを問う。それに対してもなお釈尊は答えず、一貫して、「無記」のままを崩さない。ただし、ふと侍者の阿難（アーナンダ）に語る。

無記のものは、無記のまま、了解せよ。無記であるのは、目的にかなわず、浄らかな修行の基盤とならず、世俗的なものを厭《いと》い離れること、欲情から離れること、煩悩《ぼんのう》を制し滅すること、こころの平安、正しいさとり、ニルヴァーナのためにならないからである。

ある経典は、ここに興味深い「毒矢の喩《たと》え」を述べる。

毒矢に射られた人が、その毒矢を抜きとるより前に、それを射た人のカースト・姓名・身長・皮膚の色・住居を、またその弓・弦・矢がら・矢の羽を問い、調べ、知ろうとして、議論しているならば、その間に、射られた人は毒によって死んでしまう（原文の要約）。

思想史・哲学史につねに見られるとおり、論のための論、しかもなんらかの原理を求めて究極に至ろうとし、一応それを立てて、論の体系を築こうと目ざす形而上学的論議は、それに耽《ふけ》る人にとっては、たしかに興味は尽きないであろう。そして、それは、他の原理による別の形而上学と、ほとんどの場合に、論争を引き起こし、しかもその論争はどこまでも続いて決着はつけられず、所詮《しょせん》は知のための知の饗宴《きょうえん》にすぎなくて、多くは不毛に終わる。それは、現実そのものにはなんのプラスともならず、まして実践からははるかに隔たってしまう。

さまざまな問いと答えとを反復して、釈尊は語る。

「私はこのことを説く」ということが、私にはない。もろもろの事物に対する執着を執着であると、たしかに知り、もろもろの偏見における（過誤を）見て、固執することなく、省察しつつ、内心の安らぎを私は見る。

（スッタニパータ 837）

なお、右の「十難」のうちのaとbとは、釈尊とはまったく関連するところのない一八世紀の西洋の大哲学者カントによっても、その主著の『純粋理性批判』においてとりあげられる。いわゆる理論理性の大成者であるカントは、aの⑴と⑵が、またbの⑶と⑷とが、ともに成立することを逐一《ちくいち》、論理的に証明し、理論理性は必然的にまったくあい反する二つの結論に到達するとして、それをアンティノミー（二律背反）と呼んでいる。

②　こころ

釈尊のとりあげるテーマにしても、また問いに対する答えにしても、そのことごとくが「こころ」によって立つ。多種多様な現実に対応して、ひたすら「こころ」を何よりも重く、強く、しっかりと見すえて、「こころ」の尊さを語り、それのみを説く。

「こころ」の原語には、チッタ citta とマナス manas とがあり、それぞれの語原の cit も

manも、ともに「考える」などの義で、内容はほとんど変わらない。漢訳では、チッタに「心」を、マナスに「意」を当てることが多いけれども、阿含経においては、両者を区別することなく用いている（「こころ」の原語は、右のほかに「心臓」に由来するハダヤ hadaya, フリダヤ hṛdaya があるとはいえ、阿含経ではそれほど重要視されていないため、この語は、ここには考慮からはずす）。

「こころ」を説く句や文はあまりにも数多くあり、たとえば『ダンマパダ（法句経《ほっくきょう》）』も、その冒頭から「こころ」について、次のように説きはじめる。

さまざまの　ものごと　あまた　導くは　こころ　こころを主《しゅ》とし　こころより　成《な》る
汚れたる　こころに　よりて　話し語り　行ない　あらば
苦しみは　その人を　逐《お》う　車引く　牛の足に　車の輪　従うがごと　（第一詩）
さまざまの　ものごと　あまた　導くは　こころ　こころを主とし　こころより　成る
浄《きよ》らなる　こころに　よりて　話し語り　行ない　あらば
楽しみは　その人を　逐う　影添いて　離れざるがごと　（第二詩）
（この二つの詩の「こころ」の原語は、すべて「マナス」）

もとより、なんびとにとっても、「こころ」は変動しやすく、守りがたく、制御しがたい。

見きわめることも、とらえることもむずかしく、微妙であり、軽率に浮き足だち、欲情に応じて、「こころ」は揺れ動く。「こころ」は、しばしば汚れ、濁り、押しひしがれ、ふさぐ。安定しないばかりか、怨み、怒り、憎しみ、おびえ、そねみ、そしり、争い、怠け、貪《むさぼ》り、迷い、とらわれなどは、すべて「こころ」にあり、羞《はじ》らいなく、恥そのものを知らず、過ちをかくし、ものおしみ、頑迷、疑い、不和、怠惰、陰鬱《いんうつ》、へつらい、欺き、おごり、悔み、嫌悪、不信、傲慢《ごうまん》、無知などは「こころ」に発する。

「こころ」がそのようにあればあるほど、そのありようの現実の実態を凝視して、「こころ」はそれらを払拭《ふっしょく》する。それを果たすのが、同時にまた「こころ」そのものにほかならない、と阿含経は詳しく述べる。

前章の末尾に引用した『ダンマパダ』第一八三詩にも、「みずからのこころを浄《きよ》む」「自浄《じじょう》其意《ごい》（自ら其の意を浄む）」（この「こころ」、「意」のパーリ語は「チッタ」）とあり、こうして「こころ」を浄めることが、「ほとけの教え」すなわち「仏教」なのであり、そしてまた浄らかな「こころ」は、そのまま「こころ」の安らぎであって、それはただちにニルヴァーナ（涅槃）のさとりに通じている。

しかも、「こころ」は、先に引いた二つの詩の説くように、もろもろのものごと（諸法）をつくり出し、支配する。「こころ」が一切の主であり、すべて個人にあって、「こころ」から、ことばも、行動も、ことごとく発せられる。

このように、あらゆる一切の「もの・こと」に、はるかに優先して、「こころ」を最も重視する方向は、釈尊によりたえず教示され、阿含経に充満している。そして、やがては、部《ぶ》派《は》仏教は、「こころ」の詳しい分析から成る心識論を、そして大乗仏教はいっそう鮮明な唯心論と、確固たる唯識説とを生む。同時に、「こころ」への限りなく深い信頼は、のちに述べるいわゆる「心性清浄《しんしょうしょうじょう》」「自性清浄心《じしょうしょうじょうしん》」の思想へと展開して、大乗仏教の「如来蔵《にょらいぞう》」、「仏性《ぶっしょう》」という仏教独自の術語に結晶し、一切衆生《いっさいしゅじょう》(ありとあらゆる生あるもの)はすべて如来すなわち仏に通ずる、という途を拓《ひら》く。

第二節　阿含経の諸思想

①　苦

釈尊は、現在のネパール領に当たる地域の支配者の一族であるサーキヤ(シャークャ、釈迦)族の王子として生まれ、育てられ、豊かな生活環境にあった。その安楽に満ちた日常から、地位も、財産も、利欲も、妻子も、安定した生活すらも、一切を放棄して、釈尊は出家《しゅつけ》する。そのような世俗の幸福を捨離《しゃり》する、という一大事《いちだいじ》を決断させ、促し、導いたものは何か。一言で表わすならば、それは「人生の現実における苦《く》」、さらに略して、「苦」そのものであった。

「苦」とは何か。「苦」の本質は何か。「苦」（ドゥッカ、ドゥフカ）とは、あらためていうまでもなく、単なる身体的もしくは生理的な苦痛ではなく、日常的な不安または苦悩でもない。それは、「阿含経」に説かれるものを、極言して現代語に置き換えるならば、「自己の欲するままにならぬこと」、「思いどおりにならないこと」と解釈される。

　それならば、そのような「苦の本質」はいったい何か。そして、それの解決を目ざして、阿含経は「苦の生起（の原因）」をさまざまに説く。それらをことごとく網羅《もうら》したうえで、いささか大胆な分類を強行すると、次の四種が「苦の起原」として数えられる。すなわち、(1)欲望（およびその変形）、(2)無知（およびその変形）、(3)人間存在そのもの（実存といってもよい）、(4)無常（たえず生滅変化する）。以下に、それぞれについて述べよう。

(1)　欲望に基づく苦　人は、そして生あるものは、すべてなんらかの形の欲望をもっている。むしろ、欲望をもつことによって、そのものは生きている。それならば、欲望はどのようにあるのか。欲望は、たとえそれが極小であろうと、極大であろうと、ごく簡単にいうならば、その充足を目ざす生あるもののはたらき、と称してよい。欲望は、どれほど些細《ささい》なものであれ、すべてその満足に向かって進行する。それならば、その欲望は、それが満足されたときにどうなるか。私たちの時々刻々のそれらを反省して、ただちに看収《かんしゅ》されるように、その欲望は満足と同時に消滅してしまう。どれほど強く、激しく、深く、長く求めてやまなかった欲望であっても、それが果たされたその瞬間に、すでにそこにはあとかたもなく消え去ってしまい、もはや存在しない。以上の、欲望のプロセスを図式化すれば、「追及－完成－消滅」ということになる。

この在り方は、よく観察するならば、判然とするように、まったく矛盾している、しかも自己矛盾的である、また否定的であり、しかも自己否定的である、ということができるであろう。なぜならば、完成ないし満足に向かって追及しつつ、ひたすら進行していたその欲望が、その目ざすゴールにおいて、すでに消滅してしまう、しかもみずからまったくの無と化してしまうのであり、けっして他が滅ぼすのではなくて、自己が自己を消し去っている。

このことをさらに詳述しよう。もともと欲望は、現実にはつねに具体的な、あるひとつの特定の欲望としてのみあり、けっして無限定のものではない。そして、その具体的な個々の欲望そのものは、自己矛盾・自己否定をつねにはらみつつ、「追及－完成－消滅」を本質として進むところに、次には別のある具体的な、特定の欲望がそれに続き、そして再び同じプロセスをたどる。そのような、つぎつぎとあまりにも多数の連鎖の絶えぬさまを、俗にはいわゆる「欲望は無限である」と慣用するとはいえ、それが緻密《ちみつ》に解明されるならば、質の面からの日常的・具体的な特定の欲望とそのいわば屍《しかばね》の累積とを、量の面において、それらの具体性を捨象し去ったうえで、「無限」と称しているにすぎない。

日常、たえず経験されるように、欲望は大別して自己の外と内とへ向かう。外に向けられた欲望が、なんらかの障害その他によって果たされ得ないとき、それを「苦」と感ずる。それは、そのような欲望、すなわち果たされ得ないものを欲し望む、ということそのものが、自己矛盾的であり、自己否定的なのである以上、そこには、むしろ「苦」は必然的な在り方である、といわざるを得ない。

内に向けられた欲望は、そのいわば自己矛盾性・自己否定性としての「苦」を、さらにいっそうはっきりと露呈する。内にというのは、自己にということであり、その欲望が自己矛盾ないし自己否定を犯し、引き起こす以上、「苦」はどうしても不可避となろう。換言すれば、次のようになる。外なるものが自己に背《そむ》くのであるならば、なんとかして一時的に避け、耐え、待つことができるかもしれぬ。しかし、自己（の内）そのものにあって、それが自己に背く、つまり自己が自己に背いているのであるから、その欲望というものがある限り、「苦」は避けることができず、それは実は、自己が自己に「苦」を招き、自己が自己を「苦」に置いている。

(2)　無知に基づく苦　知のはたらきが外に向けられて、それに熱中している際は、知そのものに関しては反省されず、自覚しないまま通過することはあっても、本質的には、知は、知とは何かを知ろうとし、究極は知に直面している自己に向かう。しかし、自己の内をどれほどのぞき見ても、そこに見いだされるのは、ただそのときの自己が投影した外部の影ばかり、いわば一種の映像にすぎぬ。自己は自己に関しては、最も詳しいはずなのに、その自己の内を自己は知らない（もとより、他人には、まったく知る由《よし》もない）。そして、そのことがここにいう本来的な「無知」（これを「無明《むみょう》」と呼ぶ）にほかならず、当然のことながら、それに基づく苦がそこにある。外と内とはすれちがい、無限に伸びて拡大しようと指向するのを、その知がみずから遮断し、盲目のまま漂う「無知」は、自己矛盾・自己否定をはらんで、当然苦に陥り、しかもそれがときに知に自覚され、ときには自覚されずにあって、このような「無知に基づく苦」は、いっそう倍加された苦に転じてゆく。

(3) 人間存在そのもの（いわゆる実存）に根ざす苦

「四苦八苦《しくはっく》」の術語は、古来、よく知られていよう。生まれる、老いる、病む、死ぬ、それらはひとえに自己のことでありながら、自己の思うとおりにはならず、自己の願いに背き、自己にけっして従わない。この生老《しょうろう》病死《びょうし》の「四苦」に、さらに愛別離苦《あいべつりく》（愛するものと必ず離れなければならない苦）、怨憎会《おんぞうえ》苦《く》（怨み憎むものと、どうしても会わなければならない苦）、求不得苦《ぐふとくく》（求めるものが、どのようにしても得られない苦）、五蘊盛苦《ごうんじょうく》（総括して、一切は五つの集まりであり、そこに充満している苦）という、これらの「四苦」についても、生老病死《しょうろうびょうし》とまったく同じ。こうして、両者を合わせた「八苦」は、人間存在そのもの（いわゆる実存）に根づいていて、けっして離れることはできない。右のうち、一例として、生《しょう》についていうならば、自己は自己の望むがまま思いどおりに生まれることは、けっしてあり得ない。しかも、生まれたものは、必ず老い、病み、死ぬ。老い、病み、死ぬものとして生まれる、ということは、ただ生まれるということだけに基づいていえば、まさしく自己矛盾・自己否定そのものであるといわねばならぬ（付言すると、仏教でいう「生」は、つねに「生まれる」、「生ずる」であって、「生きる」ではない）。

(4) 無常に基づく苦

次の「無常」の項と関連するので、そこに述べる。

以上に記してきたように、苦と、苦の本質とは、もともと自己そのものに根ざしており、それが自己矛盾・自己否定としてはたらくところにある。いってみれば、自己は、自己の最大の味方であり、同時に最大の敵でもある。自己はこうしてつねに自己と戦う。それは、なんぴとにとっても避けられず、逃れることができない。生まれてきたものは、すべてそれをア・プリオリ（先天的）に自己の内にもっている。逆に、そのようにもっているということが、そのものを動かし、生かしている。安易で、放縦な、自己肯定・自己満足・自己安住などというものは、実はどこにもあり得ず、それらは蜃気楼《しんきろう》や空中の楼閣に似て、たとえ存在するとしても、現実には死に果ててミイラと化した屍《しかばね》にすぎぬ。

つねに苦はある。苦にぶつかる。一切が苦である。すなわち、自己が外へ、あるいは内へと向かいつつ、究極的には自己に集注して、その自己に背き、矛盾し、自己否定に陥らざるを得ないところにこそ、自己は模索し、努力し、精進を怠らない、それが「生きる」ということ、そのものなのである、と釈尊は説く。

② 無常

「無常《むじょう》」や「諸行無常《しょぎょうむじょう》」の語は、日本人には古来まことに親しく、感傷に訴えるところは実に深い。しかしながら、この語を「阿含経」について探査してゆくと、当初は、意外なことが露《あら》わとなり、そして結論としては、ほとんど当然のこととしての決着を見る。以下にそれを述べよう。

「無常」と漢訳される語は、パーリ語では、ほぼアニッチャ anicca という語で表現され、ごくまれにアサッサタ asassata、アッドゥフヴァ addhuva ともいう。ところが、これらの語は、パーリ文のみにある「小部《しょうぶ》」の経典、とくに『スッタニパータ』、『ダンマパダ』、『ウダーナ』、『イティヴッタカ』などには、まったく登場しないか、あるいはきわめてまれにしか現われない。すなわち、現存するもののうちで最古とされている諸資料には、右の「無常」を表わすパーリ語は、その例が皆無に近い。

また、次に、それらの「小部」を除いて、パーリ四部と漢訳四《かんやくし》阿《あ》含《ごん》とを見てみると、これらにおいては、右のパーリ語も、そして漢訳の「無常」の語も、なんらの前置きもなく、いわゆる理論的な根拠も一切問われることなく、その語は、いわば突如として飛び出してくる。

それにさらに追加していうならば、「無常」、そして「アニッチャ」の語のほかに、たとえば「こわれるもの（ヴァヤダンマ vayadhamma ＝壊法《えほう》）」などの語を使った用例がしばしば見られ、しかもそれらは、内容からいってきわめて重要な個所に用いられている。

こうした諸資料の実態から、次のような見解が引き出され得る。すなわち、無常とは、人間の生存（より正しくいえば、実存）における最も赤裸々《せきらら》な事実・現実を、そっくりそのままに感性が受け入れた、ある一種の、とくに深い感動から湧き出た、いわば「詠嘆《えいたん》」にほかならず、それは、格別に、特殊の術語として最初期に構想されたものではなくて、おそらくそのような術語的発想とは、なんのかかわりさえももっていなかったのではないか。釈尊みずからが、無常という、この底知れぬほどに深い「詠嘆」を、現実に体験し、反省し、自覚しつつ、そのまっただなかにあって、みずからの生存（実存）を、そして人間存在そのものを、ありのままに直視し、凝視し、認識し、体得する、というそのことが、釈尊の深い思索の根底にあり、そして阿含経の立脚点をなしている。

換言すれば、人間存在といっても、実存といっても、同一の現実を指していて、それに対する厳粛で痛切な体験と自覚とが、そのまま無常につながり、無常に導き、さらに逆に無常から発している。このように、「無常」を解するとき、先に述べた「小部」の経典群の中に見られる「詠嘆」の詩句がつぎつぎと浮かんでくる。

たとえば、『スッタニパータ』の第三章の第八節にある計二〇（Sn. 574～593）の詩は、死そのものを直視する。その中の数詩を掲げよう。

生まれたものたちは、死を逃れる道がない。老いに達して、死ぬ。実《げ》に生あるものたちの定めは、このとおりである（575）。

若い人も、壮年の人も——愚者も、賢者も、すべてが死に屈服してしまう。すべてのものは必ず死に至る（578）。

彼らは死に捉《とら》えられて、あの世に去ってゆく。しかし、父もその子を救わず、親族もその親族を救わない（579）。

また、同書の第四章第六節の計一〇（Sn. 804〜813）の詩は、老と死とを詠ずる。その中から、一詩だけを記しておこう。

ああ、短いかな、人の生命《いのち》よ。百歳に達せずに死ぬ。たとえ、それよりも長く生きたとしても、また老衰のために死ぬ（804）。

同類のものは『ダンマパダ』の中にも数多く見られる。以下に詩の番号のみを掲げる。すなわち、41、46、47、48、135、147、148、150、151、152、170、235、237、240、287、288、341、348。

すべてのこの類《たぐ》いの諸資料を繰り返し読みながら、以下のことに、あらためて思いを深くする。すなわち、どんな人でも、生きている限り、本来的に死は願わしいものではない（よくいわれるように、自殺は「生きてゆくことが願わしくない」のであって、「死が願わしい」のではない。それは、生きてあることの放棄ないし敗北と逃走であり、死への帰順・没入ではけっしてない）。しかも、どのようにしても、死を逃れる道はなく、その術《すべ》もまったくない。そして、それ以前に、老があり、また病がある。病に会い、老に達し、死が訪れる。それが人間存在（実存）の不可避の鉄則なのである。

さらに、阿含経はその各所にいう、死も、老も、病も、そのいずれもが、外部から人に襲うのではない。そうではなくて、その人みずからが、みずからに招き寄せている、ちょうど土の器が壊れてゆくように、あるいは鉄が錆《さび》るように。

以上のような体験と反省と自覚とがまずあり、それがある論理的反省を加えて、自己矛盾・自己否定へとそのまま直結するところに、前項の⑷に掲げた「無常に基づく苦」のルーツがある。

ここでは、「無常に基づく苦」が、上述の中に如実に示されているように、そのまま人間存在（実存）の現実はいっそう鮮明に露呈《ろてい》される。より詳しくいうならば、「無常」は「常」の、「無常－苦」は「常－楽」の、それぞれのアンティテーゼとしてあるのではけっしてない。「常」もしくは「楽」とは、なんのつながりもなく、かかわりももたず、人間存在（実存）そのものを、あるがままに鋭く衝《つ》いて、突如、「無常（－苦）」は立ち現われる。立ち現われた「無常」は、あるいは「詠嘆《えいたん》」としてしか語り得ないとしても、ひるがえって、あらためて人間存在（実存）の痛切な体験・反省・自覚をみずから強め、同時に人びとに訴える。

もとより、「無常－（苦）」によって、つかのまの「楽」に溺《おぼ》れたり、刹那を「常」と見まがうものに対して、「無常」は厳しい警鐘を打ちならす。だが、それよりも、『ダンマパダ』の詩句は次のように説く。

「こと・もの　すべて　無常《むじよう》なり」と　智慧《ちえ》もて　見とおす　ときにこそ　実《げ》に　苦を
遠く離れたり　これ　清浄《しようじよう》に至《いた》る　道《みち》　なり（Dhp. 277）

これらを踏まえて、さらに無常の考察を進めよう。

第一に、阿含経における「無常」と「苦」の在り方は、次のように解釈され得る。すなわち、上述の「苦」は、釈尊自身の（おそらく出家以前からの一貫した）体験において、あらゆることがら（さとり、その他の一切を含む）のスタートにあり、その意味においては、いわば時間的な始元に相当する。そして、この「無常」は、本来は感動と詠嘆とに基づくものの、右の「苦」の論理的な根拠となっているところから、いわば論理的な始元に相当する、ということができる。

第二に、パーリ文（「律蔵」も含む）に頻繁《ひんぱん》に登場する有名な句に、

生《しょう》ずるものは、いかなるものでも、すべて滅《めつ》するものである（生《しょう》の法《ほう》は滅《めつ》の法《ほう》、生者必滅《しょうじゃひつめつ》）

がある。生《しょう》（上述したとおり、仏教本来の「生」はすべて「生ずる」、「生まれる」意であり、「生きる」意ではない）は、必ず滅《めつ》に至る、というよりは、生は必ず滅を含み、はらんでいる。いかなるものも、滅をみずから蔵《ぞう》しつつ生ずるのであり、人間の場合は、この滅は死に置き換えられる。

滅ないし死をはずして、生はない。滅は生に必然的である。ただし、私たちの現実においては、生は（先にも断わっておいたように）「生ずる」としてあり、そしてそのあとに、私たちが「生きる」という現実へと連結する。ということは、ある時間的な継続を、当然のこととして、考慮に入れる。そのことを阿含経は、生《しょう》と滅《めつ》とのあいだに、住《じゅう》（とどまる）を挿入して、生《しょう》－住《じゅう》－滅《めつ》を説き、これをしばしば（有為《うい》、すなわちつくられたものの）三相《さんぞう》（三つの在り方）、という。それは、のちに中期以降の仏教では、生《しょう》－住《じゅう》－異《い》－滅《めつ》の四相《しそう》に展開する（異は変化を指す）。付言するまでもなく、三相・四相の方向は必ず一方的であり、可逆性はあり得ない。

このように、住と異とを生－滅のあいだに含むとはいえ、それは、前述の「無常」との

対応のうえに置かれて、生‐住‐異‐滅の全経過は、実はきわめて短く、それをクシャナkṣaṇaと称し、このサンスクリット語をそのまま音写して、「刹那《せつな》」の字を当てる。クシャナは、インド仏教の数える最短の時間単位であって、現在の表現に置き換えれば、七五分の一秒つまり〇・〇一三三……秒に相当する。すなわち、生《しょう》じ、住《じゅう》し、異《い》し、滅《めっ》する、その間の時間が、この一クシャナ（一刹那）なのである。そして、これを私たちの人生ないし法《ダルマ》（こと・もの）にとりもどしていうならば、人生ないし法は、有刹那《うせつな》（有るのは刹那のみ）であり、もしくは刹那滅《せつなめつ》（刹那ごとに滅する）の連続（仏教では「相続《そうぞく》」という）にあることを、とくに中期の部派仏教は詳述する。

　第三に、右と関連していえば、無常は一種の時間概念であり、仏教の時間論を立てるとするならば、それは必ず無常から出発する。仏教は、その最初期より、時間を実体視することはかつて一度もなく、しかも実体ではない時間を、現実のあらゆるもの・ことの根底に据《す》える。「有《う》は時《じ》なり」という曹洞宗《そうとうしゅう》開祖の道元《どうげん》の有名な句（『正法眼蔵《しょうぼうげんぞう》』有時《うじ》）は、すでに仏教の端緒《たんちょ》にあり、それを直截《ちょくせつ》に衝いている。つまり、一切は時間のうえ、時間の中、時間そのものに掩《おお》われてあり、しかし時間というものはない。時間は一切のもの・ことを支えつつ、けっしていかなるものでもなく、ことでもない（「時《じ》に別体《べったい》なし、法《ほう》に約《やく》して以《も》って示《しめ》す」と、玄奘《げんじょう》門下の学僧である普光《ふこう》の『倶舎論記《くしゃろんき》』に表現される）。時間は、つねに特定のある時間としてのみ示され、しかも他の一切の（上述の表現によれば）論理的な始元のはたらきをなす、ともいい得る。

ついでながら、時間と空間という二つを並べるとき、近代以降とくに顕著な傾向として、両者はほとんど等質化されることが多いけれども、仏教においては、両者の扱いがまったく異なる。一言で表わすならば、仏教は一切の法を「無為《むい》」（つくられたのではないもの）と「有為《うい》」（つくられたもの）とに明確に二分して、両者をまったく異質のカテゴリィとして扱い、その際、空間は「虚空《こくう》」に置き換えて「無為」に属させるのに対し、時間は「有為」とつねに表裏一体化して、その流動と直結している。

最後に、この項の最初に記した「諸行無常」という著名な句について、考えてみたい。この漢訳は、阿含経とくに『雑阿含経《ぞうあごんぎょう》』の各所にあり、同時にパーリ四部とくに『相応部《そうおうぶ》』にも多く見られるが、すでに『ダンマパダ』にもあって、そのパーリ文をそのまま掲げると、「サッベー・サンカーラー・アニッチャー Sabbe saṅkhārā aniccā」という。サッベー sabbe は「すべての」の意、アニッチャ anicca は「無常」であり、これはとくに問題はないけれども、サンカーラ saṅkhāra は、簡略には扱いがたい（右の文は、複数形のために、語尾変化がある）。このサンカーラ（サンスクリットではサンスカーラ saṃskāra）は、ほぼつねに「行《ぎょう》」と漢訳されてはいるものの、この原語の指示するところはきわめて深い。サンスカーラを、まずサンスクリット語の語原によって考察してみると、saṃ + kṛ であり、

saṃは「いっしょに」、「立派に」などを示す接頭辞、そしてkṛは「為《な》す」、「作る」などを意味して、最もよく頻出する語である。したがって、サンスカーラ（サンカーラ）は、「ともに立派に為し作りあげる」ということになり、のちの中国仏教者は、これに「為作《いさ》」の語を当てて説いており、現代語で表現すれば「形成力」、「能動性」となろう。ただし、それは、一種の潜勢的《ポテンシャル》エネルギーのごときものに相当し、実体として扱われることは、まったくない。しかも、この語は、たとえば仏教全般に共通する五蘊《ごうん》（一切は色《しき》・受《じゅ》・想《そう》・行《ぎょう》・識《しき》の集まり）説にも、また十二因縁説《じゅうにいんねんせつ》にも、その他いたるところに登場して、仏教を理解するための、非常に重要なキーワードのひとつとされる。

そこで、右の三語より成るパーリ文は、「すべてのサンカーラは無常」となるが、この「サンカーラ」にふさわしい日本語を当てることが実に困難であり、やむを得ず、前記の訳では「こと・もの」としておいたとはいえ、なお洩れるところがある。

ところで、現在までの多くの邦訳は、「一切のつくられたものは無常」として、サンカーラを「つくられたもの」と解している。これは、文法的にいえば、サンカーラをサンカタ（過去分詞形）に置き換えての訳。しかし、原文にサンカーラとある以上、この原語を無視するには忍びない。さらに、「つくられたものは無常」という訳は、次の難点が指摘される。すなわち、「つくられたもの」（仏教術語で「有為《うい》」という）というと、その中に、「ある時間のうちにつくられた」という、時間の経過が考えられ、ここにすでに時間概念が含まれてしまっており、「つくられたもの」は必ず「こわれるもの」という、仏教のテーゼ（上述の「生者必滅《しょうじゃひつめつ》」）が明白に内蔵されているところから、「つくられたもの」は、論理的に必ず「無常」なのであって、ことさらあらためて「つくられたものは無常」を説く必要は、どこにも見いだせない。

それならば、どのように解釈するか。私見を譬喩《ひゆ》によって示したい。ここには、たとえば、火というものを考えてみることにする。いまここに、ロウソクがあって、火が燃えている、正しくはロウソクの芯《しん》が燃えていて、そこに火がある。その場合、火の炎の、どこまでがロウソクの芯か、あるいはロウソクの芯から立ちのぼる気体なのか、またどこからが火なのか、そのことはだれも指摘することができない。しかも、ロウソクに火がついている。それは、いわば一瞬前に燃えたロウソクの火が、ロウソクの蠟《ろう》を熱して芯に融け込ませ、しかもそのときの火は消え、その消えていった火が融かされたロウソクの芯に燃え移り、いままた現にロウソクの火が燃えている。ここには明らかに、火はきわめてスピーディに、かつたえず移動している。すなわち、まさしく「無常」ということになる。

サンカーラ（行《ぎょう》）も、そのように考えてよいではないか。現にロウソクの火は燃えており、五蘊《ごうん》などの一切は成立している。そこに火があり、サンカーラがあり、それはスピーディにたえず移動している。すなわち、生じては滅し、変化し続けていて、無常である。火が、一種のエネルギーあるいは力の表現であるように、行（サンカーラ）もそれとまったく変わらない。このように、行（サンカーラ）はまさしく火と同じく、移動しつつ、そこに成立を果たしつつ、みずからも成立し、しかもその刹那ごとのたえざる移動のプロセスのうえにあることを、「無常」と抑えて、あらためて確認する。

なお、あえて付言すれば、仏教においては、「無時間的な実体」のような考えは、ことごとく排除されている。すでに詳述したように、現実につねに直面した、いわば最も直接的な感性に基づく「無常」から、その時間的な契機のみを抽出して、どちらかといえば、客観的ないし論理的な「無常」へと移し変えたとしても、しかもなお「無常」は、どこまでも現実そのものと明確に直結しているのであり、たとえばその根拠を求めて、後述する「縁起説《えんぎせつ》」などによって理由づけを得ようとする試みは、単なる一種の知的な操作にすぎず、それは「無常」そのものからは逸脱して、必然的に論拠を失うか、論点をすり替えざるを得ない。

③　無我

「仏教は無我《むが》にて候《そうろう》」という古い語り伝えの示すとおり、無我は仏教を一貫するテーゼであり、モットーであり、スローガンでもある。しかも、それは阿含経を通じて、すでに釈尊にその起原がうかがわれる。

「無我」は文字どおり、「我」の否定であって、ときには「非我」と漢訳される。表現からすれば、「無我」は「我がない」、「非我」は「我でない」とされる（さらにこれ以上の問題には、立ち入らないことにする）。この「我」の原語はパーリ語でアッタン attan、サンスクリット語ではアートマン ātman であり、ここには後者のアートマンを用いて、論述しよう。そして、その否定である「無我」は、右の語にアン an- またはニル nir- などの否定の接頭辞を付して表現する。

アートマンは、すでに記したことがあるように、ウパニシャッドにおいて、ブラフマン（梵《ぼん》）とともに根本原理をなしていたところから、仏教に説かれるアートマンの否定（すなわち、無我）を、そのままウパニシャッドに対するアンティテーゼのごとくみなすのは、はなはだしく短絡的であり、むしろ明らかな誤りといわなければならない。さらにはまた、ウパニシャッドにおいても、アートマン（我《が》）は、ブラフマン（梵）とともに根本原理ではあっても、けっして実体化はなされておらず、「そうでない、そうではない」（ネーティ・ネーティ neti neti）と一切の措定《そてい》を拒んで、否定詞を重復する記述があるにもかかわらず、いたずらに粗雑な考えをもち込んで、原理をそのまま実体と混同し、当時すでに実体が立てられていたとか、実体的思考が成立していたとか、と恣意的《しいてき》に構想するのも、大きな歪曲《わいきょく》であり、誤解である、と評されよう。なお、この後半で用いた「実体」は、哲学独自の概念のひとつで、ここでは「それ自身だけで存在する本体」をいい、それの対立概念の「属性」に対しては、「実体とは属性をもつもの」とも定義される。

アートマンについて、とくに断わっておきたいのは、それは、本来「気息《きそく》」（呼吸）に発して、身体・自身・生命原理・自我・自己・霊魂・本体などと解される中で、以下、これから述べる論考においては、このアートマンに「自己」と「自我」との二つの訳語をとくに意識的に区別して当てて、現在広く用いられている主体性を表わすものを「自己」とし、その「自己」を、日常的な概念である「自我」からは切り離して用いることにしよう（自我の否定が無我であり、自我に関しては以下に明らかになる）。

「小部《しょうぶ》」の経典、ことに『スッタニパータ』に見られる無我説は、きわめて数が多く、内容も豊かであり、とくにその中でも古い（したがって、仏教の全資料中で最古）とされる第五章は、ほぼ無我説で満ちている（少なくともSn. 1032～1123）。そのあまたの詩句は、多種多様な例をあげ、具体的なひとつひとつについて、「無我」が説かれる（この第五章のほか、『スッタニパータ』には、この類《たぐ》いの資料が実に多い）。それらの諸資料をことごとく集めて整理し、そのうえで、かなり大胆に一言に要約するならば、ここに表現されているものはとりわけきわだって、執着《しゅうじゃく》・我執《がしゅう》・とらわれの否定ないし超越として、無我が説かれており、無我の実現によって、清浄《しょうじょう》で、平安なニルヴァーナ（涅槃《ねはん》）に導かれる、と概略化することができよう。

執着は、先に「苦」の項で示した欲望の、さらにその根底にあるもの、といってよい。欲望がつねに直接的であり、したがって前述のように一過性なものであるのに対して、執着の根はまことに深く、動じがたい。欲望は必ずある具体的なものであるのに対して、執着はむしろアノニウム（匿名《とくめい》、無名）にも存し、特定されないまま、漠《ばく》たる抽象的なものであり、しかも根原に潜んでいて、たじろぐことがない。むしろ、何とも名づけられぬこの執着が、混沌《こんとん》の底に沈みながら、居すわり続けて、機をうかがいつつ、そのうえに個々の欲望を引き出し、生み出してくるともいえよう。そして、そのような執着ないし執着の塊《かたまり》が、すなわち自我なのである。あるいは、しいて図式化するならば、欲望の底に執着があり、その執着の根に自我がある。そして、仏教の説く無我は、そのような自我を根底から否定する。『スッタニパータ』は無我を以上のように説いている。

　このような無我説を、他の資料とくに四部四阿含《しぶしあごん》では、さらに分析的に説く。それによると、自我を「私のもの（ママ mama）」、「私（アハム aham）」、「私の自我（メー・アッターme attā）」の三種に分けてから、無我を「これは私のものではない、これは私ではない、これは私の自我ではない」と説く。右の中の「これ」を、阿含経は懇切に例をあげつつ示す。そして、そのほとんど大部分は、具体的なひとつひとつのもの、たとえば色《しき》・受《じゅ》・想《そう》・行《ぎょう》・識《しき》の五蘊《ごうん》のそれぞれについて、または眼《げん》・耳《に》・鼻《び》・舌《ぜつ》・身《しん》・意《い》の六入《ろくにゅう》のおのおのについて、そして色《しき》・声《しょう》・香《こう》・味《み》・触《そく》・法《ほう》の六境《ろくきょう》のそれぞれについてなどであり、そのひとつひとつをとりあげて、右の無我の三種の分節を付している。これをまとめていえば、

「もの・こと　すべて　無我《むが》なり」と　智慧《ちえ》もて　見とおす　ときにこそ　実《げ》に　苦を

遠く離れたり　これ　清浄《しょうじょう》に至る　道《みち》　なり（Dhp. 279）

となり、この詩の第一句、すなわち「もの・こと　すべて　無我」（原文は、サッベー・ダンマー・アナッターSabbe dhammā anattā）を、漢訳においては、「諸法無我」という、聞き馴れたフレーズに表現する。

なお、その場合、この「諸法」ということについて、それが有為法《ういほう》（つくられたもの）と無為法《むいほう》（つくられたのでないもの）とを包括するなどの説明は、とくに不要であろう。というのは、このような説明の延長線上に、先の「諸行無常」の「行」を有為法とする解釈があり、その種の解説に対する疑問はすでに前項に詳述した。

先述した「これは私のものではない」、「これは私ではない」、「これは私の自我ではない」という、無我を表現する三種に区分する用例の分節は、あまりにも多数の反復のうちに、ややもすると形式化を免れず、いわば冗長の趣《おもむき》さえ呈する。しかし、その定型句は、阿含経においてはつねに一定していて、はずれることはまずあり得ないといってよい。しかしながら、やがてのちに、それがしだいに形骸化して、かなり不透明となった一種の煩雑や錯綜《さくそう》の末に、やや新しい解釈として、自我ないし我を「それ自身で存在するもの」、すなわち「実体」もしくは「本体」ととらえ、無我はそのような実体的な自我ないし我の否定、とする説が生まれてくる。このような新しい解釈は、釈尊から一〇〇年（別説、二〇〇年）以上を隔てた、中期仏教の部派《ぶは》仏教において、ようやく兆しはじめて、ここに至って、「無我は実体の否定」という説が立てられるようになる。そして、それが、いっそうの展開を遂げてゆく過程で、たとえば「人無《にんむ》我《が》・法有《ほうう》我《が》」に示されるような、法《ダルマ》の実体化が進行し、壮大な「法《ダルマ》の体系」が構築され、他方ではそれの説く「無我」の不徹底を衝《つ》いて、「実体および実体的思考（態度）に対する否定としての空《くう》」が、初期大乗仏教にはっきりと打ち出される。

　しかし、このような「実体の否定としての無我」は、現在ほとんどの仏教解説書に氾濫《はんいつ》してはいるけれども、前述したとおり、阿含経からはかなり離反しており、阿含経に説かれる無我に関する限り、とくにその原初形は、反復して強調すれば、「執着の否定としての無我」あるいは「無我とはとらわれないこと」と解さなくてはならぬ（初期大乗仏教の「空《くう》」を理論づけた龍樹《りゅうじゅ》も、実体否定論と同時に、一貫して「空とはとらわれないこと」と説き、そのような「空」を主張している）。

　ところで、自我を執着・我執とし、または右の三種とし、無我はその否定として立てられていると見るときに、その否定という役割を果たす当事者は、いったい何か、だれなのか。それこそ、まさしく自己にほかならない。自己が、主体が、そのような自我を否定し、そのような自我からの超越を果たす。それを、理論という面から眺めるならば、このようなアートマン（我《が》）という、ただひとつの語をめぐってのアンビヴァレント（同一のものを相反する二つが奪い合う）な困難に直面せざるを得ない。しかし、そのような困難は、単に論理上のことがらに属しているのであり、無我はそのような論理化の場をすでに離れて、みずから直面する現実の実践の場に即応しつつ、刻々の決断をつねにみずから下してゆく、そのまっただなかにある。

無我は、理論ではなくて、まさしく実践の課題として阿含経には説かれ、無我の実現を阿含経は反復して強調する。そして、その実践・実現を担い果たすのは、ほかならぬ主体であり、自己そのものである。その自己－主体が、執着にうごめいている自我を否定し、解放し、超越する。阿含経に説かれる無我説とは、まさに以上のようなものである、ということができる。

自己は、そのまま主体性であり、行為の主体であり、実践の当体であり、責任の所在であり、そして仏教の術語でいえば業《カルマ》の統括者として、つねに明らかにあり、みずからにかかわる一切を負う。そのような「自己」の在り方を、『ダンマパダ』は多くの詩句に説く。ただ一例のみを示そう。

実《げ》に　自己《じこ》こそが　自己の　主《あるじ》　自己こそが　自己の　依《よ》りどころ（Dhp. 380 前半）

また、『スッタニパータ』は、第三五～七五詩の第四五詩を除く計四〇の詩のすべてに、

犀《さい》の角《つの》のごとく　ただ独《ひと》り　歩《あゆ》め

というリフレーン（繰り返しの句）を付す。

さらに、『スッタニパータ』の第二五一詩には、「自己《じこ》を洲《す》とする」（アッタディーパ atta-dīpa）という語があって、これは阿含経の散文に次の定型句として反復される。

自己を洲《す》とし、自己を依《よ》りどころとして、他を依りどころとせず、法を洲とし、法を依りどころとして、他を依りどころとせずに、住《じゅう》せよ

右の中の「洲」のパーリ語は、ディーパ dīpa であり、それはこのパーリ語が、大河の中に浮かぶ島あるいは庇護所《ひごしょ》を意味するサンスクリット語のドゥヴィーパ dvīpa に相当する、との解釈に基づく（現在の学界では、この解釈が正当とされる）。しかし、サンスクリット語には、右のパーリ語と同じディーパ dīpa の語があり、それに結びつけるならば、「あかり、燈明」となる。漢訳の阿含経、とくに『長阿含経《じょうあごんぎょう》』と『中阿含経《ちゅうあごんぎょう》』とは、これを受けて、右の句を、

自燈明《じとうみょう》、自帰依《じきえ》、法燈明《ほうとうみょう》、法帰依《ほうきえ》（自らを燈明とし、自らを帰依とす、法を燈明とし、法

を帰依とす）

と訳し、そのほかにもこれに同類のフレーズがかなり多く目につく。

右の成句は、中国仏教から日本仏教においてもたえず説かれており、ここでは「無我」と並んで「自燈明、法燈明」を謳《うた》う。そして、「自燈明、自帰依」は、紛れもなく、真に主体的な自己の確立を力説し、その意味で、右の『スッタニパータ』と『ダンマパダ』と、さらに阿含経の定型句として、このフレーズが反復されることから、「真の自己」こそを、最初期の仏教はあくまで目ざしていた、と主張されよう。

それでは、なぜ、右のようにこの二つの「自燈明、自帰依」が「法燈明、法帰依」を伴っているのであろうか。「真に主体的な自己」は別として、私たちの日常的な自己は、ともすれば自我に組しやすく、つねに頽落《たいらく》の芽を兆《きざ》し、しかもときには実に制御しがたい傾きがある。それは、先に「こころ」について列挙したように、弱さ・脆《もろ》さ・過ちに染まりかねない。さらに、自燈明は、利己主義（エゴイズム）・自己中心主義（エゴセントリズム）と誤解されがちでもある。そのことの痛切な自覚と反省とのうえに、そのような誤解を排除するために、自己は万人に通ずる普遍的なる法《ダルマ》に昇華し、あるいはひるがえって、みずから結晶しなければならぬ。そして、そのことを掲げて、「自己と法」とが併立して、ここに説かれている。「自己と法」をさらに敷衍《ふえん》していえば、それは「個と全」ということにほかならず、個と全とのいわば逆説的な合一が、この「自燈明、法燈明」という阿含経の成句において説かれ、しかもそれは右に述べたような論理において、しかしとくに実践において、その実現が期せられ、課せられている、と称してもよい。

　無我の説明を終えるに当たり、次の記述を付け加える必要があろう。右の①苦と、②無常と、③無我とは、本来はそれぞれ別々の場に、いわば独立した一項ずつとして説かれた。それぞれの場に、それぞれに説かれていたこれら三項が、やがてまとめられて、「無常―苦―無我」という定型が生まれ、この配列が決定する。そして、それは、それぞれにいわゆる主語に相当するものを補って、「一切皆苦《いっさいかいく》・諸行無常《しょぎょうむじょう》・諸法無我《しょほうむが》」のフレーズとして完成し、しかもそれが繰り返し説かれるところから、「諸行無常・一切皆苦・諸法無我の三法印《さんぼういん》」という、初期仏教を代表する最も重要なテーマとなる。さらに三法印は、「涅槃寂静《ねはんじゃくじょう》」（涅槃＝ニルヴァーナは後述）を加えて四法印となり、のちにはそれから「一切皆苦」がはずされて、「諸行無常・諸法無我・涅槃寂静の三法印」として落着を見る。ここにいう「法印」とは、それが仏法（仏教の教え）であることを証明する印、すなわちこれこそが仏法そのものであることを裏づける。現存の資料によるかぎり、「法印」（サンスクリット語のダルマ・ウッダーナ dharma-uddāna）の語そのものは、後代の成語とされるけれども、「無常―苦―無我」を説く例文は、阿含経に合わせて一五〇よりもさらに多数が数えられ、しかもほぼ同類の文を反復している。したがって、これら三項は、そしてその一項ずつけ、おそらく釈尊のさとりに最も近く、釈尊の説法には最も頻繁に登場した、といってよい。そして、このあとに述べる四諦《したい》や縁起《えんぎ》などの説は、文献学上からすれば、むしろそれからの、ある種の論理化による展開と発展、として考察するほうが正しいのではないか、と考えられる。

④ 四諦・八正道・中道

中道《ちゅうどう》から論じよう。

釈尊は、その青春を釈迦族の王子として、希望するならば、快楽の溢《あふ》れる生活に明け暮れた。いったん出家してのちは、一歩誤まれば死に瀕《ひん》するばかりの苦行に、約六年間も没入した。

そして、釈尊は、その両者をともに捨てた。通常、これを「不苦不楽《ふくふらく》の中道」と称する。あるいはまた、釈尊の時代は、一方に快楽（至上）主義がはびこり、他方に苦行一辺倒が礼賛される中で、釈尊はそのいずれをもとらなかった。これも「不苦不楽の中道」に通じている。いずれにせよ、当時（から現在に至るインド特有）の苦行は、一途《いちず》にさとりを目ざして、さとりへのきわめて重要な手段ではあるとはいえ、手段はいつしか目的視されてエスカレートを続ける。目的と手段との混同はいつでも、どこにでもあり、釈尊は明確にそれを見とおして、それまで没頭していた苦行を離れ、また快楽主義がその一刹那《いっせつな》の満足に終わり、あとには文字どおりの自己否定の痛恨《つうこん》と空虚との醜悪さを洞察して、快楽追求を捨てて、この中から中道《ちゅうどう》を選びとった。

日常の生活にも、非世俗的な世界にも、ともすればあるひとつの極端をほぼ無知のまま選んで、それに身を委《ゆだ》ねる人びとが少なくない。そのほうがすべてにつけて実践しやすいのであろう。このような人びとは狭められたその極端に身を置き、それから生ずる判断に安易に従属して、ときにはそれを振りかざしつつ、エクセントリック（並はずれ）に盲進する。彼らは、しかし、ただ執着と慢心とに占められ、みずからが偏狭に固まりながら、その偏執からはずれたものを排斥し、圧殺しようとするとき、それはおよそ人間性を無視し、拒否するというパターンに陥ってしまう。富・名誉・権力・イデオロギー・自己顕示をはじめ、ごく些細《ささい》なものにまでそれは及ぶ。それから偏見や先入観が生じてはいても、すでにその極端に盲従するばかり。この極端を、仏教は「辺《へん》（アンタ anta）」と称する。一辺にとりつかれて、いわゆる一辺倒のままある限り、その「倒」は「いたる（至・到）」ではなくて、「逆立ち」にほかならぬ。しかも、逆立ちしていると、他者がことごとく逆さに見えてしまう。

ここに説かれる「辺《へん》」は、右に記した苦《く》と楽《らく》のほかに、有《う》と無《む》、断《だん》と常《じょう》との二辺もまた、阿含経に説かれる。いずれにしても、これらの二辺を離れることは、通常は困難を極めるところから、いずれかの辺に傾斜して付着しがちな人間の通癖が、この「中道」の教えによって根底から否定される。さらには、一辺と他の辺とをともに否定するという、その否定はいわば二重否定を要する。そして、それは後述するニルヴァーナ（涅槃）に通ずる。

「中《ちゅう》」を説くことは、人類の他の教師たち、たとえば孔子にあり、アリストテレスにあり、そのほかにも少なくない。そして、説かれる「中」は、安易な中途半端の「中」とはまったく異なる。しかも、ここに説かれる「中道」というときの「道」は、原語のパティパダー（プラティパダー）の示すとおり、「あるものに向かって」（パティ、プラティ）「歩んで行く」（パド）という、人間の最も基本的な行為・実践そのものなのであって、ここではすでに二辺の各一辺に関して、深い洞察と熟知とが充分にゆきわたり、もはや二辺のあいだをただうろつきまわるのではなく、きわめて厳しい智慧《ちえ》がつねに伴われている。

八正道《はっしょうどう》に移る。

八正道は、中道の実践をより具体的に示し、同時にこのあとに述べる四諦《したい》（四つの真実）の第四に置かれる道諦《どうたい》の内実をなす。八正道は、「八支《はっし》（八つの項）の聖なる道」とも呼ばれて、八聖道《はっしょうどう》とも記す。

八正道という定形は、最古の資料とされる『スッタニパータ』にはないけれども、『ダンマパダ』、『イティヴッタカ』、『テーラガーター』、『テーリーガーター』、そして『相応部《そうおうぶ》』と『雑阿含経《ぞうあごんぎょう》』との詩句には、「八支よりなる（聖なる）道」という成句となって、少なからず登場する。そして、八支の中のいくつかの支が、『ダンマパダ』にも『ウダーナ』にも見られる。

ところで、その八支は、次のように説明される。そして、その各支について、阿含経の随所に示される具体的な説を（　）に入れて示そう。

正見《しょうけん》　正しい見解、真実の知識、いわゆる般若《はんにゃ》と称される智慧《ちえ》（四諦《したい》のひとつひとつに関する知）

正思《しょうし》　正しい思い、意欲（煩悩《ぼんのう》を離れる・怒らない・傷つけ、害しない、という三つの思い）

正語《しょうご》　正しいことば（虚言・そしることば・あらあらしいことば・戯言《ざれごと》、という四つを断つ）

正業《しょうごう》　正しい業《ごう》、行ないとその積み重ね、その結果と責任（殺生・盗み・邪淫《じゃいん》、という三つを断つ）

正命《しょうみょう》　正しい生活（法にかなった衣・食・住）

正精進《しょうしょうじん》　正しい努力、修養、精励（善への四種の努力）

正念《しょうねん》　正しい気づかい、注意、思慮（身《しん》・受《じゅ》・心《しん》をよく観察し、熱心で、気をつけ、さらに気づかい・世間における貪《むさぼ》り・憂いを制する）

正定《しょうじょう》　正しい精神統一、集注《しゅうちゅう》（四禅《しぜん》）

この八支が総括されて、八正道を構成した。そして、各支の異同は（いささかの漢訳の訳語の相違を除いて）、阿含経から後代までの全仏教を通じて、ただの一度も生じなかった。このような仏教術語の異同皆無の例は、きわめて珍しい。

最後に四諦《したい》を述べる。

四諦とは四種の真実をいう。「諦《たい》」の原語であるパーリ語のサッチャ sacca、サンスクリット語のサティヤ satya は、「存在する」（アス as）という動詞の現在分詞のサト sat に基づき、転じて真理・真実を表わす。漢字の「諦」もまた同じく真実をいう。「諦」の訓《くん》のアキラム、すなわちアキラメルは、本来はアキラカニスルであって、たとえば道元の『正法眼蔵《しょうぼうげんぞう》』から短く編集された『修証義《しゅしょうぎ》』冒頭の「生《しょう》を明《あき》らめ、死を明《あき》らむるは、仏家《ぶっか》一大事《いちだいじ》の因縁《いんねん》なり」の句は、仏教者に多用される（アキラメルは、もともと断念・放棄とはなんら関連がない）。

四諦とは、苦諦《くたい》・集諦《じったい》・滅諦《めったい》・道諦《どうたい》であり、略して苦集滅道《くじゅうめつどう》ともいう。ただし、つねに銘記すべきことは、それらは正確には、苦・苦の集《じゅう》（成立）・苦の滅・苦の滅に赴く道であって、このことは、パーリ語にも漢訳にも共通している。換言すれば、四諦はすべて苦にかかわり、苦をめぐるひとつのグループ・フレーズにほかならない。

苦についてはすでに①に詳述した。苦諦＝苦に関する真実は、苦の本質を明示し、摑《つか》みとる。集諦＝苦の集（成立）に関する真実は、いかにして苦が生起し、成立するかを探究し、解明する。阿含経に見られる説明は、欲望（渇愛《かつあい》、のどが渇いて水を求めるような貪り、妄執《もうしゅう》）を集諦に関して指示するものが大部分を占める。欲望ないし煩悩《ぼんのう》は、すでに詳述したように、自己否定・自己矛盾の実相を露呈して、苦に導く。こうして、苦に関する解明が進み、真実の見いだされたうえに、滅諦＝苦の滅に関する真実において、それからの超越であるニルヴァーナ（涅槃《ねはん》）ないし解脱《げだつ》が据《す》えられる。それは、理論としてではなくて、実践そのものにおいて開かれ、ここに、道諦＝苦の滅に赴く道の真実として、先に説明した八正道をそのまま受け入れて置く。おそらく、八正道が先に説かれ、それが道諦として用意されてあって、そのうえの三諦が付されることにより、四諦という説の完成を見たのであろう、と私は解する。

四諦（の四項）はつねに右の四種であるが、『スッタニパータ』をはじめとする、古い詩句に説かれている四諦を精密に調査すると、そのひとつひとつを表現するパーリ語には、計四種類の異同が見いだされる。しかし、やがてのちに、散文においては、右の詩句におけるものとはさらに異なる表現に変えられ、それが一貫している。そのことは、四諦説が、四支に分析してから総合する、という方向は最も古くから一定していたけれども、その四支のひとつひとつの表現は、当初は不定のままであり、やがてその定型が成り、術語として決定されたのは、やや後代ということになる。さらに仔細《しさい》に見てゆくと、①苦集滅道のみで四諦の語がない、②苦集滅道も四諦の語もある、③四諦の語のみあり、苦集滅道が説かれていない、という三種が区分され、おそらく①→②→③と発展して、四諦の語が広く知られてからは、とくに苦集滅道を説く必要が消えたのであろう。

このような展開を遂げている四諦の説は、釈尊および仏教のスタートにある苦に発して、ゴールのニルヴァーナに至るまで、その理論と実践をともに完備しており、卓越した教説・教理とみなされて、四聖諦《ししょうたい》とも呼ばれる。おそらく、そのゆえに、四諦は、釈尊の多くの説法の中でも、最も重要とされる教説に、最も多く登場する。そのひとつは、ベナレス郊外サールナートのミガダーヤ（鹿野苑《ろくやおん》）における釈尊の最初の説法（とくに初転法輪《しょてんぼうりん》と称する）において、四諦を掲げる資料が多い。他のひとつは、すでに、第三章の第一節に述べた「無記」の個所に、十（十四）難の問いを不毛として、一切の答えを拒否しつつ、ごくまれにそれに代わって四諦をもって答えて、四諦の受持を奨励し、推進している。

ともあれ、釈尊の最初の説法（初転法輪）を掲げる資料は、阿含経の中に計二三あり、その一六は四諦を、他は八正道を、また他は中道を説き、しばしばそれらを合わせて説く（それ以外に触れるものも、ごく少数ある）。したがって、この四諦―八正道―中道の軸は、たとえその定型ないし術語の成立が後代に属するかもしれないとはいえ、それが、釈尊の教説には最もふさわしいとした阿含経編集の意図が、ここによく反映されている。そのほかにも、四諦説は阿含経の全体に浸透し、パーリ文の計二六四経に、漢訳の計二七二経に、反復して強調される。

そして、それは当然のことながら、部派仏教にそのまま継承されてゆき、諸部派に分かれてはいても、その中心に四諦説を標榜《ひょうぼう》するものが大部分であり、しかも実に強力であった。その影響は大乗仏教にも及び、一例として、龍樹《りゅうじゅ》の『中論《ちゅうろん》』に説かれる「空《くう》」は、その第二四章「聖諦《しょうたい》を考察する章」(「観四諦品《かんしたいぼん》」)にそのエッセンスが示される。四諦は、こうして仏教のスローガンとして、「聖《しょう》(アリヤ、アールヤ)」の語を伴い、長く尊重されている。

⑤ 法《ほう》

「法」はパーリ語のダンマ dhamma、サンスクリット語のダルマ dharma の訳であり、その原語は「担う、保つ」を意味するドゥフル dhṛ を語根として「担うもの、保つもの」を表わす。それに基づいて、法＝ダルマ、ダンマは、支《ささ》え、礎《いしずえ》、きまり、規範、慣例、義務、社会秩序、宇宙の原理、善、徳、普遍的な真理、などに用いられる。パーリ語のダンマに関して、五世紀にスリランカで目ざましい活躍をしたブッダゴーサ(阿含経のほぼすべてに、それぞれ大部の註釈書を完成したほか、最もすぐれた仏教指導書の『清浄道論《しょうじょうどうろん》』を著わした)によれば、ダンマには、属性、教法(あるいは因《いん》)、聖典、もの、という四種の用法があるといい、近代の最大のパーリ学者のひとりガイガー(Geiger, L. W. 一八五六－一九四三)もこれにほぼ賛同している。

阿含経の「法」説では、次の五蘊説《ごうんせつ》と六入説《ろくにゅうせつ》とが最も重要であり、最も多く用いられる。五蘊の蘊（カンダ、スカンダ）は「集まり」をいい、ときに「陰《おん》」の音写もある。五蘊は次の五つの集まり、またそのおのおのはそれぞれ集合体として構成されている、と説明される。

色《しき》（ルーパ）　「いろ・かたち」のあるもの、感覚的・物質的なもの、対象とされる存在。身体もこれに入る

受《じゅ》（ヴェーダナー）　感じて、なんらかの印象を受け入れるはたらき

想《そう》（サンニャー、サンジュニャー）　表象作用、すなわちイメージを構成するはたらき

行《ぎょう》（サンカーラ、サンスカーラ）　潜勢的な形成力で、こころの能動的なはたらき

識《しき》（ヴィンニャーナ、ヴィジュニャーナ）　対象をそれぞれ区別して、認識し、判断する作用

この五つが集まって、一切（人間そのものを含む現実のすべて）を形成する、というのが、阿含経のほぼ定説であり、これまで論じてきた苦・無常《むじょう》・無我《むが》の教説には、それぞれ五蘊のいちいちをあげて解明するものが大部分を占める。

六入説も、この五蘊説と同類の説明が適用されて、やはりそのひとつひとつがあげられる。六入の六つは、眼《げん》・耳《に》・鼻《び》・舌《ぜつ》・身《しん》・意《い》（こころ）であり、また六根《ろっこん》ともいう。いずれも、人間の感覚から認識に至る六種の各器官に相当し、六内処《ろくないしょ》の別名もある。これらは、それぞれが、色《しき》・声《しょう》・香《こう》・味《み》・触《そく》・法《ほう》という六つの各対象と相応しており、この六つを合わせて六境《ろっきょう》または六外処《ろくがいしょ》ともいう。

こうして、六入と六境とはそれぞれ対応し合い、ここにそれぞれの認識が生ずる。すなわち、眼識《げんしき》・耳識《にしき》・鼻識《びしき》・舌識《ぜっしき》・身識《しんしき》・意識《いしき》の六識であり、さらには六入と六境とを合わせて十二処《じゅうにしょ》、そこに六識を加えて十八界《じゅうはちかい》（界は要素）、と称する。

六入説はインド一般の用語、五蘊説は仏教独自と考えられるものの、ともに阿含経中に実に頻繁に採用され、また部派仏教でも、大乗仏教でも、つねにそれらが用いられた。

なお、法には、上述したように、教法および聖典の意もあり、たとえば経を法と呼ぶこともあって、たとえば法輪《ほうりん》・法句《ほっく》・法施《ほうせ》・法宝《ほうぼう》・法座《ほうざ》・聞法《もんぼう》・択法《ちゃくほう》、などのよく知られた仏教語においては、法が経を意味する。また、普遍的な真実を表現する法が、上述の「法燈明《ほうとうみょう》」・「法帰依《ほうきえ》」に通ずる。

さらに、付言すれば、現在、日常語となっている「仏教」という用語は、実はかなり新しく、この日本語の慣例は明治以降のことに属する。すなわち、江戸時代までの諸文献では、「仏教」という語はほぼ絶無といってよく、教えないし理論については「仏法」といい、実践に関しては「仏道」（この原語は「さとり」そのものをいう）の語が用いられており、仏法と仏道という語に、日本人は（中国人なども）千数百年間なじんできて、今日でも一部にそれは維持されている。

⑥ 縁起《えんぎ》

「法《ほう》」説の五蘊《ごうん》・六入《ろくにゅう》や、そのほかにも見られるとおり、仏教は当初からいわゆる分析と総合とにとくに傑出し熟練していた。その最も典型的なものが縁起説に結実する。

また、先に生住《しょうじゅう》（異《い》）滅《めつ》について説明したことがあり、四諦《したい》には、集《じゅう》の語があった。その際、生といい、集というのは、それぞれの相当する原語によるとはいえ、それらの原語（たとえば、生＝サムッパーダ、サムウトパーダ、集＝サムダヤ）は、初期仏教の諸資料では、たえず交流し合って用いられており、内容はまったく変わらない。しかも、その場合、必ずサム（「いっしょに」）という接頭辞が付されていて、あるものの成立は、つねに多くの原因や条件などの共同による結果、という考えに呼応している。付言すれば、仏教は、一因一果（ひとつの原因からひとつの結果）という説をとることを嫌う。

「もの・ことがある」とは、「もの・ことが成立している」ことであり、それが生《しょう》であり、集《じゅう》であり、また起《き》でありつつ、しかもそれらには諸原因・諸条件を必須とするところから、以上のすべてを合わせていえば、「縁《よ》って起こる」となり、すなわち「縁起（パティッチャ・サムウッパーダ、プラティートヤ・サムウトパーダ）」という術語になる。ただし、最初期には、単に因《いん》とも、縁《えん》とも、因縁《いんねん》ともいい、それらの原語はパーリ語に数種あって、それらを原文に即して検討すると、因を表わす語は必ず生を表わす語に、また生を表わす語は必ず因を表わす語に通じているところが、まことに興味深い。

おそらく、釈尊は、縁起説の原型となるものをすでに説いていたのであろうが、それは因と果とのある緊密なつながり－関係性を、したがって関係的成立という現実の在り方を、剔《てっ》抉《けっ》し、明示したのであろう。古い詩句の資料には、この在り方が、日常のさまざまな場面に即して詳述されていて、当然のことながら、仏教の始元ともいうべき、苦《く》の考察にもこの因と果との緊密な関係が登場する。それの一方向が、集諦《じったい》へ、四諦へと向かったはかに、さらに一歩奥に踏みこめば、明確な縁起説を迎えることになる。

途中に一言はさむと、すでに上述した「生の法は滅の法」というテーゼによって、生がたとえば苦について明かされる（たとえば集諦）ならば、滅はそれにそのままただちに接続し、結合する（たとえば滅諦）。また、因や縁の探究に、生が立てられて、縁起が説かれる際、滅は生そのものにすでに必ず内在している以上、縁滅という理論は要請されず、かえって「滅するに因を待たず」ともいわれる。

ところで、「苦は何に縁《よ》って生ずるか、老死に縁って生ずる」、「苦は行に縁って生ずる」、「苦は識によって生ずる」、「苦は欲望（渇愛）に縁って生ずる」などのほかに、「苦は貪《むさぼ》りに縁って生ずる」、「苦は動揺に縁って生ずる」などの文が、すべて『スッタニパータ』の詩句にあり、逆にそれぞれの滅から、苦の滅は、スムーズに帰結する。右に記した二項間の縁起は、一項が他の項に連なる場合に、それらは順序づけられて、三項さらにそれ以上に進展する。たとえば、苦←老死と、老死←生《しょう》とが、苦←老死←生というように。以下、これらの項を原典に従って支《し》（アンガ）と呼ぶ。それらが整備されてゆくうちに、欲望（愛）から（諸支を経て）苦へ、そして無明《むみょう》（根原的ないし先天的な無知）から（諸支を経て）苦へという理論付けがなされて、ついにはそれらのいわば共同作業のうちに、さまざまな支の連絡の列挙があり、おそらくその最後に次の十二支、すなわち、無明、行《ぎょう》、識《しき》、名色《みょうしき》、六入《ろくにゅう》、触《そく》、受《じゅ》、愛《あい》、取《しゅ》、有《う》、生、老死、に結着する。そして、ここには、しばしばその本来の始元にあった苦（悲憂悩悶《ひうのうもん》）は消えても、なおそれらの総括において、「苦のすべての集まり（全苦《ぜんく》蘊《うん》）の生《しょう》」、「苦のすべての集まり（全苦蘊）の滅」という決まり文句の付随する用例が少なくない。

ここには、次のことがらが注目されよう。第一に、十二支のほぼすべての各支は、すでに他のなんらかの教説に登場しており、それぞれはその場ごとに、考察が果たされている。第二に、十二支に至るまでに、阿含経にはさまざまな説、たとえば三支、五支、六支、八支、九支、十支、十一支などの縁起を述べるものがある。第三に、それらと十二支とに共通しているのは、その進行はつねに一方的であり、たとえば十二支についていえば、無明↓行↓識↓……生↓老死と進む。第四に、ただし九支または十支の縁起説の中のあるものには、識↓名色の方向すなわち、「識に縁《よ》って名色が生ずる」から、「識は何に縁って生ずるか、名色に縁って識は生ずる」と、名色↓識と逆転する説が見られる。略言すれば、識⇅名色であり、したがってそれは識でとどまって、十支ないし九支で終わることになる（十二支には達しない）。この例は、しかしごく少数であり、しかも識と名色との対応は、一種の認識にかかわる論（前述の六入説に密着する）であることがとくに注目される。このように、互《あ》いに相い依《よ》る関係をとくに相依《そうえ》（性《しょう》）と称するが、阿含経の十二支などの縁起説には、もともと相依の思想は存在せず、相依説は、後代の龍樹《りゅうじゅ》（『中論』）に至って、はじめて堅固に構築される。

　十二支の縁起説は、十二因縁とも、十二縁起とも、単に十二支ともいわれ、最も整備されたいわば代表的な縁起説であることは、すでに記した。そして、それが固定されたあと、おそらく十二支の縁起説を推進したサークルの内部に、そのいちいちの支を省いて、単に「これ」（パーリ語・サンスクリット語の「イダム idam」とその曲用形、曲用とは名詞・代名詞・形容詞の語形変化をいう）による用法が生じた。その文は、次のストック・フレーズ

（定型成句）としてよく知られる。

これがあるとき、かれがある。これが生《しょう》ずるとき、かれが生《しょう》ずる。これがないとき、かれがない。これが滅《めっ》するとき、かれが滅《めっ》する（なお、「これ」「かれ」はすべて「イダム」idam の一語の曲用形）

ただし、中には、前半のみで後半は省略し、または第一句と第三句、あるいは第二句と第四句のみのものもある。しかし、その用例（阿含経中に、パーリ文と漢訳とを合わせて三九句四〇経）は、おそらく後代に属する例外的な三例を除いて、すべて十二支の列挙と前後して置かれてあり、右のフレーズが十二支説から抽象された定型であることを、諸資料は明白に立証している。

さらに、阿含経における縁起説は、四諦説《したいせつ》と並んで、あるいはそれ以上に、数多く説かれている（私の収集によれば、「小部」の六つの韻文《いんぶん》経典に計九七。散文では、漢訳の四阿含に計一八三、パーリ四部に計二三九、両者を合わせて散文は計四二二、パーリ『律蔵』に四つ）とはいえ、その原典に説かれる実態は、まことに雑然として、秩序も統一もない。それらの混乱に満ちた縁起説の錯綜《さくそう》ぶりは、たとえばあるひとつの経の中で、すぐ前とすぐ後とが異なる縁起説を説く、支が違っているなど、思わず驚嘆するほど著しい。たとえ釈尊四五年間の多様な対機説法をどれほど強調しても、これほどの乱雑が、この第三章に掲げた諸項に現われることはない。すなわち、整備されて編集された現存の阿含経においてすら、ついに縁起説の統一は完成しなかった。まして、部派成立以前の口伝《くでん》による普及拡大の時代には、さらに種々なる縁起説が入り乱れて行なわれていたであろうことは、想像にかたくない。

同時に、縁起説は、実践というよりは、むしろ理論としての卓越が目立つ。すなわち、教説を整理する理論として、縁起説はすばらしい。もしも、智慧《ちえ》（般若、パンニャー、プラジュニャー）を特筆しようとするならば、そして現代において、仏教を哲学（思想）の面から、その特質を強調しようとするならば、この縁起説こそが、そのトップに掲げられるであろう。

そのような配慮がすでに初期に施され、縁起説を、そしてその中でも最も整備された十二支説を、さらにそれに上述の「これがあるとき云々」のストック・フレーズを伴ったものを、「ブッダガヤーの菩提樹下の釈尊の成道《じょうどう》（さとり）の内容」として提示する文献が、『ウダーナ』の散文に一例、パーリ『律蔵』の「大品《だいぼん》」の冒頭の散文に一例あり、それに類似する用例も見られる。しかし、これらの例文が、後代における経典編集の際の所産（もしくは、口伝過程における成立）であることは、以上の詳述によって、疑問の余地はない。

こうして、十二因縁説の独立を見てから、その後、部派仏教のうち最も強力な有部《うぶ》においいては、生あるものの輪廻《りんね》と絡み合わせて、「三世両重《さんぜりようじゆう》の縁起説」（十二支を三つに分けて、それらが過去と現在と未来との三世に、因となり、果となって、重なりつつ進行する、と説く）を生み、あるいは縁起説の因・縁・果に関する精密な考察がなされて、因を六種、縁を四種、果を五種に分類し、六因・四縁・五果の説が成立する。その他の部派やさらに大乗仏教においても、「十二因縁」と「縁起」との説は、さまざまな解釈がなされる。一方、右に触れた龍樹の『中論』は、縁起に関してきわめて徹底した相依《そうえ》関係の考察を果たし、実体（自性《じしよう》）の否定、そして「空《くう》」の説を確立した。そのほぼすべてが、龍樹になんらかの影響を受けている大乗仏教は、こうして縁起説を最も高く、大きく重視する。そのようなところから、上述の部派仏教は四諦説、大乗仏教は縁起説と、それぞれの標榜するものを対応させつつ、中期仏教は併行《へいこう》して進む。

⑦ ニルヴァーナ（涅槃《ねはん》）

釈尊当時のあまたの思想家は、彼らの理想ないし目的とするところを、安穏（ケーマ、クシェーマ）、平安（サンティ、シャーンティ）、安楽（スカ）、幸福（ソッティ、シュクティ。スヴァッティ、スヴァスティ）、不死（アマタ、アムリタ、別の訳は「甘露《かんろ》」）、彼岸《ひがん》（パーラ）などと呼び、それに到達することを解脱《げだつ》（ヴィモッカ、ヴィモークシャ。ヴィムッティ、ヴィムクティなど）と称した。

釈尊においても、同類の表現が見られる。そして、釈尊のさとりは、その理想ないし目的の到達と完成とにほかならず、その境地をとくにニルヴァーナと名づける（これはジャイナ教にも共通する）。そのパーリ語はニッバーナであり、中国ではあえて翻訳《ほんやく》せず、泥洹《ないおん》、涅《ね》槃《はん》の音写を当てた。

ニルヴァーナ（nirvāṇa）には「動揺を鎮《しず》める」、「静かに落ちつかせる」の意味もあるが、普通、仏典では、その語根の nir + vṛ または nir + vā に復元し、前者から「風が吹く」、後者から「火が消える」を導いて、ニルヴァーナを「（炎すなわち煩悩《ぼんのう》が）すっかり消えてなくなった状態」と解する。そこには、すでに内にも外にも、騒乱も、苦悩も、動揺も、不安も、一切消えており、したがって平安そのものであるところから、右の二語を合わせて「涅槃寂静《ねはんじやくじよう》」という。これが三法印《さんぼういん》に加えられることは、すでに記した。なお、この寂静（平安）のパーリ語のサンティ santi は、サンスクリット語のシャーンティ śānti であり、それはそのまま用いられて、シャーンティは現在世界において最も緊要な、「平和」を表わすヒンディ語にほかならない。

まず、釈尊は、いつニルヴァーナを獲得したか。ニルヴァーナはいつから釈尊にあったか。いうまでもなく、それは釈尊の成道《じようどう》のときである。換言すれば、ブッダ（覚者）ないしムニ（聖者、世尊）となる、さとりをひらく、道を成ずる、そのことがとりもなおさずニルヴァーナの獲得であり、達成であった。ニルヴァーナを確保したことが、釈尊としてのスタートなのであり、それ以降の釈尊のすべての活動をリードする。

次に、『スッタニパータ』を資料として、ニルヴァーナが明確に説かれている諸詩句の内容を要約すると、それはほぼ、欲望の滅《めつ》、執着の滅、不死不滅、虚妄《こもう》ならざる法、そして智《ち》慧《え》、真実、とされ、ここには否定的と肯定的との両方の表現が目立つ。さらに考察を進めよう。

上述の語原からも明らかなように、ニルヴァーナはまず最初に否定ないし排除を含む消極的な在り方を示す。そこでは、煩悩《ぼんのう》―欲望と無知とに沈む凡夫の在り方（それは一応、日常的・自然的立場と呼んでも、世俗と呼んでもよい）を、まず否定し、排除して、さらにはそれからの離脱へ、超越へと向かう。換言すれば、いわゆる世俗の立場に固執する限り、ニルヴァーナは成立せず、実現され得ない。世俗の否定・排除・超越によって、はじめてニルヴァーナは達成され、成道すなわちさとりの完成を見る。

しかし、釈尊は、さとり、成道したままにとどまってはいない。しばらくその寂静《じゃくじょう》を楽しみ、その境に浸りきった中から、数週間に及ぶ躊躇《ちゅうちょ》・逡巡《しゅんじゅん》のあと、決断があって、広く民衆の教化に踏みきる。この説法決意は何を物語るのか。それは、再び、世俗へのある種の還元にほかならない。そして、理想をここに現実化すべく、そのために現実の直視という、ある種の現実の肯定があり、およびその現実―世俗における具体的な実現に移る。

釈尊のニルヴァーナに関するこのプロセスには、略言するならば、一種の「往《おう》」と「還《げん》」

とが明らかに示されている。それを、たとえば、『スッタニパータ』に何度か説かれる「この世と、かの世とを、ともに捨てる」という表現に重ね合わせてみれば、「この世を捨てる」のが「往」であり、「かの世を捨てる」のが「還」であることは、とくに付言するまでもあるまい。

さらには、阿含経の散文に、たとえば『中部』のある経には、「ニルヴァーナより、ニルヴァーナを知り、ニルヴァーナを思惟《しゆい》せず、ニルヴァーナにおいて思惟せず、ニルヴァーナより思惟せず、このニルヴァーナが自分のものとは思惟せず、ニルヴァーナについて喜ばない」という。ここには、明白にニルヴァーナを軸にして、いったん世俗から離れ、そのあとその離れたニルヴァーナに停滞したままではなくて、世俗に再び立ち戻ることが語られている。そのうえ、ニルヴァーナに固執すること自体はすでに固執そのものとして、それからのさらなる離脱こそがニルヴァーナであるとする、いわばニルヴァーナの二重否定の方向ないし推移を、うかがい知ることができる。そして、これは、ニルヴァーナの第二の積極的な在り方を示す、と私は考える。

ニルヴァーナのこのような二重否定性、そして私の措定《そてい》した「往」と「還」とを、どのように解釈すべきか。私見は次のとおり。

ニルヴァーナのプロセスを一応、点と線とで示そう。現実もしくは世俗のA点から出発して、そこに安住することなく、逆に否定しつつ進行し、彼岸のB点に達する。「往」はA↓

Bであり、しかもBは非《ノン》Aとしてある。だがB点にそのままとどまらずに、再び現実もしくは世俗に立ち戻る。ただし、上述のように、Aはすでに否定されてある以上、世俗における点はA´であり、こうして「還」はB→A´で示される。このA´は決してAそのものではなく、Aよりは一段高いか深いかの別の層にある。こうして、ニルヴァーナの往と還とが果たされるが、それは循環する円周ではなくて、一種の立体的な螺旋《らせん》となる。しかも、この螺旋は、たえざる否定と二重否定とのうちに、どこまでも上昇し、あるいは深化する。そこでもしもこの螺旋を縦に切断すれば、AとA´とは同一面上にあって、それが往と還とを明らかにする。

このようなニルヴァーナが、釈尊の成道から入滅までの四五年に及ぶ世俗の教化の間に、つねに世俗に実現された。そのような釈尊を慕い、仰ぎ、あるいは釈尊に接して深く帰依した世俗の人びとには、出家と在家とを問わず、釈尊ははっきりといつまでも残る。彼らの瞼《まぶた》の奥に、耳朶《じだ》の底に、ニルヴァーナを実現している釈尊はけっして消えることなく、いわば不死身として生き続ける。

八〇歳の高齢に達した釈尊は、王舎城《おうしやじよう》を発《た》って、最後の旅に出る。一処不住《いつしよふじゆう》の旅すなわち遊行《ゆぎよう》は、説法開始以後の釈尊のついに変わらざる姿であった。この最後の旅の方向は、生まれ育った釈迦族の故郷に通じてはいるものの、釈尊の意図したところは、どの資料にも伝えられていない。途中に、多くの人びとを教化し、しかしながら寒村クシナーラーのさらに村はずれの沙羅双樹《さらそうじゅ》の下で、ついに入滅を迎える。その情況を語る諸資料は、すべて一致して、釈尊は禅定《ぜんじょう》の境を往来し（専門的にいえば、四禅《しぜん》と四無色定《しむしきじょう》と滅尽定《めつじんじょう》という九次第定《くしだいじょう》を進んで、再び同じ経路を戻り、さらに四禅を経て、その第四禅から）、パリニルヴァーナに入った、と伝える。

パリニルヴァーナ（パーリ語はパリニッバーナ、漢訳は音写の般涅槃《けつねはん》）とは、完全なるニルヴァーナ、というほどの意とされるが、それは、いったい何を示すのであろうか。もともと、ニルヴァーナは無限の否定－二重否定より成り、すでに一種の絶対に清浄で平安な境であって、それに「完全」が欠けるはずはあり得ない。後代の仏教は、ここにパリニルヴァーナを「無余涅槃《むよねはん》」とする解釈を施し、それが有力となる。すなわち、生前の釈尊は、とうにニルヴァーナを達成したとはいえ、生きている限り、なお肉体的もしくは生理的な生命維持作用がはたらいて、それがプラスに作用するだけではなく、一種のマイナスを引き起こし、たとえばときに食当たりにぶつかり、あるいは疲労を覚え、いわゆる老・病・衰などをはらむ。これをとくに「余《よ》」（セーサ、ウパーディセーサ、残余のもの・こと）と称して、生前のニルヴァーナは、その「余」を有すると考え、これを「有余涅槃《うよねはん》」と術語化する。したがって、釈尊も生存中は、「有余涅槃」にとどまるけれども、いったん入滅後は、それらの「余」はすべて消滅し去り、ここに「無余涅槃」が実現するという。それに対して、私は次のように考えたい。

第一章の序節にも、またこの項の中にも記したように、入滅によってすでに「姿も形もない釈尊」は、遺《のこ》された仏弟子や篤実な信者たちには、依然として脈々と生きて在り、彼らひとりひとりの内奥《ないおう》に、克明に、鮮やかに刻み込まれ、その一挙手一投足をはじめ、こころの微妙なはたらきのすべてを導き続けて、けっして消え去ることなく、薄れることも、隠れることもなかった。さらに、先の往《おう》と還《げん》とを導入するならば、たしかに入滅後の釈尊は、今や世俗の現実にみずから接することはなく、同時にそこでは往《おう》は生じない。したがって、釈尊は還《げん》のままこの世俗にとどまり続ける。そして、還《げん》のニルヴァーナは、その後に続々と生まれてくる仏教徒たちと世俗をともにすることであり、そこにニルヴァーナを実現することが根拠づけられる。そのようなニルヴァーナは、新たなる仏教徒の理想・目標を指示し、文字どおり絶大な直接の帰依所であって、精進する仏教徒が、みずからの不完全をでき得るかぎりの完全へと励まし、導いてやまぬ。こうして、いわば往《おう》を捨象して還《げん》にとどまり、現実の世俗の中で仏教徒が仰ぎ見るニルヴァーナこそが、まさに完全なるニルヴァーナすなわちパリニルヴァーナであったにちがいない。

この考えに基づいて、それ以後の仏教の拡大、そして部派《ぶは》の発展、さらにはフレッシュなる大乗《だいじょう》仏教《ぶっきょう》の登場という、仏教史が納得されるであろう。大乗仏教に関する一切の記述は措《お》いて、ただ一点だけをここに指摘するならば、その運動は、とくにその初期においては、広大な海原《うなばら》のいたるところに、そしてまた海辺《うみべ》に引いてはまた押し寄せる波のように、おそらくインドのあちらこちらで、つぎつぎとまたさまざまに絶えることのなかったという史実があり、そこには、つねにこのパリニルヴァーナの理念《イデー》が光り輝いていたのであろう。しかし、時代の変遷や、人心の推移や、世俗における種々の原因その他によって、インドの国内においても、中期、後期と、大乗仏教が推移してゆくあいだに、その理念《イデー》のエネルギーはしだいに衰え、運動の弱体化が目立ちはじめ、他方、部派仏教もいわば先細りの状態にあって、両者の境界は希薄となり、仏教信者も急激にその数を減じて、ひとり一群の仏教者たちが奮起しても、上述した波は、すでに波高も低く、ごくまれにしか気づかれない。このような視点をもって、インドから東アジアにわたる全仏教圏について眺めるならば、その理念《イデー》には栄枯盛衰があって、理念《イデー》の輝きの冴えわたる所と時に仏教は栄え、曇る所と時に仏教は沈滞し、消え去った所と時に仏教は滅びて失われた。

⑧　戒・平等・慈悲

この最後の項には、多く実践をめぐる諸テーマについて述べる。

戒《かい》について　先にもわずか触れた釈尊の入滅を伝える経は、パーリ、サンスクリット、漢訳六本、チベット訳と、計九種もある（詳しくは、中村元『ブッダ最後の旅――大パリニッバーナ経』〔岩波文庫〕と同『遊行経』〔大蔵出版〕の解説、または同『ゴータマ・ブッダ』Ⅱ〔同選集12　春秋社〕参照）。そのいずれもが、釈尊のいわば遺言を記しており、その中で、悲嘆にくれる侍者の阿難（アーナンダ）に向かって、「入滅後は、経と戒とを依りどころとせよ」と、釈尊は語る。ここにいう経は、阿含経という、ある特定の経とみなすよりは、「生前の釈尊の教え」と見るのが正しく、また戒とは同類の種々の戒《いまし》めを指しており、それが仏教者の実践をリードする。

先に記したとおり、この戒は、やがて律すなわち仏教教団の規則としてまとめられてゆき、かつ随犯随制により律の条項が増大して、それらはすべて「律蔵」に収められる。なお、戒（シーラ）と律（ヴィナヤ）とは質を異にして、戒律という合成語は、インドには存在しない。戒があくまで自発的に守られるのに対して、律は教団秩序の維持を目的として規定され、したがって律には、その中の項目に違反したものへの種々の罰則がある。ただし、罰則も、内心の反省（「懺悔《ざんげ》」という）から、最大でも教団追放まで、それ以上（たとえば捕らえて裁判し、処刑するなど）は及ばない。しかし、ここには、「律蔵」に関する種々の記述は、次のごくわずかのスケッチを除いて、一切省略しよう。それは、おそらく、阿含経に匹敵するほど、あるいはそれ以上に煩雑《はんざつ》であるから。

以下に、戒のうちで、最もポピュラーな五戒についてのみ記す。五戒は、本来は、在家信者のものであり、出家者には、これを基本にして、はるかに数の多い律の条項（二百五十戒、五百戒）が立てられている。五戒は次のとおり。

不殺生戒《ふせつしょうかい》……生命のあるものを殺さない
不偸盗戒《ふちゅうとうかい》……盗みをしない、与えられたのではないものは、とらない
不邪淫戒《ふじゃいんかい》……男女間のみだらな関係をつくらない
不妄語戒《ふもうごかい》……いつわりを語らない
不飲酒戒《ふおんじゅかい》……酒類を飲まない

付言すれば、『スッタニパータ』の第一七四詩は、戒と、智慧《ちえ》と、禅定《ぜんじょう》とを強く奨《すす》めており、そのほか多くの経典は、戒と智慧との相関を強調する。これが、やがて「戒《かい》・定《じょう》・慧《え》の三学《さんがく》」と術語化され、解脱《げだつ》への道として、以後長く、実践の最も代表的な標語となる。

平等《びょうどう》について　仏教は、釈尊みずからが平等を力強く主張し、平等保持の態度を一貫して守った。すでに、インドの社会に強力であったカースト制度を、釈尊は実質的にまったく無視し、生まれによる区別を、その人自身の行為による方向へと、明白に換骨奪胎《かんこつだったい》し、社会の上位を占めて尊敬されるべきバラモンとは、行ないの浄《きよ》らかで正しい人、精進する人に転換して、生まれや家柄を問うことを、あくまで斥《しりぞ》ける。教団にあっては、さらにそれが徹底し、あらゆる階層からの出家を迎えると同時に、出家以前の世間的区別は、教団の内部ではことごとく消滅し、だれもが一様に「釈子《しゃくし》（釈尊の子、もしくは弟子）」として、ともに精励する。

慈悲《じひ》について　慈《じ》（メッター、マイトリーまたはマイトラ）と、悲《ひ》（カルナー）の個々の在り方を、釈尊に問うことはやや的はずれといえよう。すでに、釈尊の生涯そのものに、それはおのずから反映しており、とくにその項目を立てて強調するのは、釈尊に接して感動し、敬慕し、帰依した仏弟子や信者において生じてきたと見られる。なお、愛《あい》の語は、阿含経には渇愛《かつあい》としてあり、それは欲望の一種で、最も激しく、自己中心的であるところから、厳しく排斥される（愛《あい》ないし大愛《だいあい》の語が仏教に迎えられるのは、ずっと後代の、密教に入って以後のことである）。

慈と悲とは、原語を異にしながらも、相互に流通《るつう》し合って用いられ、とくに区別を立てる要もなく、また慈悲を一語とみなす例も多い。しかし、分析（分別《ふんべつ》と術語化する）を主とする論者によれば、慈は他に楽を与え（与楽《よらく》）、悲は他の苦を抜きとる（抜苦《ばっく》）と、区分する。

さらに、仏教の最初期から、慈と悲とに加えて、喜《き》（ムディター）と捨《しゃ》（ウペッカー、ウペークシャー）とが一括して説かれることが多い。喜とは、みずからの喜びと同時に、他を喜ばすことをいい、捨とは、平静を指して、こころに動揺も偏向もまったくない在り方を表現する。それは、いわば完全な無差別から、さらに無償に通ずる場に、いわゆる「無縁《むえん》の慈《じ》悲《ひ》」を招き寄せて、なんらのかかわりをもたぬものに対しても、大いなる慈悲をもって接しつつ、しかも慈悲ということそのものを空《くう》じているという。このような慈悲喜捨は、どこまでも限りなく広げられて、これを四無量《しむりょう》（心《しん》）と呼ぶ術語の成立を見る。

以上、「小部《しょうぶ》」を含むパーリ五部と漢訳四阿含《しあごん》とを中心に、および異訳経典などを合わせて、そこに説かれている諸思想のうち、最も重要と思われる諸テーマについて、資料の提示はあえて最小限に押さえつつ（それらはすべて拙著『初期仏教の思想』三巻、レグルス文庫〈第三文明社〉に掲載）、諸テーマの紹介・説明と私の解釈とを書き綴った。もとより、膨大な阿含経には、これ以外のあまたの項目・術語・事柄が説かれる。阿含経がそれらをそのまま伝えて今日に至る中で、上記の諸テーマにせよ、その他の諸項目にせよ、前の第二章に記したように、それらのすべてを、そのとおり釈尊が説いたとは、阿含経の記述からしても、どうしても承認することができないとはいえ、それらの萌芽《ほうが》となるもの、ときに根となり、幹となるもの、ないしは中軸または核が、釈尊に帰せられることは、ほぼ確実と断定し得よう。そして、それに対しては、どれほどラディカルな文献学者も、反対することはないであろう。あらためて阿含経に接して、その思想を探求することの至難を痛切に感じながら、この第三章を、したがって「阿含経典」の部を閉じる。

第三部　大乗経典――諸仏・諸菩薩の教え

三枝充悳

第一章　大乗仏教の成立

第一節　大乗仏教とは何か

①「大乗」・「大乗仏教」という語

日本は、国の内外から、実質的に、仏教国と見なされており、ないしは仏教圏に属するといわれる。たしかに、日本の歴史・文学・美術・彫刻・建築・芸能・習俗・伝統はもとより、すでに日本語そのものの中に、そしてその生活のすみずみにまで、仏教は実に奥深く浸透していて、多少とも立ちどまって振り返ってみれば、仏教とはほぼありとあらゆる面で切っても切れず、仏教からの離脱というようなことはおよそ想像され得ない。

そのような日本の仏教に対して、明治以後、また、とくに先の第二次世界大戦以後に、東南アジアの仏教者が日本の仏教を注視し、「それは仏教ではない、仏教とはいえない」などと語ったことも、あるいはよく知られていよう。この発言は、日本の仏教、とりわけ現代の日本仏教が、その行事（法事）といい、教団の在り方といい、とくに戒律《かいりつ》の実践をめぐり、その他の万般につけて、南方の仏教とは天地の差ほどに隔絶していることによる。

その差は何に由来するか。それは何よりも、日本の仏教が、文字どおり、大乗仏教ただ一色に塗りこめられていることに基づく。それどころか、日本の仏教者は、古来わが日本こそ「大乗相応《だいじようそうおう》の地《ち》」と自負して、大乗仏教の繁栄を謳歌《おうか》し、自画自賛しつつ、今日に至る。

先の「阿含経典」の部に詳述したように、また大乗仏教は、仏教に大乗の語を冠していることによっても明白なように、けっして仏教そのものではなくて、仏教の中のある一部であること、しかも仏教の創始者であるゴータマ・ブッダ＝釈尊が直接に説かれたもの（「金口《こんく》の説法《せっぽう》」）ではないという歴史的事実は、どれほどの強弁を弄《ろう》しての反論によっても抗し得ず、そのとおりに明確に承認されなければならない。

すでに、阿含経典の記述において、いわゆる「大乗非仏説《だいじようひぶつせつ》」論、すなわち「大乗はブッダの説にあらず」という論について詳しく解説し、この論は、インドにも、中国にも、一部ながら、強く主張されたことがあり、日本の江戸時代に、富永仲基《とみながなかもと》の「加上《かじよう》」説によって、「大乗非仏説」論はクライマックスに達して、それ以後の仏教学者の一種の困惑などにも触れた。それに対して、私は、この論を「大乗非釈迦仏説」、すなわち「大乗は釈尊の説にあらず」という説に置き換え、同時にまた、釈尊の直接の教え、直接の言行を伝える文献は、またそれらを探究する唯一の資料は、「阿含経」＝アーガマ文献のみであることを、強調しておいた。そこでも歴然としているように、大乗仏教は、釈尊の直接の教えを伝えるものではない。まして、その大乗仏教は、インド仏教史の中期に起こり、長い期間にわたって展開を遂げた仏教（の一部）であって、それがはるかな旅を経て、中国に渡り、長い年月を要して漢訳が行なわれ、それらに基づいて、およそ五〇〇年あまりも後に、中国文化のさまざまな諸要素を含みつつ、ほぼ大乗仏典に基づいてはいるが大きく変容し、中国仏教が形成され確立した。やがて、種々のルートにより日本に伝来し、取り入れて、さらに日本古来の諸思想を加味しながら創り出されたのが日本仏教であり、ここでは、大乗仏教こそ仏説（この仏は釈迦仏を指す）そのものと誤解された。しかもその誤認が千数百年にわたって、一般の常識と化して、あまねくゆきわたり、その誤って歪《ゆが》められた常識はほとんど動かしがたい現状、といえる。

そのように、大乗仏教が、釈尊の直接の教えからは歴史的に遠く離れている、という事実が明白である以上、それでは、大乗仏教は、釈尊の創始した仏教とまったく無縁であるか、という問いが当然生じよう。しかし、この問いに対してもまた、明瞭に「否」と答えなければならない。大乗仏教は、釈尊の時代をはるかに隔たり、釈尊の教えを伝承した初期仏教よりも遅れ、ようやく釈尊の教えが確固として編集された中期仏教がスタートして、そのしばらくのちに興起したとはいえ、たしかに釈尊の教えの根幹を受け、それを発展させ、よく結晶させている。そして、大乗仏教の成果は、実にすばらしいものがある。もしも（ということは、歴史を考える場合にはまったくナンセンスであるとはいえ）、仏教史に大乗仏教が欠けていたならば、仏教はかなり内容の乏しいものになり、またその広がりは、おそらく東南アジアの一隅に限られていたにちがいない。そして、はたして、仏教が今日いわれるような世界宗教にまで達し得たかどうかすら、いささかの疑問を伴うであろう。

同時にまた、大乗仏教が、後述する種々の重大な諸事情から、釈尊以来の伝統的仏教にさまざまの夾雑物《きょうざつぶつ》を抱き込み、ある面では歪《ゆが》め、ある一面を強調するあまりに、他のいくつかを失い、とくに時代が下り、またインドから遠く離れるにしたがって、そのような変貌は著しく、前述のような南方仏教からの厳しい批判を受ける要素が、日本仏教には少なくないことも、あながち誤りとは断定できない。また、それらの諸批判を無視したり、却下したりするのも不可能であり、ときには日本仏教批判はむしろ必然ともいい得る傾きもある。

そして、この際、とくに断言しておかなければならないのは、かつての（一部の）大乗仏教が僭称《せんしょう》したように、その僭称に溺れるあまり、みずからの論争相手の対立者を、小乗仏教と無下《むげ》に貶《けな》し去って突き放そうとすることも、仏教思想史・仏教史の全体からすれば、いわば誤解に満ちた歪曲《わいきょく》と評されよう。まして現今において、無自覚、無定見にこの小乗仏教の語を乱用して、仏教評論ないし論文が記述されることは、許されるべきではない、といってよい。

仏教にまったく関心のない人も、「大乗」という語、そしてまたそれとの対応において、「小乗」という語は、普通の日常語としても、現在の日本ではよく用いられる。「大乗」は、その字のように、「大きな乗り物（車）」を表わして、乗り物が大きければ、それだけ多くの人びとが乗り得る。すなわち、許容する範囲が広がり、収容するもの・考え・意見・人びとその他も多い。それをさらに、大乗的と称して、偏狭な視野に固執《こしつ》する在り方からの脱出ないし解放を目ざす方向に用いる。小乗ないし小乗的の語は、少なくとも今日の日本語の使用例では、右とあい反する在り方を示す。

しかしながら、大乗ないしは大乗的が、いかに視圏を拡大し、多方面に開放するとはいえ、それを担い果たすのが、所詮は有限な人間であるところから、とくにある特定の個人においては、その視線の届く範囲にしても、また開放の場面にしても、当然のことながら、おのずから限界があり、制約がある。さらには、あまりにも拡大しすぎ、開放しすぎて、多種多様のあれもこれも許し、任意に受け入れてしまうならば、そこではそれ自身に最も肝要な独自性は失われて、ついにはみずからの主体的な存在も脅かされ、あるいは自己を喪失《そうしつ》することになろう。したがって、ときにはたとえ（聞こえの悪い）小乗という語を採用するか否かにかかわらず、自己の目的なり、存在なり、自覚なり、意義なりに、すなわち、独自性と主体性そのものに賭《か》けて、ひとすじの（伝統とも緊密につながる）自己の道をあくまで遵守《じゅんしゅ》し追究するのも、きわめて高邁《こうまい》であり、価値ある生き方ということができよう。

仏教に用いられる大乗、すなわち、大乗仏教は、その開始の地点においては、右に述べたある種の離脱と解放とを掲げて、それにふさわしいひたすらの道を歩み、それができ得るかぎり、他の多くの生あるものとも連帯し合うことを目ざしていた。ここでは大乗仏教という自称は、けっして驕《おご》れるものの自惚《うぬぼ》れでもないし、高慢な自己の誇示でもない。以下に、諸資料について、その用法の一部を検討しよう。

「大乗」という語は、サンスクリット語のマハーヤーナ mahāyāna（音写は「摩訶衍《まかえん》」、「大きな乗り物」の意で、この「乗」は少なくとも当初は「教理」を指す）のそのままの翻訳である。最も新鮮で、独自の思想と実践とに擁《よ》って、それまでの仏教のいわゆる殻《から》を破り、それ以前には称《とな》えられなかった「大乗（マハーヤーナ）」の語を新たに掲げたのが、最初期大乗仏典の「般若経」であって、そのようにして「般若経」は生まれている。換言すれば、みずからの在り方を、内外にまったく新たに宣言しようとするときに、この「大乗」と「般若経」とは、おのずから、あるいは必然的に結合して創作され、登場してきた、というのがふさわしい。

しかし、同時に注目すべきことは、先にも述べたように、その活動の担い手たちが新しく用いた「大乗（マハーヤーナ）」という自己規定が、その宣言と同時代には、伝統的仏教を「小乗（ヒーナヤーナ hīnayāna）」と呼ぶことはけっしてなかったという史実である。しかも、そのような「小乗」の語の使用は、資料による限り、時代もやや遅れ、範囲もかなり限定されていて、濫用されるようになるのは、実はごく特殊であるということを、知らなければならない。たしかに、「般若経」をはじめとする初期大乗経典の大部分には、既存の伝統仏教に対する批判が、一方に厳しく反復されるとはいえ、それと同時に、他方で、実際には伝統仏教からきわめて多くのものを吸収し、あまたの術語その他を受容しており、したがって、いくつかのほぼ同類の思想の共有すら見られ、一例をあげれば、「般若経」においても、その独自の思想を「不共般若《ふぐうはんにゃ》」と呼び、同時に、伝統的仏教に準ずるものを「共般若《ぐうはんにゃ》」と称するなど、このような原典に基づく実態を充分に銘記する必要がある。

右に記した最も新鮮でユニークな実践を担い、進め、果たそうとしたのが「菩薩《ぼさつ》」にほかならない。したがって、とくに、大乗仏教への道と、その成立について、ついで「菩薩」に関連する諸事項を最初に詳しく述べ、そのあとに、種々の大乗経典のうち、特筆すべきもの、およびそれぞれの基本的態度とその中心思想について論述し、最後に大乗仏教からさらに拡大された諸種の在り方を、ここにとくに「大乗文化」と呼んで、それに少しく触れることにしよう。

なお、部派仏教および初期大乗仏教を含むインドの中期仏教以降は、阿含経典で用いられていたパーリ語に替わって、サンスクリット語（ただし、その過渡期には、それの崩れた俗語形が交じり、これを「混交《ハイブリッド》サンスクリット語」もしくは「仏教梵語《ぶっきょうぼんご》」と呼ぶ）が広く使用されるようになるので、以後は、原語を記す場合にはサンスクリット語を掲げ、必要に応じて、そのあとにパーリ語を付すことにする。

② 大乗仏教への道（1）

「般若経」が現われて、そこに「大乗（マハーヤーナ）」を称《とな》えるまでには、釈尊以来数百年に及ぶ長い歴史があって、その間に内外のさまざまな諸事情が集積されている。すなわち、その背景には、インド社会の未曾有《みぞう》の混乱などがあり、また一方には、出家者独占の伝統的仏教に対する在家信者の奮起などが続けられて、主として後者を中心に、ある面で「大乗」の出現が渇望され、もしくはみずから推進する機運が醸成《じようせい》され、成熟していた、と見ることができる。したがって、大乗仏教の成立に至る仏教史の理解が必要とされ、それによってはじめて、その成立と存在との意義・理由も鮮明となろう。

これらはおおまかにいって、仏教の内部と外部とに解明が求められる。そのうち、まずこの項では、外部からのモティーフを記し、内部の諸事情に関しては、次の項以下に論ずることにする。

釈尊が登場した紀元前五世紀前後のインドは、それほどは目立たぬものの、良い意味での一種の過渡期もしくは動乱期にあった。それは、ガンジス河の中流域を中心とするインド大平原（これを「インド中国」ときに「仏教中国」と呼ぶ）に農産物が豊かに溢《あふ》れて、その流通にかかわる商業や、また加工その他の諸工業などの新しい職種が興り、それら諸職業がしだいに栄えて、活気のみなぎる中で、とくに都市の建設がここにはじまる。やがては、その都市を中心として、群小国家の乱立をもたらし、しかもそれらが少数の国家に統合されてゆく。そのさなかには、当然のことながら、規模はごく小さいものの、なんらかの戦争や動乱があった。

同時に、一時的ではあるけれども、すでに膠着化《こうちゃくか》しはじめていた社会の階級秩序は緩《ゆる》み、人びとはカースト制度の軛《くびき》を脱して、自由解放の風潮がかなり広くゆきわたっていた。

こうした社会に、新たなる思想への希求と渇望とが芽生えるさなかに、家も、職も、富なども捨てて、一途にみずからの思想を求める、いわゆる自由思想家たちが誕生する。彼らはしだいに数を増して、やがては百花繚乱《りょうらん》とも評し得るほどに輩出するようになり、しかも彼らは社会各層の多数の人びとに熱心に迎えられ、受け入れられた。大要このような状況のうちに、何百という新思想の登場を見て、その中から、一方に現世主義的快楽論や懐疑論などが、他方に仏教が、そしてジャイナ教やアージーヴィカ教その他が、とくに隆盛となる。

換言すれば、釈尊の時代にインド社会が史上はじめて迎えた一種の流動は、混乱といわれるほどはなはだしいものではなくて、それとは逆に、生産の増加や都市の繁栄や交通の発展などによって、社会を沸きたたせ、またそれぞれの人びとの自由な思考を開拓し、育成し、充実させることに貢献した。このような情況が、仏教などの新しい諸宗教・諸思想には最大のプラスに作用したと見られる。

釈尊入滅のあと、一応の安定を得ていたインド北西部は、その約一〇〇年（別説、二〇〇年）に満たないころ、はるか西方のギリシア軍の侵入を受ける。すなわち、マケドニアに発して、ギリシア全土の統一を果たしたアレクサンドロス大王は、疾風怒濤《しっぷうどとう》のごとく宿敵のペルシアを滅ぼし、さらに一路東進して、途中の国々をつぎつぎと粉砕しつつその治下に収め、ついにはその軍はインダス河に進出し、かき集めのインド軍と対峙《たいじ》する。象軍などを揃えて、インド軍はいささか抵抗するものの、力及ばずに敗れ、ギリシア軍は北西インドに侵入した。ときに紀元前三二七年。しかし、その部下たちには、あまりにも東進しすぎた遠征に疲労が重なり、それ以上の進攻を強く拒んだことから、大王は翌年軍を返し、戦いを交わしながら母国に帰還の途上、バビロンで前三二三年に客死、まだ三三歳の若さであった。

この一大異変は、さまざまな結果と影響とを、インドその他の各地に及ぼした。三つだけを述べよう。

第一に、アレクサンドロスの軍には、すぐれた武将たちのほかに、あまたの技術者やいわゆる知識人ほかが随伴した。そして征服し、占領し、平定した地を、多くの面からギリシア風に変えた。これが世に知られるヘレニズム化であり、ギリシアからインドに至る広大な地の多くの場所に、当時、種々の分野で卓越していたヘレニズム文化が流入し、浸透してゆく。とくに各地の要衝《ようしょう》はギリシアの諸侯たちの治下に収められ、ヘレニズム文化が開花した。このような背景のもとに、ギリシア文化とインド文化、そして同時にその中間に位置したペルシアすなわちイラン文化という当時の三大文化の直接の接触が本格的に開始され、交流が起き、それがしだいに密度を増して、隆盛を迎える（ひとつ残された中国文化の、これへの参加ないし影響はやや時代が下る）。

なお、インドとイランとの交渉は、アレクサンドロスの遠征以前にもすでに見られ、この大王に滅ぼされたイランのアカイメネス王朝（前七〇〇ごろ－前三三〇）の支配は、ガンダーラからインダス河流域にまで及んでいたともいわれ、それを示すいくつかの遺跡や遺物が報告されている。

第二は、それらが引き金となって、西アジア・中央アジアからインドの一部に広がるこのあたり一帯には、引き続いて、多くの動乱や反逆などを含む活発な諸活動があいついで勃発《ぼっぱつ》し、いわば政治や文化その他の活性化、もしくは混乱が生ずる。

第三に、インドには、最初の統一国家であるマウリヤ王朝が出現（前三一七年）する。当時、ガンジス河中流から下流の地域に、最大の勢力を擁したマガダから興ったチャンドラグプタは、アレクサンドロスの軍の侵入後一〇年ほどのちに、同地を支配していたナンダ王朝を倒し、その勢いを駆って近隣諸国を併合し、さらに西北インドに根をはっていたギリシア軍を、また続いて侵入してきたシリア軍を撃退し、駆逐して、ほぼインド全域にまたがる大帝国を建設した。これをマウリヤ王朝と称する。この王朝は、第三代のアショーカ王（アソーカ王、阿育《あいく》王、紀元前二六八－二三二在位）に至って全盛を迎え、インド全体の繁栄も促進される。同時に、アショーカ王の仏教帰依《きえ》は、仏教そのものの発展と拡大とに大いに寄与した。おそらく、このアショーカ王即位よりやや以前に行なわれたと推定される、第二部の

「阿含経典」の個所で述べた「第二結集《だいにけつじゆう》」と、それに基づいて、保守派の「上座部」と、進歩的な「大衆部」との分裂の時期までを、初期仏教と名づけるならば、このアショーカ王は、こうしてようやく形を整えはじめた初期仏教に、篤《あつ》い尊崇を捧げ、やがてはその帰依を宣言した（アショーカ王の時代までを、初期仏教と呼んでもよい）。こうして、ほぼアショーカ王前後の時代を中心に、仏教はガンジス河中流域から北へ南へ、とくに西インドに広く流通《るつう》し、ついにはインドの主要な地域のほぼ全体に普及した。

しかし、アショーカ王の晩年のころから、マウリヤ王朝には衰退の兆《きざ》しが見えはじめ、その政治勢力が没落して混迷が続くうちに、紀元前一八〇年ごろには、新しいシュンガ王朝がマウリヤ王朝にとって替わる。だが、この王朝も勢力は弱く、以後の二〇〇年あまりのあいだ、諸王朝の交替はまことにめまぐるしく、インドは再び細分裂して、各地にさまざまな政治権力がうたかたの専横を振い、一時の専断を誇った。

それらの政治権力の大部分は、とくに北インド一帯においては、実はインド人ではなくて、あるいはシリア人であり、あるいはギリシア人の末裔《まつえい》であり、あるいは、中央アジアの諸民族、たとえばスキタイ人の一種のシャカ（サカ、塞《そく》）族ほかであり、それらの横暴のあとに、結局は、中央アジアの部族で、中国では大月氏《だいげつし》と呼ばれたクシャーナ族によって、戦乱の終結を見る。とりわけ、その部族の長のカニシカ王（ほぼ一三二－一五二在位、別説七八－一〇二）は、中央アジアからイラン、アフガニスタン、さらに北方インド全体を統一する大帝国を建設した。これをクシャーナ帝国（クシャーナ王朝、貴霜《きそう》王朝）と称し、この帝国は三世紀半ばごろまで継続する。

この統一までの間の絶えることのない、しかもきわめて血なまぐさい戦いにおいて、さまざまの内乱や反逆もさることながら、とくに外来民族の侵略と征圧とは、悪逆非道の暴戻《ぼうれい》や蛮行を伴なうことが多く、それを受けた地域は、しばしば甚大《じんだい》な被害を被り、その悲惨はまことに痛ましい。

インドの吟遊詩人たちが代々語り伝えた一大叙事詩『マハーバーラタ』Mahābhārataは、おおよそ紀元前三〇〇年から後二〇〇年ごろまでの間にその大体が成立し、後四〇〇年ごろに現形が確定したと推察され、一八編一〇万頌《じゅ》（頌とは詩＝韻文）あまりの詩句より成る（その大きさはホメーロスの『イリアス』と『オデュッセイア』とを合わせたものの約一八倍に及ぶ）。それは本来「バラタ族（すなわち、現インド人の先祖）の戦争を語る大史詩」を表わし、戦争譚《せんそうだん》を軸として、多数の神話・伝説・物語・思想・習俗・文学などを含む。このテクストに、右に記した一世紀初期の北インドにおける異民族の蛮行や残虐が、そのうちの「マールカンデーヤ篇」中に伝えられている、と学者はいう。

マールカンデーヤは一仙人の名で、彼の語るカリ・ユガ（「闘諍世代《とうじょうせだい》」と訳す）の惨状は、実に悲惨を極める。すなわち、外来の野蛮人どもは、いたるところで殺人・略奪・暴行の限りを尽くして、そこに繰り広げられた乱暴狼藉《ろうぜき》は、ついにはその地域住民のあいだにも浸透し、そのように乱れに乱れた各地では、人びとがすべて敵対し合い、互いに憎み、傷つけ、盗み、奪い、殺戮《さつりく》を繰り返す、食や財を強奪し合って、すでにあらゆる徳も、人間性までも失われた、とこの仙人は語る。それらの無秩序や非道による人びとの塗炭《とたん》の苦しみは、おそらく北インドのかなり広い地域に及んでいたらしい。ただし、それは一種の物語ふうに述べられており、文学作品としての性格から、ある程度の文飾や誇張も含まれていよう。

なお、この反映は、年代の遅いアーガマ（阿含経）に記録されている。すなわち、パーリ『長部《ちょうぶ》』の第二六「転輪聖王師子吼経《てんりんじようおうししくきよう》」(PTS. Dīgha-Nikāya, Vol. III, pp.71-73) や、『中阿含経』の第七〇「転輪聖 王経《てんりんじようおうきよう》」(『大正』一巻・五二三ページ上〜中) には、人の寿命は一〇歳、童女は五歳で嫁し、食物は草などしかなく、世は雑然・騒然として乱れ狂い、人は獣に近く、互いに害し、怒り、殺意を抱き合い、あらゆる善は失われる、などの記述がある。

また、仏教のいわゆる「後五百歳説《ごごひやくさいせつ》」もしくは「像法《ぞうぼう》－末法《まつぼう》思想」も、この乱世と同調するのではないかと見る学者が多い。ちなみに、「後五百歳説」とは、釈尊の滅後において、仏教がいかに推移するかを、五〇〇年ごとに区切り、「正法《しようぼう》－像法－末法－法滅《ほうめつ》」(あとに詳述する) と進んで、ついに仏法が衰滅に至ることを説く、一種の終末説で、この五〇〇年を一〇〇〇年とする説もある。

ただし、これらの戦乱や暴虐は、北インドに限られていて、南インドには達せず、デカン高原以南には、アンドラ王朝がかなり長期間にわたり安泰であり、北インドを征服したクシヤーナ王朝に対しても平安な均衡を保っていた。

さらに、特記すべき一項がある。外来民族のうち、ギリシア人（インドでは、おそらくイオニアの訛《なま》りで、サンスクリット語ではヤヴァナ、パーリ語はヨーナ）の中には、仏教に深い関心を寄せ、ときには帰依《きえ》するものも出る。とくによく知られているのは、ギリシア人の王メナンドロス（インド名はミリンダ、弥蘭陀《みらんだ》と音写）であり、彼は紀元前一四〇年ごろ北インドを統括しているあいだに、仏教僧ナーガセーナ（那先比丘《なせんびく》）と対論して、仏教信者になったといわれ、この問答の一部始終をパーリ文『ミリンダ王の問い』（漢訳は『那先比丘《なせんびく》経《きょう》』）が今日に伝える。そのほか、紀元前一世紀には、仏塔（ストゥーパ、これについては後述する）を寄進するほど熱心なギリシア人の仏教信者がおり、それを物語る碑文が発見されている。これらギリシア人の仏教信奉者たちが、北インドの現在のカシュミールからパキスタンの一部にわたる、いわゆるガンダーラ地方や、アフガニスタン地域に散在し、それにヘレニズムの文明を交じえて、やがて紀元後一世紀の後半ないし二世紀の前半には、ついに仏像彫刻を創始したとの説は、あまりにも名高い。ただし、仏像そのものを彫刻する動きは、もともと諸像の彫刻が栄えていた中インドのマトゥラー地方に、右とほぼ同時代にはじめられており、両者は一部その様式を異にしていて、いずれを先とするかについては、学者の意見が分かれる。

なお、前述したイラン文化とインド文化との接触、とりわけイラン（正確には古代ペルシア）のゾロアスター教などの影響を、とくに初期大乗仏教の諸相について跡づけようとする研究は、その底流がすでに二〇世紀前半からあり、現在はかなり活発化している。ちなみに、このゾロアスター教は、火を神聖視するところから拝火教の別名があり、唐代半ばごろに中国に伝わり、祆教《けんきょう》と呼ばれた。それは、紀元前七〜六世紀にゾロアスター（ザラトゥシュトラ、ツァラトゥストラ）によって開かれた二元論的一神教で、死後の世界として天国や地獄を説き、また終末論を展開する。その聖典『アヴェスタ』は、中世ペルシア語の崩れた形で書かれ、それはいわゆる印欧語に属して、インドのヴェーダ語、サンスクリット語や、ヨーロッパのギリシア語やラテン語、そしてその他のヨーロッパ各国語の祖と共通する。

以上、釈尊の時代、とくに入滅後から紀元後二世紀前半に至るインドの政治や社会の諸情況という、いわゆる外的要素は、大乗仏教の成立に必ずやなんらかの影響を及ぼしているにちがいない。

③ 大乗仏教への道（2）

当時、拡大し、伸展しつつあった仏教に、前項に述べた外部の諸異変は必然的に多大のショックを及ぼし、広く深い影響が当然想定されるとはいうものの、しかし大乗仏教を準備する道は、むしろ仏教の内部により強く、濃く、熟しつつあった。およそ思想、とくに宗教もしくは哲学、倫理、さらにはしばしば秘儀的な要素を交じえる土着的な潜在意識などという、人間の内部の最も奥深い領域には、外的諸条件よりも、それ自身の内なる諸原因がいっそう大きく左右する。

そこで、以下には、当時の仏教そのものの内側に立ち入って、考察を進めてゆこう。ただし、それは、種々の諸ファクターが、かなり複雑に錯綜《さくそう》しているところから、それらを一応、三分割して記述することにする。その三つとは、第一は出家者《しゅっけしゃ》の側に、第二は在家者《ざいけしゃ》の側に、第三は仏教全般に風靡《ふうび》した新しい宗教運動の潮流とその思想とに関する諸問題であり、しかもこれら三つは、互いにある面で呼応し合っている。この項では、その第一の出家者の在り方を考察する。

一般に、沙門《しゃもん》（シュラマナ śramaṇa、サマナ samaṇa、「励む人」の意）と呼ばれる出家者のインド社会への登場は、釈尊以前にさかのぼり、釈尊もそのひとりであった。しかも、古い「経《きょう》」と「律《りつ》」との諸資料から見ると、釈尊が出家を多くの人びとに奨《すす》めていたことは、疑う余地がない（出家の起原はバラモンの生涯の成熟した習俗という）。

仏教の教団は、ほぼ成立の当初から、出家信者の男女である比丘《びく》（ビクシュ bhikṣu、ビック bhikkhu、「乞食《こつじき》する人」の意）と比丘尼《びくに》（ビクシュニー bhikṣuṇī、ビックニー bhikkhunī）とを中心に、彼らに布施《ふせ》（奉仕）する在家信者の男女である優婆塞《うばそく》（ウパーサカ upāsaka、「仕える人」の意）と優婆夷《うばい》（ウパーシカー upāsikā）という、いわゆる四衆《ししゅう》から成っており、それはやや変形を受けながらも、今日まで続いている。ただし、南方仏教では、比丘尼はかなり古く絶えてしまったが、それは仏教信者の衰退などによるのではなくて、その受戒の儀式の厳正に由来する。このように、教団は四衆により構成されるとはいえ、それをリードするイニシァティヴは、やはりなんといっても出家者にあった。なお、比丘と比丘尼とはその創設の当初以来、それぞれ別の教団に属しており、とくに目立つのは比丘たちの教団である。以下の叙述も、この比丘の教団が中心となる。

古くから、仏教教団はサンガ saṃgha と呼ばれ、これが漢訳では「僧伽《そうぎゃ》」と音写されて、日本語の「僧《そう》」となる。したがって、僧とは、元来は、教団全体を示して、個人を表わす語ではない。そしてそれは、仏宝《ぶっぽう》・法宝《ほうぼう》と並んで僧宝《そうぼう》と称され、この三つが「三宝《さんぼう》」としてつねに尊崇され、かつ仏教活動の中心的役割を果たしてきて、今日に及ぶ。しかも仏教が現在まで保護され、活躍を続けてきているのは、まさしくこの「僧宝」すなわちサンガによる（インドで仏教が衰退し、滅亡したというのは、正確にいえば、イスラーム軍によって一二〇三年にヴィクラマシラーの大寺院が徹底的に破壊され、比丘はすべて殺されて、仏教サンガがインドから消滅したことを指す）。

サンガが釈尊当時、どの程度に団結し、強固であったかは、なお不明を残しているとはいわれるものの、釈尊の滅後には、釈尊の説法をまとめる「第一結集《だいいちけつじゅう》」が行なわれて、やがてはしだいにサンガは拡充され、内部の規律その他の整備も進行して、いわゆる「律蔵《りつぞう》」（ヴィナヤ・ピタカ Vinaya-piṭaka）の成立を見る。ここに、サンガの規制は厳密化し、出家者の日々の生活からその行事や作法まで、細かく定められた。

サンガは、もともと出家者によってリードされ、出家者は家庭とそれにまつわる一切の制約から遠く離れて、自由解放のふるまいの中に、ひとすじの道を目ざし追究した。しかしながら、ただひとりの出家者とは異なり、多数の出家者たちがサンガを形成するのであるから、それが一集団である以上、その集団の秩序維持のために、ある規制が要求され、いくつかの規則なり規律なりが設けられる。そして、それらの諸規律は、その集団が小規模で少数のものから成る限りは、わずかの条項で充分に足りるであろうけれども、メンバーが増加して、集団が膨張するに従い、必然的にメンバーの多様化が進み、また集団の構成も複雑化してくる。こうして、当初は思いがけなかったような事態が、その集団の内部に発生するようになり、その度ごとに、それまでの規則なり規律なりもそれに応じて数を増し、かつまた詳細にならざるを得なかった。このことは、どの集団にも共通するが、仏教のサンガにおいてもやはり同様であって、不都合な事件の発生の度ごとの新たなる条項の制定を、「随犯随制《ずいぼんずいせい》」と呼ぶ。

現在伝えられている「律蔵」は、パーリと漢訳とに六種以上を数え、そのどれもが二五〇ないし五〇〇という多数の条項を立てている（「二百五十戒」ないし「五百戒」などはその呼称）。

前述のアショーカ王のおそらくやや以前に、それまで団結の保たれていたサンガは、重大な局面を迎える。略言すれば、それは、すでに成立していた律の条文の解釈と、その実行とに関して、また新たな条文の追加制定などをめぐって、一種の寛容を求める進歩派と、あくまで厳格で伝統に忠実な態度を崩さない保守派との対立が、一挙に表面化し、その対立はついに和解ならず、ここに両者は分裂する。これを「根本分裂《こんぽんぶんれつ》」と称する。

保守派は「上座部《じょうざぶ》」（スタヴィラ・ヴァーダ Sthavira-vāda）、または「長老部《ちょうろうぶ》」（テーラ・ヴァーダ Thera-vāda）と、進歩派は「大衆部《だいしゅぶ》」（マハーサンギカ Mahāsaṃghika）と呼ばれるが、この名称は、前者が主として西方の長老たち（七〇〇人という）を中心とし、後者がおもに東方の自由な立場を主張する多数（一万人という）の比丘たちの集合であることに由来する。この二つの部派はそれぞれに自分たちだけの結集、いわゆる「第二結集《だいにけつじゅう》」を行ない、おのおのの在り方を確認し合う。ただし、インドは元来、いわゆる中央集権的な態度が（現在もなお）きわめて弱く、このときにはたしてどれほどの出家者たちが集合したかは、かなり疑わしいとも見られる。

集団はいったん分裂すると、とかく再分裂を、そしていっそうの細分裂を招きやすい。二つに分かれたサンガもその例に洩《も》れず、やがて大衆部内に、続いては上座部内に、それぞれ再（細）分裂が進行する。これを「枝末分裂《しまつぶんれつ》」と称し、ついには、合計およそ二〇あまりの部派が、紀元前一〇〇年ごろまでに成立し、各部派はそれぞれの整備に専念した。とくに、この時代までには、仏教がインド各地に拡大して、それぞれの地方ごとに少しずつながらもその特色を帯びはじめており、そこにはおそらく有力な指導者が出た可能性もあって、その各地が遠く隔《へだ》たっていたために、相互の連絡を欠いたことなども、その原因となった、と推定される。一説では、このうちのいくつかの部派は、すでにアショーカ王の時代に確立していたともいう。

これら諸部派のうち、上座部系の「説一切有部《せついっさいうぶ》（略して有部《うぶ》）」、「法蔵部《ほうぞうぶ》」、「犢子部《とくしぶ》」、「化地部《けじぶ》」、「経量部《きょうりょうぶ》」、「正量部《しょうりょうぶ》」、またすでにアショーカ王の時代に南方に伝えられた「長老部」、そして他方に「大衆部」などが、重要な典籍を残していてとくに重要であり、中でも北西インドに大きな勢力を擁して最も有力であったのは、「有部」であった。

こうして、釈尊以来の初期仏教は「部派仏教」へと移行し、以後はすべて部派仏教に属し、やがては別に「大乗仏教」が興起する。そこで、これ以後の仏教を、一応、中期仏教と時代区分することにする。

諸部派はそれぞれ自派の律および教義の確立に精励して、ここに「経蔵《きょうぞう》」、「律蔵《りつぞう》」、「論蔵《ろんぞう》」の三蔵を確立する。すでに前の「阿含経典」の部にも記したとおり、現存するアーガマ＝阿含経の固定もこの時期に成った。もとより、それらの三蔵のおのおのが、二〇あまりもの部派ごとにまったく別々であったとは考えられず、一部には相互に共有し合うものもあったであろう。いずれにせよ、二〇あまりの部派ごとに、それぞれの三蔵を、したがって「経蔵」だけについていえば、アーガマ文献である阿含経典を整備し、自派のよりどころとして、保持し、伝承した、ということができる。

部派仏教のとくに著しい特徴は「論蔵」の成立といってよい。「論」とは、サンスクリット語のアビダルマ abhidharma、パーリ語のアビダンマ abhidhamma の訳語であって、部派仏教は別名「アビダルマ（アビダンマ）仏教」とも呼ばれる。アビは「(あるもの）に対して」、「(あるもの）について」を、ダルマ（ダンマ）は「法」を意味するから、アビダルマ（阿毘達磨《あびだつま》、アビダンマ、阿毘曇《あびどん》）は「対法《たいほう》」とも訳され、いわば「法の研究」を表わすが、そのほかアビには「優れた」、「過ぎた」の意もあり、とくにパーリ上座部の一部ではアビダンマを「優れた法」と解する。そして、ここにいわれる「法」は、ほぼ「経」に等しく、そのまま「仏説・仏語」を指す。このようにして、アビダルマすなわち「論」は、本来は「経」の註釈から発し、その中で新しい諸問題を提起しつつ、それらに答えて、各部派は、ひたすらそれぞれの教義・教理・教証の確立を目ざした。

アショーカ王の時代に、スリランカに伝来して繁栄した、いわゆる南方仏教は「長老部」であり、パーリ語によるその論蔵は七種から成る。さらに、そのほかにも、二世紀のウパティッサ Upatissa、五世紀のブッダゴーサ Buddhaghosa（仏音《ぶっとん》）などがインドからスリランカに渡り、この人びとによって、アーガマの全部についての詳細な註釈書および仏教概論（とくにブッダゴーサの著わした『ヴィスッディマッガ Visuddhi-magga〔清浄道論〕』が名高い）に類する論書が数多く生まれた。

インドの地に最も優勢であったのは、上述したとおり、その北西部に栄えた「有部」であり、この部派の内部では、紀元前二世紀に出たカーティヤーヤニープトラ Kātyāyanīputra（迦多衍尼子《かたえんにし》）の力作『阿毘達磨発智論《あびだつまほっちろん》』（略して『発智論』、サンスクリット原典は失われた。異訳『阿毘曇八犍度論《あびどんはつけんどろん》』）が完成する。しかも、それ以前にすでに、六種の論蔵がつくられていて、『発智論』をその広汎な内容から「身論《しんろん》」と称し、六種のおのおのはそれを助ける作用をするという解釈により、「足論《そくろん》」とも呼んで、ここに「六足発智《ろくそくほっち》」と総称される、合わせて七部の論蔵が成立する（数はパーリと同じでも、相互に関係はない）。

これらには、新しい教義が見事に熟しつつあり、すぐれた学識の輩出がうかがわれる。右の七論のうち、とくに『発智論』は引き続いて多くの学僧たちにより盛んに研究が深められ、それらのひとつひとつの句や文に諸解釈が加えられ、それらを集大成して『阿毘達磨大《あびだつまだい》毘婆沙論《びばしゃろん》』（玄奘《げんじょう》訳、二〇〇巻）という大著が完成した。それにはクシャーナ王朝のカニシカ王の保護があったとされ、そのように有部《うぶ》をはじめとして当時のいくつかの部派の教団は、王朝ならびに貴族たちの後援を受け、またその他を含むあまたのパトロンからの寄進による荘園が付属しており、教団内部の僧院では、ひたすら教義・教理の研究に没頭して、このような膨大な論書の成立と、それに基づく学習とがスムーズに進行していた。ただし、この大著は、あまりにも浩瀚《こうかん》すぎるために、やがてそれに当たる手ごろな綱要書《こうようしょ》が種々作られ、それらの漢訳が伝えられている。

このような状況のもとに、有部の教義を最もよくまとめた名著が、五世紀のヴァスバンドゥVasubandhu（世親《せしん》または天親《てんじん》、四〇〇－四八〇年ごろ、別説では三二〇－四〇〇年ごろ）の『阿毘達磨倶舎論《あびだつまくしゃろん》』（略して『倶舎論』）である。ヴァスバンドゥは有部の本拠地のカシュミールに留学して、その教説を学び、のち故郷のプルシャプラ（別説では、インドのアヨーディヤー、現在のベナレスの北西）において『大毘婆沙論』を講義するうちに、その核心の大要を六〇〇頌《じゅ》あまりにまとめた。のち、その内容をさらに敷衍《ふえん》する註釈の散文を施す過程で、やや有部に批判的な学説（とくに経量部《きょうりょうぶ》の立場による）をも含み、こうして『倶舎論』は成る。この論には、サンスクリット語の原本、さらにその註釈書、真諦《しんたい》訳二二巻および玄奘訳三〇巻の漢訳、そしてチベット訳がそろっており、往時から絶えることなく、インド、中国、日本などの仏教者に盛んに読まれ続けてきて、現在は世界に広がる仏教学者の必読書となっている。

それは、この論を通じて、本格的な仏教思想の組織と体系とに関しての、学習と研究とが得られることによる。この論の仏教学に占める確たる基盤は、つねに不動といってもよく、この項の以下の叙述はこの『倶舎論』に基づき、その内容のうち、とくに主要な点のみを、また大乗仏教成立の事情を考慮に入れながら、有部の教説の特徴の解明に重点を置いて記す。

有部は、「法（ダルマ）」に関する種々の分析が最優先する。その説をいくつかあげよう。

まず存在（「ある」もの・こと）を「勝義《しょうぎ》の存在」（勝義有《しょうぎう》）と「世俗の存在」（世俗有《せぞくう》）とに分ける。私たちの日常は、後者の「世俗の存在」にとり囲まれ、またそれらによって現に生まれ、生き、死んで、「世俗有」が現実そのものにほかならない。しかし、それらはすべて「滅《めつ》」という性質をもっており、時間的のみならず、その形すなわち空間的に見ても、壊《こわ》れるという在り方を本質とする。それをどこまでも壊し続けてゆけば、その極小化された極限に、これ以上は壊し得ない「極微《ごくみ》」に至る（それは、ギリシアで説かれた「原子《アトム》」説と共通する。なお、この考えは、インド正統哲学のひとつであるヴァイシェーシカ学派でも、明確に説かれる）。極微は、したがっていわば究極の存在であり、それは他のものに依存せず、関係ももたずに、それ自体で存在しており、このようなものを「勝義有」と名づける。とくに、有部の術語では、「実体として有るもの」、「自性《じしょう》をもつもの」、「自相《じそう》上、有るもの」であり、これが真実の「法（ダルマ）」に最もよくかなっているという。この「法」に関しては、いわゆるものだけではなくて、心理作用に関する同類の論議をも含み、むしろ心理作用の考察こそが中心となる。たとえば「欲」という心理作用は、これ以上の分析は不可能である要素的存在であって、心に欲を起こさせる素因をなしているから、これも「勝義有」であり、「法（ダルマ）」であると説く。

　また、法（ダルマ）は、「作られたもの」と「作られたのではないもの」とから成り、前者を「有為法《ういほう》」、後者を「無為法《むいほう》」と称する。「無為法」は、永遠の実在とも見なされるのに対して、「有為法」は、要素としては実在であっても、生滅・変化を伴なっており、無常の存在と措定される。つまり、「有為」であるあらゆるものは、生滅変化して移り変わってやまない存在、と見られている。

有部はとくに心（さらに心理作用）の分析と総合とに専念し、熱中した。まず、心を「心《しん》地《じ》」と呼び、その地（基盤）のうえに起こるさまざまな心理作用を、潜在的な在り方にまでさかのぼって、深く考察し、分析し、分類する。ここでは、主体となる心法を「心王《しんのう》」とし、そこに現われる心理作用を独自の存在とみなして、「心所有法《しんしょうほう》」（心に所有された法）とする。それに対応して、心理作用とは相応しない「心不相応行法《しんふそうおうぎょうほう》」（単に「不相応行」ともいう）を立て、それにもの（物質的なもの）を表わす「色法《しきほう》」を当てる。こうして、上述の「無為法」と、そして「有為法」に含まれる「色法」と「心法（心王）」と「心所有法」と「心不相応行法」の四種という、計五つの大きな分類がなされる。さらに、「心所有法」の分析は細密化して、まず六種に分け、そのおのおのを一〇～一一種に分け、また「心不相応行法」は一四種を立てる。このほか、「無為法」が三種、「色法」が一一種、「心法」は「心王」の一種として、これら最終の分類の結果は七五に及び、以上が「五位七十五法《ごいしちじゅうごほう》」と通称される。

その中で、とくに「心所有法」の六種が興味深い。すなわち、①あらゆる心理作用にはたらく受《じゅ》（感受）・想《そう》（表象作用）・思《し》（心を動かす）・欲《よく》（欲求）・念《ねん》（記憶）など計一〇種に分けて、これらを「遍大地法《へんだいちほう》」と呼ぶ。②「大善地法」は善心とあい伴なうもの一〇種で、信《しん》・勤《ごん》（つとめ、はげむ）・捨《しゃ》（心の平静）・慚《ざん》（みずから恥じる）・愧《き》（他に対して恥じる）など。③「大煩悩地法《だいぼんのうちほう》」は、すべての汚れた心にあい伴なうもの六種で、癡《ち》（無知）・放逸《ほういつ》（だらしない）・懈怠《けたい》（なまける）・不信など。④「大不善地法《だいふぜんちほう》」は悪心とあい伴なうもので、無慚《むざん》（はじらいのないこと）と無愧《むき》（破廉恥）の二種。⑤「小煩悩地法《しょうぼんのうちほう》」はある種の汚れた心にあい伴なうもの一〇種で、忿《ふん》（いかり）・覆《ふく》（過ちを隠す）・慳《けん》（ものおしみ）・嫉《しつ》（ねたみ）・恨《こん》（うらみ）・諂《てん》（へつらい）・誑《きょう》（欺《あざ》むく）・憍《きょう》（おごり）など。⑥「不定法《ふじょうほう》」は以上の五つからは独立の心理作用の八種で、悪作《おさ》（後悔）・貪《とん》（むさぼり）・慢《まん》（慢心）など。

　これらの「五位七十五法」は、前述したとおり、すべて「法（ダルマ）」として独立に実在しており、「自性《じしょう》」（実体ないし本体）を有することが、とくに注目される。

　右の心の分類において、とりわけ煩悩《ぼんのう》の考察が詳しく、彼らがいかに熱心に煩悩を見つめ、対決したかがうかがわれる。そのために、煩悩には一〇種を超える多くの別名があり、さらには『倶舎論《くしゃろん》』の別の個所の煩悩の分析を数えあげると、その数は合計一〇八に及んで、それがいわゆる「百八《ひゃくや》つの煩悩《ぼんのう》」と呼ばれる。

　このように、煩悩が主題とされたのは、有部《うぶ》の比丘《びく》たちが心理分析などの学問的志向をもっていたこともあるが、それよりもむしろ、ひたすら僧院に閉じこもって、一途《いちず》に仏道の修行ないし実践に熱中していた際に、彼らが何よりも自分自身と格闘したことを、如実に物語っている。

実践は行為といってもよく、それは仏教だけではなくて、インド全般で「業《ごう》」と呼ばれ、インドの全宗教・哲学において、きわめて重大視された。「業」は、サンスクリット語のカルマンの訳語であり、カルマン karman（パーリ語はカンマ kamma）は「為《な》す」また「作る」を意味するクリ kṛ という動詞を語根とする。行為は、心で思い、口に発し、身体で行なうの三種に大別されて、これを「身口意《しんくい》の三業《さんごう》」と称する。三業を熟視すると、どのような行為であれ、それが心・口・身体に発する際は、必ず原因があり、しかも原因は複雑であり、多数といってよい。また、行為そのものは、なされた直後に、ただちに消滅するけれども、あとに必ずなんらかの結果が残り、その行為による諸影響がある。「業」は、以上のような原因（条件などを含む）―行為―結果―影響の総体をいい、しかもどのような「業」も、それは必ず次の行為に作用して、その次の行為の原因（の一部）に転ずるところから、「業」の連鎖は無限と考えられることになる。ここでは、現代ふうにいえば、責任も「業」の一部と考えてよい（このように幅広く、奥深く永続するという行為そのものの考察は、インド以外ではなされたことがないために、karman ないし「業」という語は、現代外国語への翻訳が困難というよりは不可能とされて、原語のまま用いられる）。

みずからの行為により、その結果をみずから受けるのが、「自業自得《じごうじとく》」であり、その無限の連鎖は「不失法《ふしっぽう》」とも呼ばれる。また「業」一般では、善因《ぜんいん》により善果《ぜんか》が、悪因《あくいん》により悪《あく》果《か》が帰結するのがふさわしい（善因善果、悪因悪果）。ただし、現実には、因と果との間にギャップを生じて、いわゆる異変が起こり、ときに逆転すら見られる。このようなある種の転換をとくに「異熟《いじゅく》」と称して、そこでは、善因には一種の満足感による楽果《らくか》が、悪因には不安や後ろめたさに駆《か》られる苦果《くか》が説かれる（善因楽果、悪因苦果）。このような各個人の「業」のほかに、いわゆる世間ないし社会全体に広がり及ぶ「業」も考えられており、これを「共業《ぐうごう》」と称する。ただし、有部は個人に集中する傾きが強く、そのような「不共業《ふぐうごう》（他とは共通しない業）」がとくに強調された。

先にも触れたように、行為はどんな行為（身業《しんごう》・口業《くごう》・意業《いごう》）をとっても、その場でただちに消えて、一瞬のものである。これは、初期仏教以来の「無常《むじょう》」の、あらゆるものがたえず生滅変化してやまないとする思想を、現実に適応したすぐれた考えであり、それをあらゆる有為法《ういほう》に拡大して、「刹那滅《せつなめつ》」という術語がつくられる。この「刹那」の語は本来サンスクリット語のクシャナ kṣaṇa の音写であり、クシャナはインド人の考えた時間の最小単位で、彼らの計算法によれば、一刹那は七五分の一秒、つまり〇・〇一三三……秒に相当する。

また、実践には、必ず目標・目的があり、その目標・目的に向けての実践である以上、その目標の存在する場所である「未来」も、必ず実在することが予期される。同時に、かつての行為そのものはすでに消滅しても、その結果を「現在」に及ぼしている「過去」もまた実在する。こうして、過去と未来と現在との「三世《さんぜ》」は必ず実在する、と有部は考えていた。

ここに、「業」に関連の深い「輪廻《りんね》」（サンサーラ saṃsāra）について、いささか付言しよう。「業」と「輪廻」とは、すでに仏教創始以前の古ウパニシャッドに説かれており、全インド人に不可避の強固な人生観を形づくって、インド史全体を貫き、現在に及ぶ。それを、簡略に図式化すれば、現世における「業」すなわち行為によって、来世に生まれる場が決定される、とインド人は信じて疑わず、来世の場には、地獄《じごく》・餓鬼《がき》・畜生《ちくしょう》・人《にん》・天《てん》の五つを立て、のちには、畜生と人とのあいだに阿修羅《あしゅら》を挿入して、これを「六道《ろくどう》」と称する。換言すれば、来世に六道のいずれに生まれ変わるかは、すべて現世の「業」が決定し、この生まれ変わりである「輪廻」は「転生《てんしょう》」とも呼ばれる。この鉄則を、「生あるもの」はけっして逃れることはできない、という考えが、インド人すべてを支配し、仏教もそれを奉ずる。

実践の目標は、いうまでもなく「さとり」であり、それに向かってひたすら励むとはいっても、完全な「さとり」の達成はひとり仏のみに属して、それに無限に近づこうとはするものの、少なくともこの肉体を有する限り、必然的に最低の生命維持という機能がはたらき、それに伴なう行為が残存して、仏そのものには到達不可能といわざるを得ない。そして、その当初は同一であった仏の別名のひとつの阿羅漢《あらかん》（アルハト arhat の単数主格アルハン arhan の音写。尊敬され供養を受けるにふさわしい人。訳は応供《おうぐ》、略して羅漢《らかん》）を、いわば一ランク下げて、有部をはじめ部派のすべての比丘たちは、ひたすら阿羅漢を目標として修行し、実践に精励し、ついには阿羅漢に到達し得るとした（この点は、現在の南方仏教でもまったく同じ）。なお、敬虔《けいけん》な仏弟子として、もっぱら仏の教えを聞き、それにそのまま従うものを「声聞《しょうもん》（シュラーヴァカ śrāvaka、サーヴァカ sāvaka）」と称し、それとは別に、みずからひとり仏教の修行に励んだ末に、独自に「さとり」に到達したけれども、他に説くことをしないものを「独覚《どっかく》」（縁覚《えんがく》ともいう。原語のプラティエーカブッダ pratyekabuddha、パッチェーカブッダ pacchekabuddha に対して、辟支仏《びゃくしぶつ》という音写もある）と呼んで、この両者を並べて掲げる例が諸経典にたえず見られ、これらが後世にいう「小乗」の代表とされる。

いずれにせよ、以上に述べた諸特徴を二点だけに絞ってあげるならば、部派とくに有部では、実在ないし実体的な考えがきわめて強く、また「業」の担い手であり、行為の主体である自己ひとりが中心に据《す》えられて、どちらかといえば、他者への配慮はなおざりにされていた、ということができるであろう。

④　大乗仏教への道（3）

以上の二項には、「大乗仏教」成立に至る過程のインドの政治的・社会的諸情況と、仏教教団（サンガ）とくに「部派《ぶは》仏教」の諸活動ならびにその中軸の有部《うぶ》の諸思想とを、やや長い広い視圏から述べた。続いては、いよいよ大乗仏教への途《みち》を開拓するのに推進的役割を演じた、在家《ざいけ》信者の動きをめぐって、論を進めたい。しかし、それを論ずるためにも、大乗仏教成立に先立って出現している次の三つのテーマを、やや詳しく考察しなければならない。その三つは、⑴仏塔（ストゥーパ）崇拝、⑵本生譚《ほんじようだん》を中心とする讃仏《さんぶつ》文学および仏伝文学の成立、⑶諸仏の出現であり、この順序に応じて、この項の記述を進める際に、それぞれにやがてクローズ・アップされる在家信者がいかに対応したかを、見てゆくことにしよう。

本来、在家信者は、前述したように仏教教団（サンガ）の四衆のうち、男性のウパーサカ upāsaka（優婆塞《うばそく》）と女性のウパーシカー upāsikā（優婆夷《うばい》）として、その重要な一翼を担い、出家の男女である比丘《びく》・比丘尼《びくに》に宗教活動の大半を一任しつつ、その尊崇から彼らに毎朝の食物を布施《ふせ》し（出家者の食事は、厳密には午前一回ないし二回のみで、午後はけっしてとらない。なお、正午の時刻は、携えた棒を立てて太陽の影により判断した）、ときには衣類や精舎《しようじや》などを寄進して奉仕する。また、みずからも「五戒《ごかい》」と称せられる五つの戒（不殺《ふせつ》生《しよう》・不偸盗《ふちゆうとう》・不邪婬《ふじやいん》・不妄語《ふもうご》・不飲酒《ふおんじゆ》）を守り、仏教への篤《あつ》い信心に燃えていた。

在家信者たちは、可能な限りの余裕を得て、出家者の教えを聴き、学び、ときに出家者の行事の一部に参加ないし支援することもあったであろう。その中には、日常生活は在家ながらも、出家者に勝《まさ》るとも劣らぬ有徳の信者、敬虔《けいけん》で深い宗教心から、さまざまに広がる仏教活動の種々の面に、かなり主導的にタッチした信者、また学識にあふれた信者、さらには智《ち》慧《え》の優れた信者などが、かなり多数に達していたにちがいない。そのような在家信者の確固たる存在を念頭に置きながら、前述の三つのテーマを考えてゆこう。

(1) 仏塔（ストゥーパ）崇拝　仏塔は、サンスクリット語でストゥーパ stūpa、パーリ語はトゥーパ thūpa といい、「塔《とう》」の語やその音《おん》はその原語にちなむともいわれる。また、原語からの直接の音写に、「率都婆《そとば》」、「率塔婆《そとうば》」などがある。もともとインドでは、古代から、格別に由緒ある人（とくに聖者）に対して、滅後その故人を記念する墳墓をつくり、それには土饅頭型《どまんじゅうがた》に土を盛りあげて祀《まつ》った。ストゥーパよりも規模の小さい土着的のものは、別にサンスクリット語でチャイトヤ caitya、パーリ語でチェーティヤ cetiya と呼ばれ、塔《とう》廟《びょう》、祠《し》堂《どう》、塚《つか》などと訳される。一言挟《はさ》んでおくと、通常インドでは、一般の人びとは元来（現在もなお）各個人が死後も長くとどまる墓に相当するものを設けない。それは、輪廻《りんね》（転生《てんしょう》）思想が広くゆきわたり、普通の人びとは死後最大四九日までには、再び新たに「生あるもの」に生まれ変わると固く信じていて、墓そのものの必要性も、その意義もないことによる。よく知られているように、彼らは、おおむね死後は、その遺体が河畔に運ばれて火葬にされ、そこに残る骨も、灰も、ことごとく河に投ぜられる。それがガンジス河であることを強く望み、とりわけその中流のベナレス（ヴァーラーナシー）は最大の霊場《れいじょう》として、今日に至る。

釈尊は入滅後《にゅうめつご》、インドの古風に従った。すなわち、とうにニルヴァーナ（涅槃《ねはん》）に達して輪廻することのない釈尊の遺体は、クシナーラー村の住人たちによって荼毘《だび》（ジャーペーティ jhāpeti というパーリ語の音写、火葬）に付されたあと、その遺骨と遺灰とを多くの在家信者たちが入手を争い、結局は有力な信徒に八分割され、彼らはそれを持ち帰って、記念碑であるストゥーパ（仏塔《ぶっとう》）を建設し、その遺骨などを丁重に土の下に祀《まつ》った。その中のひとつが、カピラヴァストゥより約一三キロ隔たったピプラーワー Piprāhwā 村にあるひとつの古墳から、イギリスの駐在官のペッペ Peppé により、一八九八年に発掘されて、最古代の文字による銘を刻んだプレートや骨壺が出土した。それは現在カルカッタのインド国立博物館に収められてあり、また内部に保存されていた遺骨は、仏教国のタイ王室に譲られ、その一部が公的に日本の仏教徒に分けられて、名古屋の覚王山日泰寺《かくおうざんにったいじ》に祀られている。

釈尊だけでなく、すでに輪廻を脱した仏弟子たちも、そして時代を経てのちは、尊崇された出家者たちも、同じようにストゥーパに祀られて、そこには遺骨や灰のほか、遺髪や歯や生前の所持品なども、一種の記念品として埋葬された。この風習はジャイナ教でも行なわれた。

マウリヤ王朝以後、これらストゥーパの建設はいっそう盛んとなり、その数は大いに増大し、大小さまざまのストゥーパは、インド各地の広い範囲に及んだらしい。その際、土を盛るのに、石のほかに、煉瓦《れんが》の類《たぐ》いも用いられた。大規模のストゥーパには、さらに囲いを設け、より大きいものは、その周囲に塀をめぐらして、四方に門を構える。現在にまで伝わるその種のストゥーパの偉容は、ちょうどインドのほぼ中央に位置するサーンチーに、ほぼそのまま残る。それは、前二世紀ごろの大塔を中心にして、周囲には欄楯《らんじゅん》と四方の塔門とが構築され、それらは次の⑵に述べる釈尊の前生譚《ぜんしょうだん》ないし仏伝そのほかを主題とする精巧な浮彫りで埋められており、また仏法を守護する神々などの彫像も多数見られる。これら欄楯や塔門の制作はやや遅れて紀元前一世紀と推定され、当然のことながら、この時代には、仏像はまだ出現していない。

サーンチーの仏塔はほぼ完全な姿で残っているけれども、それの数十年後に造営されたバールフトの仏塔は、公道に沿って建設されたために、のちに異教徒によりほぼ全面的に破壊され、放置されたまま長い年月を経て、ようやく一九世紀になってその存在が確認された。現在は破壊の少ないものを材料に復原されて、往時の壮観を偲《しの》ぶことができる。さらに、やや後代のブッダガヤーの仏塔（古くは、菩提樹のもとの金剛宝座《こんごうほうざ》の周囲に欄楯がめぐらされており、その場所にのちに仏塔が建設され、現在伝わるものはさらに後代の復原）は、今のインドを紹介する写真集のほぼすべてに飾られている。そのほか、サーンチーに近いビールサ、アンデール、中インドのパータリプトラ、西北インドのタキシラ各地、南インド東部のアマラーヴァティー、ナーガールジュナコンダなど、そのほかを合わせて、現在までに六〇基以上の古塔が発見されている。それらに基づいて考えると、往時には、この数をはるかに凌駕《りょうが》する膨大な数の仏塔がインド各地に建立《こんりゅう》されたとの推定は、ほぼゆるがない。

このインドの土饅頭型《どまんじゅうがた》の仏塔は、ときに周囲に欄楯や門をもつモニュメントであったが、その形式はやがて中国に、そしてのちに日本に伝わり、ストゥーパの音写である率塔婆《そとうば》が略されて文字どおりの「塔《とう》」となる。中国では土と木、日本ではもっぱら木によって構築されていることはよく知られていよう。また、スリランカ、ビルマ、タイ、カンボジアなど南方に伝わって、「パゴダ」となり、石造のものが多い。これらはそれぞれの文化や美意識などの反映であろうけれども、いずれにせよ、インド、中国、日本、東南アジアその他の各地の仏塔が、多くの信者とくに在家信者の信仰を集め、あるいは仏教信仰に誘い、同時に信者たちがみずから進んで仏塔の建設・維持・発展に、多大の力を尽くしたことは疑いない。

すでに記したように、仏塔はインド全体に広がっているが、南部のデカン高原には、数多くの窟院《くついん》（レーナ lena）が開削《かいさく》された。現存するものだけでも、その数は一二〇〇以上といわれ、その約七五パーセントは仏教に属していた。その古いものは、前二世紀ないし前一世紀にはじめられており、とくにアジャンターとエローラとの窟院群が名高い。なお、窟院には、仏塔を祀《まつ》る礼拝堂と、比丘《びく》たちが住む僧院との二種があった。

窟院を含めて、仏塔などの構築には、多額の費用を必要とし、それらはほぼ在家信者の寄進によった。そのことは、そこに彫られたおびただしい数の碑文や銘文の解読によって裏づけられる。それによると、前述したように、出家者への崇拝のほかに、父母・親族・血族・師の冥福《めいふく》を祈り、あるいはみずからの功徳を積みたいという願望に基づいて、商工業や農業で資産を蓄えた人びと（長者《ちょうじゃ》）ならびにその家族が寄進しており、興味深いことに、寄進者の男女の数はほぼ等しい。王族や農民の寄進はほとんど見当たらないが、ときに比丘や比丘尼《びくに》の出家者のほか、経の諷詠者《ふうえいしゃ》（ダルマ・バーナカ dharma-bhāṇaka、「法師《ほうし》」と訳される。この中には、出家者も在家者もおり、女性もいる。のちには大乗仏教の説法者となった）の名もある。しかし、出家者たちはもともと寄進する財を所有しなかったから、それらの名は寄進の提唱を示すのであろう。

仏塔や窟院が建設され、造営されれば、当然それの管理・維持・運営が伴なってくる。その際、これらのことに出家者が直接参与したとは考えられない。教団《サンガ》を規制する「律蔵」は、パーリ一種と漢訳の五種とが伝えられており、そのうちパーリ律は、仏塔にはまったく触れず、漢訳のそれらは、出家者の仏塔供養を禁じ、仏塔関係者と出家教団とを明確に区別しているからである。見方を変えれば、戒律の束縛から解放されている在家信者によって推進されたことが、かえって仏塔をめぐる諸行事の繁栄につながったともいうことができる。すなわち、諸所の仏塔では、在家信者のかなり自由に運営する法会《ほうえ》が行なわれ、それはいまでいえば一種の祭りのごときものであり、市《いち》などが開かれて、多数の信者や旅行者や巡礼者たちを集め、この中では仏塔への施物《せもつ》も少なくなく、こうして一種の仏塔サークルが急速に栄え、進展しはじめる（現在でも、たとえばビルマの仏塔は、在家信者が管理している）。

このような仏塔の繁栄に対して、いくらかは出家者も近づきかけ、同時にまた、在家者は日常のそれぞれの生業を離れることが困難である以上、仏塔を護持し、仏塔サークルをリードするような専門家に類する人びとが、このころ出現した可能性もある。おそらく彼らは、まったくの在家でもなく、また特定の部派教団に属したのでもなかろう（ただし、後代、すなわち一世紀以降には、わずかの教団の名が少数の碑文に刻まれている）。その意味で、彼らを一種の「非僧非俗の管理者」と呼んでもよい。こうして、いわゆる仏塔経営は、当時けっして無視され得ぬ存在となっていた。

この仏塔にまつわる記事が、「阿弥陀経《あみだきよう》」をはじめ初期の数種の大乗経典に現われ、とくに「法華経《ほけきよう》」に登場する「宝塔」は、この経の多くの個所において重大な役割を果たしている。ただし、現存するきわめて多数の碑文や銘文を検討する限り、大乗教団の名は見いだされないところから、仏塔活動をただちに大乗仏教運動と結合させたり、大乗仏教成立の基盤と推定することには、やや無理が残る。それにしても、仏塔を中心とするサークル（在家信者および上記の管理者たちなど）が、大乗仏教の興起にかなり大きな比重をもっていたであろうことは、現在ほぼ定説化しているといってよい。

付言すると、碑文や銘文に部派名を記す最古のものとして、中インドのマトゥラーの「獅《し》子柱頭銘文《しちゆうとうめいぶん》」が知られ、そこには「説一切有部《せついっさいうぶ》」の名と固有名詞のブッダデーヴァ（覚天《かくてん》）とが記され、その年代は紀元一〇〇年前後とされる。さらに「マハーヤーナ（大乗）」の語が碑文にはじめて現われるのは、さらに時代が下り、紀元二～三世紀以降となる。いずれにせよ、部派名や教団名はなく、ただ仏塔建立《こんりゆう》という事実のみを記す碑銘が、圧倒的に多いことをとくに強調しておこう。

(2) 讃仏文学と仏伝文学　この両者はしばしば混交《こんこう》し合う。

讃仏《さんぶつ》文学は、その名のとおり、釈尊への讃仰《さんごう》が一種の超人化を含みつつ、文学作品として創作されたものをいい、とくにインド特有の輪廻《りんね》－業《ごう》の思想と結びつき、釈尊の前生《ぜんしょう》（本生《ほんじょう》ともいう、いわゆる前世）にさかのぼって、尊崇してやまない超人的な釈尊は、前生に偉大な美徳を積んだにちがいないと考え、その傑出した遺業・遺徳を物語る。それは通常「ジャータカ」（生前の生涯の物語である前生譚）の名で親しまれ、その作品の数はすこぶる多い。すでに第二部の「阿含経典」の部でパーリ五部を示した中に、その第五の「小部《しょうぶ》」に属するものには、計五四七話を集めた『ジャータカ（本生譚《ほんじょうだん》）』と、計三五話を集めた『チャリヤー・ピタカ（所行蔵《しょぎょうぞう》）』とがある。それらのそれぞれの物語は、おそらくはそのころ民間に広く知られていた寓話《ぐうわ》や伝承などにヒントを得て、人（王や仙人を含む）・動物（鹿・象・牛・猿・熊・馬・豺《さい》・獅子《しし》・猫・鶏・鳩・白鳥・鶉《うずら》・孔雀《くじゃく》・雉《きじ》・亀・魚など）・神・夜《や》叉《しゃ》（ヤクシャ yakṣa の音写、もとは暴悪な鬼あるいは特殊な霊力をもつ半神、のち仏教の守護神のひとつとなり、激しさと優しさとの両面を有する）などを主人公として、ときには献身ないし捨身《しゃしん》（わが身を投げ出して布施する）に至るさまざまな善業を行ない、その善業の報いとして、再生して釈尊になると説く。この場合、どの話もあくまで釈尊の前生（本生）として語られる。

右のパーリ文のテクストのほかにも、さらに多数の「ジャータカ」が生まれて釈尊の前生を讃仰《さんごう》し、その創作は、大乗仏教が登場してのちも、なお休まず続けられて、大乗の諸テクストに多数伝えられる。これらが民衆に親しまれ、彼らを感動させ、同時に教化して、仏教の普及に長い年月にわたり貢献した力・影響などは、おそらく計り知れないほどのものがある。また、これら本生譚の一部は、右にも記したように、仏塔の欄楯《らんじゅん》や塔門などに数多く彫像されており、またそのほか独立の彫像も見られる。

仏伝《ぶつでん》（文学）はもともと釈尊の伝記をいい、その誕生から入滅《にゅうめつ》（入滅直後の八分骨《はちぶんこつ》）までを描く。おそらく、この資料は、釈尊が成道《じょうどう》後の説法（とくに晩年の説法）の際に、みずからの過去の一部を洩《も》らした短い語句を核に、また説法教化の旅における種々の出来事やエピソードを付随させて、アーガマ文献＝「阿含経」の端々《はしばし》にちりばめられていたものであり、やがて「律蔵」の成立・固定の際に、かなりまとまった形に結晶した。仏伝（文学）は、この「律蔵」の文から発展したのではないか、と推定される。

これらの中にも、すでに釈尊の超人化が見られるとはいえ、ほぼ釈尊一代の伝記に終始しようとする。やがては、その超人化が、さらにいわゆる神格化へと進む過程で、釈尊には種々の奇跡が付され（「未曾有法《みぞうほう》」という）、また理解しやすさを援ける（ときに難解を解き明かす）ための喩《たと》え話（「譬喩《ひゆ》」）が語られ、そして現在と過去を結ぶ話や出来事の因由《いんゆ》を説明する話（「因縁《いんねん》」という）が作られ、広く語り伝えられるようになった。

以上のうち、「未曾有法」は「九分教《くぶんきょう》」に、そして「譬喩」と「因縁」とは「十二分教」に含まれ、この「九分教・十二分教」については、先の「阿含経典」の部において説明した。なお、現存するパーリの「譬喩」（アパダーナ Apadāna）は、多数の比丘《びく》や比丘尼《びくに》の伝記（それぞれの過去世の話を含む）に関するものが多く、これら偉大な聖者の伝記の類の一部は、「因縁」（ニダーナ Nidāna）にも見られる。

このような中から、釈尊の生涯を物語る典型として、「八相成道《はっそうじょうどう》」の名で知られる説が広くゆきわたり、今日もなお頻繁《ひんぱん》に紹介される。その八相は次のとおり。

(1) 降兜率《ごうとそつ》、トゥシタ（兜率《とそつ》）天《てん》にあった前生の釈尊が、白象《びゃくぞう》に乗り、この世に降下する。
(2) 入胎《にったい》（托胎《たくたい》）、麻耶夫人《まやぶにん》の右脇から入り、その胎に宿る。
(3) 降誕《ごうたん》（出胎《しゅったい》）、麻耶夫人の右脇から生まれ出て、七歩あゆみ、右手を上に、左手を下に向けて、「天上天下唯我独尊《てんじょうてんげゆいがどくそん》」と宣言する。パーリ語では「アッゴー（ア）ハム アスミ ローカッサ (agoo'ham asmi lokassa)」といい、「世界のうちで私は最勝のものである」の意。
(4) 出家《しゅっけ》、白馬に乗って王宮より脱出し、家も家族も地位も安定した生活も一切を放棄して、修行の途《みち》に入る。ときに二九歳。
(5) 降魔《ごうま》、六年間の苦行ののち、苦行も捨てて、菩提樹下《ぼだいじゅ》で禅定《ぜんじょう》に耽《ふけ》るのを、悪魔がさまざまに妨害し、誘惑するけれども、逆にそれらの悪魔を降伏《ごうぶく》させる。

(6) 成道《じょうどう》、ついに「さとり」をひらいて、ブッダ（覚者《かくしゃ》）ないしムニ（聖者《しょうじゃ》）となる。

(7) 転法輪《てんぽうりん》、サールナートの鹿野苑《ろくやおん》で、かつて苦行をともにした友の五人の比丘に教えを説き、それ以後、その説法教化《きょうげ》は入滅《にゅうめつ》直前まで四五年間続く。

(8) 入滅《にゅうめつ》（入般涅槃《にゅうはつねはん》）、八〇歳で、クシナーラー郊外の沙羅双樹《さらそうじゅ》の下に、最後の説法とともに亡くなる。

なお、このような説話は、いったん成立して広まると、古いアーガマ文献（「阿含経」）中に挿入されて伝えられたために、その発端ないし初出は不明としかいいようがない。

このようにして、仏伝がいわゆる文学作品として完成し、しかもしだいに数を増して、質も、量も、ある意味の転換を遂げるようになって、やがては、釈尊の生涯をリアルに描こうというよりは、インド人独自の諸観念に基づく絶大な空想力を駆使して、むしろファンタジーのおもむくままに、一応のストーリーは保ちながらも、一種のロマンとして仮構されることになる。これらを広く仏伝文学と呼ぶならば、上述した讃仏《さんぶつ》文学はこの中に含めてもよい。

これら広義の仏伝文学は、右に記した『ジャータカ』、『アパダーナ』（サンスクリット語では『アヴァダーナ』）、『ニダーナ』という名のテクストに集められているほかに、さらにそれらをはるかに上まわって多数創作され、しかもそれはかなり古い時代にはじめられており、アーガマ文献（「阿含経」）の諸経典にも、また論書（アビダルマやアビダンマ）にも、かなり頻繁《ひんぱん》に登場する。

それは、やがて何を仏教にもたらしたか。おそらく、その最大のものは、ブッダ＝仏に対する考え（仏陀観）の、いわば一種の自由化と評することができよう。歴史的人物としての釈尊すなわちゴータマ・ブッダは、どれほど超人化し、また奇跡物語をもって飾っても、ある一定の制約から逸脱《いつだつ》することは不可能である。しかし、フィクションの許容される文学作品となれば、それから解放され、しかもその解放の度合いはいっそう拡大する。とくに詩や文学を愛好するインドの知識人たちは、巧妙で卓越した文体により、ここに自由な創作の翼を思いきり広げて、諸テクストに溢《あふ》れるほどの仏伝文学を産出してゆく。

同時に、それによって、またそれと併行して、ブッダ＝仏と民衆との距離は、一方で拡大し、他方では逆に接近して、仏は民衆と親密の度を増す。すなわち、超人化されてさまざまの奇跡を演ずる仏は、明らかに日常の常識をはるかに超えて、凡夫から遠い彼方に飛翔《ひしょう》するとはいうものの、そのような仏を支えるイデーないしファンタジーは、民衆一般そしておそらく在家信者たちの理想にかない、またそれを通じて近づき、親しみ、現にそれによりつつ、文学作品は構想された。上述した輪廻思想と仏との結合に基づく「ジャータカ」の類《たぐ》い（ひいては讃仏文学や仏伝文学）さえも、そのような傾向をかなり濃く含んでいる。

ここに一種のブッダ（仏陀）観の転換があり、いわばブッダ（仏）はただひとりの歴史的な釈尊（ゴータマ・ブッダ）をモデルとし、あるいは緊密に関連しながらも、しだいにそれを離れて、もしくはそれとは別に、新しいブッダ（仏）の誕生を迎える。以下は、この片仮名のブッダを釈尊（ゴータマ・ブッダ）に限定し、それと区別するために、新たに誕生したブッダをとくに「仏」と漢字によって示しつつ論を進める。

(3) 諸仏の出現

既述したように、もともとブッダ Buddha とは「目覚めた人」（覚者）をいい、ゴータマ・シッダッタは最高の真実に目覚めて、さとりを達成し、ゴータマ・ブッダとなった（サンスクリット語でいえば、ガウタマ・シッダールタがガウタマ・ブッダとなった）。すでに先の「阿含経典」の部にも詳述したとおり、ブッダの語は本来は普通名詞であり、釈尊と同時代にジャイナ教を創始したマハーヴィーラを、ブッダと称する用例もある。そのほか、ジャイナ教の伝える古い一テクスト（正確には『イシブハーシヤーイム』Isibhāsiyāim『聖仙《せいせん》の語録《ごろく》』）には、往時に何人ものブッダが登場しており、その中では、仏弟子のたとえばシャーリプトラ（サーリプトラ、舎利弗《しゃりほつ》）ほかをもブッダと呼ぶ。シャーリプトラは釈尊の入滅以前に没したと伝えられる以上、シャーリプトラ・ブッダの呼称を、釈尊も認めていたかもしれぬ。

しかしながら、仏弟子から眺める限り、すなわち仏教の内部では、ブッダとはすなわちゴータマ・ブッダにほかならず、ただひとり釈尊のみがブッダとして仰がれた。

このただひとりのブッダをめぐって、前項に記したような本生譚《ほんじょうだん》などの讃仏文学また仏伝文学が、さまざまの空想に満ち、豊かな創作力をほしいままにして、自由にかつ多数、またヴァラエティに富んで登場し、やがて隆盛を迎える。その際に、ブッダを釈尊に限定しようとの努力は見られるものの、たとえばブッダの前生を語るとすれば、それはブッダの成道《じょうどう》以前であるから、厳密にいえば、ブッダと呼ぶことはできず、まして誕生以前の過去世の物語である以上、別の名称を必要とする。同時に、それは、今世では、必ずブッダとなるべき在り方を有し、こうして世にいう「過去仏《かこぶつ》」が立てられるようになる。おそらく、インド最古の文献である『リグ・ヴェーダ』の説く「七人の仙人」の影響もあり、過去仏はしだいにさかのぼって「過去七仏《かこしちぶつ》」に至る。七仏の名称は次のとおり（一部に多少の異同がある）。

	〔漢訳〕	〔パーリ語〕		〔サンスクリット語〕	
㈠	毘婆尸仏《びばしぶつ》	ヴィパッシー	Vipassī	ヴィパシン	Vipaśyin
㈡	尸棄物《しきぶつ》	シキー	Sikhī	シキン	Śikhin
㈢	毘舎婆仏《びしゃばぶつ》	ヴェーッサブー	Vessabhū	ヴィシュヴァブー	Viśvabhū
㈣	拘楼孫仏《くるそんぶつ》	カクサンダ	Kakusandha	クラクッチャンダ	Krakucchanda
㈤	拘那含仏《くなごんぶつ》	コーナーガマナ	Konāgamana	カナカムニ	Kanakamuni
㈥	迦葉仏《かしょうぶつ》	カッサパ	Kassapa	カーシャパ	Kāśyapa

㈦　釈迦仏《しゃかぶつ》　サーキヤムニ　Sākiyamuni　シャークヤムニ　Śākyamuni

右のうち、㈤第五仏のコーナーガマナ仏の名は、ニグリーヴァという地にあった仏塔を、アショーカ王が修築して供養した際、その碑文に「コーナーカマナ」と刻んでおり、それに基づいて、過去仏の信仰は、明らかにそれをさかのぼる古い史実であることが知られる。また、この「過去七仏」は、たとえばパーリ『長部《ちょうぶ》』と漢訳の『長阿含経《じょうあごんぎょう》』とに含まれる「大本経《だいぼんぎょう》」に、詳細に語られ、そのほかの阿含経にもしばしば現われるほか、いわゆる単経として、『七仏経《しちぶつきょう》』、『毘婆尸仏経《びばしぶつきょう》』、『七仏父母姓字経《しちぶつぶもしょうじきょう》』もある（『大正』一巻「阿含部」上）。

なお、過去仏は、「過去七仏」説からさらに発展して、この七仏の前に十七仏を加えた「過去二十四仏」の説があり、これはジャイナ教と共通する。そのほかに、「四十五仏」、「五十仏」などの説も知られる。

歴史が過去にさかのぼるならば、それをいわば反転して、未来に仏が再来することも構想される。『長部』の「転輪聖王師子吼経《てんりんじょうおうししくきょう》」と『長阿含経』の「転輪聖王修行経《てんりんじょうおうしゅぎょうきょう》」とは、釈尊の予言を記して、次のようにいう。遠い未来に、メッテーヤ（マイトレーヤ、弥勒《みろく》）という仏（如来）が現われ、現在わずか百をもって数えられる弟子を率いているのに対して、メッテーヤは千をもって数えられる弟子の教団を率いるであろう、と（漢訳の後者は、「彼《ひ》の衆《しゅ》の弟子《でし》は無数千万《むしゅせんまん》あり、我《わ》が今日《こんにち》の弟子《でし》の如《ごと》きは数百《すうひゃく》」という）。そして、このメッテーヤの名は、最古の仏典とされる『スッタニパータ』に二度も登場して釈尊に質問するテイッサ・メッテーヤと、なんらかの関連をもつ可能性も考えられる。

　このメッテーヤのサンスクリット語であるマイトレーヤ Maitreya は、もとミトラ Mitra の語に由来し、しかもミトラはイランのミスラ神やインド一般のミトラ神とつながる。また、普通名詞のミトラは親友または善友を表わして、それから派生したマイトフ maitra は友情や親切などをいい、マイトリー maitrī は慈（悲）の原語に当たる。マイトレーヤ（弥《み》勒《ろく》）もこれらの類語であり、「慈」を意味することから「慈氏《じし》」とも漢訳される。

　このマイトレーヤ仏は、やがて未来仏として、諸経典に語られるようになる。そして、その未来とはいつなのか、また現在の住所はどこか、の二点が論議にのぼってくる。第一点について多くの経典は、「ずっと先の未来に人の寿命が八万歳（または八万四千歳）に達するとき」といい、あるいは「いまから五十六億七千万年のち」（この計算には疑問がある）ともいわれる。第二点に関しては、釈迦仏がそうであったように、マイトレーヤ仏は、現在トゥシタ（兜率《とそつ》）天《てん》に住むという。それならばと、インド人特有の伝承を混じて、地上に苦しむ凡夫《ぼんぷ》はただちにトゥシタ天にのぼり、もしくは死後そこに生まれること（上生《じょうしょう》）を願い、あるいはこの仏の速やかな下降（下生《げしょう》）を願ううちに、この二種の願いはいわゆる「弥《み》勒《ろく》信仰」に結晶して、それから「弥勒経《みろくきょう》」と概括される諸経典（漢訳六種、そのほかパーリ文、チベット文、コータン文の各別のものが現存する）が成立した。それらはいずれも、遠い未来の理想世界を描いて、その中心に弥勒仏を置き、この仏は釈迦仏の救済から洩れた衆生《じょう》（生あるものたち）をことごとく救う、と説く。なお、未来仏は、やがてこの弥勒仏のほかに、五仏・千仏・八万仏などに展開される。

こうして、現在仏から、過去仏、未来仏という三世《さんぜ》に拡大された仏は、引き続き、いわば時間を横に倒して、空間的に投影されるようになり、四方（東・南・西・北）、八方（四方の中間に、たとえば東南・南西などの四隅を加える）、十方（八方に上と下とを加える）に現在仏が立てられ、総称すれば「現在多方仏《げんざいたほうぶつ》」の思想に発展する。ただし、この多仏の考えは、すでに部派仏教の一部に芽生えており、あまたの世界（ほかのいくつもの三千大千世界）には、各別の仏が出世しているという説を、進歩的な部派の「大衆部《だいしゅぶ》」が「十方世界多仏出世《じっぽうせかいたぶっしゅつせ》」として認め、その系統に属する「説出世部《せつしゅっせぶ》」の『マハーヴァストゥ（大事《だいじ》）』や、またパーリ（したがって長老部《ちょうろうぶ》）の『カターヴァットゥ（論事《ろんじ》）』にも、ほぼ同じ旨の記述がある。一方、部派の中で最強・最大の有部《うぶ》はこの考えをあくまで否定し続けた。

ともあれ、「諸仏の出現」すなわち「多仏の思想」は、大乗仏教運動を推進する強力なモティーフであるので、次章に詳述する。

第二節　大乗仏教の成立

① 大乗仏教成立への諸要因

前節にあげたような、仏教の内外にわたる諸要因を経て、やがてここに大乗仏教の成立を見るに至る。

それらをごく簡単に再説し、それに続く展開を記してゆこう。すなわち、仏教外の条件として、インドのとくに北西部一帯（そこは、当時、インド仏教の最も重要な本拠地のひとつであった）への外来諸民族のあいつぐ侵略、そしてそれに伴なう暴虐と混乱、またそれからする民衆の苦難があり、その現に直面している耐えがたい辛苦から、なんとしてでも脱出したいという、不抜の悲願ないし希求を仏教徒たちに燃え立たせた。同時にまた、ギリシアのヘレニズムおよびイランの諸文化が流入し、当然それらから種々の影響を受けたにちがいない。

仏教内の諸要因の主要なものをあげよう。まず、部派仏教における出家者の専門的もしくは閉鎖的な独占性と、そのかたくななまでのかなり高踏的な理論形成とは、かえってその教義のうちに一種の固執を生む結果となる。そして、また、そのような出家者から、しだいに離脱してゆく、あるいはゆかざるを得ない在家信者は、独立とまではいわなくとも、出家者が近づかず、気づかぬ別の面で奮起する。すなわち、在家信者たちは、たとえば仏塔により、あるいは讃仏《さんぶつ》と仏伝とを中心とする諸文学作品などによって、自由な、新たな仏教運動を急速に活性化する。

これらの動きを別の角度から眺めて見るならば、部派仏教の出家者たちが、堅固で安全な僧院を本拠に、ひたすら「さとり」を求めつつ修行し、しかも自己の完成に専念したのに対して、在家信者を中軸とする新たなる仏教運動は、その自己のほかに、自己とまったく対等の他者を見いだして、互いに連帯し合う。もしくは、自己をも包み込んで、かつての釈尊のごとき、崇高で、傑出した徳と力とを有する、一種の絶対他者を立てて、自己の悲惨と無力とから、そのような自己を救済することを希求し、それにすがり、信仰する。また、ほかには、あまねく他者を拡大しつつ、そのような他者への献身そのほかにより、かえって自己の救済が計られる途《みち》を切り開いてゆく。この後者には、たとえば「廻向《えこう》」の語の格別の用語例が随伴して、従来のいわゆる「自業自得」とは異なり、おそらく後述する「空《くう》」の思想とも表裏しつつ、自己の善業による結果すなわち善報をそのまま他者にふりむけるという、一種の質的な転換がなされる。これらの種々なる「他者」は、いわばないまぜとなりつつ、民衆の要望に応じた救済仏また菩薩《ぼさつ》の登場があって、それは次の「菩薩」の章で説明する。なお、以上に「信仰」の語を用いてきたが、ここは日本語の現状に基づいてやむを得ず用いる。正しくは単に「信」、「まこと」、もしくは「信心」、「信楽《しんぎょう》」というべきではあるけれども(拙著『比較思想序論』春秋社の「信と信仰」を参照)、ひとまず以下にもこの「信仰」の語を使用する。

②　大乗仏教運動について

前項に述べたような諸要因が出揃い、時代もすでに釈尊の入滅後数百年を経過しているとはいえ、ただちに大乗仏教が興起し、成立するのでは、けっしてない。すべて、ある革新的な、とくに思想の大転換という新しい一大変動には、かなり長期にわたる一種の胎動が必ずその底流として継続し、種々の試行が企てられる。このような一連の必然的な動きを、ここには大乗仏教運動と名づけておく。

ただし、この運動は、当初はほぼつねに潜行して、しかも表層に登場するさまざまのものと混交し、それらを通じての過渡的な時期の見きわめは、まことにむずかしい。ほかのどのような場面においても、ほぼ変わらないけれども、この胎動―運動に携わった人びとは、明確な自覚のもとに、ある理想ないし目標を掲げつつ歩を進めるプロセスにおいて、その先頭に立ってリードしてゆこうとする一群の活動家として現われる。同時にまた、とくにそのような意識を格別あらわにせず、目立つようなさまは示さないものの、着実にある新たなるものへの（ときには漠然たる）希求を抱き、しかし、一応は伝統をそのまま継承しながら、両者の対応をじっくりと判断して、よりよき在り方を探り求め続ける静かなグループもある。

そのうえ、新しいある理想とはいっても、それが新しいだけに、すべての人にそのまま適合し、歓迎され、受容されることは困難であり、前記のリーダーたちにとっても、また静かなるグループにとっても、一律一様ではけっしてなく、一色に塗りつぶされるごときことは、到底あり得ない。そして、それにあるいは期待し、ときには渇望する人びとと、逆に、冷ややかな、さらには反発する人びとなどが、さまざまに分かれて、つぎつぎと現われる。新しければ新しいほど、その在り方は多様であり、複雑化し、しかも広大なインドの諸地方に散在したであろうから、当然のことながら、その内容にせよ、その内容を実現しようとする実践・方法・手段・プロセスにせよ、いっそうヴァラエティ豊かに、おのおのが相違しよう。

このようなところから、右に記した胎動を含みつつ開始される動きを、ここに一括して大乗仏教運動と名づけることとし、しかも、それはかなり多種に分かれていることを、あらためて強調しておきたい。

大乗仏教運動は、具体的には大乗経典の成立を迎えて結晶した、といってもよい。もちろん、単に経典の成立だけではなくて、その経の背後にある諸種の宗教的実践が推進され、具体的には、それぞれに特定のある活動がなされたであろう。しかし、それらの実践ないし活動は、それらがそのままに継承され続けなければ、その実相は把《とら》えることができず、実態は知られ得ない。それらに関しては、むしろ、それらについて触れ、ないし記す諸経典の叙述からうかがう以外に、資料はない。

総じて人間の行為そのものは、その行為のなされた瞬間に消えて、次の行為に移る。それらは記録されて伝えられない限り、その行為について知る手がかりはない。それらの記録そのものは、当時成立した多くの諸経典（ごくわずかに碑文その他）に残され、それらから往時の大乗仏教運動は考察されよう。おそらく、その運動は、ほぼ次の諸イデー（のいずれか）を掲げ、それを中心にして推進された。

①新しい諸仏と諸菩薩《ぼさつ》、②「空《くう》」の思想、それに関連する「六波羅蜜《ろくはらみつ》」とくに「般若波羅蜜《はんにゃはらみつ》」、③「救済」と「慈悲」、広くいえば「利他《りた》」、またそれに関連する「誓願《せいがん》」、そして「廻向《えこう》」の新たな展開（それらは②の「空」思想とも連絡する）、④一種の現世主義と同時に彼岸《ひがん》への希求、⑤「信《しん》」の強調、⑥「三昧《さんまい》」の浄化《じょうか》、⑦壮大な宇宙観、⑧自己の心の本性の追究、⑨「方便《ほうべん》」すなわち手段の重視、⑩ある種の神秘化、それにはインド古来の伝統や当時の諸情況または土着文化の影響、そのほかが考えられる。

以上の諸テーマの中で、その担い手もしくは旗手の役割を果したのは、なんといっても菩薩（新しく登場する仏を含む）であるので、ときに右の①〜⑩に関連させながら、次に新しい章のもとに論ずる。

第二章　菩薩

第一節　菩薩という術語

①「菩薩」の語義

「菩薩《ぼさつ》」に関しては、その語義はもとより、以下に掲げる諸事項について、ヨーロッパの諸国やインド、中でもわが国の多くの学者・研究者の優れた諸研究がある。それらを根拠として、まず最初に菩薩の語義を明らかにしよう。

「菩薩」は、いうまでもなくインドの原語の音写であり、サンスクリット語のボーディ・サットヴァ bodhi-sattva、パーリ語のボーディ・サッタ bodhi-satta に基づく。そのうち、ボーディは、語原がブドㇷ budh（目覚める）であって、それからブッダ Buddha（目覚めたもの、覚者《かくしゃ》）すなわち仏（仏陀《ぶつだ》）が由来しており、ボーディ（音写は「菩提《ぼだい》」）の語には、さとり、（仏の）智慧《ちえ》などが込められる。また、サットヴァは、アス as（ある、存在する）を語原として、一言で表わせば「生命あるもの」をいい、「衆生《しゅじょう》」の漢訳がよく知られており、それに対して、玄奘《げんじょう》は「有情《うじょう》」と訳す。サットヴァにはそのほか、本質、心、大心、精神、決意、志願、献身、意識、勇気、胎児などの意味ないし用例がある。なお、このサットヴァと古いヴェーダ語のサトヴァン satvan（勇者、英雄）との親近を説く学者もある。

このボーディ・サットヴァ（ボーディ・サッタ）をそのまま音写すれば「菩提薩埵《ぼだいさった》」となり、この四文字の音写も漢訳テクストにときおり現われる。そして、「菩薩」はこの四文字の短縮形といわれることもある。同時に、次のような説も紹介されている。すなわち、インドの原語は、中国に伝来するまでの長い旅程のあいだに、語尾の母音が脱落するという例を、しばしば見受ける。たとえば、ブッダの Buddha の語尾の a が落ち、そのためにその前の子音も抜けてブド Bud（ブト But）となり、仏となったというように、ボーディ↓ボート↓ボー、サットヴァ↓サト↓サと変わって、ボーディ・サットヴァがボート・サトもしくはボー・サとなり、それが「菩薩」と音写された、とこの説はいう。

この「菩薩」の語ないし字が確定したのは、「般若経《はんにゃきょう》」をはじめ、初期大乗経典と論書の漢訳に最大の貢献を果たしたクマーラジーヴァ Kumārajīva（鳩摩羅什《くまらじゅう》、以下は単に「羅什」と略す）の功績であり、それ以前は一般に「扶薩《ふさつ》」の音写が行なわれていたのを、羅什が「菩薩」とあらためたことにより、その後に諸経典の書写の際に、すべてこの「菩薩」と書き換えられたとも見られている。

一言、羅什に触れておこう。彼は、高位を捨てて出家したのちパミールを越えてクチャ

（亀茲《きじ》）に渡来したインド人を父に、クチャ国王の妹を母に、三五〇年クチャに生まれた。幼少から明敏で、九歳から一二歳までをインドのカシュミールに学び、アビダルマ、とくに「有部《うぶ》」の教学の研鑽《けんさん》に努めて、そのすべてに通達する。帰国の途次に、一年間カシュガールに滞在する間に、インドの諸学問を究め、しかしそのあと大乗仏教を教えられて、大乗に転じ、その奥義に通達する。故国クチャに帰り、いわゆる小乗の盛んな中で、ひとり大乗を説き進め、『放光般若経《ほうこうはんにゃきょう》』（後述）を得て没頭し、開悟《かいご》する。やがて、大乗の学僧としての羅什の名声は、中国本土にも達するようになった。当時の中国は揚子江を挟《はさ》んで南北に分かれ、華北にはいわゆる五胡十六国の交替するなか、そのひとつ前秦は、羅什招致を目ざして西方攻略を果たし、羅什は捕虜の身となった。しかし、本国の前秦は滅んで、羅什は涼州の姑臧《こぞう》に一六年間もとどめられる。その間に、漢語と中国古典とを学び、仏典を説く。後秦が興り、かねてから広く念願されていた羅什の中国招致は、四〇一年にようやく実現を見る。その年の末に、長安に到着した羅什は、最も重要な「般若経」の数種（後述）とその註釈、そして『法華経《ほけきょう》』、『維摩経《ゆいまきょう》』、『阿弥陀経《あみだきょう》』などのほか、初期大乗仏教の基盤を確立したナーガールジュナ Nāgārjuna（龍樹《りゅうじゅ》、約一五〇―二五〇）の『中論《ちゅうろん》』その他の諸論書など、三五部二九四巻の漢訳を八年あまりの間に完成し、四〇九年に六〇歳の生涯を長安において閉じた。羅什の漢訳の特徴は、その訳文の簡潔達意と流麗とがとくに際立っており、またそれまでの約二五〇年間続けられてきた仏典の漢訳術語の混乱や誤解などは、羅什によりほぼ解消された。また、羅什は、前述のように、初期大乗仏教の核となる諸テクストを選んで漢訳し、その訳本は、現在もなおわが国をはじめ漢字文化圏で最も広く流通《るつう》し、読誦《じくじゅ》され、親しまれている。中国および日本における（初期）大乗仏教の隆盛に最大の功績を果たした羅什について、あえて以上の特筆を挟《はさ》んだ。

さて、それでは、菩薩＝ボーディ・サットヴァ（ボーディ・サッタ）の語義は何か。後述するこの語の起原をも考慮しつつ、この語の意義を突き止めてみると、「菩薩」とは、

仏の智慧《ちえ》を有する「生あるもの」
仏の智慧を求め続け、それが必ず得られる「生あるもの」

ということができ、現代ふうに換言するならば、

菩薩は、智も、徳も、行も、すべてに傑出し、現在はまだ仏ではないけれども、必ず仏となることの確定している「候補者」

との定義がふさわしいのではないかと思われる。そして、この語義に基づき、それから発して、「菩薩」の観念ないし語義や用法は、次節に詳述するように、大乗仏教の胎動－運動の

過程において微妙な変化を遂げ、ついにその担い手として登場し、縦横無尽の活躍を果たすようになる。

なお、この「菩薩」という語は、インド思想史において、仏教以外で用いられた形跡は、現在まで見当たらない。

②　「菩薩」の語の起原

「菩薩」の語は、すでにアーガマ文献＝「阿含経」に見え、その中でも最古のテクストといわれる『スッタニパータ』（第六八三）にも一例がある。さらに詳細に検討すると、以下のとおり。「阿含経」のうち、パーリの「四部」と漢訳の「四阿含」についていえば、前者の「四部」のすべてに「ボーディ・サッタ」すなわち「菩薩」の用例があり、しかもかなり広範囲にわたる。後者では、『長阿含経《じょうあごんぎょう》』とその異訳経典、また『増壱阿含経《ぞういちあごんぎょう》』に、「菩薩」の語がしばしば登場する。『中阿含経《ちゅうあごんぎょう》』には見えない。しかし、その異訳経典には現われる。『雑阿含経《ぞうあごんぎょう》』では後世の挿入とされている「阿育王伝《あいくおうでん》」（『無憂王経《むうおうきょう》』）に関連する個所に四回、また、後世の付加とみなされる一経（第一一一七経）に一回だけ用いられるほかは、「菩薩」の語は存在しない。これは、『中阿含経』と『雑阿含経』とが、部派仏教の主流をなした有部《うぶ》によって伝誦《でんじゅ》された原本に由来し、初期の有部は「菩薩」の語の使用を欲しなかったためであろう。

「律蔵《りつぞう》」では、パーリ律や漢訳の『四分律《しぶんりつ》』、『五分律《ごぶんりつ》』などに、やはり「菩薩」の語が見える。そのほかに、パーリの「小部《しょうぶ》」の中でも、『ジャータカ』その他では、盛んに「菩薩」が登場し、活躍する。

それならば、「菩薩」の語（正確にはその原義、以下同じ）は仏教の最初からあり、説かれ、用いられたのか。けっしてそうではない。初期仏教の時代でも、当初からその前半までは、「菩薩」の語は存在しなかった、というのが、今日の学界のほぼ一致した定説であり、それを立証するのが、往時彫刻されてそのままに伝えられる後述の碑銘である。

上述したように、初期仏教の重要なテクストのひとつに『ジャータカ』があり、それはもっぱらブッダの前生《ぜんしょう》を説く。そして、また右に掲げたアーガマ文献＝「阿含経」に「菩薩」の語を用いているそれぞれの経や詩などを残らず集めてみると、それらの諸資料に共通しているのは、すべて広義の「仏伝」と深い関連を有するものに限定されており、このことが、「菩薩」の語の起原を追究する鍵《かぎ》となる。ともあれ、これら広義の「仏伝」がかなり古い時代にすでに成立していたことは、まちがいない。

そのような「仏伝」の一種は、サーンチーその他の仏塔を飾る仏教彫刻にも見え、ときにはそれら彫刻だけでも、簡略化された「仏伝」をたどり得る。そして、そこには、当時の碑銘が刻まれている。なお、よく知られているように、紀元前のこの時代には、ブッダの姿が彫刻されることはまったくあり得ず、空白のままにするか、あるいは数種のシンボル（仏足《ぶっそく》跡《せき》、菩《ぼ》提樹《だいじゅ》、法輪《ほうりん》など）で表現される。上述したように、仏像がインド北西部のガンダーラに、また中インドのマトゥラーに最初に出現するのは、紀元後一世紀末～二世紀以降というのが、定説となっている。

前述したように、彫刻には、しばしば碑銘がある。「菩薩」の語に関連して、最も注目されるのは、バールフトの塔門と欄楯《らんじゅん》であり、そこには「仏伝」の一部すなわちブッダ（釈尊）が兜率天《とそつてん》を下り、マーヤー（摩耶《まや》）夫人《ぶにん》に入胎《にったい》する場面が刻まれていて、その銘文には、

世尊入胎す（バガヴァトー・ウークランティ Bhagavato ūkranti）

とのみある。さらに、そのブッダの出家の直後を示すものには、「世尊の髻《もとどり》の祭り」と彫られている（これらの場面は、仏伝としてはかなり進んだ段階の物語に属する）。付言すれば、バールフトの彫刻には、右のほか約一五景の仏伝図が見えるという。また、おそらくそれよりも古く、アショーカ王がルンビニー園に建設した仏塔の碑文にも左の語がある。

世尊誕生す（バガヴァン・ジャーテー Bhagavaṃ jāte）

以上の碑文の彫刻には、「世尊（バガヴァン）」とあって、けっして「菩薩」とはいわな

い。このことは何を物語るのか。周知のとおり、この「世尊（バガヴァン）」の名称は、本来は、ブッダガヤーの菩提樹下で成道《じょうどう》し、さとりをひらいたブッダ（覚者《かくしゃ》）＝仏となって以降にはじめて用いられるべき語であり、その成道以前は、まだ「仏」とはなっておらず、もちろん「世尊」でもない。換言すれば、成道によって「仏」となり「世尊」となる以前は、単にゴータマ（ガウタマ）のみ、あるいはゴータマ・シッダッタ（ガウタマ・シッダールタ）でなければならない。それなのに、右の彫刻には、そのようにあるべきものが、「世尊」すなわち「仏」となっている。このことは、これらが彫刻された紀元前二世紀ごろには、すでにかなり詳しい「仏伝」が各種つくられ、広く知られ、語られていたにもかかわらず、まだ「菩薩」の語は出現せず、成立していなかったということを、明白に立証する。

他方、ちょうど右の「仏伝」を語る諸文献には、その個所のすべてに「菩薩」の語が当てられている。とりわけ、たとえば入胎《にったい》の場面にしばしば説かれており、『長部《ちょうぶ》』でも、『長阿含経《じょうあごんぎょう》』でも、そのほかのパーリ、サンスクリット、漢訳の諸テクストはすべて、「菩薩入胎」とある。そのほか、釈尊の述懐の中の、「私がまだ正しいさとりを得ない菩薩であったとき」という定型句が、前述のアーガマ＝「阿含経」に頻出するように、それらが上述の碑銘に「世尊」のままになっているのと比較してみるならば、この定型句に含まれる「菩薩」の語は、必ずしも必要ではなく、むしろその語を欠いていても、充分に文意が通じ得るところから、現在伝えられている文献資料の「菩薩」の語・文字は、後世に挿入されたか、もしくは書き換えられたということを、如実に示している（たとえば、上述の『中阿含経《ちゅうあごんぎょう》』には、右に記した定型句も単に「私がまだ正しいさとりを得ていなかったとき」〈我《が》本末《ほんまつ》無上《むじょう》正等覚《しょうとうがく》時《じ》〉とあって、「菩薩」の語は存在しない）。

こうして「菩薩」の語の起原は、どうしても、「仏伝」の中に探求してゆかなければならない。すなわち、仏伝の作者たちは、右に一言述べたように、成道以前のゴータマ・シッダッタを、成道以後のゴータマ・ブッダ＝バガヴァン＝世尊と明らかに区別するために、前者を「釈迦《しゃか》菩薩」（あるいは単に「菩薩」）と呼んだということが、当然考えられる。それならば、この用例の最も古い典拠は、どこに求められるかが問題となる。

今日の学界では、仏伝文学のほとんどすべてに現われる「燃燈仏授記《ねんとうぶつじゅき》」の物語を、「菩薩」の語を用いた最初とする説が最有力視されている。それは次のように語る。

釈尊は、遠い過去世においてメーガ Megha（「雲」の意）、またパーリ語ではスメーダ Sumedha、別のサンスクリット文ではスマティ Sumati（ともに「善慧《ぜんえ》」と訳される）という名のバラモンの青年であり、燃燈仏《ねんとうぶつ》（ディーパンカラ、定光如来《じょうこうにょらい》・錠光仏《じょうこうぶつ》と訳される）に出会って「菩提心《ぼだいしん》」（さとりを求める心）を起こし、必ずみずから仏になるという「誓願《せいがん》」を発する。それに対して、燃燈仏が「汝《なんじ》は未来世《みらいせ》において釈迦牟尼仏《しゃかむにぶつ》という名の仏になるであろう」という「記莂《きべつ》」（予言）を授ける。燈明をともす仏である燃燈仏から、このように燈火が点ぜられて、この青年はひたすら「さとり」を求め、修行に励んだ。この際、彼はすでに記莂を授けられ、すなわち「授記《じゅき》」を得ていて、いつかは仏となることが確定しており、それをみずから知っている。しかし、いまだ仏にはなっていない。同時に、授記を得ている以上、単なる修行者とも区別される。しかし、仏には達せず、かつ単なる修行者とも異なるという、その特殊な在り方を明確にするために、ここに新たな名称の必然性が生まれて、こうして「菩薩」という語が作られ、彼を「菩薩」と呼ぶようになった（ここで、前項①の「菩薩の語義」を再び参照されたい）。

そして、これもすでに記したように、いったん「菩薩」の新しい呼称が作られ、登場すると、過去世《かこせ》ないし前生《ぜんしょう》はもとより、菩提樹下の成道以前を、すべて「釈迦菩薩《しゃかぼさつ》」、「菩薩」と呼ぶようになり、それまでの諸文献資料のことごとくに、この呼称は遍満するようになった。しかしながら、この「燃燈仏授記《ねんとうぶつじゅき》」を「菩薩」の語の嚆矢《こうし》とほぼ確定し得たとしても、そのことを現存の仏伝文学から論証することは、あまりにも多い「菩薩」の語の氾濫《はんらん》から、不可能となってしまっていて、その初出年代などは、まったく推定も及ばない。

ともあれ、このようにして「やがては必ず仏となるべきものとしての菩薩」が、仏伝文学に繰り返し説かれる。そして、そこでは、上述の「燃燈仏授記」の物語における「授記《じゅき》菩薩」は、そのまま「前生《ぜんしょう》菩薩」に拡大して、それら作品中に占められるようになる。そこで、それらを総称して、以下では、仏伝文学に登場する菩薩、略して「仏伝の菩薩」と呼ぶことにしよう。

この「仏伝の菩薩」が、これらのいわゆる文学作品において構想され、発生し、展開したという事実は、きわめて興味深い。というのは、文学者たちは、必ずしも伝統的な教義や厳密な論理などを格別に考慮することは少なく、またそれらからの束縛をそれほど深刻には感じないまま、かなり自由な、ときには奔放なイメージによる想像力を駆使し、創作するという、一種独自の可能性を秘めているからである。

③「菩薩」の語の展開

「菩薩」の語およびその観念は、ほぼ初期仏教から部派仏教へと移行するころ、年代でいえば、おそらくおおよそ紀元前二世紀ごろよりものちの、早くてもそれ以降に出現し、成長した。そしてかなり速いスピードで、仏教の諸活動に、諸部派の教説に、またそれらの諸文献に拡大するが、その拡散の過程において、文献編集者・文学者・諸部派の学僧たちは、やや幅広いニュアンスや意義づけを行ない、こうして「菩薩」の語は、その始原から離れて、それを記す文献の性格や各部派の教理その他と関連しつつ展開する。

ごくおおまかにいえば、パーリ系では、比較的、歴史的人物としての釈尊に即して「菩薩」を解しており、それに対して、漢訳に伝えられる大衆部《だいしゅぶ》系などは、少なくともその初期には、「完成した菩薩」を想定し、それ以前の、低い段階における修行の間は、「菩薩」とは認めなかったらしい。有部《うぶ》は先にも記したとおり、当初は「菩薩」の語を使用しなかった。

以上は、諸資料を網羅したうえでの比較研究から導かれる推定であり、換言すれば、パーリ系にイデー（理念）としての「菩薩」、大衆部系にイデアール（理想）としての「菩薩」という措定《そてい》もなされよう。

そして、たとえば、前章の第一節④に記した「弥勒仏《みろくぶつ》」についても、それは未来仏であって、現在はトゥシタ（兜率《とそつ》）天にあり、はるか遠い未来に、地上に仏として出現するまでは、依然として現在はその天上にとどまっているところから、「弥勒仏」を「弥勒菩薩」と呼ぶ表現も現われる。あるいはまた、過去七仏のおのおのについても、その伝記中に、それぞれの成道以前は「菩薩」（たとえば毘婆尸《びばし》菩薩など）と呼んでいる。

いずれにせよ、こうして出現した「仏伝の菩薩」が、次の段階で、どのようにして「大乗の菩薩」に進展するか、それは次節において詳述しよう。

第二節　大乗の菩薩

①　大乗の諸仏

「大乗の菩薩」を論ずる前に、すでに触れたことのある「多仏」思想から進展した「大乗の諸仏」について、別の角度からさらに詳しく見てみよう。

その際、ここであらためて、「仏（ブッダ）」と「菩薩（ボーディ・サットヴァ）」の基本となるテーマについて、それが仏教において最も重要なテーマであることを熟慮しつつ、いささか考察を行なう。

ブッダもボーディもともにブドゥを語根とし、それが「目覚める」を意味することはすでに記した。それではいったい、何に目覚めるのか。それに対して、「真実に目覚める」と答えるのが、最もふさわしいであろうと思われる。そこで、当然、次の二つの問題が生ずる。

第一は、ここに「真実」といって、「真理」とはいわないという点である。なぜか。本来は、真実も、真理も、根底においてはとくに変わらない（現代の諸外国語でもほぼ区別され得ない）けれども、「真理」の語には、少なくとも現在用いられている日本語としては、かなり科学的なニュアンスが濃い。ここには、科学そのものについての意見を差し控えるものの、いわゆる科学とそれに伴なう技術、そしてその製品は、私たちの日常生活にあまりにも密着しており、その度合が今後ますます深化するであろうこと、また科学はもっぱら主体と対象（客体）とをはっきり二分し、一切を対象化するところに成立し、展開すること（一言で表わせば明確な二元論をとる）、しかもその方法はほぼ分析を主とすること、以上の三点だけをあげておこう。そのような中で、いわば主体の認識が対象の存在・運動・状態・性質などと合致した場合に、それを「真理」と称し、それはやがて「真理の法則」として体系化されつつ、さらにその法則や体系もまた対象化される。

一方、「真実」はこのような科学だけにとどまらず、私たちの現に生きているこの現実そのものに内在して、ときに対象化されることがあり得るとはいえ、つねに主体に即し、その主体は対象化とその所産とをみずから包み込んで、ここに現われる「真実」は主体が生きる現実に密着していて、けっして離れることがない。

その現実に生きる私たちは、日常いたるところに、自己の思いとあい反する事態にぶつかり、そのような在り方を凝視して、仏教はそれを「苦《く》」と名づけた。そして、それが、「苦に関する真実」＝「苦諦《くたい》」であり、「その苦の生ずる真実」＝「集諦《じったい》」と、「その苦を消滅して解放された真実」＝「滅諦《めったい》」と、および「苦の滅に到達するための実践の道である八正道《はっしょうどう》という真実」＝「道諦《どうたい》」とが導かれて、いわゆる「四諦説《したいせつ》」が立てられる。このほかに、「無常《むじょう》－苦《く》－無我《むが》」という、後世いわゆる「三法印《さんぼういん》」や、「不苦不楽《ふくふらく》の中道《ちゅうどう》」など、つねに現実に直面し、現実に即しての真実があり、それを、それのみを、仏教は取り上げ、問い、答える。

このようにして、上述したように、仏教の説く「さとり」は、「真実に目覚める」ことであり、その「真実」はただちに現実の「苦」のさなかにそれを凝視し、その「目覚め」は「その苦の起点」に連なる。

第二の問題は、この「目覚める」にある。「目覚める」という以上、それまで眠っていたものが目覚め、閉じていた目が開く。そのことは、同一の主体において、眠っているあるいは目を閉じているということが一方にあり、目覚めるもしくは目を開くということが他方にある。論理を単純化するために、右のうちのそれぞれ前者だけを論ずると、眠っているのも自己であり、目覚めるのも自己である。自己が眠り続けている限り、目覚めない。目覚めたならば、すでに眠りはない。眠りと目覚めとは、明らかに相互に排斥し合う矛盾関係にある。しかも、その両者は自己ひとりにあり、一個の自己においてそのような矛盾が潜む。

これを言い換えるならば、自己は自己の中に矛盾し合うものを有しており、それを認めるのであるから、自己は分裂せざるを得ず、それは明らかに「苦」の一形態であり、そして、さらに重要なことは、そのような在り方を自己がみずから知っており、あるいは自己がみずから眠り、また目覚めることを行なっていて、しかも自己の中にその目覚める本性ないし素質を有している、という点である。

さらに、表現を変えれば、目覚めるのは自己なのであり、右に記した「苦の超克」を果たすのは、自己そのものなのであって、けっして他者ではなく、他者はせいぜいそれを見守り、助けるにとどまる。いわば、「目覚める素質」に相当するものを、ほかならぬ自己に見いだして、それを自己確認する。このようなことを、仏教の説く「さとり」は示している。

ブッダはそれを如実に果たし、それを完成して、広く人びとに示し説いた。その内容がボーディであり、「さとり」そのものである。ブッダのボーディは飾られて、サンボーディといい（やはりサンブッダの語もある）、そのうえにさらに多くの修飾語を付して、「これ以上はあり得ない最高のボーディ」という語がつくられ、それをアヌッタラ・サムヤク・サンボーディ anuttara-samyak-saṃbodhi と術語化する。パーリ語はアヌッタラ・サンマー・サンボーディ anuttara-sammā-saṃbodhi と称し、阿耨多羅三藐三菩提《あのくたらさんみゃくさんぼだい》と音写する。この語のうち、uttara は「より上の」、それに an- という否定の接頭辞を付して「無上の」、samyak は「正しい」、saṃbodhi は「等正覚」を表わし、これらを合わせて、「無上正等正覚《むじょうしょうとうしょうがく》」と訳し、それは上述したように、「この上ない真実の覚り」をいう。

　これらの、いっそう飾り立てるいくつかの語が見られるとはいえ、ここにとくに強調しておきたいのは、「さとり」といっても、それは、つねに自己が生きる現実に即しつつ、その現実が対象化のままであることはけっしてなく、自己がみずからその現実とともに生きて行くべき真実（現実から離れた超越的真理ではない）を、しかも自己において目覚める、という点であり、このことをもう一度再確認しておこう（この「自己におけるさとりへの目覚め」は、後述する「心性清浄《しんしょうしょうじょう》」の説に展開してゆく）。そのうえで、以下に「大乗の諸仏」のテーマに戻る。

　さて、大乗仏教運動を推進した在家信者たちは、僧院にこもって修道に専念する出家修行者、とくに比丘《びく》とは異なり、日常の煩雑《はんざつ》な生活を送りながら、篤《あつ》い思いを仏教に寄せていた。彼らは、たとえば出家者に奉仕し、あるいは、たとえば仏塔を寄進し、守護し、仏塔の維持・管理・経営に加わり、たとえば右に記した「仏伝の菩薩」ないし「完成した菩薩」をめぐる諸問題に熱中しつつ、みずからもある種の仏教運動に参加し、進展させるエネルギーを貯えてゆくうちに、すでに神格化の進んだブッダ（釈尊）についてはもちろん、それ以外に新たに誕生しつつある仏に対しても、その仏をひたすら尊崇するだけではなくて、それを仏になんらかの希求ないし期待を抱くようになり、それをふくらましてゆく。

在家信者からする仏への希求や期待は、それでもなお、みずからが「さとり」に達して仏となるとか、あるいは仏と一体化するとかというまでには、当初のこの時代にはまだ達していない。そのような飛躍ではなくて、彼らの希求・期待のことごとくを反映しながら、それらを実現するような、いわば超人化され、さらには神格的な力と徳との備わった仏の出現を待望するうちに、やがてそれは見事に結晶して、そのようにして創出された、ある意味で絶対者に類する仏（諸仏）に対して、ひたすら自己の救済を願うようになる。このプロセスを上述の術語で表現するならば、それまでの初期仏教以来のブッダ、すなわち釈尊から拡大して、たとえば「過去七仏」のごとく、「さとり」に達した解脱《げだつ》の仏から、ここに救済仏が希求されるという方向に、いわば質的に転換したということもできよう。先に触れた過去仏に発した仏陀《ぶつだ》観の展開は、やがて弥勒仏《みろくぶつ》という未来仏を生み出したが、それは多分に救済仏への志向をすでに物語っている（おそらく一部の出家者の賛同も得たであろう）。

過去－未来という時間的に拡大した多仏が、やがては空間的に展開される過程で、最初に、四方《しほう》（東・南・西・北）のそれぞれに仏（四仏《しぶつ》）が立てられる。すなわち、東方に「阿《あ》閦仏《しゅくぶつ》」（アクショーブハヤ）、南方に「宝相仏《ほうそうぶつ》」（ラトナケートゥ）、西方に「阿弥陀仏《あみだぶつ》」（アミターバ＝「無量光《むりょうこう》」、アミターユス＝「無量寿《むりょうじゅ》」）、北方に「微妙音仏《みみょうおんぶつ》」（ドゥンドゥビスヴァラ）が立てられる。この「四仏」の名称は、経典によりかなり相異するものの、東方と西方との二仏はほとんど変わらない。

　こうして、右の二仏のいずれか、すなわち阿閦仏もしくは阿弥陀仏を一途《いちず》に賛美するうち、それぞれの仏の住所として、阿閦仏には東方の「妙喜世《みょうきせ》界《かい》」、阿弥陀仏には西方の「極《ごく》楽世《らくせ》界《かい》」という、仏国土《ぶっこくど》のいわゆる「浄土」を立てて、それぞれをこのうえなく美しく、あらゆる希望から理想までを実現している「彼《ひ》岸《がん》」の世界として描く。そして、阿閦仏によって妙喜世界への、阿弥陀仏によって極楽世界への救済を切《せつ》に願い、逆にそれぞれの仏からの救済を固く信じきる、そのような諸経典がこうして生まれてくる。すなわち、一方に「阿閦仏経」の経典群が、他方には「阿弥陀経」の経典群が、それぞれ創作され、それぞれ漢訳されて伝えられている。そのうち、やがては後者が格別に尊重されて、「浄土経典」の名称で知られるようになり、種々の異訳経典などを経て、『無量寿経《むりょうじゅきょう》』・『観無量寿経《かんむりょうじゅきょう》』・『阿弥陀《あみだ》経《きょう》』を合わせた「浄土三部経《じょうどさんぶきょう》」が、とくに中国および日本において、深い尊敬と帰依を受ける。これらの三つの経については、次の第三章で詳述する。

　釈尊（釈迦仏）は、あらゆる衆生《しゅじょう》の苦悩を解決する、という衆生の限りない尊崇と希求とに基づいて、しばしば「医《い》王《おう》」、「大医《だいい》王《おう》」と呼ばれてきたが、その面をとくに濃く、明確に描き、それに向かって救済を念ずるなどのことをモティーフとしつつ、やがては釈迦仏より分離独立させて、「薬師《やくし》（バイシャジュヤ・グル「医薬の権威者」の意）如来《にょらい》」が立てられる。そして、この薬師如来への信仰は、諸種のいわゆる「薬師経典」群の成立となる。

多くの「薬師経」の代表とされる『薬師如来本願経《やくしにょらいほんがんきょう》』（隋の達磨笈多《だつまぎゅうた》の訳、別に玄奘訳の『薬師瑠璃光如来本願功徳経《やくしるりこうにょらいほんがんくどくきょう》』ほか）によれば、東方に「浄瑠璃《じょうるり》」という名の彼岸の世界があり、その世界の仏が薬師瑠璃光王如来すなわち薬師如来である、という。この如来は、如来（仏）となる以前の菩薩のときに、十二の大願を起こし、ついにそれらをことごとく成就して、如来となったとされる。たとえば、その第七願は次のようにいう。

諸患《しょげん》（もろもろの患《わずら》い）逼迫《ひっぱく》して護《ご》なく、依《え》（よりどころ）なく、一切《いっさい》の資生《ししょう》（生命を助ける）医薬《いやく》を遠離《おんり》せる（遠くに離れる）者《もの》、わが名《な》を聞《き》かば、衆患《しゅげん》悉《ことごと》く除《のぞ》かん。

ただし、薬師如来への信仰の実態は、とくにインドなどにおける情況は、現在もなお不明なところが多い。また、薬師瑠璃光如来のほか、さらに六仏を立て、「七仏薬師《しちぶつやくし》」を説く経典があり、この七仏が薬師如来の一仏に帰着した、という説もある。なお、わが国では、当初は薬師信仰が栄え、やがてその大部分が阿弥陀信仰に移行した、といわれる。

釈尊（釈迦仏）は、太陽のごとく輝き、その光明はいたるところくまなくゆきわたった、と種々の経典中に称讃されたが、この無限の光明を讃仰《さんごう》して、その神格化の進むうちに、毘《び》盧舎那仏《るしゃなぶつ》（ときに、毘を略す）という名の仏が導き出される。毘盧舎那はヴァイローチャナVairocanaの音写で、このサンスクリット語が、vi（あまねく）とruc（光り輝き照らす）に基づくところから、「遍照《へんじょう》」、「光明遍照《こうみょうへんじょう》」、「浄満《じょうまん》」などと訳される。このヴァイローチャナ・ブッダの在り方は、宗教学でいう一切を超越した「最高神」に相当する。また、それにマハー（大）を冠した仏は、ヴァイローチャナを太陽になぞらえて、「大日如来《だいにちにょらい》」と漢訳される。

毘盧舎那仏は、とくに「華厳経」において最も重視される。すなわち、「華厳経」の説く世界は「蓮華蔵世界《れんげぞうせかい》」または「華厳荘厳世界《けごんしょうごんせかい》」などと呼ばれ、それはまさしく毘盧舎那仏の理念を具現した世界であって、そのひとつひとつの部分にさらに無数の国土があり、そしてそのそれぞれの国土におのおの一体の仏が住する。しかも、この無数の国土と無数の諸仏との中心に毘盧舎那仏があり、かつ毘盧舎那仏はそれら無数の諸仏と不即不離という。ここには、「個」の中に「全」が、「全」の中に「個」が、互いに相即《そうそく》し合い、融通し合って、見事なハーモニーをなしている。これはまた、「一即一切《いちそくいっさい》、一切即一《いっさいそくいち》」とも呼ばれて、華厳思想の重要な柱のひとつを形成する。このようなさまをそのまま具現するのが、わが国の奈良東大寺の大仏であり、本尊の大仏すなわち毘盧舎那仏はあまたの蓮華葉《れんげよう》の上に座し、その蓮華葉の一枚一枚にそれぞれ一仏ずつ座していて、それらの諸仏は本尊と一体をなしている。付言すれば、この「個」と「全」との相即、もしくは「一即一切、一切即一」という考えは、現代科学の最先端を進む物理学の説く物質観にも、あるいはまた医学の一部が説く心身一体観にも、ほぼ類似し、共通するところが見られて、まことに興味深い。

また、マハー・ヴァイローチャナ・ブッダすなわち大日如来は、後期大乗仏教を代表する密教において、その中心を占め、かつそこには壮大な曼荼羅《まんだら》（マンダラ maṇḍala の音写で、原意は「円形のもの」）が描かれる。

これらの、いわばとくに名のあげられる諸仏は、以上に列挙したほかにも、さらに種々の諸仏の名が伝えられている。ただし、ここでは煩《はん》を避けて省く。

同時に、これらの特定の名称が冠せられた仏（諸仏）のほかに、さらには無名の仏、つまりまったく名が告げられず、知られない仏（諸仏）の登場が、大乗仏教の大きな特色であり、逆にいえば、いわゆる「無名の諸仏」の出現が、大乗仏教そのものを導いたと考えてよい。

その事情をさらに詳しく記そう。初期の経典では、仏はゴータマ・ブッダただひとりであり、釈迦仏のみがブッダであった。そして、このブッダが「経（スートラ、スッタ）」を説き、経はこの唯一のゴータマ・ブッダの説く教えとして伝えられた。やがて、部派仏教に移行すると、そこでは優れた出家の専門家たちにより、種々のテクストが作られる。それらはすべて「論（アビダルマ、アビダンマ）」であって、作者は「論師《ろんじ》」と呼ばれる。ここでは、経を説いた釈迦仏への帰依《きえ》はあくまでゆらぐことなく、その経に対して註釈を施し、あるいはその中の諸説に基づいて各部派みずからの教義の確立に努めた。部派仏教は、ひたすら「論」を作るのみであり、「仏説」であるべき「経」を創作するというような試みは、毛頭考えられず、そのようないわば不遜《ふそん》な在り方は、介入する余地すらもなかった。

しかしながら、時代の経緯とともに、新たなる「経」がどこからともなく、当初はその文もごく短く、数もわずかに、やがて量も、数も、少しずつ増して登場しはじめた。これが大乗仏教運動の先駆をなす。「経」は上述したごとく、必ず「仏説」でなければならない。これらの新たなる「経」においても、そのどれをとってみても、その中には明らかに「仏」が現われ、その「仏」がこの「経」を説く、とされている。しかしながら、それらの「経」のひとつひとつについて、透徹した視点から厳密に審査してみると、その場合には、それらの「仏」を、あたかも釈迦仏のごとく扱い、ときには釈迦仏と記されるケースもあるとはいえ、その「経」の在り方と内容とからすれば、それらの「仏」には、実は必ずしも特定の名称（固有名詞）はなく、言い換えれば、「無名の仏」がその経を説いていることが判然とする。このことは、「無名の仏」がどこからか登場し、しかもその「無名の仏」は、「仏」そのものであることをはっきりと自覚し、自認して、その経を説いているのである。その「経」に登場して説法する「仏」といい、あるいは経典の作者といい、それらの「無名の仏」は、どこかの一点（ないし数点）において、またはなんらかの（あるいはわずかな）特徴によって、往時の釈迦仏に連絡しているとはいえ、釈迦仏そのものではけっしてない。すなわち、新たなる経典群には釈迦仏以外の、しかも無名の、かつ多数の仏が出現している。そして、この「無名の諸仏」の登場と活躍こそが、前述したように、大乗仏教を開拓し、大乗仏教運動を推進していったのであり、これらがまさしく「大乗の諸仏」にほかならない、ということができるであろう。

なお、いったんこのように拡大していった多仏の思想は、次項以下に述べる「大乗の菩薩」とあいまって、多仏からいわば「汎仏《はんぶつ》」（あまねき仏）に通じ、さらに普遍化することになる。そして、先に触れ、後の第三章に詳述する「心性清浄《しんしょうしょうじょう》」説とともに、ついには「如来蔵《にょらいぞう》」ないし「仏性《ぶっしょう》」が一切の生あるものに遍在する（「一切衆生悉有仏性《いっさいしゅじょうしつうぶっしょう》」＝一切衆生は悉《ことごと》く仏性あり）という説にまで発展してゆく。

② 大乗の菩薩（１）

「菩薩」とは、すでに「仏」となることが確定していて、しかしまだ「仏」とならない修行者、いわば成仏の決定している候補者であることは、すでに述べた。ちょうど、現存した釈《しゃ》迦《か》仏と釈迦菩薩との対応に似て、未来仏である弥勒《みろく》仏と弥勒菩薩もまたそれに等しい。また、釈迦仏には多数の本生譚《ほんじょうだん》が創作され、そのような釈迦仏の前世に相当する「本生菩薩」の多彩な活動があり、それを物語る諸文献などについても、すべてすでに記した。

ところで、やがては大乗（マハーヤーナ）という名をいただく、自由で清新な諸活動のまったなかでは、その運動の担い手として、「菩薩」の活躍が一段と目立っており、しかも前項に記した多数の「仏」と対応しつつ、同じく多数の、あるいはさらにいっそう数の多い「菩薩」が誕生する。

「仏」と「菩薩」とが、前述のようにペアをなして対応している事情から、前項に述べた諸仏にも、当然のことながら、それぞれの「菩薩」が付随する。最初に、それらの「菩薩」たちをこの項に列挙して、説明を加えよう。

⑴　**法蔵《ほうぞう》菩薩**　大乗の諸仏のうち、最もよく名の知られている阿弥陀《あみだ》仏の本生《ほんじょう》（前生）は、原語ではダルマーカラ Dharmākara と称し、この菩薩は中国および日本において、「法蔵比丘《ぞうびく》」の漢訳名でとくに親しまれているので、ここではそれに従う。

法蔵比丘について、『無量寿経《むりょうじゅきょう》』は次のように説く。かつて、遠い過去に、無上のさとりを得ようと志し、衆生済度《しゅじょうさいど》の誓願《せいがん》（「本願《ほんがん》」と呼ばれる）を起こして長い修行を重ねた末に、ついにその誓願を成就して、いまから十劫《こう》（劫はカルパ kalpa の音写「劫波《こうは》」の略で、一劫はきわめて長い期間を意味する）以前に「阿弥陀仏」となり、その阿弥陀仏はいま「西方《さいほう》極楽世界《ごくらくせかい》」に住している、と。すなわち、阿弥陀仏という救済仏に応じて、本願思想に燃えた法蔵菩薩が、この経に立てられている。この「本願」は、経典異本により異なり、「四十八願」とするのが通例とされるものの、当初は二十四願であり、それが三十六願、四十六願などと増補されて完成した。それらの本願のうち、第十八願（康僧鎧《こうそうがい》訳『無量寿経』）がとくに名高い。それは次のとおり（読み方は諸宗派により多少異なる）。

設《も》し我《わ》れ仏《ぶつ》を得《え》たらんに、十方《じっぽう》の衆生《しゅじょう》、至心《ししん》に信楽《しんぎょう》して、我《わ》が国《くに》に生《う》まれんと欲《ほっ》して、乃《ない》至十念《しじゅうねん》せんに、若《も》し生《う》まれずんば、正覚《しょうがく》を取《と》らじ、唯五逆《ただごぎゃく》と正法《しょうぼう》を誹謗《ひぼう》するとを除《のぞ》く。

この第十八願（別名「念仏往生《ねんぶつおうじょう》の願」）は、「本願中の王」と称せられて、多数の浄土教家によりそれぞれ奥深い解釈が施されている。それらはさておき、そのおおまかな私訳を示す。

もしも、（あるいは「たとえ」）私が仏となることができたとして、そのような場合には、あらゆるところの生あるものたちが、まごころに満ちた浄《きよ》らかに澄んだ心（信ずる心）をもって、わが国（西方極楽世界）に生まれたいと切に欲し、そのような心の思いが繰り返されて十回にも及んだときには、〔必ずやわが国に生まれますように〕。しかし、それでも、もしも彼らがわが国に生まれないのであるならば、その際には、私が正しいさとりを獲得して仏となることは、ありませんように（彼らが、すでにわが国に生まれるようになってはじめて、私は正しいさとりを獲得して仏となる、のでありますように）。ただし、五つの重罪（母を殺す罪、父を殺す罪、阿羅漢《あらかん》すなわち聖者を殺す罪、仏の身体から血を出す罪、教団を破壊する罪）を犯すものと、正しい教えを誹謗《ひぼう》する（そしりなじる）ものだけは、これらの生あるものたちから除外します。

なお、この第十八願のサンスクリット文（やや漢訳と異なる）からの邦訳（中村元共訳、『浄土三部経』岩波文庫）を記しておこう。

世尊よ、もしも、わたくしが覚りを得た後に、他の諸《もろもろ》の世界の生ける者どもが、この上ない正しい覚りを得たいという心をおこし、わたくしの名を聞いて、きよく澄んだ心（信ずる心）を以てわたくしを念じていたとして、かれらの臨終の時節がやって来たときに、その心が散乱しないように、わたくしが修業僧たちに囲まれて尊敬され、その前に立つということがないようであったら、その間はわたくしは、この上ない正しい覚りを現に覚ることがありませんように。

この阿弥陀仏に伴なう法蔵菩薩（ただし、阿弥陀仏と法蔵菩薩との本来の起原は別とする学説も、一部にある）が最もよく知られているけれども、先にその名をあげた薬師如来そのほかの仏にも、それぞれの「菩薩」が立てられている。

(2)　観音菩薩《かんのん》　最も広く、深く、親しまれて、有名な菩薩に観音菩薩がある。往時のインドとその周辺（一時期のあいだ大乗仏教が行なわれた南アジアを含む）に、また中国、西域、チベット、モンゴル、朝鮮半島、日本など、大乗仏教の栄えた地域では、観音菩薩ほど広く普及し、また現に根強く支持されている菩薩は、ほかにないといってよい。

　この菩薩の原名は、現在に伝えられているところでは、アヴァローキテーシュヴァラ Avalokiteśvara であり、これは ava（あまねく）lokita（lok「観《み》る」の過去分詞）に īśvara（とくにすぐれたもの、主《しゅ》、自在者《じざいしゃ》）が結合しているので、玄奘《げんじょう》訳の『般若心経』そのほかに見えるとおり、「観自在」の訳がふさわしい。しかし、あるいは古くは、一部にアヴァローキタスヴァラ Avalokitasvara の名が知られて、スヴァラ svara には「音」という意味があるところから、「観音」と訳された、という推定も行なわれている。すなわち、この原語であるサンスクリット語の固有名詞に関しては、伝承や写本の一部に異同や変更が混在しており、確実なことは知り得ない。

　さらには、そのような理由に基づいてか、この菩薩はまた「観世音《かんぜおん》」ともいい、さらに「光世音《こうぜおん》」とも訳されている（lok は ruc〔光る〕に通ずる）。「観音」と「観世音」の訳語は、五世紀はじめの羅什《らじゅう》により定まり、「光世音」は三世紀末の竺法護《じくほうご》の訳であって、いうまでもなく前者が最もよく知られているけれども、「観世音」にせよ、「光世音」にせよ、その間に挟《はさ》まれた「世」の由来は判明していない。おそらくは、この菩薩を、この世（に溢《あふ》れるあまたの凡夫《ぼんぷ》たちの苦悩悲嘆）の音（声）をあまねく観察し、見とおして救済する菩薩と解して、それから「観世音」と美しく訳したのではあるまいか。なお、右の間に挿入された

「-lokita-」をloka（世間）に結びつけて、それから「世」を導くのは、lok「観る」を失うために、到底認められない。

たしかに、「観自在菩薩」よりは、「観音菩薩」ないし「観世音菩薩」と呼んだほうが、はるかに身近に柔らかく感ぜられ、親しみやすい。そして、この菩薩は、この世間の生あるもの（衆生《しゅじょう》）がこの菩薩の名を唱《とな》えると、あまねくその音（声）を観じとって、その願いを成就させるはたらきを果たす、という。すなわち、音を観じとる機能がその大きな役割を担っており（以下に述べる『観音経《かんのんぎょう》』では、「音」の語がいわばキーワードに相当する）、ここにも「観音菩薩」、「観世音菩薩」の呼称の妥当性を裏づけるデータがある。

わが国で『観音経』と呼ばれて、きわめて広く流布している経は、正確には「観世音菩薩《かんぜおんぼさつ》普門品《ふもんぼん》」といい、羅什の訳になる『妙法蓮華経《みょうほうれんげきょう》』の第二十五品《ほん》（第二五章）にある。つまり、羅什訳『法華経』の第二五章だけが独立して、『観音経』の名で流布している。なお、大乗経典中で最もよく知られているこの『法華経』について、一言だけ触れると、その成立史に多数の難問を含んでおり、しかし比較的異論の少ないのは、その第二二章の「嘱累品《しょくるいぼん》」までが「原法華経」に属して、第二三章以下は「現法華経」編集の際に増補したのであろう、とされている（これには、別説もあるが、いまは省略する）。そうであれば、この『観音経』は、本来は単立の短い経としてインドに生まれ、それが（すでにインドにおいて）いつしか『法華経』に付随するうちに、その中に編入されたのであろう、という推定も成立する。

特筆すべき重要なポイントは、この『観音経』には（この章を包含する『法華経』のほかの多くの章もそうであるように）、詩（偈文《げもん》）が内在しており、しかも詩文は流麗で美しい。わが国の寺院でこの経が読誦《どくじゅ》される際は、この偈文だけを抜き出して読誦することが、すこぶる多い。それにもかかわらず、この偈文は、上述のように羅什が『妙法蓮華経』を漢訳したときに、その「観世音菩薩普門品第二十五」には（他の数個所とともに）欠けていた。そのあたりの事情を、羅什訳の約二〇〇年ほどのち、闍那崛多《じゃなくった》と笈多《ぎゅうた》との共訳による『添品妙法蓮華経《てんぼんみょうほうれんげきょう》』（六〇一年）に付された「序《じょ》」が説明する。そして、たとえば、そこに同じく欠落の指摘されている「提婆達多品《だいばだったぼん》」は、往時の中国（たとえば法雲《ほううん》）および日本（たとえば聖徳太子）の『法華経』の義《ぎ》疏《しょ》に、まったく現われない。それならば、この『観音経』の偈など（の羅什訳で欠落していたもの）が、どうして現在に伝わる羅什訳『妙法蓮華経』に含まれているのか。右の「序」の記述の要点のみを示すと、「提婆達多品《だいばだったぼん》」と「普門《ふもん》品偈《ぼんげ》」は、すでに羅什以前の先賢が訳出し、しかもそれが続出して、流行していた、という（『大正』九巻・一三四ページ下）。

以上、『観音経』に関する文献学は、いささか長文すぎたかもしれない。あらためて「観音菩薩」に戻る。

上述したように、この『観音経』は「普門品」と称されている。その「普門（普《あまね》き門）」とは何か。それはサンスクリット語でサマンタムカ samantamukha といい、「あらゆる方向に顔を向けたもの」を表わす。すなわち、「観音菩薩」の救済は、四方、八方、十方の全方向に広がることを物語る。そして、この考えから、この菩薩はさまざまな姿をとって現われ、法を説き、人びとを救いあげる。これがいわゆる「三十三身十九説法」の由来であり、またいわゆる「変化《へんげ》観音」のおこりでもあって、とくに六観音、七観音、三十三観音が知られる。それらのうちから有名な観音について、その名称だけを列挙しておこう。聖観音《しょうかんのん》（正《しょう》観音ともいう）、千手観音《せんじゅかんのん》（千手千眼《せんげん》観音ともいう）、十一面観音《じゅういちめんかんのん》、馬頭観音《ばとうかんのん》、不空羂索観音《ふくうけんじゃくかんのん》、如意輪観音《にょいりんかんのん》、准胝観音《じゅんていかんのん》、楊柳観音《ようりゅうかんのん》、水月観音《すいげつかんのん》など。

付言すると、右のうち、准胝観音の准胝は准提とも記して、この語は、サンスクリット語のチュンディー Cundī の音写であり、それはインドでは「仏母《ぶつも》」と呼ばれた。それが「観音」と、しかも女性の観音とされたのは、インドにも中国にも例がなく、日本ではじまるらしい。なお、女性の観音には、すでに『観音経』の説く「三十三身」において女性への変身があり、またほかに白衣観音《びゃくえかんのん》や楊貴妃観音《ようきひかんのん》などが知られる（ただし観音菩薩の菩薩、すなわちボーディ・サットヴァは、サンスクリット語では男性名詞）。

観音菩薩は、その他の多くの大乗経典にも登場する。前記の「法華経」では、その第二五章のほかに、ただ一度だけ、第一章の「序品」に計一八の菩薩名を列挙するなかのその第二番目に見える。

また、「般若経」では、とくに『般若心経』に登場するのがよく知られている。ここでは、この菩薩は、シャーリプトラ（舎利子《しゃりし》、舎利弗《しゃりほつ》）にその中心思想の「空《くう》」（後述）を説き、強調し、それに基づく般若波羅蜜《はんにゃはらみつ》（後述）を教え、それのみに終始して、とくに救済に関連する教説はなんら触れられない。なお、この経の羅什訳はやはり「観世音菩薩」であり、わが国で流通《るつう》している玄奘訳は「観自在菩薩」である。そのことはすでに述べた。この『般若心経』についてはのちに詳述する。

浄土経典では、観音菩薩が阿弥陀仏の補佐を果たす、とされていて、このために阿弥陀仏像の両脇に、脇侍《わきじ》（脇士《きょうじ》・挟侍《きょうじ》ともいう）として、勢至《せいし》菩薩（後述）と観音菩薩とのそれぞれの像が立ち、三尊が並ぶ（阿弥陀三尊像として名高い）。

「華厳経《けごんきょう》」には、観音菩薩は、南海の補陀落山《ふだらくせん》（ポータラカ potalaka「光明山《こうみょうせん》」と訳す）にあって、多くの菩薩たちに取り囲まれており、この経のヒーローである善財《ぜんざい》童子が南方を巡歴した際、彼に教えを授けたという。この補陀落山は、こうして観音菩薩の住する浄土と考えられ、このことは玄奘のインド旅行記である『大唐西域記』にも見える。

観音信仰には、この地名がしばしば現われるので、一言それについて述べよう。わが国の日光の二荒山《ふたらさん》は右の補陀落山にちなみ、かつては観音信仰の霊場であった。また、この二荒（ポータラカ→補陀落→ふたら）が音読されて、ニコウ→日光となったものの、一七世紀以降に隣に建てられた二荒山神社として、いまもその名が伝わり、栄えている。本来、このあたり一帯は、山岳信仰に発する修験道《しゅげんどう》の聖地であり、中禅寺《ちゅうぜんじ》の建立はかなり古い。そこに九世紀以降に観音信仰が栄え、それの依拠する『観音経』から、さらに元をたどっていって「法華経」に至り、そして「法華経」に多くを依拠しつつ成立した天台宗へと変遷し、一七世紀には輪王寺《りんのうじ》と改称されて、関東天台宗の雄となった。また、ここにある有名な「華厳の滝」も、その由来を調べてみると、前述のように、観音信仰により、その観音の住処である補陀落山から、そこへ訪れた善財童子へ、さらにそれを記述する「華厳経」というプロセスを経て、「華厳」と名づけられた。

そのほかに、「補陀落」の地名は『今昔物語』などにも説かれている。

さらには、チベット仏教において、「現身仏《げんしんぶつ》」(「活仏《かつぶつ》」ともいう)として仰がれるダライ・ラマは、観音菩薩の化身《けしん》とされ、首都のラサにそびえるポタラ宮は、前記のポータラカに由来することを、付け加えておこう。

そのほか、この観世音菩薩は、あまたの大乗仏典にさまざまに説かれ、また先にも記したとおり、仏教の広がった全域に、あるいは宗派の別を越えて、古来から尊崇され、信仰されて、今日に及ぶ。

それと呼応して、観音菩薩を描く図像や彫像もすこぶる多く、しかも名品が無数にある。インドのエローラほか各地にこの像が彫られ、有名な敦煌千仏洞《とんこうせんぶつどう》の菩薩像の大半はこの菩薩であり、中国、朝鮮半島、日本になると、種々のいわゆる俗信をも交じえて、観音信仰はいっそう強化され、拡大して、その彫像や図像の数の膨大なことは、とくに触れるまでもない。さらに、一体ずつの観音を祀《まつ》る三三の寺を霊域とする「三十三所巡礼」も、西国《さいごく》（関西）、坂東《ばんどう》（関東）、秩父《ちちぶ》（同）などに起こり、古くから今日もなお隆盛を極める。

なお、これほどまでに仏教全般に普及した観音菩薩ではあるけれども、本来は、仏教の内部に生まれたのではなくて、外部の神格から、すなわちヒンドゥ（インド）もしくはイラン、またはその混交から取り入れられたとの説が、最近は一部にかなり強い。

最も著名な以上の二菩薩に加えて、特定の名をもつ大乗の菩薩を、さらに列挙してゆく。

(3) **文殊菩薩《もんじゅ》**　文殊師利《もんじゅしり》（マンジュシュリー Mañjuśrī「曼殊室利《まんじゅしり》」とも音写、「妙徳《みょうとく》」「妙吉祥《みょうきちじょう》」などと訳す）を略して「文殊」と呼ぶ。この菩薩はとくに大乗経典の最初期から、したがって「般若経」に最も頻繁《ひんぱん》に登場して、説法を行ない、仏の代弁者として活躍する例も数多い。いわば大乗仏教を開拓したパイオニアとしての菩薩と称してもよかろう。仏の智慧《ちえ》を代表するところから、「文殊の智慧」という語がよく知られている。後代の彫像では、しばしば獅子《しし》に乗って現われる。

(4) **普賢菩薩《ふげん》**　普賢はサマンタバドラ Samantabhadra の訳（原意は「あまねく祝福された」、また「遍吉《へんきち》」とも訳す）。実行と意志とがその特徴であり、願を立ててそれをあくまで実行するとされ、「華厳経」において重大な役割を果たす。白象に乗った像がよく知られる。

文殊と普賢とは、先の観音とは異なり、純粋に仏教内部から誕生したと考えてよい。そして、以下に述べる諸菩薩は、ヒンドゥ文化の影響・交流があると見られている。

(5)　勢至菩薩《せいし》　勢至はスターマ・プラープタ Sthāma-prāpta の訳（原意は「勢力を得た」）。大（マハー Mahā）を冠することが多い。智慧《ちえ》または慈悲に傑出しており、衆生を救うはたらきはとくに名高い。前述したように、阿弥陀仏像の脇侍として、観音菩薩像と並置されることが多い。

(6)　虚空蔵菩薩《こくうぞう》　虚空蔵はアーカーシャ・ガルバ Ākāśa-garbha の訳（原意は「虚空の母胎」）。無限なる知を象徴する。後期大乗仏教をリードした密教では、各種のマンダラにほぼ必ず登場して、多くは宝物を手にし、衆生の祈願に対応する。

(7)　地蔵菩薩《じぞう》　その原名のクシティ・ガルバ Kṣiti-garbha は人地の母胎・根原の意。この菩薩は、初期大乗経典には現われず、インド仏教史の後期に発したあと、しばらく不明となるが、のちに中国および日本において、とくに末法《まっぽう》思想が風靡《ふうび》するとともに、きわめて篤《あつ》い信仰を受け、盛んに流行した。末法思想は、先にもわずかながら触れたように、仏滅後の一〇〇〇年ないし一五〇〇年あるいは二〇〇〇年に訪れるといわれる一種の終末観に似た思想である。詳しくいえば、仏滅後の一〇〇〇年（あるいは五〇〇年）は正法《しょうぼう》で、法（教え）が正しく伝えられ、実践（行《ぎょう》）が守られて、さとり（証《しょう》）も実現されるけれども、次の一〇〇〇年（あるいは五〇〇年）の像法《ぞうぼう》には、教えと行とはあっても、さとり（証）は失われる、それを過ぎて末法に入ると、仏法の教えのみは残存するが、行もさとり（証）も消滅する、すなわち実践もさとりもまったくない、といい、ここではただ救済者に頼る以外ない、末法がさらに一〇〇〇年（別説では一万年）過ぎると、ついに仏法はことごとく滅して、仏教は亡《うしな》われてしまう、と説く。これは、世俗の混乱情況とあいまって、中国や日本では広範囲に、かつ深刻に受けとめられ、このことを真剣に信じた仏教者は多数にのぼり、その危機意識が逆に仏教を鼓舞する。中国では隋代（別説では五五二年、すなわち五八九年に隋が中国統一を果たす少し以前）に、日本では平安末期の一〇五二年に、末法に入るという説が行なわれて、一般には浄土教が、そのほか中国の三階教《さんがいきょう》、日本では日蓮《にちれん》（一二二二－一二八二）の日蓮宗などが興り栄える。

しかし、庶民には、地蔵菩薩が最も身近な救済者として、あまねく篤《あつ》く信仰された。この地蔵信仰には、中国の来世観（道教などを交じえて、来世の地獄の入口には、三途《さんず》の川が流れ、その河原にこの地蔵が立っていて、救済の手をさしのべる）の影響などもあり、中世以降に、そして現在もなお、死者（とくに不慮の死を遂げたもの）の冥福《めいふく》を祈り、また現世の利益を願う庶民にとって、地蔵信仰の根強さはゆらぐことなく、その名にちなんで、野の辻《つじ》や路傍《ろぼう》のいたるところに、その像が立ち、祀《まつ》られている。

(8) **日光《にっこう》菩薩・月光《がっこう》菩薩**　日光菩薩は、原名をスーリヤ・プラバ Sūrya-prabha（原意は「太陽の光」）といい、日光遍照《にっこうへんじょう》とも訳される。月光菩薩の原名はチャンドラ・プラバ Candra-prabha（原意は「月の光」）という。この二菩薩はペアとなって、仏の正しい法を護持する。

そのほかにも名の知られた菩薩が数多くあり、また大乗の諸経典はあまたの菩薩名を連ねていて、その数は何百にも達する。ただし、しばしば数のみあげて（たとえば何百、何千、何万の菩薩）、名称を略すことも少なくない。

③　大乗の菩薩（2）

前項に掲げたのは特定の名称をもった「菩薩」であり、しかもそれはいわば一種のイデー（理念）的存在である、と見なすことができよう。すなわち、上述した大乗のさまざまの諸仏に呼応しつつ、みずからは仏と成る（成仏す）べくして、仏と作《な》る（作仏《さぶつ》）のを猶予《ゆうよ》し、あくまでも理想の彼岸であるニルヴァーナに入らず（「不住涅槃《ふじゅうねはん》」と呼ぶ）、むしろこの世にとどまり、苦悩する民衆とともにあって、その民衆の希求・願望に応じ、仏の有するあまたの徳（智慧・慈悲・救済など）を果たすことにひたすら献身する、そして、その徳（はたらきを含む）のイデー化に伴ない、前項のさまざまな「菩薩」が登場した。

こうした多数の「菩薩」を貫くものは、やがて「菩薩道」としてまとめられ、さらには、この菩薩道に基づいて、さらに多数の菩薩が誕生してゆく。しかも、その菩薩道は、本質的に「作仏行《さぶつぎょう》」に結びついており、それを「菩薩行」と称してもよい。これは前述のとおり、もともと釈迦仏において果たされたもの「自覚覚他覚行窮満《じかくかくたかくぎょうぐまん》（自《みずか》ら覚《さと》り他《た》をして覚《さと》らしめ覚《かく》行窮満《ぎょうぐまん》す）」を範《はん》として、それにあやかろうとするが、ここでは、大乗仏教の特徴をなす在家信者の推進力に着目して、その在家仏教的な菩薩道・菩薩行を、とくに取り上げて考察したい。

先にも触れたように、彼らは、自己を、そして他者を、この現実のありのままの情況において凝視し、反省するとき、それは一方では、たしかに迷いに満ち、煩悩《ぼんのう》に苦しみ、そして悲惨にあえぎながらも、右に記した諸仏・諸菩薩の救済をひたすら願い、待ちこがれるうちに、やがてはその救済が自分たちに及ぶであろうとの確信を得、救済実現の自信を獲得するに至った。それに加えて、他方では、彼らは、諸仏・諸菩薩に対してまことの信をもって仰ぎ、しかもその智慧《ちえ》と徳行とを学んで、他者への奉仕ないしは援助、さらに救済に専念しつつ、みずからが可能な限り、諸仏・諸菩薩に近づきたいという誓願を立てて、精進するようになる。

こうして菩薩道・菩薩行に精励する人びとの大部分は、在家信者たちであろうから、おそらく成仏《じょうぶつ》・作仏《さぶつ》の授記《じゅき》（仏となるという明確な予言を授けられること）は得られないことを、かえって逆に深く自認し、むしろ授記のテーマはいったん棚上げして、その懸命な精進の中から、おそらく自分たちが現に生きているこの世間にあって、多くの他者にはたらきかけてゆく大乗の諸菩薩に、みずからが成り代わるほどの確信を抱くようになってくることは、当然であったとも思われる。これはとくに、前述の仏塔信仰・仏塔供養《くよう》（華・香料・燈明・衣・食・傘蓋《さんがい》・音楽などを捧げて、奉仕・祈願する）その他の信仰・実践の現場において、それを中心とする集団において、みずから「大乗の菩薩」と名乗るものの出現を促すことになる。

あるいは、右のいわば外向的な在り方とは、方向を違《たが》え、各自がそれぞれの内なる「こころ」を見つめて、それが浄《きよ》らかに澄みきったときは、真実そのものに目覚めるのではないか、目覚め得るのではないかという思想が、ここではじめてあるハードルを飛び越えて、いわゆる「心性《しんしょう》本浄《ほんじょう》」説に結晶する。

すなわち、なんびとも、その周囲には、さまざまな魅力に満ちたあまたの誘惑がたえず取り囲み、また「こころ」の内部にも種々の感情がうずまいて、その起伏は激しい。いわゆる凡夫は、それらに引きずられ、引き込まれて、「こころ」は動揺し、迷い、あれこれの煩悩に汚される。それが生あるもの、とくに凡夫の現実ではあるけれども、そしてそのことを充分に自認し、自覚しながらも、しかも諸仏・諸菩薩を念ずる「こころ」そのものは浄らかであり、実は「こころ」の本性は、迷いその他に汚されてはおらず、換言すれば、「自性《じしょう》清《しょう》浄心《じょうしん》」である、という思想が芽生《めば》えてくる。

右に記した「あるハードル」とは、「こころ」が迷い、悩み、苦しみ、汚されるからこそ、逆に、その「こころ」がそのような実態を明らかにすべて知り尽くして、それを超え得るとする、いわば一種のパラドックス（逆説）にほかならず、後世の術語で表現するならば、「迷悟《めいご》一如《いちにょ》」（迷いと悟りはひとつ）の世界と変わらない。

この「自性清浄心」もしくは「心性本浄」の説は、すでに部派《ぶは》の中の大衆部《だいしゆぶ》や法蔵部《ほうぞうぶ》などで主張されている。たとえば、「法蔵部」の論書と推定される『舎利弗阿毘曇論《しゃりほつあびどんろん》』（巻二七）には、心性清浄でありつつ、「客塵煩悩《きやくじんぼんのう》」（外部から塵《ちり》のように付着して汚染する煩悩）のために、その「こころ」が染められ、汚される、と説かれている。

このように、「心性清浄説」は、すでに部派仏教の一部で説かれ、それが大乗仏教運動のサークルにおいてさらに進展し、次のような考えをひたむきに推し進める。すなわち、煩悩に汚染されている「こころ」が本来は清浄なのである以上、それらの諸煩悩を払い落として、「こころ」の本来の姿を回復し、それに徹底したゴールには、真実の「さとり」そのものに到達できるのではないか、少なくともそのような可能性が開かれているのではないか、たしかに現実には、「客塵煩悩」に汚れてはいるけれども、清浄なる本性の「こころ」の内部に、「さとり」を体現した仏の因子ないし素質が宿っているのではないか、いまここでは憐れむべき凡夫にすぎないけれども、菩薩道・菩薩行の実践の末に、いつかは真実そのものに目覚めた仏となり得る、あるいは仏に近づき得るとするならば、それは現に作仏の授記を得ているとはいい得ないとしても、それでも一個の「菩薩」と見なされ得るのではないか。このような思想は、以上の文中の「か」の疑問符を取り払って、ついにはそれをそのまま承認し確信する、偉大なる肯定へと転じてくる。

こうして、上述の、いわば外向的と内向的との両方向を合体しつつ、従来の出家者中心の伝統的仏教とは離れて、一種の自由と解放とが用意された在家者を中心に、斬新ともいい得る大乗仏教運動に携わる人びとは、ここに「われこそ一個の菩薩」の意気に燃え立つようになる。

なお、このような菩薩の在り方が、種々の経典に特筆される場合は、ほとんどが、当初に「菩提心《ぼだいしん》」（「さとり」を求める心）を起こし、あまねく「利他《りた》」を実践することを強調している。自己の利を追わず、あえてそれを押さえてまでして、他者の利を優先させ、その実現に邁進《まいしん》するという「利他」の精神は、おそらくはかなり多分に、すでに記したような部派仏教の出家者たちの独善的ないし自己中心的（これを「自利《じり》」と呼ぶ）な態度に対する強烈な反発が、その要因であろうとも考えられるけれども、なおその起原は（世に釈尊の慈悲をあまりにも過大に、安易に説きたがるほどには）不明の部分が多い。

おそらく、そのほかにもさまざまのファクターが作用し、影響したであろうけれども、ここに（大乗の）菩薩の在り方は急進展を遂げて、いわばなんびとも「大乗の菩薩」たり得るとの自覚のもとに、大乗仏教運動はいっそう盛りあがる（最近のいわゆる「ボランティア」の語原である、volunteer とは「自発的な志願者」を意味する）。

④　大乗の菩薩（3）

前項に記した「大乗の菩薩」の在り方は、おそらく伝統の保守ということからは自由な在家信者たちのサークルにおいて、徐々に生まれたものにちがいない。その在り方を私はこれまでの論文などにおいては、「凡夫の菩薩」と呼んできており（「誰でもの菩薩」と呼ぶ学者もある）、それは、文字どおり凡夫にはほかならぬ私たちのような普通一般人が、ひとたび仏道を目ざして精進する際に、その理念とする菩薩を指している。この「凡夫の菩薩」の語を、ここにも用いつつ、それについてさらに詳述しよう。それこそが大乗仏教の生みの親なのであろうから。

「凡夫の菩薩」における主要なモティーフは、右にも記したように、第一に、そのスタートにおいて「発菩提心《ほつぼだいしん》」（菩提心を起こす）をしっかりと把握《はあく》し、第二に、釈迦菩薩の「作仏《さぶつ》」（仏と作《な》る）の誓願につねに含まれている「一切衆生《いっさいしゅじょう》への利他《りた》」（たとえば、説出世部《せつしゅつせぶ》の仏伝である『マハーヴァストゥ（大事《だいじ》）』中に説かれる「燃燈仏授記《ねんとうぶつじゅき》」にある）の実践にあった。

彼ら在家信者のサークルの「凡夫の菩薩」たちは、みずから本来は凡夫にすぎないことをよく熟知していた。そして、よく知っていればこそ、釈尊をめぐる「仏伝」などの文学作品への傾斜も、吸収も、同化も、それだけ容易であり、さらには顕著であって、「仏伝の菩薩」の投影するものを明瞭に見極めた。同時に、仏塔供養をますます拡大させる過程で、それをいっそう強化していった。そのことが、部派仏教の教団内部において、専門家の地位にあり、僧院に立てこもっていた部派の出家者とは、明らかに質を異にする。

ある意味においては、アマチュアである凡夫は、いわば資格もなく、知識も乏しく、世の評価も低いけれども、それゆえにかえって、従来の厳格な伝統とそれに基づく束縛・制約とからは離脱している。ここには解放感がみなぎり、自由であって、種々の試みがなされる過程において、ある飛躍が芽生える。凡夫は、エリートではないだけに、みずからを含めて「一切衆生の一員」という凡夫性の自覚を深め、それが同じ立場と境遇とにある他者を見いだして、彼らとの共同と連帯とを深めつつ、やがては志を同じくする彼らたちだけの集団（ごく一部には、出家者や、仏塔を管理した非僧非俗の人びとをも含んだであろう）を形成するようになり、諸資料には「菩薩集団」、すなわち原語ではボーディサットヴァ・ガナbodhisattva-gaṇa（ガナは、教団ほどには形式のととのわない「集団」の意）と呼ばれ、やがては「菩薩教団」、すなわち原語ではボーディサットヴァ・サンガbodhisattva-saṅghaという名称が伝えられている。この「菩薩集団」もしくは「菩薩教団」については、その実態を伝える記録が残されていないとはいえ、その存在は確認されており、それが一切衆生に拡大する重大な楔《くさび》となったことは、おそらくまちがいあるまい。

もとより、「一切衆生」のスローガンをただいたずらに強調し、その同胞意識を母胎として、やみくもの「利他」のみを強烈に押し立てることは、凡夫の（悪しき）思い上がりであり、ついには一種の衆愚思想に連なる。それは、部派仏教のそれぞれの伝統に沈潜した出家の専門家から見れば、およそ僭越《せんえつ》な沙汰《さた》であり、むしろおそらくは無謀な作り話に似ていたであろう。しかし、それらの批判は、エリートの発する完結的な論理性と、伝統固守の高踏的態度とから発せられていて、凡夫はむしろ凡夫性に徹するさなかに、それらの多種の批判を聞き知りながら、あるいは冷ややかな無視と蔑視《べっし》とを浴びながらも、そのまっただなかにおいて、いったんイデー（理念）として立てられた「仏伝の菩薩」を、自分自身のイデアール（理想）である「凡夫の菩薩」（「大乗の菩薩」）に転換させ、その「凡夫の菩薩」をあまたの凡夫たちが共有し合って、ひたすら互いの宗教心（「菩提心」）を磨き上げた。ここに「凡夫の菩薩」の環は拡大し、進展して、凡夫のゆえの一切衆生、そしてその「利他」は、むしろ自然のこととして受け入れられ、かえってさらにそれが鼓舞され、強調される。それこそが、凡夫そのものから「凡夫の菩薩」が誕生する核なのであり、たとえ「一切衆生利他」にまでは届き得ないとしても、つねにその菩提心に反響する琴線《きんせん》をなして、凡夫と「凡夫の菩薩」との親密はしっかりと根づき、頑《がん》としてゆるがない。こうして、多数の凡夫たちに支えられた「凡夫の菩薩」は、いっそうの自信を得て、そのエネルギーの噴出するあまり、一途で堅固な菩提心とその実践の終極に、ついにはこの「菩薩」は「仏」の境を獲得し、換言すれば「作仏」が実現されて、「仏」そのものとなり、ここに新たなる大乗仏教の「経」が説かれるようになった、との推定も成立する。

なにごとであれ、あるひとつの新たなるものが生まれ、育つ過程には、必ずそれを推進する人びとがいる。人びとのうち、素質や、機会や、地位や、余裕などに恵まれた人びとは、いわゆる専門家としてみずからの完成を目ざす。もとより、完全な意味における個人の完成は不可能である以上、専門家たちの完成への必死の努力はいっそうめざましく、そのためにそれはますます高度となり、精密となる。だが、それによって、ある意味での孤立ないし孤高は避けがたい。

その専門家の置き忘れたものや等閑《なおざり》にしたものを、上述の推進者たちの大部分を占める凡夫は、アマチュアのゆえに、無意識ながら、または漠然たるうちに気づき、抱いている。それが、仏教という、まことに高度なものであり、優れ秀でたものであり、魂を震えさせ、ゆり動かすようなものであるだけに、一方では、専門家はその専門をいっそう尖鋭化し、ますます高く、深く、他方では、凡夫は凡夫として、その心情をより拡大し、ますます強く、堅く激しく、追い求める。そうしたプロセスにおいて、凡夫から湧き出た「凡夫の菩薩」は、新たなる「大乗」の語を生み出し、みずからがその「大乗の菩薩」となり、その途を歩み続けて、ついにはそこに新しい「大乗の仏」との結合－一体を固く信じ、守り、やがて現実化した、といってよい。

それまでに、あるいは同じころ、またその後に、部派仏教において成立した種々の論書はすべて、多識で有能な論師《ろんじ》の作品であり、そこには精密な分析と鋭利な議論などがあまた展開されている。そして、それらは、当時から今日まで（今後もなお）いわゆる仏教学の基本的な知の宝庫として伝えられる。

それに対して、ここにようやく成立を見る大乗の「経」は、とくに「般若経」をトップとする初期の大乗経典は、論書に比較すれば、内容のヴァラエティは乏しく、浅い。あるいは、空疎な自信のみの過剰があり、なかには逆に一種の被害者意識からの反発が見られ、またはあまりにも空想的なメルヘン的世界の展開などが、初期大乗経典には語られる。しかしながら、そこに横溢《おういつ》する一途なるものはあくまで徹底しており、しかもときには強弁とも受けとられかねないほどまでに、その「経」の主張を反復しつつ、透徹しようとする。

すでに記したように、「経」はすべて「仏説」を謳《うた》い、仏説でなければ「経」と称することはできない。仏の語るところが「経」である。「般若経」を筆頭にして、まったく新たに成立してゆく仏説の大乗経典は、上述した斬新な諸思想をスローガンとしながらも、別の面では、これまでに述べたところからも充分にうかがい知られるように、大衆部《だいしゅぶ》をはじめとして、いくつかの部派からその新思想（の一部）を借り受け、またみずから強く反発した有部《うぶ》などの最も保守的な部派からも、多種で多数の術語そのほかを取り入れつつ、一方で自分たちの弱点を補い、他方でそれに反撃を加えて、その内容の拡大を果たし、しかも何よりも、固く信じた自説を盛り込んで、そのまま「仏説」として貫徹させた。

まさに、そういった「般若経」をそのパイオニアとして、いったんこうして「経」が成立するや、「凡夫の菩薩」たちはそれにならって作仏を遂げ、さらに「経」を創作し、それらの「経」はさまざまに発展し、拡大し、増大し、多面化して、初期大乗へ、そして確固たる大乗仏教へと展開してゆく。

このような「経」の成立のさまを「般若経」の経典群は実によく示しており、ここに大乗の経典が発生し、成立した過程のひな型がある（それは、先に述べた阿含経典の成立の諸情況を逆によく反映して、それを推察し得るのではないかとも思われる）。それについては、次の章に詳述しよう。

一言つけ加えれば、多くのさまざまの歴史や思想史が例証するように、あるひとつのイデー（理念）が生まれると、その誕生・出現・登場がたとえ秘めやかなものではあっても、そのイデーの性格・内容・奥行・背景といったものは、人びとに強く、激しく、訴えかけて、それがひとたび受け入れられ、さらに歓迎される段階に至ると、それはたちまちにしてエスカレートしやすい。

そうした中で、そのイデーは必ずしも本来の純一性を維持せず、種類を異にする変容をまとい、ときに夾雑物《きょうざつぶつ》を付随するなどのことが、しばしば散見される。

繰り返していえば、大乗仏教を導き出したイデーは、明らかに「菩薩」であり、とくに「大乗の菩薩」である。それを、それまでの「仏伝の菩薩」（本生菩薩《ほんじょうぼさつ》を含む）と比較して、両者の特徴を簡略に表示しておこう。

	〔仏伝の菩薩〕	〔大乗の菩薩〕
〔数〕	単一（釈尊、すなわち、釈迦菩薩のみ）	複数ないし多数

〔時〕	過去	過去および現在
〔生まれ〕	業生《ごうしょう》	願生《がんしょう》

右のうち「業生」とは、過去（前世）の善業により、その「菩薩」が誕生することをいい、「願生」とは誓願《せいがん》によって生まれることをいう。そして、この「願生」の思想は、起原は定かではないものの、部派の中の大衆部《だいしゅぶ》で説かれた跡があり、それが大乗仏教に採用されて、急速に進展した。また、もしも右のリストに「授記《じゅき》」という契機を挿《はさ》んで、未来世に必ず仏と作《な》るという、確実な予言が授けられているか否かを、ここに付加するならば、原型は「仏伝」の「燃燈仏授記《ねんとうぶつじゅき》」という釈尊の「授記」があり、そしてそれに釈尊の「誓願」が応じ、転じて「誓願」一般、さらに転じて「願生」となる。あるいは、「授記」をはずして簡略化すれば、

釈尊の出現↓釈尊の誓願による誕生↓願生《がんしょう》

とも説かれよう。

なお、大乗仏教に出現した「菩薩」は、別名をマハーサットヴァ mahāsattva とも呼び、「摩訶薩《まかさつ》」と音写されて、「菩薩摩訶薩《ぼさつまかさつ》」という音写の並記される例が多い。マハーサットヴ

ァの漢訳は「大士《だいし》」で、その際は菩薩を「開士《かいし》」と並列するケースが少なくない。

この項の末尾に、「菩薩」のそれ以後の使用の一例を書きとめておこう。多くの場合、まず釈迦仏が記され、そして次にイデー的存在の諸菩薩、そして「凡夫の菩薩」すなわち「大乗の菩薩」たちまではすでに記したが、そのあとに、ことさら別に新しい固有名詞をもった菩薩が登場する。それは、現に実在した高僧や大学者などへの篤い尊崇から、彼らを「菩薩」として位置づけ、一種の称号として付せられるが、もとよりこうした命名は大乗仏教に限られ、南方仏教を含む保守的な部派の内部では行なわれない。たとえば、インド仏教史においては、馬鳴《めみょう》菩薩、龍樹《りゅうじゅ》菩薩、提婆《だいば》菩薩、無著《むじゃく》菩薩、世《せ》親《しん》菩薩（天親《てんじん》菩薩、婆《ば》藪《す》槃豆《ばんず》菩薩）などが勢揃いする。この呼称は、漢文のテクストにはあるものの、インドに存在したか否かは不明であり、また大乗仏教以前の人びとには「尊者」を付すことが多い。

中国では、竺法護《じくほうご》（二三九－三一六）＝敦煌《とんこう》菩薩、道安《どうあん》（三一二－三八五）＝印手《いんじゅ》菩薩その他、わが国には、奈良時代に活躍した行基《ぎょうき》菩薩（六六八－七四九）、鎌倉時代に慈善救済活動で名高い二人の律僧、叡尊《えいそん》（一二〇一－一二九〇）＝興正《こうしょう》菩薩、良観《りょうかん》（一二一七－一三〇三）＝忍性《にんしょう》菩薩など、また日蓮（一二二二－一二八二）は一部で日蓮大菩薩と呼ばれる。大菩薩といえば神仏習合の八幡《はちまん》大菩薩が知られ、それは応神《おうじん》天皇を主座とする弓矢の神であるといわれて、それならば仏教との実質的な関係は皆無ということになる。

第三章　大乗経論とその思想

序　節　「経」と「論」

大乗仏教の経典と論書とを、この第三章のタイトルでは「大乗経論」とし、それらに説かれている諸思想に関して、中でも後代に広く受容されている重要なものを中心に、この章に述べる。ただし、その前に、ここにあらためて「経」と「論」とについて考察してから、そのあとに、それらのうち大乗仏教に属するものを、そしてそれらの内容および思想の概要などを、初期と中期・後期との二つの節に分けて論じ、最後に「大乗文化」の節を設けて少しばかり卑見を記してゆくことにしたい。

経もしくはお経と呼ばれるものを、ただ一度も聞いたことのない日本人は、絶無といってもよい。しかし、「経（お経）とは何か」を厳密に定義しようとすると、不可能に近いほど困難を極める（拙著『仏教と西洋思想』春秋社に収めた「経とは何か」を参照）。ちょうど「時（ないし時間）」はだれでもが知っているけれども、それの定義が至難であることを、ヨーロッパ中世の最初のキリスト教哲学者（神学者といってもよい、正しくは「教父」のひとり）アウグスティヌス（A. Augustinus 三五四－四三〇）が、大いに嘆いているのと酷似する。「経」に関しても同類のことが見られて、しいて結論を下すとなれば、「経とは経と呼ばれているもの」という同語反復に陥ってしまう惧《おそ》れさえある。そのように、厳密で正確な定義が不可能の中から、一応、私たちの日常語に使用できるような、やや妥協した説明を行なうとすれば、「経とは仏説である」というのが古くから広く行なわれている。

上掲の「阿含経典」を記した段階においては、そこに詳述したとおり、仏（ブッダ）とはゴータマ・ブッダ（釈尊）ただひとりであって、問題はさほど生じない。もちろん、全然ないとはいえず、阿含経典のほぼすべてが釈尊ひとりの説法に終始するのではなくて、冒頭の「如是《にょぜ》我《が》聞《もん》一時《いちじ》」（かくの如く我れ聞けり、一時《あるとき》）から、説法の場所やそれを聞く相手（これを「対告衆《たいごうしゅ》」という）や諸情況などを描写する記事が置かれたあとに、ようやく大部分は釈尊が、ときには舎利《しゃり》弗《ほつ》（シャーリプトラ、サーリプッタ）、そのほか（ごくまれには過去仏ほか）が教えを説き、しかしそのケースでも、相手（とくに質問者）の名と主張とが語られて、釈尊との問答が逐一叙述される。しかもそのあとに、それによって相手が釈尊に感謝し、歓喜し、心服して、多くは信者となり、ときに出家して帰依《きえ》する、という末尾で終わる。したがって、経の冒頭から末尾までの全文が「仏説」なのではなくて、厳密にいえば、経の中に「仏説」が含まれている、としたほうが適切であろう。

阿含経典のみを奉ずる初期仏教、そしてそれから部派《ぶは》仏教、さらにその流れを汲む南伝《なんでん》仏教、すなわち、現在の東南アジアの伝統保守の上座部《じょうざぶ》仏教（正確にはパーリ語の長老《ちょうろう》仏教＝テーラ・ヴァーダ Thera-vāda）が、すべて「仏は釈迦仏《しゃかぶつ》ただひとり」とし、その一仏を固守するところから、右の説明はそのまま受け入れられる。

同時にまた、初期仏教もその最初期を除けば、その釈尊が現世には生存しない以上、すでに新しく経が生まれる余地は、その可能性すら、まったくない。部派仏教に入って、各部派が真っ先に取り組んだのは、口誦《くじゅ》によって伝承されてきた経（アーガマ＝「阿含経《あごんきょう》」）を確定し、みずから依るべき経を固定することであった（こうして、現在の阿含経典は成立した）。それに続いて、それらの経を深く研究して註釈を施し、その過程で自説を磨き上げて部派としての教義（体系）を確立してゆく。こうして完成した文献類は、すべて「論《ろん》」（アビダルマ、アビダンマ）と呼ばれて、部派仏教は「論蔵《ろんぞう》」（蔵はピタカ＝コレクションの意）を生み出す。

そのほかに、教団の規範を定めた律《りつ》（蔵）も、本来は仏説に基づいて条文化され、しかも仏は釈迦仏であったけれども、時代や環境の推移とともに、釈尊在世当時には想定されなかった条項が加わらざるを得なくなって、すでに述べたとおり、「随犯随制《ずいぼんずいせい》」と呼ばれるように、新しい律の制定ないし補正が教団全員の協議（全員一致）によりなされ、それらはとくに各部派ごとに実施されて、数種の「律蔵」が固定した。

これらの伝統を保持する流れが一方に厳として存在し、それはずっと後代まで、インドに最も強力にそれぞれの部派教団を守り続ける。同時に、前二章に詳述したような大乗仏教の興起に伴ない、経・律・論の三蔵ともに、大乗仏教においては一変する（なお、以下に記すのは大乗仏教内部における一連のできごとであって、部派仏教はいっさい関与しない。この状況はインド仏教の最後期近くまで変わらない）。

　大乗仏教の登場によって生じた異変の最大のものは、前章に論じた「多仏の出現」であり、仏は「釈尊（釈迦仏）」のほかに、名のよく知られた仏や如来が、そして「無名の仏」が登場する。しかも、その「無名の仏」もまた多数であり、その多数の無名の仏によって、まったく新しく（釈尊とは少なくとも歴史的には無関係に）、大乗仏教の経が、しかも種々の経が成立する。逆にいえば、すでに再三強調したように、この章にその代表的なもののみを列挙してゆくが、大乗の経は釈尊とはまったく別の仏（諸仏）の作品であり、しかもいうまでもなく、それらの経の作者は無名の仏（たち）であって、この面だけをとらえていうならば、「経が仏説である」（正確には、経は仏説を含む）という点は、従来となんら異ならないけれども、その仏そのものがすでに釈尊からは（時代的のみならず、内容的にも）かなり遠く離れている。ただし、大乗の仏と経とが説くところは、やはりすでに念を押して記したように、阿含経典の中に、その術語なり、思想の萌芽なりが説かれていて、それを発展させ、あるいは結晶させたことは、まちがいない。

また初期の大乗経典には、経を説いた人びとを「ダルマ・バーナカ dharma-bhāṇaka」（ほぼ「法師《ほっし》」と訳す）と呼ぶ例が少なくない。バーナカはもともと「阿含経」の各種の諷《ふう》詠者《えいしゃ》・誦出者《じゅしゅつしゃ》であり、解説者でもあったが、部派仏教の文献では、その一部に経典暗誦者として記録されるにすぎず、その影響は薄い。初期大乗に入ると、ダルマ・バーナカは、大乗独自の（このダルマ・バーナカという複合語は大乗経典にはじめて見える）説法者として新しく登場し、在家信者たちのリーダーから転じて、大乗仏教の指導的地位につく。彼らが大乗経典の作者であったか否かはなお疑問としても、少なくとも経の編集者であったことは確実といえる。また、彼らが出家者か在家者かは、いちがいには断定できないけれども、信者に対して、盛んにそれぞれの経の受持・読誦・解説を行なって、その経そのものの崇拝を強調しており、そのほとんど大多数がそれまでの仏塔（ストゥーパ）信仰には批判的であり、多くは反対して、新たに成立した各種の経に花や香を捧げて礼拝供養を奨《すす》めるなど、それぞれの経の絶対化を促進した。なおこの中には女性も含まれていて、「ダルマ・バーニカー dharma-bhāṇikā」という女性名詞もある。

大乗の経は、つぎつぎと生まれて多数であり、しかもその形式は初期の阿含経典をそのまま踏襲していて、たとえば仏弟子のアーナンダ（阿難）やシャーリプトラ（舎利弗）その他がたえず登場し、しかも彼らは大乗の理解に達していないとして斥《しりぞ》けられてしまい、マイナスの役割を担う。彼らに代わって、仏弟子の比丘《びく》（たち）や比丘尼《びくに》（たち）とはつねに別に、菩薩《ぼさつ》の登場の記述が大乗経典の特徴であり、この菩薩（たち）は前章に詳述した新しい大乗の諸菩薩であって、この諸菩薩が、そこには縦横に活躍する。

なお、大乗経典、とくにその初期と中期とのそれらの独自性をひとつだけあげるとすれば、それらは形式的には阿含経典に類似してはいても、その内容はかなり想像力に富み、その多くがきわめて文学的色彩の強い一種の物語を付加しており、ここにはおそらく上述の「凡夫《ぼんぷ》の菩薩」と、讃仏文学ならびに仏伝文学の作品とが、かなり如実に反映していると見てよい。

すでに阿含経典にも見られたとおり、現存するそれらの中には増広《ぞうこう》や削除や再編集などがあり、この種の諸処理は大乗経典においては、ときにはさらにいっそう顕著に現われる。そのことを示す好例が、大乗の名を最初に宣言した般若《はんにゃ》経典群であって、その経が成立するまでに推定される順序をごく大胆に概括すると、①経の核が生まれる、②原初形が成立する、③伝承の間に増広や補修や挿入や追加などがあり、ときには削除や縮小や抄出《しょうしゅつ》がある、④現存する経が完成する、というプロセスを経ており、そのことはほぼすべての大乗経典にも共通している。

大乗の論も、形式としては初期仏教末期から部派仏教における論の在り方を受けつぎ、右に述べた大乗諸経典の註釈を施す文献もあり、また自説を主張するテクストもあって、続々と創作されて今日に至る。ことに、大乗経典がいかに多くの仏（たち）によって生み出されるとはいっても、その数や時代は一応限定されており、それに代わって、卓越した学僧が現われて教えを説き、いわば著者名の知られていることを特徴とする論（書）は、仏教の続くかぎり、永遠に絶えることがない。

なお、論を、サンスクリット語はシャーストラ śāstra といい（それに準ずるパーリ語のサッタ sattha は用例が少ない）、この語根のシャース śās には「罰する、支配する」から「命ずる」、「教える」の意がある。シャーストラは、一般的には「命令、教授、忠告」、「規則、綱要」から「学術的な著述」をいい、仏教のみならず、哲学を含むインド語として、一般に広く用いられる。またこれを人称化したシャーストリ śāstṛ（パーリ語はサッタル satthar）は「支配者」また「教師」の意（釈尊の一〇の名号《みょうごう》のひとつ「天人師《てんにんし》」の「師」はこの語の訳）で、インドでは、現在も教師をシャーストリと呼ぶ例が普遍化している。

また、中国では、インドのテクスト原本に、このシャーストラ śāstra の語が付されておらずに、たとえばウパデーシャ upadeśa（解析的な論議）やバーシュヤ bhāṣya（註釈）やヴリッティ vṛtti（註釈書）やヴヤークフヤー vyākhyā（解説）などのいずれかを伴なう場合、あるいはとくに何の語も記されていない際にも、特定の論師の作と見なされるものには、ほとんどすべての漢訳書に「論」と命名している。

付言すると、大乗仏教では、律蔵は初期仏教から各部派までの律蔵の一部を手直しし、とくに大乗仏教を支えた在家信者への顧慮のゆえか、簡潔化の方向にあり、それほどの独自性は見られないといってよい。これは大乗教団が部派の各教団と異なり、厳格で煩瑣《はんき》な条項を避けたためであろう。

上述したように、大乗論書があいついで生まれるというのは、その内容に傑出した学僧や高僧の輩出することに基づいており、インド内部にとどまらず、仏教圏全体に拡大する。すなわち、中国でも、日本でも、チベットでも、そのほかの地域でも、論の創作は絶えることがなく、現在に至る。たとえば宇井伯寿《ういはくじゅ》『仏教汎論《ぶっきょうはんろん》』(岩波書店、一九四七〜四八年)をはじめあまたの仏教概論などは、すべて論のひとつと見てよい(たとえ書名に「論」をつけない書物まで、実質的には論として扱われ得る)。

一方、わが国の仏教の実情は、ほぼその初期以来、ある特定の宗《しゅう》を名乗り、いわゆる南都《なんと》六宗《ろくしゅう》(三論宗・成実宗《じょうじつ》・倶舎宗《くしゃ》・華厳宗《けごん》・法相宗《ほっそう》・律宗《りつ》)に平安初期に最澄《さいちょう》(七六七－八二二)の天台宗と空海《くうかい》(七七四－八三五)の真言宗(以上を「八宗《はっしゅう》」と呼ぶことが多い)、さらにはいわゆる鎌倉新仏教の諸宗、すなわち法然《ほうねん》(一一三三－一二一二)の浄土宗《じょうどしゅう》、その門下が分かれて親鸞《しんらん》(一一七三－一二六二)の浄土真宗《じょうどしんしゅう》、一遍《いっぺん》(一二三九－一二八九)の時宗《じしゅう》となり、また栄西《えいさい》(ようさいともいう。一一四一－一二一五)の臨済宗《りんざいしゅう》、道元《どうげん》(一二〇〇－一二五三)の曹洞宗《そうとうしゅう》、日蓮《にちれん》の日蓮宗《にちれんしゅう》などが興った。それらは種々の変遷が多少は混入するものの、各宗はほぼ戦国時代末期にほぼ整備を完了して、その宗派意識がきわめて強い。そこでは、その宗(ときにはさらにそれから分派した各派)の創始者が宗祖《しゅうそ》として最大の尊敬を受け、仏教そのものを創始した釈尊を開祖と崇《あが》めて帰依するとはいえ、開祖の教えを宗祖がより親しく鮮明に説き、実践に示したとして、宗祖への尊崇は開祖を凌駕《りょうが》せんばかりであり、それの如実の例証は、宗祖を祀《まつ》る堂塔がはるかにとびぬけて大きく、中には開祖の釈尊は放置されたままのケースも少なくない。

したがって、現在の日本にその数七万五〇〇〇余といわれる仏教寺院で読誦《どくじゅ》される「お経」は、開祖の釈尊の阿含経典はまったく顧みられず、開祖である釈尊とは異なる別の仏による大乗の経の一節であり、そればかりかその大部分は、宗祖ないし宗祖に準ずる特記すべき高僧の文が、経として敬われ、読誦され続けている。たとえば、日本最大の宗派の浄土真《じょうどしん》宗《しゅう》の場合、大乗経典の浄土三部経（『無量寿経《むりょうじゅきょう》』・『観無量寿経《かんむりょうじゅきょう》』・『阿弥陀経《あみだきょう》』）の一部のほか、宗祖である親鸞《しんらん》の主著『教行信証《きょうぎょうしんしょう》』行巻《ぎょうのまき》の末尾にある「正信《しょうしん》（念仏《ねんぶつ》）偈《げ》」か、もしくは真宗中興の祖とされる蓮如《れんにょ》（一四一五－一四九九）の「御文《おふみ》」が、その宗の「経」であり、曹洞宗《そうとうしゅう》では大乗経典の『般若心経《はんにゃしんぎょう》』や『法華経《ほけきょう》』の一部のほか、宗祖の道元《どうげん》の主著の『正法《しょうぼう》眼蔵《げんぞう》』から、本来は明治時代に在家信者向きにダイジェスト化したテクストの『修証義《しゅしょうぎ》』が、お経として読誦されていて、それにより寺院の日々の勤行《ごんぎょう》から諸種の行事（仏事《ぶつじ》、法事《ほうじ》）までのすべてが進行する。他のいずれの宗派においても、ほぼこれに準ずる。親鸞、蓮如、道元、そのほかの諸宗祖などは、いずれもひときわ偉大な高僧であり、かつ学僧であるとはいえ、彼らは特定の論師であって仏ではない以上、厳密にいえば、これらの人びとの著述は、経に属するのではなくて、論のカテゴリーに入る。それでも、わが国ではそれらが「経」とされて、なんぴとも疑わず、異議を挿むものもない。このようにして、経を仏説に近づけた上述の一応の説明は崩れ去って、「経と呼ばれているものが経」という冒頭の趣意不明に戻らざるを得なくなる。

同種の例は、中国においても、当初には経と論とをかなり明確に峻別《しゅんべつ》したのに対し、やがて「一切経《いっさいきょう》」といい「大蔵経《だいぞうきょう》」と称するものの中に、経・律・論のすべてを包括すること（これは日本の例よりも古い）にすでに認められるといえよう。その「大蔵経」が進展して、先に記したその完成態である『大正新脩大蔵経《たいしょうしんしゅうだいぞうきょう》』は、その第五四巻に「外教部《げきょうぶ》」を設けて、インド哲学主流のサーンキヤ哲学の『金七十論《きんしちじゅうろん》』（真諦《しんたい》訳）や、同じくヴァイシェーシカ哲学の『勝宗十句義論《しょうしゅうじっくぎろん》』（玄奘《げんじょう》訳）そのほかまでも加えている。

その『大正新脩大蔵経』について述べると、それまで中国で作られた種々の「大蔵経」の組織を大幅に変更して、伝来された膨大な数の文献類を新たな区分に編集し、ほぼ年代順に配列する。それには多少の問題もあるとはいえ、その全一〇〇巻を「初期」と「部派」と「大乗」との三種に分けて、それらの「経」と「論」との大要を紹介しておこう。その第三二巻までがインド文献の漢訳であり、これらのうち「律《りつ》部」の三巻を除く計二九巻のうち、初期仏教は、「阿含《あごん》部」が二巻、仏伝などの文学的作品を収めた「本縁《ほんえん》部」が二巻、計四巻で、ごくわずかの例外（「本縁部」に『菩薩本生鬘論《ぼさつほんじょうまんろん》』と『仏所行讃《ぶっしょぎょうさん》』ほかひとつ）を除いて二〇〇余がすべて「経」を名乗る。部派仏教は「毘曇《びどん》部」（パーリ語のアビダンマの音写の「阿毘曇《あびどん》」の略）が約三巻半（一部が「釈経論《しゃくきょうろん》部」と重複のため）で、すべてが「論」から成る。大乗仏教は、「経」が、般若《はんにゃ》、法華《ほっけ》、華厳《けごん》、宝積《ほうしゃく》、涅槃《ねはん》、大集《だいじつ》、経集《きょうじゅう》、密教《みっきょう》の各部で計一七巻、「論」が、釈経論《しゃくきょうろん》、中観《ちゅうがん》、瑜伽《ゆが》の各部で計四巻半、合計二一巻半に及ぶ。さらに第三三～四八巻の中国の論書、第四九～五五巻は史伝など、第五六～八四巻の日本の論書を合わせれば、大乗の「論」はいっそう増大する。それでもなお、もちろん全仏教書を包容し尽くすことはできず、中国は唐宋まで、日本は江戸時代までのとくに重要なテクストに限られていて、『大正新脩大蔵経』に収められない文献（それらは一応「論」と見なしてよい）は莫大《ばくだい》な数に達する。

仏典の集成はインドにはなかったが、漢訳の「大蔵経」に匹敵するものに、チベット語に訳されたテクストの『チベット大蔵経』（わが国では『西蔵大蔵経』と記す）があり、その区分は、「三蔵」に代わって、経と律とを収めた「仏説部」（チベット語でカンギュル、またはカンジュールといい、音写して甘殊爾《かんじゅる》とも記す）と、論のみの「論疏《ろんしょ》部」（テンギュル、またはタンジュール、丹殊爾《たんじゅる》とも記す）とに二分される。ここには、初期仏教の阿含経典は量が少なく、大部分が大乗に属し、とくに「秘密《ひみつ》部」と称される密教経典は漢訳を凌駕《りょうが》して非常に多い。

なお、漢訳大蔵経は同一経典の種々の異訳をそのまま保存して、これがかえってその経の変遷の跡をたどるのに貢献する（もとより失われた経も少なくない）のに対して、チベット訳は翻訳開始もずっと遅れ、改訳されると古い訳は捨てられて、現在のものはほぼ九世紀以降の新訂本から成る。ただし、漢訳が訳者の個性や素質や環境などにより、翻訳の良不良を含めて、かなり多種多彩であるのに対し、チベット訳は訳語も訳例も統一されていて、このことからサンスクリット語原本ならびに諸術語の推定に、多大の支援を与える。

いずれにせよ、このような仏教文献の氾濫《はんらん》は、大洪水《だいこうずい》にも似て、仏教を知ろう、学ぼうとするものにとって、厄介《やっかい》きわまりないとはいえ、けっして単に短所だけではなく、いかに仏教について長い期間にわたり研究され、論究され、諸説が述べられたかを明示して、偉大なモニュメントと見なされるべきであろう。しかも、この方向を導いたのは、上述のそれぞれの巻数からも明らかなように、大乗仏教の成立とその展開とが、大きな要因をなしている。その場合、さらに考慮を払わなければならないのは、それらがたしかに大乗仏教であるとはいえ、仏教の名のもとに一大文化を形成していることであり、それはここに「大乗文化」とも名づけ得る力を有し、あまねき凡夫衆生《ぼんぷしゅじょう》への呼びかけをはじめとして、実に多様な諸要素を包含する。ことにわが国においては、すでに文献学的に明白な誤りでありながら、大乗経典を釈尊に帰してみたり、あるいは仏教以外のものをかなり自由に、ときには随意に、放埒《ほうらつ》に、仏教内部に取り込んで、その内容を広大にし、機能を拡充する。こうして、文学・絵画・彫刻・工芸・庭園・建築などの諸芸術に、能・歌舞伎・舞踊・民謡などの諸芸能に、そして身心の安定や種々の生活の規範などに、あるいは祈禱《きとう》や占術やときに民間の医療などに、また競技者たち（往時の武士などを含む）の鍛練などに、さらに日常の生活の隅々に、そして日本語という言語そのものに、広くは政治や経済や学問や技術などに、とりわけ葬祭に、そのほか万般にわたって、大乗文化はわが国においてきわめて幅広く活躍し、同時に逆に、そのいわば美名のもとに濫用される。

ともあれ、この章の第二節以下に、インドで生まれた大乗仏教の経と論とを述べる際に、それを初期と、中－後期とに二分する。少なくとも経についていえば、初期が最も盛んで数も多く、中期に減少し、後期にさらに少数となるとともに、代わって膨大な密教経典が登場する。本書にはその中のとくに主要なもの一経ずつだけについて論ずるが、実のところ、それらの一経ずつに優に各一冊が、したがってなお数冊の書（叢書《そうしょ》、双書）が、どうしても必要とされる。ここではきわめて限られたスペースに、「経」と「論」などの固有名詞の列挙は極力抑制し、不可欠のもののみを取り上げて、その内容の概説も可能なかぎり簡潔に努める。

その各論に入る前に、大乗経典の成立年代を推定する根拠の最も重要なポイントは、もとより、その経の内容にあるとはいえ、さらに詳細な年代決定の鍵《かぎ》が、インドにはなくて、中国にあるところから、それに関する論述を続けよう。中国への仏教伝来はおおよそ紀元前後とされており、確実なことは不明としても、歴史を好む中国には、訳経史が厳として存在する。その第一ページは、紀元二世紀半ばから後半にかけて、安息《あんそく》出身の安世高《あんせいこう》と、月氏《げっし》出身の支婁迦讖《しるかせん》（しばしば「支讖《しせん》」と略し、ここでも略号を用いる）とにより開かれる（迦葉摩騰《かしょうまとう》と竺法蘭《じくほうらん》とが紀元六七年に洛陽において『四十二章経《しじゅうにしょうきょう》』をはじめて漢訳したとの伝説は、現在は斥《しりぞ》けられて顧みられない）。後漢の桓《かん》帝（一四六－一六七年在位）のはじめに洛陽に来た安世高は、主として初期経典の中の単経《たんきょう》（合計ほぼ五五部六〇巻）を訳したが、桓帝末期に洛陽に着いた支讖は、大乗経典を漢訳し、計一四部二七巻と伝えられる中で、一二部二五巻は支讖訳が確定しており、そのうち八部一九巻が現存する。それらの大乗経典はいずれも原初形ながら、①般若《はんにゃ》系、②華厳《けごん》系、③阿閦仏《あしゅくぶつ》、④阿弥陀仏《あみだぶつ》、⑤観仏《かんぶつ》、⑥心性清浄《しんしょうしょうじょう》説、⑦文殊《もんじゅ》の教理、⑧般舟三昧《はんじゅざんまい》、⑨首楞厳三昧《しゅりょうごんざんまい》、⑩一部の宝積《ほうしゃく》系（いずれも後述）を含み、彼の訳経年代は一七八～一八九年と伝えられるから、これらの原典がおよそ一五〇年より以前に、北インドにすでに出揃っていたことは、疑いない。

　さらに、三世紀前半には月氏出身の支謙《しけん》、半ばには康僧鎧《こうそうがい》、後半には敦煌《とんこう》出身の竺法護《じくほうご》と続き、四世紀に入ると漢訳はさらに盛んになって、とくに四世紀後半はピッチが急速にあがり（そのさなかに、まず『中阿含経《ちゅうあごんぎょう》』と『増壱阿含経《ぞういちあごんぎょう》』とが、五世紀前半に『長阿含経《じょうあごんぎょう》』と『雑阿含経《ぞうあごんぎょう》』という、初期経典の最も重要な経が訳された）、さらに四〇一～四〇九年の鳩摩羅什《くまらじゅう》の漢訳の果たした功績はきわめて大きい。彼によって、漢訳における術語からその綱要までが決定され、五世紀半ばまでには、さらに何人かの渡来僧や中国人によって、初期の大乗経論のほぼ大部分の漢訳が完成する（上述のように阿含経も同じ）。また、五世紀前半からは中期の大乗経論がしだいに漢訳され、六世紀末〜八世紀は隋唐の中国仏教の最盛期を迎えるさなかに、七世紀半ばに玄奘《げんじょう》は部派および中期大乗の論書の膨大な原典を中国に持ち帰って、帰国後二〇年弱の間に七六部一三四七巻（巻数は漢訳仏典全体の約四分の一）という超人的な漢訳の偉業を成し遂げる。七世紀後半には、その他の大乗の諸経論が漢訳され、八世紀に入ると、密教経典の漢訳が加わり、漢訳はその後も一三世紀までわずかずつながら続く。

中国では、このように、漢訳者の氏名（一部は不明で、これを「失訳《しつやく》」という）と年代を記した場所などが記載されている（ただし、中にはそれらの記載に疑問があり、これを「訳経研究」「経録研究」が担当する）。その点で、いっさい年代などを語らないインドの諸テクストに関して、その成立年代を推定する最も確実な情報を提供する。

さらに付言すれば、初期大乗仏教は、インド仏教史の中期に属して、インド仏教の最盛期に当たり、インド全土に仏教が拡大し、民衆や王朝の帰依も篤《あつ》く、仏教者の活躍が目ざましい。中期大乗以後は、同じインド仏教史の後期に入り、バラモン教から転身したヒンドゥ教に民衆の関心は集まり、仏教はしだいに忘れ去られ、ときに王朝などの保護や寄進その他が行なわれても、単発的にとどまる。たしかに、この時代にも偉大な学僧が輩出して緻密な論を体系化し、それらをめぐって興味深い多くの論争が展開するけれども、別の見地からすれば、大乗仏教のアビダルマ化（ときに煩瑣《はんさ》なほど綿密な理論構成に専念）と評されよう。後期大乗は、一部のさらに精密な哲学的論議のほかは、その輝けるスターは密教であり、しばらくはその隆盛が続いて、あまたの密教経典が生まれ、密教文化が栄えるうちに、それは所詮《しよせん》はヒンドゥ文化への傾斜が濃く、一時的にインドの民衆を魅したとしても、逆にヒンドゥの大きな波に呑み込まれてゆき、ついにはそれまで持続された仏教もろともインドには消滅する。

第一節　初期大乗仏教

①　般若経典《はんにやきようてん》

数といい量といい、あまりにも膨大な仏教経典の中で、現在の日本人に最もよく知られている経典は、「般若経」である、といっても過言ではなかろう。

しかしながら、「般若経」という経名をあげると、日本人のほとんど大多数は、「般若経」とは『般若心経《はんにやしんぎよう》』であると思い込んでいる。しかも、その『般若心経』は、三蔵法師《さんぞうほうし》の名で知られる玄奘《げんじよう》の漢訳した『（摩訶《まか》）般若波羅蜜多心経《はんにやはらみつたしんぎよう》』を指している（実は、『般若心経』の漢訳は、現存するものだけでも七種あり、これに類して、以下にあげる諸種の「般若経」にも、それぞれ、数種の漢訳などのテクストがある）。

少数の人びと、とくに寺院に関係の深い僧侶たちは、それに『大般若波羅蜜多経《だいはんにゃはらみったぎょう》』を加える。この経の読誦《どくじゅ》は、「転読《てんどく》」と呼ばれて、折りたたんだ経巻を机上に山と積み上げ、それを一巻ずつ高く持ち上げて、右手から左手に、ばらばらとひもときながら繰り広げ、その間に、独自の句を一言唱《とな》えつつ、その巻を終えて、全六〇〇巻の読誦に代えるという法会《ほうえ》が、現在も各地の寺院で行なわれている。

さらに、少数の人びとは、それに加えて、『金剛般若経《こんごうはんにゃきょう》』を補足する。それはとりわけ、禅に関係する人びとに多い。あるいは、『理趣《りしゅ》（般若）経《きょう》』を、さらにまたごく特殊な人は『仁王般若経《にんのうはんにゃきょう》』を加えて、こうしてしだいに「般若経」の数と種類とが増してゆく。しかし、おおむね、それまでにとどまり、それを超えることはほとんど見られない。

一言で表わせば、「般若経」は、右の数種のほかにさらに多種多様であり、量も莫大《ばくだい》であるばかりか、まことに数奇に満ちている。すなわち、仏教経典史上にはじめて「大乗《だいじょう》」（マハーヤーナ Mahāyāna）を宣言するという、最も重大な役割を演じた経であり（なお、そのほかにも「般若経」の果たした功績は多方面にわたる）、しかも各種の「般若経」が延々と約一〇〇〇年に近い年月にわたってインドで創作され、それらが、あいついで漢訳され、中には前記の『仁王般若経』のように中国産の、いわゆる偽経《ぎきょう》をも含むという史実などもある。

それらの諸事情から、いったん「般若経」の研究に取り組むと、いつのまにか、抜きさしならなくなり、何十年の研究生活をそれに注ぎ込んでもなお足りないという、厄介《やっかい》な面もはらんでいる。それに加えて、ことに最近は、「般若経」に先行すると推定される幾種かの経典が注目されている。というのは、前節の末尾に記したように、後漢の桓《かん》帝末に渡来し、霊帝（一六八－一八九年在位）の時代に最初に大乗経典を漢訳した支婁迦讖《しるかせん》（支讖《しせん》と略す）の訳書一四部（正確なものは一二部、うち八部が現存）の中には、経名が記されていて現存しない経（漢訳が失われたのではなくて、おそらく漢訳に至らなかったのであろう）が挙げられ、支讖からやや後代の支謙《しけん》（三世紀半ば）に至る諸訳経の中にも、同類の経があって、それらは少なくとも数種が数えられる。あるいはまた、現存する古い訳の経で所属の判定しがたいものには、「大乗」の語が見えないにもかかわらず、そこに説かれる思想・内容は、大乗に準ずると称してもよいほどの経が、やはり何種類かあって、これらの経に関する研究が進められ、学界では種々の議論が行なわれている。

それらはさておいて、「般若経」に戻る。

すでに記したように、最初に「大乗」の名称を宣言したのが「般若経」であった。すなわち、支讖が漢訳した『道行般若経《どうぎょうはんにゃきょう》』の「道行品第一《どうぎょうぼんだいいち》」に、それは「摩訶衍《まかえん》」という「マハーヤーナ」の音写語で登場する。しかもこの「第一品」は、この経の中でも最も古い個所とされる。付言すれば、『道行般若経』（あらゆる「般若経」の最古形とされる）には、この

「摩訶衍」(「大乗」)の語が説かれるけれども、「小乗」(ヒーナヤーナ Hīnayāna、ヒーナには「小さい」のほか「劣った、捨てられた」などの意もある)の語は一度も見えない。「小乗」の語は、「般若経」に関していえば、それがかなり展開を遂げたあとに、羅什《らじゅう》の訳した『小品般若経《しょうぼんはんにゃきょう》』(四〇四年訳)に至ってはじめて登場する。ただし、あとに詳述するように、原典の成立が「道行―小品」系よりも遅く、系統を異にする竺法護《じくほうご》訳『光讃般若経《こうさんはんにゃきょう》』(三八六年訳)にも、「小乗」の語はある。そのほかの例をも合わせて研究した結果のみを記すと、「小乗」の語の成立は「大乗」の語よりも遅れ、また別の起原であるらしく、大乗経典があいついで生まれてくるプロセスにおいて、その一部に「小乗」の語が考案されて用いられ、しかもこの語は、部派仏教のすべてを指示するのではなくて、最初期の大乗仏教が最も多くを学んで、またそのゆえに最も強く反発した説一切有部《せついっさいうぶ》だけを、もしくはその一派のみを「小乗」と呼んだことが、ほぼ論証されている。

ところで、「大乗」(摩訶衍《まかえん》)の説かれる場面では、般若波羅蜜《はんにゃはらみつ》、空《くう》の思想、菩薩《ぼさつ》の在り方の三つが、最も重要であり、注目に値する。以下にこの三つの大要を順次に記述しよう。

この三つは相互に深く関わり合っており、まず般若波羅蜜から論ずる。右に記した数種の先行経典(現存しない)と目されるもののひとつに『六波羅蜜経《ろくはらみつきょう》』があり、これはおそらく、前章に詳述したような、新たに登場してきた菩薩の実践を、六波羅蜜と規定した内容であった、と推定される。六波羅蜜とは六種の波羅蜜をいい、波羅蜜はパーラミター pāramitā の音写語。パーラミターは、パラマ parama（「最上、完全」の意）をパーラミ pārami と女性形にして（語尾の a を i に変えると、前の a が ā となる）、それに抽象名詞化のはたらきをする接尾辞のター tā を付した語であり、したがって、パーラミターは「完成、極致」を表わす。これがサンスクリット語の文法にかなった理解であり、訳語であるが、中国およびチベットの訳者は、おそらく故意にそれを無視して、次のような解釈を施し、それがそのまま受けつがれ、広がった。すなわち、パーラ pāra（「他」の意。彼方《かなた》すなわち彼岸《ひがん》や他者をいう。これを目的格にすると pāram）にイ i（「行く」の意）を加え、それに接尾辞ターを付した、したがってパーラミターは、「他に行くこと」「彼岸《ひがん》に渡る、到ること」を表わし、「到彼岸《とうひがん》」「度《ど》（彼岸）」とする。この試みは実はインドの学僧（ハリバドラ Haribhadra 八世紀）によっても試みられた（ただし、それがサンスクリット語文法からは似而非《プセドゥ》語原学に属することが証明されている）。ナーガールジュナ（Nāgārjuna 龍樹《りゅうじゅ》、一五〇－二五〇年ごろ。後述）作とされる（一部にその疑義もある）羅什《らじゅう》訳『大智度論《だいちどろん》』は、大乗経典成立の年代決定にも、きわめて重大な役割を果たす一〇〇巻の大著であり、以下にしばしば引用するが、この「智度《ちど》」は明らかに「プラジュニャー（智）パーラミター（度）」の訳である。このような「到彼岸」や「度（彼岸）」を信じた中国およびチベットの仏教徒は、「完成」という正確な意味を知っていた仏教徒よりも、はるかに多数を占め、範囲も広い。それらの諸事情を考慮して、玄奘も「波羅蜜《はらみつ》」の音写をそのまま踏襲した（玄奘訳は「波羅蜜多」とする）ように、このパーラミターの翻訳（「完成」と「到彼岸」とのいずれか）はいったんさしおいて、ハラミツという仮名《かな》をもって以下に論ずることにしよう（なお、漢字の場合は、ミツは「蜜」を用いる、「密」は誤り）。

ハラミツの語は、パーリ語文献に十ハラミツ（布施《ふせ》・持戒《じかい》・出離《しゅつり》・智慧《ちえ》・精進《しょうじん》・忍辱《にんにく》・真《しん》実《じつ》・決定《けつじょう》・慈《じ》・平等《びょうどう》）を説き、カシュミールの有部《うぶ》（『大毘婆沙論《だいびばしゃろん》』巻一七八）は、四ハラミツ（施《せ》・戒《かい》・精進《しょうじん》・般若《はんにゃ》）を菩薩の実践として示し、さらにカシュミール以外の地には、忍《にん》（忍耐）と静慮《じょうりょ》（禅定《ぜんじょう》）とを加えて六ハラミツを説くが、忍は戒に、静慮は般若（智慧）に含まれる、と主張する。仏伝文学（たとえば『マハーヴァストゥ』の一部など）には六ハラミツ説があり、ときに方便《ほうべん》（手段）を加えて七ハラミツ説も見える。

右のような経過において、『六波羅蜜経《ろくはらみつきょう》』に至り、前面に六ハラミツを押し出したものと推定される。それは、布施《ふせ》・持戒《じかい》・忍辱《にんにく》（忍耐）・精進《しょうじん》・禅定《ぜんじょう》・般若《はんにゃ》の六つであり、この六つの項目は、「阿含経《あごんきょう》」に見られる「八正道《はっしょうどう》」また五根五力《ごこんごりき》（信《しん》・精進《しょうじん》・念《ねん》・定《じょう》・慧《え》）を、そしてそれらを簡略化して普及した三学《さんがく》（戒《かい》・定《じょう》・慧《え》）を基本とし、また部派《ぶは》仏教の説く見《けん》道《どう》（四諦《したい》を観察して煩悩《ぼんのう》を断ち切る）・修道《しゅどう》（具体的な事項に対処して、反復しつつ修習する）・無学道《むがくどう》（もはや学ぶべきものはない）の三道《さんどう》をも参照して、しだいに熟し、発展してきたと考えられる。これらを比較すれば判然とするように、持戒《じかい》と精進《しょうじん》と禅定《ぜんじょう》と般若《はんにゃ》との四項は、いずれにも共通するところがあり、それらは「さとり」を目ざす自己ひとりに関わる実践であるのに対して、新たに加えられた布施《ふせ》と忍辱《にんにく》（忍耐）は必ず他者につながっている。前章に述べたように、大乗仏教の最も重要なモティーフのひとつに「他者の発見」があり、それがここに反映して、六項が確定され、しかもそれぞれがハラミツとして扱われて、経名にまでなった。

このような六ハラミツの登場のあとに、それからさらに飛躍を遂げて、「般若経」における大乗の宣言に至らせ得たのは、六ハラミツのいわば平等な並列から、その最後に置かれた般若ハラミツへの格別な評価とそれへの集注であり、他の五ハラミツのおのおのをこの般若ハラミツが支え裏づけたところにある。そのことは、ここに「般若経」と呼んでいる経は、正しくはことごとくが「般若波羅蜜経《はんにゃはらみつきょう》」（これに諸種を区別するための個別の語として、「道《どう》行《ぎょう》」「光讃《こうさん》」などを冠する）を名乗り、それらの原語は「プラジュニャーパーラミター・スートラ」（Prajñāpāramitā-sūtra）であることによっても、明白といえる。

以上の諸情況を概括するならば、新しい大乗の菩薩の実践において、他者の発見などにより六ハラミツ説が立てられ、それまでの仏教を内部から変革しようとする機運が醸《かも》し出され、それが新たなる運動に高まって、ここに『六波羅蜜経《ろくはらみつきょう》』の成立があり、しかしそれはおそらくまもなく、その六ハラミツとその全体を統括する般若ハラミツという完結した形に整備されて、ここにはじめて「大乗」を宣言する「般若経」が（実はその原型が）登場した、という粗筋《あらすじ》が素描される。このことを裏づける文章は、成立の古い「般若経」中に、「般若波羅蜜を供養する」といい、あるいはパーラミターが女性名詞であるところから、「般若波羅蜜は仏の母」などがあげられる。さらに、各ハラミツの説明に、般若ハラミツによる裏づけが明確に論述されている。

それならば、般若ハラミツとは何か。それは、般若すなわち智慧《ちえ》のハラミツ（完成）であり、また般若により、般若を内容とし、般若に基づくハラミツ（到彼岸《とうひがん》）であって、その般若とは次に述べる「空《くう》」の思想であり、それの徹底が般若ハラミツにほかならない。そしてこの般若ハラミツが、布施《ふせ》ハラミツ以下のそれぞれにあまねく浸透し、たとえば単なる布施を大乗の布施ハラミツたらしめる。

ここにあげた「空」の思想は、「般若経」に終始一貫して説かれ、理論的に否定や欠如があるが、それよりもきわめて実践的な在り方を示して、一言で表わすならば、「こころにとどめつつも、とらわれるということがない」「とらわれない」「無執著《むしゅうじゃく》」と解される。

したがって、たとえば布施《ふせ》は、AがBにCを布施するという、施者と受者と施物との三つから成立するが、その布施が「空」の思想の徹底した般若ハラミツに裏づけられると、右の三つはいずれも「空」であり、執著《しゅうじゃく》は消えて、施者においては、布施した相手の受者にも、布施した施物にも、いっさいとらわれない、という在り方の布施ハラミツが実現される。これを「三輪清浄《さんりんしょうじょう》」という術語で呼ぶこともあり、これが他のハラミツに関しても、同類の型をとって強調され反復される。

「空」は「般若経」においては、右に記したように、その否定的機能が実践そのものに実現され、ないしは目標とされており、思想としての理論づけは、後述するナーガールジュナ（龍樹《りゅうじゅ》）によって果たされる。

菩薩の在り方も、この空‐般若ハラミツに裏づけられており、たとえば、菩薩が自己（あるいはだれか）を菩薩としてとらえ、それにとらわれたならば、すでに菩薩ではない、というような一種の逆説的な文で示される。しかし同時に、菩薩が菩薩として部派所属の人びとと異なる点を、「般若経」は力説する。すなわち、菩薩は、まず最初に、あくまで仏の「さとり」を求めよう（「上求菩提《じょうぐぼだい》」）、同時に、多数の衆生《しゅじょう》 教化《きょうげ》に努めよう（「下化衆生《げけしゅじょう》」）という固い決意から出発し、これを「発菩提心《ほつぼだいしん》」と称し、略して「発心《ほっしん》」とも「初発心《しょぼっしん》」とも呼ばれる。しかし、それはややもすれば動揺しやすいために、「偉大な（徳の）鎧《よろい》に身を固める」ことが必ず説かれており、あたかも戦場に赴《おもむ》く戦士に喩《たと》えられ、なみなみならぬ決意を誓願として立て、初発心と誓願に基づく修行が続けられ、中途であくまで挫《くじ》けることなく、しかも本来は「空」であって何ものにもとらわれることのない、したがって終わりのない実践が徹底される。これを「弘誓《ぐぜい》の鎧《よろい》を着《き》る」とも、さらには「大誓荘厳《だいせいしょうごん》」とも称する。以上が、大乗を最初に宣言した「般若経」の最大の特徴であり、先行経典からの飛躍の原動力を担う。

冒頭に記したように、「般若経」はその種類がきわめて多く、それらのほぼすべてを総合して玄奘訳『大般若波羅蜜多経《だいはんにゃはらみったきょう》』（略して『大般若経』）六〇〇巻がある。これはあらゆる仏典の中で最大、それもとびぬけて大きく、『大正《たいしょう》 新脩《しんしゅう》 大蔵経《だいぞうきょう》』の「般若部」一～三の計三巻を占め、字数は約五〇〇万字に達する。全体が初会《しょえ》から第十六会《え》までの全一六編に区分され、かなり類似した表現を反復しながらも、各会《え》の特色が散在する。

般若経典群は次の一二種に区分され、それぞれの現存テクストの数をその下に示す。

(1) 小品般若経《しょうぼんはんにゃきょう》（または、道行《どうぎょう》 般若経《はんにゃきょう》、八千頌《はっせんじゅ》）　一五種
(2) 大品般若経《だいぼんはんにゃきょう》（または、放光般若経《ほうこうはんにゃきょう》、光讃般若経《こうさんはんにゃきょう》、二万五千頌《にまんごせんじゅ》）　八種
(3) 十万頌般若経《じゅうまんじゅはんにゃきょう》（または、大般若経初会《だいはんにゃきょうしょえ》）　三種
(4) 金剛般若経《こんごうはんにゃきょう》　九種
(5) 文殊般若経《もんじゅはんにゃきょう》（または、七百頌《しちひゃくじゅ》）　六種
(6) 濡首菩薩経《じゅしゅぼさつきょう》　二種
(7) 勝天王般若経《しょうてんのうはんにゃきょう》　二種
(8) 理趣般若経《りしゅはんにゃきょう》（または、百五十頌《ひゃくごじゅうじゅ》）　九種
(9) 大般若経《だいはんにゃきょう》 第十一会《だいじゅういちえ》～第十六会《だいじゅうろくえ》（または、善勇猛般若経《ぜんゆうもうはんにゃきょう》、さらに二千五百頌《にせんごひゃくじゅ》）　三種
(10) 般若心経《はんにゃしんぎょう》（または、五十頌《ごじゅうじゅ》）　一四種
(11) 仁王護国般若経《にんのうごこくはんにゃきょう》　二種

⑿　その他　　　　二種

右のうち、⑴〜⑸と⑻〜⑽とにはサンスクリット本とチベット訳とがあり、右下のテクストの数に含まれる。また、上述の『大般若経』では、⑴が第四会《え》または第五会《え》、⑵が第二会《え》または第三会《え》、⑶が初会《え》、⑷が第九会《え》、⑸が第七会《え》、⑹が第八会《え》、⑺が第六会《え》、⑻が第十会《え》に相当する（⑽〜⑿はそれから外《はず》れる）。

これらの諸テクストから、「般若経」成立と発展の大綱がうかがわれ、⑴〜⑿は、各系統ごとにそれぞれに含まれる諸経が増広《ぞうこう》を遂げてゆくと同時に、諸系統の文章は類似していても、各系統の内容には相異があり、それぞれに発展がある。経の成立－発展をまさに連綿と継承し、反復したインド人もインド人ならば、それをあいついで漢訳した中国人もまた中国人、ともに「あっぱれ」と詠嘆《えいたん》される。なお、現存するサンスクリット本とチベット訳とは、各系統とも諸種の漢訳のほぼ最後のテクストに近く、換言すれば、最も新しい成立に属する。

「般若経」の成立史について述べよう。最古と目される『道行般若経《どうぎようはんにやきよう》』に「如来滅後《によらいめつご》に般《はん》若波羅蜜《にやはらみつ》は南方《なんぽう》に流布《るふ》し、南方《なんぽう》より西方《さいほう》に流布《るふ》し、西方《さいほう》より北方《ほつぽう》に流布《るふ》す」とあり、羅什《らじゆう》訳『小品般若経《しようぼんはんにやきよう》』その他も同じ。サンスクリット本は（チベット訳も）南→東→北を説く。玄奘訳は、東南→南→西南→西北→北→東北と示す。また、羅什訳『大品般若経《だいぼんはんにやきよう》』（右のリストの⑵なども『小品般若経』と変わらない。いずれにしても、「般若経」の南方起原説が経の中に説かれる。諸種の「般若経」の成立の順序についても、すでにその漢訳の初期以来、とくに⑴と⑵との新古をめぐって議論が絶えず、約一八〇〇年後の現在に及ぶ。今日ようやく定説化されたのは、小品《しょうぼん》系（それも最古の『道行般若経』の冒頭の部分）が最初に生まれ、それのいわゆる「加上《かじょう》」のうえに、小品系の諸般若経が生まれる。それから分かれて、大品系が成立する、という。⑷の『金剛般若経《こんごうはんにゃきょう》』は、「大乗」や「空」という専門用語が現われない（ただし、「空」の思想を示す無執著《むじゅうじゃく》は随所に説かれる）ところから、最も古い「般若経」とする説もあり、逆に、それらに関しての一般の理解がすでにかなり広まったあとに、故意に諸術語をはずして一般の庶民を対象にわかりやすく説いたとも考えられる（したがってその成立の新古は不詳）。ともあれ、右の⑴～⑾の配列によれば、⑴から⑵へ、さらに⑶へとひたすら拡大の方向に進んだあと、一転して縮小に向かい、⑼へ、そして⑷～⑻へと進み、その極にあるのが最も著名な『般若心経《はんにゃしんぎょう》』（上述の⑽）にほかならない。なお⑷以下は、すべて羅什が初訳、ないし羅什以後の訳であって、中国では「般若経」漢訳の熱意が当初から最後まで異常なほどに盛んであったという特質を考慮すると、漢訳年代は「般若経」成立－発展史を研究する際の重大なポイントとなる。

『般若心経』について記そう。この「心」は、サンスクリット語はフリダヤ hṛdaya であり、それは阿含から大乗全般に、すなわち仏教全体にたえず登場するチッタ citta とマナス

manasとの「こころ」とは異なって、文字どおり「心臓」をいい、これは英語のハートheart、ドイツ語のヘルツHerz、フランス語のクールcœur、さかのぼってギリシア語のカルディアkardia、ケールkēr、ラテン語のコルcor、コルディスcordisと同類であり、*kē̆rd-, *kṛd-（なお、*は推定された語形であることを示す）という印欧語が想定されている。心臓はいうまでもなく身体の中心であり、かつまた生命の根原であって、フリダヤは核心、心髄、エッセンスの意に用いられる。見方を変えれば、あれほど膨大に増広された「般若経」から、その核心を取り出して極小の一経に凝縮するという、卓越した技《わざ》が、この経に潜《ひそ》む。

『般若心経』は冒頭に記したとおり、日本人に最もポピュラーであり、それは過去から現在まで変わらず、したがって参考書や解説書や、さらに独自で任意の解釈による類書が、巷《ちまた》に氾濫《はんらん》している。以下には、単にその梗概だけを記す。

観自在菩薩《かんじざいぼさつ》（観世音《かんぜおん》、観音菩薩《かんのんぼさつ》）がまず登場し、般若ハラミツの実践において、ありとあらゆるすべて（五蘊《ごうん》）は空《くう》（無執著《むしゅうじゃく》）であると明らかに観じ取り、一切の苦《く》を離脱した。そこで舎利子《しゃりし》（舎利弗《しゃりほつ》、シャーリプトラ）に呼びかけて、この空を五蘊のひとつひとつについていう。すなわち、まず色《しき》（いろ・かたちあるもの、物質として現象しているもの）に関して説く「色即是空《しきそくぜくう》、空即是色《くうそくぜしき》」のフレーズはあまねく知られていよう。その大意は、ものと空との完全な一致にあり、ものがそのまま空であり、同時に、空であることがものをそのものたらしめて、そのものとしてあることを示す。ただちに、五蘊のうちの他の四つ、受《じゅ》（感受、感覚）、想《そう》（表象、イメージ）、行《ぎょう》（形成力、意志）、識《しき》（認識）について、空を反復し、生《しょう》と滅《めつ》、垢《く》と浄《じょう》、増《ぞう》と減《げん》のおのおのの否定がある。同様に、六入《ろくにゅう》（眼《げん》・耳《に》・鼻《び》・舌《ぜっ》・身《しん》・意《い》）と六境《ろくきょう》（色《しき》・声《しょう》・香《こう》・味《み》・触《そく》・法《ほう》）と六界《ろくかい》（眼界《げんかい》〜識界《しきかい》）、十二因縁《じゅうにいんねん》（無明《むみょう》〜老《ろう》死《し》）、四諦《したい》（苦《く》・集《じゅう》・滅《めつ》・道《どう》）という、阿含から部派を経て大乗までの全仏教に通ずる基本的術語に、「無《む》」を付して否定し去って空を裏づけ、ここではすでに智《ち》も得《とく》も所得《しょとく》も同様に無《む》であり、こうして菩薩《ぼさつ》は般若《はんにゃ》ハラミツによって、一切の障害は消滅し、恐れもなくなり、転倒《てんどう》（ひっくり返る）した思いから遠く離れて、仏教の理想の極致であるニルヴァーナに至り完成する。三世《さんぜ》（過去・未来・現在）の仏たちもこの般若ハラミツによってはじめて、至上最高の「さとり」を得たと説く。そのあとに、当時すでに重要な役割を果たしたマントラmantra（「呪《じゅ》、真言《しんごん》」と訳す）の語を引き、般若ハラミツを無比で最高のマントラとしたうえで、呪をとなえて経を結ぶ。その呪の大要は、「到達したものよ、到達したものよ、彼岸に到達したものよ、彼岸に完全に到達したものよ、さとったもの（あるいは、さとり）よ、幸《さち》あれ」という。

右には、「空」を従来の「般若経」の説明に引きつけて、「無執著《むしゅうじゃく》」と訳したが、この経の成立時にはすでにナーガールジュナ（龍樹）の「空」の理論づけが果たされているので、「固定された実体を立てない」、さらには「それだけで存在すると見て固有の本体を有する、という考えから離れる」、と解釈したほうがふさわしかろう。

『般若心経《はんにゃしんぎょう》』は、初訳が①羅什《らじゅう》（四〇二〜四〇九年訳）、そのあと、②玄奘《げんじょう》（六四九年）、③法月《ほうげつ》（七三七年）、④般若《はんにゃ》・利言《りごん》等（七九〇年）、⑤智慧輪《ちえりん》（八五九年以前）、⑥法成《ほうじょう》（八四七〜八五九年）、⑦施護《せご》（九八二年以降、別訳が三本ある）、⑧天息災《てんそくさい》（九八二年、別種の訳で二本ある）が数えられ、『大正新脩大蔵経』第八巻の「般若部」四に、経の通し番号では No. 247 から No. 259 の一三本が掲げられる。ただし、通常は、⑦施護訳のうち別訳の三種 Nos. 247 〜 249 と、⑧天息災訳の二本 Nos. 258 〜 259 と、No. 256 の梵本音写とを除いて、漢訳は七本とする。中国でも日本でも読誦《どくじゅ》されるのは、もっぱら②玄奘訳であることは先に記した。そのほかに、菩提流支《ぼだいるし》（五九三年）訳と実叉難陀《じっしゃなんだ》（六九五〜七一〇年）訳とは失われて現存しない。サンスクリット本には、小本《しょうほん》（略本《りゃくほん》）と大本《だいほん》（広本《こうほん》）とがあり、小本が古く、後に「如是《にょぜ》我聞《がもん》」などを伴って、形式を整えた大本がつくられた。漢訳と対照すると、小本は①と②のみで、他は大本による。なお『般若心経』小本のサンスクリット本とその中村元訳、玄奘訳（『大正』八巻・八四八ページ下）と読み下し文とを、本書の末尾に記して、読誦の実践に供する。

② 維摩経典《ゆいまきょうてん》

「般若経」で説かれた「空」の思想を完全に理解し、把捉《はそく》して、それをそのまま実践する情況が巧みなドラマにしあげられた作品が、「維摩経《ゆいまきょう》」であり、ただしその成立は、③以下に述べる初期大乗経典（正しくはその核の部分）よりも遅れると推定されている。この経の最大の特徴は、「空」の実践者がヴィマラキールティ Vimalakīrti（「維摩詰《ゆいまきつ》」と音写して「維《ゆい》摩《ま》」と略し、ときに「浄名《じょうみょう》」などと訳す）という在家の信者（「居士《こじ》」と称する）であり、彼は当時の商工業の中心地ヴァイシャーリー Vaiśālī の世俗に住み、妻も資産もあり、ときには遊戯や酒食の場にも入り込む。

この経は、病床にある維摩のもとへ、仏が舎利弗《しゃりほつ》以下の十六弟子のひとりひとりに、また諸菩薩に、病気見舞いに行くのを命ずるところから、ドラマが展開する。それぞれは、かつて維摩にひどくやりこめられた経緯を述べて、辞退してしまう。ここで、智慧《ちえ》をもって知られる文殊《もんじゅ》（文殊師利《もんじゅしり》、マンジュシュリー Mañjuśrī）が登場し、仏の命を受けて維摩宅に向かうと、八〇〇〇の菩薩、五〇〇の大弟子、五〇〇〇〇の天人がそれに従う。文殊の見舞いに対して、維摩は、

一切《いっさい》の衆生病《しゅじょうや》むをもって、この故《ゆえ》に我《わ》れ病《や》む。若《も》し一切衆生《いっさいしゅじょう》の病《やま》いを滅《めっ》せば、則《すなわ》ち我《わ》が病《やま》いも滅《めっ》せん。……衆生病《しゅじょうや》むときは則《すなわ》ち菩薩《ぼさつ》も病《や》み、衆生《しゅじょう》の病《やま》い癒《い》ゆれば、菩薩《ぼさつ》も亦《ま》た癒《い》ゆ。……菩薩《ぼさつ》の病《やま》いは大悲《だいひ》をもって起《お》こる。

と、大悲《だいひ》を強調し、さらに無常《むじょう》・苦《く》・無我《むが》・平等《びょうどう》・無所得《むしょとく》・方便《ほうべん》などを詳しく説く。あと、維摩が神通力《じんづうりき》をもって三万二〇〇〇の椅子《きし》（いす）をとりよせ、一室に並べて、一団を迎え入れたり、天女が現われて舎利弗を教えたりするエピソードを経て、いよいよ仏教の教えの頂点であるいわば唯一・絶対の「不二法門《ふにほうもん》」の問答が開始される。計三一人の居並ぶ諸菩薩がつぎつぎと自説を述べた最後に、文殊は答えていう。

我《わ》が意《い》の如《ごと》くんば、一切《いっさい》の法《ほう》に於《お》いて、言《ごん》もなく、説《せつ》もなく、示《じ》もなく、識《しき》もなく、もろもろの問答《もんどう》を離《はな》る、これを不二法門《ふにほうもん》に入《い》ると為《な》す。

すなわち、表現不能と文殊は説き、それを維摩に問う。

時《とき》に維摩詰《ゆいまきつ》は黙念《もくねん》として言《ごん》なし。

すなわち、維摩は、「表現不能」と、こ、と、ば、で表現した文殊に対して、沈黙したまま表現不能を実際に示す。これによって、一団の中の五〇〇〇の菩薩はみな不二法門に入り、さとりを得た、と経は説く。

また、次の維摩の詩句も名高い。

智度《ちど》（般若ハラミツの訳）は菩薩《ぼさつ》の母《はは》なり。方便《ほうべん》をもって父《ちち》と為《な》す。一切《いっさい》のもろもろの導師《どうし》はこれより生《しょう》ぜざるはなし。法喜《ほうき》（法の喜び）をもって妻《つま》と為《な》し、慈悲《じひ》の心《こころ》を女《むすめ》と為《な》す。

先に般若ハラミツ（女性名詞）が「仏の母」という文を紹介したが、ここには「菩薩の母」とする。また方便（ウパーヤ upāya 手段）は男性名詞であり、父に喩《たと》えられる（インドは母系社会の時代が長く続き、仏典も、サンスクリット語やパーリ語では母父と並べることが多く、しかし漢訳では、中国が古くから父系社会のために、それが父母と逆転された）。方便の原語のウパーヤは、ウパ upa- が「近い」、アヤ aya はイ i「行く」の名詞形で、合わせてウパーヤとなり、「近くに行くこと、近づくこと」から「手段」を表わす。方便は、大乗仏教でしだいに重視されて、後述するように密教では最高位に達する。初期大乗仏教の説く方便には、目的に対して、しいて分類すれば、自己肯定的、自己否定的、自己矛盾的、特殊な個別的の四種があげられよう（拙論「龍樹の方便思想」、拙著『龍樹・親鸞ノート』法藏館、参照）。しかし、中期大乗以降には、否定的契機が希薄となって、肯定的要素が強まり、最後期の密教には、特殊な方便が自己完結を得る。

これと関連して、本書第二部の「阿含経」には対機説法《たいきせっぽう》を紹介したが、これを「維摩経」

は『大毘婆沙論《だいびばしゃろん》』中の一文を引用して、

仏《ぶつ》は一音《いっとん》をもって法《ほう》を演説《えんぜつ》するに、衆生《しゅじょう》は各各《おのおの》に解《げ》する所《ところ》に随《したが》う。

という。仏の同一の説法に対して、それぞれの衆生の多種多彩な理解を受け入れ、一種の寛容宥和《ゆうわ》の思想が示されている。

「維摩経」のサンスクリット本は近年発見され、校訂出版された。漢訳は、支謙《しけん》、羅什《らじゅう》、玄《げん》奘《じょう》の三訳があり、このうち羅什訳『維摩詰所説経《ゆいまきつしょせつきょう》』がもっぱら流布《るふ》し、右の引用文もこれによる。

③　三昧経典《さんまいきょうてん》

最古の漢訳大乗経典とされる支婁迦讖《しるかせん》（「支讖」と略す）訳の中に『般舟三昧経《はんじゅざんまいきょう》』があり、一巻本と三巻本とが『大正新脩大蔵経』に収められている。般舟三昧《はんじゅざんまい》とはプラティウトパンナ・サマーディ（詳しくはプラティウトパンナ・ブッダ・サムムッカーヴァスティ・サマーディ Pratyutpanna-buddha-sammukhāvasti-samādhi）の音写（おそらくは上述のサンスクリット語から俗語に転化した語を通じての音写）で、禅定《ぜんじょう》を深めて心が統一され、まったく平静となる（三昧《さんまい》）うちに、（諸）仏が目《ま》のあたりに現われることをいい、『現在仏悉在前《げんざいぶつしつざいぜん》立三昧《りゅうざんまい》」の直訳のほかに、「諸仏現前三昧《しょぶつげんぜんざんまい》」「仏立三昧《ぶつりゅうざんまい》」と訳されて、別の表現をすれば「観《かん》仏三昧《ぶつざんまい》」といってもよい。なおこの「観仏」は、後述する「念仏《ねんぶつ》」と共通項がある。

この般舟三昧《はんじゅざんまい》－観仏《かんぶつ》の起原は、現在のチベット仏教につねに見られる五体投地《ごたいとうち》（身体を地に伏せ、両手両足を地に延べ、頭を地につける最上の礼法）のような、仏塔における礼拝の際に、切実に体得された宗教体験に由来するのではないか、と推定される。また中国に発して日本にもたらされ、とりわけ比叡山《ひえいざん》における修行の中心となった「常行三昧《じょうぎょうざんまい》」は、この流れを汲む。

支讖《しせん》は『首楞厳三昧経《しゅりょうごんざんまいきょう》』も訳したと記録されているが、失われて現存せず、同名の経が羅什《らじゅう》により漢訳されている。首楞厳はシューランガマ Śūrangama の音写で、「勇健行《ゆうごんぎょう》」「一《いっ》切事竟《さいじきょう》」などと訳されるように、この三昧の力で、あらゆる汚れや煩悩《ぼんのう》を打ち砕くことをい い、勇往邁進《ゆうおうまいしん》する修行者の主体的な意志に発する禅定《ぜんじょう》の力の偉大さを示す。それは文殊菩薩《もんじゅぼさつ》に具現されていて、大乗の菩薩の一典型を物語る。

三昧そのものは、そのほかしだいに種々に区分されて、その数を増してゆき、『大品般若《だいぼんはんにゃ》経《きょう》』には、首楞厳三昧をトップに「百八三昧《ひゃくはちざんまい》」が説かれる。

なお、『般若心経』に明らかなように、般若ハラミツそのものも、そしてこの三昧も、呪《じゅ》やマントラ（真言）や陀羅尼《だらに》と、特殊な関係があり、しかもその関係は深まってゆく。すなわち、般若ハラミツの般若はプラジュニャーの音写であって、智慧《ちえ》を表わすことは上述したが、それと類似する「知」を表わすサンスクリット語のヴィドヤー vidyā は、「阿含経」などでは「明《みよう》」「明知《みようち》」と訳されるのに対して、大乗経典ではその初期から、「明呪《みようじゆ》」ないし「呪」と訳される例が増加する。一例をあげれば、『般若心経』の羅什訳は『摩訶般若波羅蜜《まかはんにやはらみつ》大明呪経《だいみようじゆきよう》』と称する。そのような趨勢《すうせい》において、ヴィドヤーも、そして般若ハラミツも、呪句《じゆく》を表わすマントラと結合してゆく。

また、陀羅尼《だらに》は原語をダーラニー dhāraṇī といい、「総持《そうじ》」と訳す。それは「種々《しゆじゆ》の善法《ぜんぼう》を集《あつ》め、能《よ》く持《たも》ちて散失《さんしつ》せしめない」（『大智度論《だいちどろん》』）、すなわち「善《ぜん》を保《たも》ち悪《あく》を遮《さえ》ぎる力《ちから》」と説明されて、上述の三昧に近い。この語は阿含や部派にはなかった（現存のそれらの諸文献に見られるのは後代の挿入）けれども、初期大乗から登場しはじめて、急速に拡大する。なお、マントラや陀羅尼については、後述の密教経典の説明においてさらに詳述しよう。

④ 華厳経典《けごんきようてん》

支讖《しせん》に『兜沙経《としやきよう》』、支謙《しけん》訳に『菩薩本業経《ぼさつほんごうきよう》』、竺法護《じくほうご》訳に『漸備一切智徳経《ぜんびいつさいちとくぎよう》』（『十地経《じゆうじきよう》』の異訳）がある。羅什《らじゆう》訳にも『十住経《じゆうじゆうきよう》』（『十地経』の異訳）があり、同じく『大智度論《だいちどろん》』には『十地経』と『不可思議解脱経《ふかしぎげだつきよう》』（「入法界品《にゆうほつかいぼん》」の異訳）とが引用される。これらがしだいに形を整えて、やがて「華厳経」の成立となる。

「華厳経」は、詳しくは『大方広仏華厳経《だいほうこうぶつけごんきよう》』といい、「方広《ほうこう》」はヴァイプリヤ vaipulya の訳で大乗経典であることを指し示し、「仏華厳《ぶつけごん》」はブッダ・アヴァタンサカ Buddha-avataṃsaka の訳で、仏が備える功徳を花環（アヴァタンサカ）で修飾するという一種の譬喩《ひゆ》であって、きわめて奥深い仏の「さとり」の内容をそのまま語り明かす経典が、右の標題に反映している。ガンダヴユーハ Gaṇḍavyūha という名称も伝えられており、ガンダは「雑華《ぞうけ》」とされ、ヴユーハには「荘厳《しょうごん》」の意味があるが、両者を合わせて語の内容は不明な部分が多く、一般にこれは、「華厳経」を構成する一品《いっぽん》（章）の中の「入法界品《にゅうほっかいぼん》」に相当するサンスクリット語であり、「入法界」の品名はその内容に基づくと推定される。なお、新しい研究を紹介すると、ガンダヴユーハとは、「雑華厳飾《ぞうけごんじき》」ではなくて、最後には見事に完結するこの品の内容のとおり、その大団円を目ざしての「結《ゆ》い目」「係り結び」（ガンダ）による「有機的かつ効果的な配合」（ヴユーハ）を意味するという。

現存する「華厳経」は、仏駄跋陀羅《ぶつだばつだら》（ブッダバドラ Buddhabhadra 覚賢《かくけん》）が四二一年に漢訳した六〇巻本を指す。これは三四章から成り、このうちの何章かが先に紹介した古い漢訳の単経《たんきょう》に相当して、この部分が初期大乗経典に属する。六〇巻本の原本は西域のコータン（于《う》闐《てん》）にあったとされるところから、あるいはこの地もしくはその周辺で完本にまとめられたとの説もある。しかし六九九年には実叉難陀《じっしゃなんだ》（シクシャーナンダ Śikṣānanda 学喜《がくき》）が三九章八〇巻に漢訳しており、これに相当するチベット訳は、先のとは別にインドから伝えられたと考えられる。さらに別本として、これらの末尾に置かれた「入法界品」だけを般若《はんにゃ》

(プラジュニャー Prajñā) が七九八年に漢訳した四〇巻本がある。これらの漢訳三本はすべて同一の名称のために、通常「六十華厳《ろくじゅうけごん》」「八十華厳《はちじゅうけごん》」「四十華厳《しじゅうけごん》」と呼び、そのうち「六十華厳」が広く知られる。

「華厳経」は、荘厳《しょうごん》・華麗《かれい》な文章が、まことに雄大な規模に展開する。仏は最後までみずから教えを説くことはなく、普賢や文殊その他の菩薩たちが、仏の神力を受けて仏を賛美しつつ説示しており、しかもその説法の場所は、仏の所在に応じて、マガダ国の地上に開始されてから天上に昇り、須弥山《しゅみせん》(スメール、インド最高の山、ヒマーラヤを模したと考えられる)の頂上に位置する忉利天《とうりてん》という名の天《てん》へ、さらに上昇して夜摩天《やまてん》へ、兜率天《とそつてん》へ、他化天《たけてん》へと移り、再び最初の地上に戻り、そして「入法界品」は舎衛城《しゃえいじょう》の給孤独園《ぎっこどくおん》(別名を逝多《せいた》園《おん》、または祇陀園《ぎだおん》すなわち祇園《ぎおん》)で説かれる。このように説法の場所が七処《しちしょ》と移動し、そのサークル(会座《えざ》という)は八会《はちえ》(「八十華厳」は九会《くえ》)という、壮大な場面を映し出す。

経の最初(第二章)に、仏(釈尊)がはじめて成道《じょうどう》した際、その仏は、世界に光明の遍満する教主の毘盧舎那《びるしゃな》(ヴァイローチャナ Vairocana)仏と一体であり、人格と真理との合一が示される。また、その(毘盧舎那)仏の座は、あまねく一切の道場に行きわたったとあり、それは逆に見れば、空間的には極小の一微塵《みじん》に全世界が集中し、時間的には一刹那《せつな》に永《えい》劫《ごう》の時間が凝縮することを象徴的に物語り、ここに個と全(個別と普遍)との相即が示されていて、別の表現をすれば、「一即一切《いちそくいっさい》、一切即一《いっさいそくいち》」が反映する。

第二会《え》からは、必ず「十」という満数をあげて、無限性と完全性とを明らかにする。以下には、菩薩の段階を一〇に分ける「十住《じゅうじゅう》」「十地《じゅうじ》」が説かれ、また、上述の六ハラミツに方《ほう》便《べん》・願《がん》・力《りき》・智《ち》の四ハラミツを加えた十ハラミツが、そして十行《じゅうぎょう》、十廻向《じゅうえこう》、十明《じゅうみょう》、十念《じゅうねん》、十信《じゅうしん》などが詳述される。

十住も十地もダシャブフーミ(daśabhūmi 一〇の地・段階)の訳で、すでに仏伝文学の『マハーヴァストゥ(大事《だいじ》)』などに説かれた一〇の段階を示すが、「般若経」では、その第七までを声聞《しょうもん》(仏の声を聞いて学ぶ仏弟子)、第八を縁覚《えんがく》(または独覚《どっかく》、辟支仏《びゃくしぶつ》ともいい、ひとりで修行をつんでさとりを得るが、他に説くことはしない)、第九を菩薩《ぼさつ》、第十を仏地《ぶっち》とするところから、これは全仏教に共通して「共《ぐう》の十地《じゅうじ》」と称し、「華厳経」にはその第三会《え》に説かれる。しかし、その第六会《え》(第二二章)には、この十地《じゅうじ》(十住《じゅうじゅう》)説から発展した独自の十地が説かれ、これは大乗の菩薩のみの段階であって、「不《ふ》共《ぐう》の十地《じゅうじ》」と呼ぶ(この個所は上述したような独立の古い漢訳の諸本があり、後代の註釈も多い)。その十地は、①歓喜地《かんぎじ》、②離垢地《りくじ》、③明地《みょうち》(発光地《はっこうち》)、④焰地《えんじ》(焰慧地《えんねじ》)、⑤難勝地《なんしょうじ》と進んで、あらゆる煩悩《ぼんのう》を断じ尽くす。⑥現前地《げんぜんじ》に至って、大智《だいち》が備わり、十二因縁《じゅうにいんねん》を完全に体得して、しかも「三《さん》界《がい》は虚妄《こもう》にして但《た》だ是《こ》れ一心《いっしん》の作《つく》るところなり。十二《じゅうに》(因《いん》)縁分《えんぶん》は是《こ》れ皆《み》な心《しん》に依《よ》る」という、「華厳経」中で最も有名な一文が述べられ、ここに阿含以来説かれ、支讖《しせん》訳の『阿闍世《あじゃせ》王経《おうきょう》』や「般若経」にも見えていた唯心思想(あらゆる一切が「こころ」に収斂《しゅうれん》されて、

「こころ」によりすべては作り出されるという考え）を、文字どおり完成させる。⑦遠行地《おんぎようじ》において菩薩《ぼさつ》の修行は完成し、⑧不動地《ふどうち》で仏に到達し、⑨善慧地《ぜんねじ》では衆生《しゆじよう》の教化、⑩法雲地《ほううんじ》はすべてが円満具足《えんまんぐそく》する。

第七会《え》までに説かれた菩薩行を一大ロマンとして文学作品に結晶させたのが、第八会《え》の「入法界品《にゆうほつかいぼん》」であり、先に触れたとおり、善財童子《ぜんざいどうじ》という少年を登場させて、彼が人びとをたずねて法を聴くという修行の遍歴が語られる。文殊師利《もんじゆしり》に始まり、比丘《びく》・比丘尼《びくに》・医師・長者・在家の男女の信者・童子・童女・娼婦・漁夫・バラモン・外道《げどう》の人びと・王・天・仙人を経て、再び文殊に戻り、最後に五三人目（うち女性一〇名）に普賢《ふげん》に出会って、文殊の智と普賢の行《ぎよう》とを完全に収め備え、ついにさとりに達して完結を迎える（わが国の江戸時代にはじまる東海道五十三次という数え方は、右の数に由来しており、江戸日本橋からスタートして京〔都〕三条大橋で「あがり」となる）。

入法界とは、大乗の菩薩がついに「さとり」を獲得してそのまま仏－如来と結びつくことにほかならず、こうして仏－如来が現前する。この如来の出現を、とくに「性起《しようき》」と呼び、中国の華厳思想および禅の系統で、盛んに論議された。この如来論は、第六現前地《げんぜんじ》の唯心思想とあいまって、心性清浄《しんしようしようじよう》－自性清浄心《じしようしようじようしん》から如来蔵《によらいぞう》思想へ、またその唯心の説は唯識《ゆいしき》へと連なり、中期大乗仏教の二大潮流となってゆくが、それらは後に詳述しよう。さらには、仏－如来のさとりの境地は、上述した毘《び》盧《る》舎那《しやな》仏《ぶつ》の世界であり、それが後期大乗の主流を占める密教において、その「本仏《ほんぶつ》」とされる大日如来《だいにちにょらい》へと展開する。

また、「華厳経」には、「初発心時《しょほっしんじ》、便成《べんじょう》 正覚《しょうがく》」（初発心《しょほっしん》の時《とき》に、便《すなわ》ち〔たちまち〕正覚《しょうがく》を成《じょう》ず）の文もあり、凡夫が仏教を求めて決意したその最初に、即座に正しいさとりに到達するという、スピーディな成仏《じょうぶつ》の可能性を説くなど、重要な思想が盛り込まれている。さらには、今日、わが国の諸宗派の寺院や在家信者で最も広く流布している「三帰依文《さんきえもん》」は、『六十華厳』の「浄行品《じょうぎょうぼん》」（『大正』九巻・四三〇～四三一ページ）に示される。

なお、右に述べた「十地品」と「入法界品」には、サンスクリット本がある。

⑤ 浄土経典《じょうどきょうてん》

浄土思想は、前の第二章に述べた大乗の諸仏（ときには諸菩薩）と伴なって、さまざまに説かれる。支《し》讖《せん》訳『阿閦仏国経《あしゅくぶっこくきょう》』には、おそらく『六波羅蜜経《ろくはらみつきょう》』の影響があり（したがって「般若経」にも関係する）、阿閦（アクショービヤ Akṣobhya）仏がはるか遠い昔に六ハラミツの修行を完成して、東方の妙喜《みょうき》（アビラティ Abhirati）世界という浄土に赴《おもむ》くことが説かれる。その阿閦仏への帰依・信仰が強調されるのと並んで、登場の前後関係は不明ながら、とくに重視され、強力となるのが阿弥陀仏《あみだぶつ》信仰であり、ここには西方の極楽《ごくらく》（スカーヴァティー Sukhāvatī）世界が示される（なお、「浄土」の語は中国で生まれ、サンスクリット語は知られていない。ただし、「仏国土《ぶっこくど》」その他には対応するサンスクリット語がある）。

阿弥陀仏は、サンスクリット語にアミターユスAmitāyus（無量寿《むりょうじゅ》）とアミターバAmitābha（無量光《むりょうこう》）との二種があり、アaは否定、ミmiは「量《はか》る」を意味してアミタは「量られない、無限」を表わし、それにアーユス（年齢）、アーバ（光）が加わって、右の二語となる。この二つはかつて釈迦仏《しゃかぶつ》を修飾した語であった。阿弥陀仏とその前生《ぜんしょう》である法蔵《ほうぞう》（ダルマカーラ）菩薩（ただし、阿弥陀仏の前生説話には、法蔵のほかに計一五種もある）に関しては、前の第二章に詳しく記したので、これを説く経について述べる。

阿弥陀仏信仰を推進する多数の経のうち、とくに、①『無量寿経《むりょうじゅきょう》』（康僧鎧《こうそうがい》、二五二年訳とされてきたが、仏駄跋陀羅《ぶつだばつだら》と宝雲《ほううん》の共訳、四二一年が妥当とされている、略称『大経《だいぎょう》』）、②『観無量寿経《かんむりょうじゅきょう》』（畺良耶舎《きょうりょうやしゃ》、四二四～四五三年訳、略称『観経《かんぎょう》』）、③『阿弥陀経《あみだきょう》』（羅什《らじゅう》、四〇二～四〇九年訳、略称『小経《しょうぎょう》』）の三本は、法然《ほうねん》により「浄土三部経《じょうどさんぶきょう》」と呼ばれ、中国や日本などでは、もっぱらこの三経によって浄土教が説かれる。このうち①と③とにはサンスクリット本があり、いずれも『スカーヴァティー・ヴューハ』（Sukhāvatī-vyūha「極楽の荘厳《しょうごん》」の意）と称し、その長さに大小がある。さらに、『大経』は古来「五存七欠十二訳」といわれて、漢訳は計一二回なされ（ただし、この説は疑問が多い）、うち五本が現存する中で、最古のものは支讖《しせん》訳の通称『大阿弥陀経《だいあみだきょう》』（経録は支謙《しけん》訳とする）であり、帛延《はくえん》（二五八年ごろ）または竺法護《じくほうご》（三〇八年ごろ）訳の『無量清浄平等覚経《むりょうしょうじょうびょうどうがくきょう》』（経録には支讖訳とするものもある）も、上述の『無量寿経』より古い。『小経』の漢訳は三回あり、この羅什訳のほかに、増広された原本からの玄奘訳も現存する。『観経』はほかに三つの漢訳があったとの記録は疑わしく、現存する一本のみ。しかも、サンスクリット本もチベット訳もなく、インド成立か否かの疑義があり、中央アジアないし中国選述説もかなり根強い。

法蔵菩薩《ほうぞうぼさつ》の物語は『大経』のみにあり、ここではさらに阿弥陀仏の慈悲が説かれ、極楽世界の賛美があり、これらはすべて仏（釈伽仏）がアーナンダ（阿難《あなん》）に語ってきて、終わり近くには、仏はマイトレーヤ（弥勒《みろく》）に対して、三毒《さんどく》（貪《とん》－貪欲と、恚《い》－憎悪と、愚痴《ぐち》－愚かな迷い）や、五悪《ごあく》（五種類に数えられる悪）などを詳しく説いているが、構成や内容に乱れがある。『観経』は、最初に、父王を殺して王位についた阿闍世《あじゃせ》王の話があり、仏が阿難と韋提希《いだいけ》妃（阿闍世の母）に阿弥陀仏を語って聴かせ、さらにはひたすら心を統一して浄土を観想する一三の方法を説き、念仏がとくに強調される。『小経』は、極楽世界の美しさと阿弥陀仏の荘厳とを説き、阿弥陀仏の名号《みょうごう》を称《とな》えることをすすめ、信《しん》を強調する。おそらく、最初に『小経』に見られるような阿弥陀仏への信仰が説かれ、それに法蔵菩薩－阿弥陀仏の慈悲を中心とする『大経』が結びつき、さらに先に三昧経典《さんまいきょうてん》の個所で説明した観仏三昧《かんぶつざんまい》が、念仏という形で加わって、『観経』が導かれたのではないか、と推定される。ただし、これは思想内容の展開によっており、訳出年代は『大経』の上述の別訳二本が『小経』よりも古い。また、『大経』の古い訳では、法蔵菩薩の誓願《せいがん》の数が異なり、阿弥陀仏賛美にも微妙な変動が見られる。

なお、浄土経典は「般若経」などとは異質の系統に属するものの、阿弥陀仏信仰そのものは広く大乗仏教に浸透した。なんらかの形で阿弥陀仏に関連する説を述べる漢訳の経論はおよそ二九〇部（サンスクリット本三一部）も現存しており、それは大乗の経論の五分の一強に当たる、との学者の調査もある。

中国から日本において最も盛んな仏教のひとつは浄土教であり、それは、阿弥陀仏の本願《ほんがん》をひたすら信じきって、その名号《みょうごう》を称《とな》えること（称名《しょうみょう》）を説く。ここでは、戒律や修行は要求されず、かえってそれらは特殊で少数のエリートたちの「聖道門《しょうどうもん》」として退けられて、信《しん》を方便《ほうべん》とする「浄土門《じょうどもん》」は、「易行道《いぎょうどう》」（この原語は不明ながら、ナーガールジュナ〔龍樹〕の著とされる羅什《らじゅう》訳の『十住毘婆沙論《じゅうじゅうびばしゃろん》』にある）と呼ばれ、これこそ末法《まっぽう》の凡夫《ぼんぷ》に最も適応した実践可能な教えとされる。なお、広義の浄土教には弥勒、薬師、観音などへの信仰も含まれる。ともあれ、このような信の強調は、とりわけ大乗仏教に独自の途《みち》を形づくり、この浄土経典のほか、たとえば「華厳経」は「信《しん》は道《どう》の元《もと》、功徳《くどく》の母《はは》となす、一切《いっさい》もろもろの善法《ぜんぽう》を増長《ぞうちょう》す」と説き、また『大品般若経《だいぼんはんにゃきょう》』の註釈である『大智度論《だいちどろん》』中の、「仏法《ぶっぽう》の大海《たいかい》は、信《しん》を能入《のうにゅう》となし、智《ち》（般若）を能度《のうど》となす」の句は、必ずといってよいほど仏教書に引用される。なお、上述の「聖道門」を「自力門《じりきもん》」と、「浄土門」を「他力門《たりきもん》」とも呼ぶが、これらの名称と区分とは、中国の浄土教にはじまる。

⑥ 法華経典《ほけきょうてん》

「法華経」は原名を『サッダルマ・プンダリーカ・スートラ』といい、それは「正しい妙《たえ》なる法」(サッダルマ saddharma)を、泥中から出て、その汚れに染まらず浄らかに美しく開花する「白蓮華《びゃくれんげ》」(プンダリーカ puṇḍarīka)に喩《たと》えている。

この経は、インドとその周辺をはじめ、西域から、中国に、日本に、あるいはネパールに、チベットにと、北伝《ほくでん》の各地において最も広く読まれて愛好され、サンスクリット本には一〇種余の写本や断片などが知られ、完全なチベット訳もある。漢訳には、竺法護《じくほうご》訳『正法《しょうほっ》華経《けきょう》』があるが、羅什訳『妙法蓮華経《みょうほうれんげきょう》』は膨大な読者に、時代も国土も宗派の別なども越えて、圧倒的に愛読されて、今日に至る。ただし、現存するこの漢訳テクストは、実際には羅什訳そのままではなくて、それには欠落部分が数ヵ所あり、それらは一部が当時ないしやや後代に付加され、さらに六〇一年の闍那崛多《じゃなくった》(ジュニャーナグプタ Jñānagupta)などによる補訳『添品妙法蓮華経《てんぼんみょうほうれんげきょう》』の一部(全部ではない)を含む。

「法華経」は、現形の二八章(サンスクリット本は二七章)が、当時一度に完成したとする説に賛成の学者はごくまれで、その成立史が多くの研究者によって論議されている。経全体を大きく前半(現形の第一四章まで)と後半と付属部分(現形の第二三章以下)とに三分すると、前半とくに第二章を中心とした個所が、後半よりもやや古く、また付属部分はおそらく別に成立していた短い諸資料が付加された（この中に前章に紹介した「普門品《ふもんぼん》」すなわち『観音経《かんのんぎょう》』がある）、と推定されている。また、第一章から第二一章までと第二五章との各章は、ほぼ同じ内容を詩と散文とで反復して説き、サンスクリット本についていえば、ことに詩には混交《ハイブリッド》サンスクリット語（仏教梵語《ぼんご》）がかなり交じる。

「法華経」の前半の中心は第二章の「方便品《ほうべんぼん》」である。ここには一仏乗《いちぶつじょう》が説かれて、声聞《しょうもん》（仏の教えを聞いて学ぶ仏弟子）と縁覚《えんがく》（ひとりでさとりを得るが、他に説くことはしない）と菩薩との三乗《さんじょう》は、それぞれが成仏《じょうぶつ》への道を進むものの、ことごとく一乗に帰す、実は二乗・三乗はなく、ただ教化の手段として機に応じての説法であり、一仏乗のみである（「開《かい》三顕一《さんけんいつ》」と称する）ことを、力説する。一乗の思想は、『道行般若経《どうぎょうはんにゃきょう》』に「一道《いちどう》」といい、「華厳経」などの他の初期大乗経典にも見えるとはいえ、「法華経」はとくにそれを強調した（これはやや潤色されて、後代の如来蔵《にょらいぞう》・仏性《ぶっしょう》の思想の展開に貢献する）。また、章名の「方《ほう》便《べん》」（ウパーヤ upāya）は、すでに説明したように、「手段・方法」をいい、古く「阿含経」以来説かれてはきたけれども、大乗仏教ではとりわけ重要視される。この章には、仏道《ぶつどう》成就《じょうじゅ》の方便として、土を積み上げて仏のみたまやをつくる、あるいはまた少年が戯《たわむ》れながら砂を集めて仏塔をつくる、同じく草や木や筆や指の爪先で仏像を画《えが》く、仏像に礼拝し、合掌し、一方の手を上げ、あるいは少し頭を下げる、ひとたび「南無仏《なむぶつ》」（仏に帰依したてまつる）と称するなどを、順次あげている。これはまさしく、在家を含むあらゆる人びとを仏道に導いて救済を果たしつつ、同時に寛容宥和《ゆうわ》の立場の表明にほかならない。

また、「小乗《しょうじょう》」（ヒーナヤーナ Hīnayāna）の語は、この「方便品《ほうべんぼん》」を中心に、多くこの前半に現われる（漢訳本は計八回、サンスクリット本は計四回）が、それの用例は大乗と対立する概念としてというよりは、声聞《しょうもん》・縁覚《えんがく》から成る小乗をも実質的にすべて包括し総合する「一乗」（計一二回）・「一仏乗」（計一三回）へと導くことに、もっぱら集注する。

経の後半の中心は、第一六章の「如来寿量品《にょらいじゅりょうぼん》」である。その前の第一五章において、大地から涌《わ》き出た諸菩薩が多宝《たほう》如来と釈迦《しゃか》仏との並座《へいざ》（ならんで坐る）するストゥーパ（塔）に至ると、この第一六章は、釈迦仏がかつて出家《しゅつけ》し、成道《じょうどう》し、入滅《にゅうめつ》したとの説は、衆生教化《しゅじょうきょうけ》の方便にすぎず、仏の寿《じゅ》（年齢）は過去から未来まで不滅であるとして、「久遠実成《くおんじつじょう》の本仏《ほんぶつ》」（真実の仏は、永遠の昔にさとりを達成して、限りない時代にわたり人びとを教化している）を、譬喩《ひゆ》をも交じえながら、詳細に説き明かす。この説が「法華経」中で最も重要視されるために、この経にとくに篤《あつ》い帰依《きえ》を捧げる人びとは、この後半の部分を「法華経」の「本門《ほんもん》」（仏の本体を明らかにする部門）とし、前半を「迹門《しゃくもん》」（仏の救済の迹《あと》を示す部門）とする。

そのほか、「法華経」に説かれる主要な諸思想を記してゆこう。「法華経」は、とりわけ経そのものの「読誦《どくじゅ》」と「受持《じゅじ》」と「解説《げせつ》」（この三つが古い）と「書写《しょしゃ》」と「供養《くよう》」（この二つは後に加わったらしい）の五つを、繰り返し奨励して（これを「五法行《ごほうぎょう》」と称する）、その経自身が自己礼賛を強調し、さらにみずから「諸経《しょきょう》の王《おう》」と称する。そして、「今《いま》この三《さん》界《がい》は皆《み》なこれ我《わ》が有《う》なり、其《そ》の中《なか》の衆生《しゅじょう》は悉《ことごと》くこれ吾《わ》が子《こ》なり、……唯《た》だ我《わ》れ一人《いちにん》が能《よ》く救護《くご》をなす」といい、仏の慈悲を讃嘆《さんたん》する。そのほか、経文中には有名な「法華《ほっけ》七喩《しちゆ》」、すなわち七種の譬喩があって、その中で、この世を「火《か》宅《たく》」（火事で燃えている家）に喩《たと》えて、それから三種の車（三乗《さんじょう》になぞらえる）に救い出す物語（第三章）や、家出した少年が五〇年間も放浪した末に自分の家と知らずに立ち寄ると、長者の父は種々の方便でそれを迎え入れる物語（第四章）などがとくに名高い。

　羅什訳の原本に欠けていて後に付加されたといわれる「提婆《だいば》達多《だった》品第十二《ぼんだいじゅうに》」（サンスクリット本にも記されるが、一章とはしない）には、提婆達多の徳を賛美する（ちなみに、提婆達多は、かつて阿含経典では、つねに釈尊に敵対行為をとって非難の集注していたデーヴァダッタであるが、ここではそれについて一言も触れない）ほか、有名な「女人成仏《にょにんじょうぶつ》」が説かれる。すなわち、八歳の童女が男子に転じ（これを「変成男子《へんじょうなんし》」という）、きわめて短いあいだに、さとりを成就したという。なお、「変成男子」の考えはすでに最古の大乗経典の『道行般若経《どうぎょうはんにゃきょう》』にあり、ここでは女性が来世に男性に変じて阿閦仏《あしゅくぶつ》の浄土（妙喜世《みょうきせ》界《かい》）に往生する、と記す。

　付言すれば、「法華経」は、ロマンに満ちた豊かな文学性もさることながら、ときにその主張はかなり激しく、ラディカルと見える面も含まれていて、それは純粋性の反映とも思われるが、おそらくこの経を奉じたのはある特殊なグループではなかったかと推定される。

⑦　その他の初期大乗経典

以上に記したほかにも、初期大乗経典の数は多い。これまでしばしば引用した『大智度《だいちど》論《ろん》』には、経名の掲げられるものだけでも、計一一二経に達する。この中には、インド最古の文献である韋陀《いだ》（ヴェーダ）や、あるいは僧佉経《そうぎゃきょう》（僧佉とは、インドの正統とされるいわゆる六派哲学のひとつのサーンキヤ学派を指す、成立はかなり古い）その他の仏教以外のもの（これを「外道《げどう》」と呼ぶ）も含まれているので、それらを除いても、計一〇〇経余が仏典であり、そのほかにも経名（論書名を含む）の略されている引用が数多くある。これらが、ごく一部には漢訳者の羅什の付加が見られるとはいえ、この論の著者（疑問視する学者もいる）とされるナーガールジュナ（龍樹）以前の成立として扱われる。逆にいえば、これに洩れたテクストは、ほぼナーガールジュナ以降の成立で、大乗仏教中期以降の「作品」とされる。なお、『大智度論《だいちどろん》』に引用回数の最も多いのは、「阿含経」と「法華経」で、各二〇回余に及び、「阿含経」はその中から独立した単経（たとえば「法句《ほっく》」、「波羅延経《はらえんきょう》」＝『スッタニパータ』の第五章「パーラーヤナ章」など）を加えれば、さらに増加する。同じくナーガールジュナ著とされる羅什訳『十住毘婆沙論《じゅうじゅうびばしゃろん》』にも、計六〇回余の経名を掲げる引用がある（ただし、この二つの論の引用経典の相異が問題とされる）ことも、付言しておこう。

初期大乗経典の右の①〜⑥以外の主要なものは、『大正新脩大蔵経』の「宝積部《ほうしゃくぶ》」、「大集《だいじつ》部《ぶ》」に収められている。ただし、この二部には中期以降のものも含まれ、区分については各経典ごとに検討しなければならない。

「宝積部」中の最大の『大宝積《だいほうしゃく》経《きょう》』一二〇巻は四九会《え》に分かれる。チベット訳も組織はほぼ同じで、漢訳からのチベット訳も含む。四九会のそれぞれはかつては独自の経典であり、インド（もしくは、中央アジア）において、ある時期に一経に編集された。そのサンスクリット本は『ラトナクータ Ratnakūṭa』（宝頂経《ほうちょうきょう》）と称し、玄奘が中国に将来したけれども、そのうちの一会《え》（第十二会の『大菩薩経《だいぼさつきょう》』二〇巻）を訳しただけで没したという。残りの四八会《え》については、すでに漢訳されたものはそれを採用し、残余を漢訳し、統合して『大宝積経』を完成させたのは、菩提流志《ぼだいるし》（ボーディルチ Bodhiruci 七－八世紀）であり、七〇六～七一三年の八年間を要した。四九会の内容は雑多で、いくつかは他の経と重複し、また中には「迦葉菩薩品《かしょうぼさつぼん》」（カーシュヤパ・パリヴァルタ Kāśyapa-parivarta）など、サンスクリット本の知られているものも、数種ある。

「大集部」では『大方等大集経《だいほうとうだいじっきょう》』（マハー・サンニパータ・スートラ Mahā-saṃnipāta-sūtra）が一七品六〇巻から成り、曇無《どんむ》讖《せん》（ダルマラクシャ Dharmarakṣa 三八五－四三三）ほかの訳を、隋の時代に僧就《そうじゅ》が編集した。これも雑多な経から成り、「空」の思想や密教的要素などが交じる。一部にサンスクリット本がある。

⑧ ナーガールジュナ（龍樹《りゅうじゅ》）

初期大乗経典の出揃った紀元一五〇～二五〇年ごろに、世界的にも最も傑出した仏教哲学者（「論師《ろんじ》」と呼ぶのがふさわしい。先に記したように、漢訳では「菩薩」を付す）ナーガールジュナ Nāgārjuna が登場する。ナーガールジュナは、ナーガ Nāga とアルジュナ Arjuna との複合語であり、中国では、ナーガを正しく「龍《りゅう》」と訳しながら、インドラ神もしくは古代インドの伝説的な英雄にちなむアルジュナに、誤りの音写語である「樹《じゅ》」を当て、合わせて龍樹と呼び、それが定着した（なお、七世紀に密教で活躍したと伝えられるナーガールジュナは別人物で、密教では正しく龍猛《りゅうみょう》と訳す。ただし、その人物の実在は確認しがたい。ここに論ずる二～三世紀のナーガールジュナを、後述する純密の開祖とし、また は密教付法の第三祖とする密教内部の伝説は、学問的には根拠がない。なお、このような例は、ナーガールジュナ以外にも見られる）。

ナーガールジュナは南インドのヴィダルバ（いまのベラール）のバラモンの生まれで、かつてダム建設により水没したナーガールジュナ・コンダとなんらかの関係があるらしい。伝記に、羅什《らじゅう》訳『龍樹菩薩伝《りゅうじゅぼさつでん》』があり、またチベットで著わされた『インド仏教史』（プトン Bu-ston 一二九〇－一三六四と、ターラナータ Tāranātha 一五七五－一六一五？との二部が有名）は、彼に関するまとまった記述を収める。ただし、これら三種の伝記は、内容の差が大きく、またおのおの粉飾に富む（とくにプトンは密教的潤色を付加する）。当時、南インドは紀元前約二〇〇年以来およそ四〇〇年以上にわたって、サータヴァーハナ Sātavāhana 王朝が安定を保っており、ナーガールジュナとこの王朝の王との深い交際が知られる。ナーガールジュナは天賦《てんぷ》の才に恵まれ、しかも研究心もすこぶる旺盛《おうせい》で、少年時代に四ヴェーダをはじめ天文や地理などをも含む当時のあらゆる学問に精通し、やがて仏教に転ずる。出家受戒してその地の仏教の諸知識をすべて習得したのち、東北インドに移り、ヒマーラヤに入って大乗経典を学ぶ。あと諸国を巡歴し、ときには海中（伝記では龍宮という）にまで至って、仏典のことごとくを熟知し、また当時のインド哲学や文学その他にも通暁《つうぎょう》する。その中で、自身の厳しい修行実践と透徹した思索とに基づいて、多数の論書を完成した。晩年は故国に戻り、右に記した王の支援を受けて大乗仏教を広め、また王に種々の勧告をも果たした。

　ナーガールジュナの著わした論書のうち、最もよく知られる『中論《ちゅうろん》』（後述）は、とくに「空《くう》」の思想を鮮明にし、これにより初期大乗仏教は確固たる基盤を獲得し、以後の大乗仏教はすべてこの影響下にあるといわれる。それ以外の重要な論書は二〇点余に及ぶが、中でも、『廻諍論《えじょうろん》』・『六十頌如理論《ろくじゅうじゅにょりろん》』・『広破論《こうはろん》』・『宝行王正論《ほうぎょうおうしょうろん》』（『ラトナーヴァリー』）・『勧誡王頌《かんかいおうじゅ》』・『菩提資糧論《ぼだいしりょうろん》』・『大乗破有論《だいじょうはうろん》』などは、一部を除いて、サンスクリット本、漢訳、チベット訳がある。また『大智度論《だいちどろん》』（『大品般若経《だいぼんはんにゃきょう》』の註釈）と『十住毘婆沙論《じゅうじゅうびばしゃろん》』（『十地経《じゅうじきょう》』の註釈）と『十二門論《じゅうにもんろん》』（『中論《ちゅうろん》』の抄出《しょうしゅつ》）とは、漢訳しか伝わらず、全体が彼の著述か否かの疑義を含むものの、後世への影響はすこぶる大きい。ともあれ、彼以後の仏教者にとって、これらの著述は必読書とされて、インド、チベットはもとより、中国や日本などでも、彼を「八宗《はっしゅう》（すべての宗）の祖《そ》」として尊崇する。

以下に、『中論』とその中核とされる「空」とについて記す。ナーガールジュナ自身の書いたのは約四五〇の詩（「偈頌《げじゅ》」と称する）から成り、それが二七章に分けられている。ここには「ことば」、「実体（本体）」、「運動」、「機能」、「原因と結果」などに関する考察をはじめとして、多彩な論議が展開されているが、とくに「空」があますところなく述べられる。原本は未発見ながら、この詩に付された註釈書は、羅什訳『中論』（漢訳のみ）から、チャンドラキールティ Candrakīrti（七世紀）の『プラサンナパダー』（Prasannapadā「浄らかな語句」の意、サンスクリット本とチベット訳とがある）まで、計六種あり、それらのすべてにこの約四五〇詩が掲げられていて、それらの対照から原型を知り得る。

この書の最初に、生《しょう》と滅《めつ》、常《じょう》（永続）と断《だん》（断絶）、一《いち》（同一性）と異《い》（相異性）、来《らい》と去《こ》（ともに運動）とのすべてに「不《ふ》」（「ア」a- または「アン」an-）を冠する「八不《はっぷ》」（八つの否定、これは一切の否定に拡大すると註釈は説く）の詩が置かれており、それが仏教思想の中心をなす「縁起《えんぎ》」と「戯論寂滅《けろんじゃくめつ》」（本来、ことばには拡大による虚構性があり、その限界もあることを『中論』は明らかにするが、この虚構・限界を免れ得ないことばそのものの消えた在り方）とに連なる。『中論』の前半は、この「縁起」を中心に種々の例を引きつつ説き尽くして、それは、それまで一方的な関係性（因《いん》と縁《えん》とから果《か》へ）とした見解から、ここにはじめて自在な互換を含む相互依存的な関係性に拡大される。その論述のプロセスにおいて、とくに有部《うぶ》の主張していた「自性《じしょう》」（つねに同一性を保ち、それ自身で存在する本体、もしくは独立－孤立する実体）を、徹底的に論破してしまう。こうして従来の仏教の諸術語はもとより、いわゆる常識的な日常の臆見までを、あらためて根底から批判し、鋭利な追究が徹底される。たとえば、「行く」という行為（拡大して、運動一般）を取り上げて、それの実体はつきとめられないことが詳細に論証され、あるいは「眼《め》は眼《め》みずからを見ない」ことから、同じく眼という器官の機能を実体視することはことごとく葬り去られる。

　実体および実体的な考えの完全否定は、そのまま「自性《じしょう》」の否定であり、これを「無自《むじ》性《しょう》」（ニヒスヴァバーヴァ niḥsvabhāva の訳語）と術語化する。それは再説すれば、あらゆるもの・ことが、無限の相互依存という在り方（縁起）において、自由に作用し、はたらき、流動し合っていることを、ありのままに直視させ認識させる。そして、その論理は『中論』の後半において「空」の思想に直結する。

　初期仏教以来、あるいは「般若経」（初期）においてさえも、否定（不《ふ》・非《ひ》・無《む》）および欠如を表わすことにほぼ終始してきた「空」は、『中論』において「縁起－無自性－空」と連結して、この視点が終始一貫する。そこでは「空」そのものも、もちろん実体化され得ず、「空」を説くという執《とら》われもおのずから消えて、それは「中」へとつらなり、『中論』の名称となる。ただし『中論』は「二諦《にたい》」（二種の真実）を用意しており、それは、相対的に成立しているもの・ことがことばによって説き示される真実（サティヤ satya と称する）である「世俗諦《せぞくたい》」（俗諦ともいう）と、ことばのもつ限界（戯論《けろん》、ときに施設《せせつ》・仮名《けみょう》ともいう）を超えてあらゆる相対性の及び得ない「第一義諦《だいいちぎたい》」（勝義諦《しょうぎたい》、真諦《しんたい》ともいう）とをいい、論は「諸仏《しょぶつ》は二諦《にたい》によりて衆生《しゅじょう》のために法《ほう》を説《と》く」と述べる。これは明らかに、一方に相対性とことばとを、他方にその両者の限界を指示する。この日常世界における相対性の承認は、そのまま多様性の受容につらなり、そして多様なるものの根底を追究してゆくと、それぞれを成立させていると見られていた固定した実体は行方不明となり、ここに「空」が見いだされる。

「空」の語は、論の偈頌《げじゅ》に、羅什《らじゅう》訳本には四一詩に五八回、サンスクリット本（『プラサンナパダー』）には三八詩に五四回も登場し、それをここに一語で説明することは困難を極め、古来種々の説がなされるけれども、私は、上述した「縁起－無自性－空」に加えて、やや難解な哲学的表現により、「空」に関して、「つねに述語であり、主語とはならない」と解釈し、したがってどのようなケースにおいても、「空である」とのみ主張している、と『中論』の「空」を理解する。さらに別の面からわかりやすく説明しよう。

「空」のサンスクリット語のシューンヤ（śūnya これは形容詞であり、名詞形にすればシューンヤター śūnyatā「空であること」、しばしば「空性《くうしょう》」と漢訳された）は、インド人（人名も年代も不明）が人類史上はじめて発見した数のゼロ（0、零）の原語でもあって、そのゼロ（「空」も同じ）は、単なる無でもなく、単なる有でもなく、同時に有でも無でもあり、また有でも無でもないという（これらの喩《たと》えに、たとえば一〇二という数の〇があげられる）、一見矛盾に満ちた多面性を発揮する。あるいはゼロという数が発見されなかったならば、すべての自然科学の根底にある数学（近代数学）はその根拠を失ってしまう。ゼロという数の発見によって、たとえば「負《ふ》（マイナス）」の概念が明らかになり、さらに重要なことは十進法が成立し（いうまでもなくインドが最も古く、アラビアを経てヨーロッパに伝わるのは千数百年後）、また数学の基本である加減乗除がきわめて容易になった。その際、ゼロは加えても減じても、もとの数になんの変化もないが、ゼロを乗ずればあらゆる数をゼロに変え、ゼロで割ることは一般には考えられない。

ゼロは日常いたるところに溢《あふ》れ、「空」も同じ。「空」によって、私たちが現に生きている相対の世界はいちおう成立している。しかしその底には、その相対の世界そのものの否定が厳としてあり、その否定のゆえに、私たちのこの世界すべて（宗教・哲学・倫理をはじめ、文学・芸術・科学などの諸文化や、それらの応用や技術化による製品のすべて、また、政治・経済を含む人間のいとなみ一般から自然界まで）はあくまで相対的である。しかもその否定は、さらに二重否定から限りない否定へと自己を展開させ、相対の世界を限りなく超越化させると同時に、ただちに超越の中に内在化させ、しかもそれを再び三たび何度も反復する。こうして、たとえば仏教の理想である解脱《げだつ》・如来《にょらい》・ニルヴァーナ（涅槃《ねはん》）といったものさえも、そのようにして肯定－否定－肯定（ただし、後の肯定は、否定を経ている以上、前の肯定とは次元を異にする）の途を永遠に歩み続けて、とどまることがなく、逆に、世俗そのものが否定－肯定－否定を突き進める中で、生死即涅槃《しょうじそくねはん》（生死を本質とする世俗はすなわちニルヴァーナ）、煩悩即菩提《ぼんのうそくぼだい》（煩悩はすなわちさとり）という、まったく逆説的な表現が、『中論』に登場する。しかもここに用いられていることば（上述したように、戯論《けろん》・施《せ》設《せっ》・仮名《けみょう》ともいわれる）そのものが、すでにそれを自覚している底に、いったん「空」はそれ自身の表現の可能性を導きつつ、その虚構性と限界とをもまた自覚して、ことばは消え、「空」は表現を超えている。

付言すると、ナーガールジュナの上掲の著述も、「空」思想を主眼とするが、特記すれば、『廻諍論《えじょうろん》』では二～三世紀当時のインド論理学の曙《あけぼの》に触れて、それを批判的に扱い、『宝行王正論《ほうぎょうおうしょうろん》』ほかは、サータヴァーハナ王朝の王国への書翰《しょかん》であり、『大智度論《だいちどろん》』は現存する一〇〇巻という大著中に、諸分野にわたる該博《がいはく》な知を網羅《もうら》し、『十住毘婆沙論《じゅうじゅうびばしゃろん》』には「信方便《しんほうべん》の易行《いぎょう》」（信を方便とする容易な実践方法）として阿弥陀仏帰依《あみだぶつきえ》が説かれている。

第二節　大乗仏教中期・後期

① 中期・後期の大乗仏教の概要

中期大乗仏教以降は、前述したインド仏教史の区分からすれば、その後期に属する。そして第一節に記した初期大乗経典が、それぞれの原初形から現存する一大経典に完成したのは、ごく一部を除いて、ほぼこの時期の当初に相当する。そのことは、右に見たように『大《だい》智《ち》度《ど》論《ろん》』引用の経典名などから知られ、また中国の訳経史を眺めても、おおむね羅什《らじゅう》以降に属して、ほぼ紀元五世紀（とくにその前半）にそれらの多数が漢訳されたことによっても裏づけられる。

すでに述べたとおり、インド仏教後期にも、とりわけ中期大乗仏教には、いくつかの重要な経が出現し、傑出した論書もかなり多数に達する。それらを概略的に共通項にまとめあげれば、二つの思想に概括され、ひとつは「如来蔵《にょらいぞう》」もしくは「仏性《ぶっしょう》」であり、他は「唯識説《ゆいしきせつ》」とされる。そこで、この二つについて、おのおのに項を立てて概説し、前節のような経や論師などについては、それぞれの項の中に収める。なお、中期大乗仏教の半ばに、とくに「唯識説」の栄えるころから、大乗仏教はしだいにアビダルマ化の傾向をたどり、他方、部派仏教も大乗仏教に近づくことを、ここに特記しておこう。

後期大乗仏教は、一方に、「唯識説」を承《う》けた諸論師のあいだから発展して、仏教独自の認識論と論理学とが展開してゆき、仏教学はいっそう精緻《せいち》を極めるのに対して、他方に、密教の興隆と繁栄とがあり、やがてその衰退が訪れる。それについて以下、各項のもとで考察を進める。

②　如来蔵

如来蔵《にょらいぞう》とはタターガタガルバ tathāgatagarbha の訳で、タターガタは「如来《にょらい》」、ガルバは「胎《たい》」（容《い》れもの）を指して「蔵《ぞう》」と訳され、両者を合わせると、衆生《しゅじょう》（生あるもの）がその胎に如来を宿していることを示す。この思想にはおよそ次の五つの源がある。第一は、すでに「阿含経《あごんきょう》」に見られ、大衆部《だいしゅぶ》などが支持していた「自性清浄心《じしょうしょうじょうしん》」「心性本浄《しんしょうほんじょう》」（心の本来の在り方は清浄）の思想であり、それは初期大乗仏教においても、『道行般若経《どうぎょうはんにゃきょう》』をはじめとする諸経典に強調された。第二は、やはりそれらの諸大乗経典、とくに「維摩経《ゆいまきょう》」に説かれる「仏種《ぶっしゅ》」や「如来種《にょらいしゅ》」（仏・如来の種《しゅ》＝素質、「種」はゴートラ gotra の訳、種族、家族、性をいう）を、煩悩《ぼんのう》の中にも認める。第三は、「般若経」で般若ハラミツを仏母《ぶつも》と見て、出生の考えが明らかになる。それは、「維摩経」に、智度《ちど》（般若ハラミツ）を母、方便《ほうべん》を父とし、『大智度論』に、智度を母、般舟三昧《はんじゅざんまい》を父とすることに、また「法華経」に衆生を仏子《ぶっし》（仏の子）と説くことに受けつがれ、それらはすべてガルバ（胎）との関係がきわめて濃い。第四に、「如来蔵」はまた「如来界」とも呼ばれるが、ここにいう「界」はダートゥ dhātu の訳で、この原語は土台を表わし、基本・本質・根元をいい、さらに構成要素や領域のほか、変わることのない要素をも意味して、「性《しょう》」とも訳される。たとえば、月を雲がおおっても、満月であることは変わらず、金鉱石の中に金が見られなくても、炉で焼けば金が溶けて現われるなどの例が、よく知られる。第五の、おそらく最も直接的な動機は、「華厳経」の「如来性起品《にょらいしょうきぼん》」（『八十華厳』は「如来出現品《にょらいしゅつげんぼん》」）にあり、性起《しょうき》とは、衆生のひとりひとりに如来の性徳《しょうとく》が生ずることをいい、ここに如来（仏）が衆生に潜在的にせよあまねく実在していることを説く。

これらを受けて、まず「如来蔵経」（正しくは『大方等如来蔵経《だいほうとうにょらいぞうきょう》』）が成立する。現存のこの経は東晋の仏駄跋陀羅《ぶつだばつだら》（ブッダバドラ Buddhabhadra）により四〇九～四二九年に漢訳されており、訳者は前出の『六十華厳』の訳者でもある。古く四世紀はじめに同名の漢訳があったともいわれるものの、現存せず、また後の唐代に不空《ふくう》訳『大方広如来蔵経《だいほうこうにょらいぞうきょう》』がある。いずれも一巻の小さな経で、以下は右の仏駄跋陀羅訳による。ここには「若《も》しくは仏出世《ぶつしゅつせ》する（仏がこの世に現われる）も、若《も》しくは仏出世《ぶつしゅつせ》せざるも、一切衆生《いっさいしゅじょう》の如来蔵《にょらいぞう》は常住不変《じょうじゅうふへん》なり」といい、そのことを、①萎《しお》れた蓮華の芯《しん》の中の化仏《けぶつ》、②多くの蜂《はち》にとりかこまれた蜜、③外皮につつまれた穀物、④不浄所に落ちた真金《しんごん》、⑤貧家の地下にある金の蔵《くら》、⑥樹木の種子、⑦ぼろきれに包んで道に捨てられた仏像、⑧帝王の子を宿した卑賤な女、⑨鋳型の中の真金像、という九つの喩《たと》えを、詩と散文とで説明する。この「九喩《くゆ》」は、後述する大乗の『大般涅槃経《だいはつねはんぎょう》』や『宝性論《ほうしょうろん》』にも説かれる。なお、『如来蔵経』はサンスクリット本は未発見ながら、その一部が『宝性論』（後述）のサンスクリット本に引用されている。

如来蔵経典で最もよく知られる『勝鬘経《しょうまんぎょう》』は、『如来蔵経』よりも大きく、内容も豊かで、現存する『勝鬘師子吼《しょうまんししく》一乗大方便方広経《いちじょうだいほうべんほうこうきょう》』は求那跋陀羅《ぐなばっだら》（グナバドラ Guṇabhadra）による四三六年ごろの訳。経の構成は、中インドの舎衛国《しゃえこく》のプラセーナジット王 Prasenajit（波斯匿《はしのく》）の王女で、アヨードフヤー Ayodhyā（阿踰陀《あゆだ》）国の友称王《ゆうしょうおう》の妃である勝鬘夫人《しょうまんぶにん》（シュリーマーラーデーヴィー Śrīmālādevī）が、仏に向かい仏の無量の功徳を讃美したあと、十大誓願を立て、また仏の説いた正法《しょうぼう》体得の意義を述べると、仏がそのひとつひとつに讃辞を挿《はさ》みながら承認する、という形式をとる。この夫人（すなわち女性）の説法を中心にして、在家仏教の高まりがここに示され、さらには、先に「法華経」の説いた三乗《さんじょう》（声聞《しょうもん》・縁覚《えんがく》・菩薩《ぼさつ》）に人乗《にんじょう》と天乗《てんじょう》とを加えた五乗《ごじょう》が一乗に帰する、と説く。また、常住不変の法身《ほっしん》（真実の法そのもの）に煩悩《ぼんのう》がまつわりついているとき如来蔵と呼ばれるけれども、如来蔵そのものはもともと自性清浄《じしょうしょうじょう》であり、有為《うい》と無為《むい》との諸法も、輪廻《りんね》・解脱《げだつ》も、すべてその原動力は如来蔵にあるとし、しかも不生不滅《ふしょうふめつ》のこの如来蔵が、煩悩の中にありながら煩悩を離脱する途を説く。ただし、法身と煩悩との関係には、なお難解の部分を残す。サンスクリット本は断片のみ、しかしチベット訳は完備している。

さらに大乗の『大般涅槃経《だいはつねはんぎょう》』がある。「阿含経」に含まれる同名の経と同様、仏の臨終の場面を描き、しかし数多くの大乗的解釈を加えて、仏はきわめて饒舌《じょうぜつ》に説法する。羅什《らじゅう》の中国渡来と入れ替わりに三九九〜四一二年にインド旅行を果たした法顕《ほっけん》が、この原本を中国にもたらして、四一七年に漢訳した『大般泥洹経《だいはつないおんぎょう》』六巻と、そのややあとの曇無讖《どんむせん》（ダルマラクシャ Dharmarakṣa）訳『大般涅槃経』四〇巻とがある。前者は後者の前半一〇巻に相応し、チベット訳も前者に対応していて、これが原初形とされる。後者は後に前者と照合して三六巻に改修されて「南本《なんぼん》」と呼ばれ、もとの曇無讖訳を「北本《ほくぼん》」と称する。

この経では、「如来蔵」の代わりに「仏性《ぶっしょう》」の語が用いられる。仏性の原語は、先にあげた「界」を伴なうブッダ・ダートゥ buddha-dhātu、または「種」を付したブッダ・ゴートラ buddha-gotra とされる。経は、仏の法身の常住《じょうじゅう》（「法華経」に説かれた）と、仏性の普遍とを、その中心テーマとし、とくに「一切衆生悉有仏性《いっさいしゅじょうしつうぶっしょう》」（一切の衆生は悉《ことごと》く仏性有り）の句が広く知られる。これは、すべての生あるものに、仏と成り得る素質ないし要素である仏性を、きわめて大胆に主張して、あまねく成仏《じょうぶつ》（仏と成る）への道を開く。ここには、すでに釈尊がとなえて仏教独自の基本的立場である「平等《びょうどう》」の説が、最大限に徹底されている。この場合、当然のことながら、「一闡提成仏《いちせんだいじょうぶつ》」という重大な難問に遭遇する。一闡提はイッチャンティカ icchantika の音写で、貪欲の人、利養を貪り世間に執着する人をいい、本来は成仏の可能性を欠いていて、これを「断善根《だんぜんこん》」（善をなし得る素質を断じている）という。この一闡提に対しては、経は厳しい批判を浴びせて、一種の攻撃を加えるが、それと同時に、それでもなお、究極的にはその成仏を承認する。そのほか、経は、世間の無常《むじょう》・苦《く》・無我《むが》・不浄《ふじょう》に対して、仏性の常《じょう》・楽《らく》・我《が》・浄《じょう》を説く。

こうして、この経は、「般若経」などの否定的表現に満ちた経典類に比して、はるかに肯定的要素が溢れており、その点が中国人に愛好され、それを通じて、わが国の仏教者の大多数に大いに歓迎されつつ今日に及ぶ。そのゆえもあって、この経に用いられた「仏性《ぶっしょう》」の語のほうが「如来蔵《にょらいぞう》」の語よりも、中国や日本ではずっとなじみ深い。ただし、仏性は仏となる基盤、もしくは仏と同じ性質を示すのみで、成仏の素因が示されるにすぎず、その点では、如来蔵のほうが含蓄が深く広いために、学界ではおもに如来蔵の語を用いる。すなわち、胎《たい》（ガルバ）は母胎でもあり胎児でもあって、衆生《しゅじょう》が如来を宿すと同時に、衆生は如来の子であることが含意され、それによって衆生と如来との同質性がより明らかであり、さらには、その胎児が如来へと成長し、発展してゆくという段階が含まれていて、それは修行・実践の重要性をも説き示す。

以上あげた諸経は、他本への部分的な引用などを除いてサンスクリット本が欠けているけれども、近年に至り、サンスクリット本が発見、公刊され、漢訳もチベット訳も揃っている『宝性論《ほうしょうろん》』（詳しくは『究竟一乗宝性論《くぎょういちじょうほうしょうろん》』ラトナ・ゴートラ・ヴィバーガ・マハーヤーナ・ウッタラタントラ・シャーストラ Ratna-gotra-vibhāga-Mahāyāna-uttaratantra-śāstra）の研究が進み、如来蔵研究は一段と進展した。

如来蔵・仏性の思想とその説は、たとえば『勝鬘経《しょうまんぎょう》』の一部に「空」の理論の応用はあっても、全般的には「空」のもつ断固たる否定の契機はきわめて乏しく、本来清浄である心をおおらかに受け入れ、煩悩も上述した客塵《きゃくじん》煩悩として扱われて、そのような外から一時的にまつわりついた煩悩は、この清浄心を堕落させるまでには至らない。それどころか、如来・仏をみずからの身体内に貯えているとする衆生そのものの大胆な肯定は、本来はそのことを仏と大力の菩薩《ぼさつ》のみが知り得て、凡夫《ぼんぷ》はそれを信ずるのみと説かれているとはいえ、ある面で、在家仏教の一種のオプティミスティク（楽観的）な理想を反映するものといえよう。

こうして、心の清浄を徹底する如来蔵思想が強調されても、それでもなお、その同じ心が迷い、煩悩にまとわれ、とらわれて、汚れるという現実の実態を、まったく無視し、否定し去ることは、不可能といわねばならぬ。この面を追究しつつ、しかもこの心のありのままを凝視し、その汚れから脱却する途《みち》を求めて、上述の如来蔵説と並んで、唯識説《ゆいしきせつ》が展開する。

③　唯識説

大乗仏教が在家信者を中心に始動したことは、すでに再三にわたって述べてきたけれども、時代の経過とともに、「大乗の菩薩たち」にも出家者が増してゆき、この出家した大乗菩薩によってはじめて、大乗仏教そのものの教理はいっそう磨きをかけられることになる。すなわち、出家の大乗菩薩はその活力を在家信者から得ているとはいえ、教学の整備と徹底した修行の実践という二つの大きな柱は、釈尊以来の仏教の伝統を大きく逸脱するようなことはあり得なかった。

実践の中心となり基本とされるのは、釈尊が菩提樹下で続けた禅定《ぜんじょう》であり、また釈尊のクシナーラーにおける入滅《にゅうめつ》も、九次第定《くしだいじょう》（四禅《しぜん》と四無色定《しむしきじょう》と滅尽定《めつじんじょう》という瞑想の深さによる九つのステップ）という禅定を経過した。禅定はサンスクリット語のドフヤーナ dhyāna（パーリ語はジャーナ jhāna）の音写による「禅《ぜん》」（禅という音写はパーリ語ないし俗語に由来すると見られる）に「定《じょう》」を付してその実態に近づけた語であり、「静慮《じょうりょ》」とも漢訳されて、精神統一・集注《しゅうちゅう》をいうが、それはインドの伝統であるヨーガ yoga の一環を占める。ヨーガはユジュ yuj（結び合わす）を語根として、心身のあらゆるはたらきを、ある一点に集注することをいう。このヨーガの行《ぎょう》（アーチャーラ ācāra）をヨーガーチャーラ yogācāra と称し、瑜伽行《ゆがぎょう》と漢訳（半ば音写）する。

禅定、ここでいう瑜伽行は、インド仏教（さらには仏教全体）に一貫しており、とりわけこの中期（後期の一部を含む）の大乗仏教の出家菩薩たちは、それに専念して、その中から唯識という堅固な学説の確立に密接に結びついているところから、この仏教徒の一派を、とくに「瑜伽行派《ゆがぎょうは》」と称する。また、ひたすらこれを実践した人びとを、「瑜伽師《ゆがし》」と呼び、ときに「禅師《ぜんじ》」とも称する。

初期大乗経典の主流は、「般若経」と「華厳経」とによって開拓された。すでに説明したとおり、「般若経」は「一切皆空《いっさいかいくう》」を説き、たとえば現世の事象のすべてを、幻・夢・影・

響・泡・陽炎《かげろう》・鏡中像などの一〇種に喩《たと》えて、これを「十喩《じゅうゆ》」と称する。しかも、「空《くう》」は、ナーガールジュナ（の『中論』が中心）により、明確な理論構成を獲得した。また「華厳経」の最も重要な句に、「三界《さんがい》（全世界）は唯心《ゆいしん》の作《さ》（作るところ）」があり、これは「阿含経」以来重視されてきた心に関する考察（これはとくにパーリ語の「論蔵」にうかがわれる）をいっそう発展させて、唯心思想を確立し、貫徹したといってよい。そのほかの諸理論をも受け入れながら、瑜伽行派の中から、唯識説は芽生え、構築され、確立し、展開を遂げる。

瑜伽行派を代表する最初の経典は『解深密経《げじんみつきょう》』と『大乗阿毘達磨経《だいじょうあびだつまきょう》』との二つである。前者は、求那跋陀羅《ぐなばっだら》（五世紀半ば）や真諦《しんたい》（六世紀後半）の部分訳、菩提流支《ぼだいるし》訳（五一四年）を経て、玄奘《げんじょう》訳（六四七年）によって完本に達する。サンスクリット原本は未発見ながら、チベット訳は完備している。後者の『大乗阿毘達磨経』は失われて現存しないとはいえ、それの引用が知られ、しかも瑜伽行派の最大の論師《ろんじ》（のひとり）のアサンガ Asaṅga（無著《むじゃく》、四〇〇–四七〇年ごろ、別説三一〇–三九〇年ごろ）の主著である『摂大乗論《しょうだいじょうろん》』は、この一章の註釈として成立した。ただし、この論書は、単に一註釈書にとどまらず、大乗仏教全体を包括すると同時に、アサンガの透徹したさとりと理論とが縦横に論じ尽くされて、しかもその理論は唯識説のクライマックスを示す。

『解深密経《げじんみつきょう》』は、如来蔵思想のいわゆる性善説《せいぜんせつ》に近い在り方とは対照的に、「迷いの現実」

を凝視して、現実の凡夫《ぼんぷ》の心を「妄識《もうじき》」（誤りの識）と規定し、さらにその生存の根原としての心をアーラヤ ālaya（阿頼耶《あらや》）識《しき》と名づけた。これについては後に詳述するが、これは心の無意識の領域、潜在心と見なしてよく、そのほか、この経には、唯識の種々の術語が数多く登場する。

同時に、この経は「五性各別《ごしょうかくべつ》」と説くことで名高い。それは、「法華経」や如来蔵思想の「一乗《いちじょう》」説に対し、それは不完全であると批判して、声聞《しょうもん》・独覚《どっかく》・菩薩《ぼさつ》のそれぞれの種性《しゅしょう》のほかに、不定種性《ふじょうしゅしょう》と、無種性《むしゅしょう》とを数えて、合わせて「五性《ごしょう》」という。種性は、種姓とも書き、ゴートラ gotra の訳で、家族・血統をいい、インド特有のカーストにほぼ相当する。「五性各別」説によれば、人びとがどれほどすばらしい理想を華麗《かれい》に描こうとも、現実にはそれぞれの人ごとに素質や能力や環境などが異なっており、それに基づいて、教えを聞くことにのみ専心する声聞、独りさとりを得るが他には説くことをしない独覚《どっかく》（縁覚《えんがく》、辟支仏《びゃくしぶつ》ともいう）、作仏《さぶつ》（仏となること）を目ざして利他《りた》に励む菩薩という、おのおのの種性があり、これら三つの種性のいずれに進むか未定の人びとを不定種性《ふじょうしゅしょう》、そして上述の『大槃涅槃《だいはつねはん》経《ぎょう》』に問われた一闡提《いちせんだい》（イッチャンティカ）は、もともと善根《ぜんこん》が欠落していて仏性《ぶっしょう》は期待されぬ無種性《むしゅしょう》がある、と主張する。これは現実に密着しつつ、一種のニヒリスティクな、ときにネガティヴな見解の展開に基づく。のち玄奘が中インドのナーランダーの大寺院において唯識説を完全に会得し、中国に帰る際、カーストの考えに近くて区別から差別へと拡大する可能性の大きいこの「五性格別」説の取り扱いに大いに悩んだ末、しかし帰国後にこの経の漢訳を果たしているが、おそらくは唯識説の重要な資料ゆえであろう。ただし、そのために、玄奘とその愛弟子の基《き》（窺基《きき》、慈恩《じおん》大師ともいう。六三二－六八二）との唯識説に基づく法相宗《ほっそうしゅう》には、この影響がうかがわれて、それが一切平等を説く他の宗、たとえば天台宗から、とりわけ華厳宗から、激しい批判と攻撃とを受けることになる。

右の二つの経に羅列的に記された唯識説を総合して体系化したのは、アサンガ（上述）とヴァスバンドゥ Vasubandhu（世親《せしん》、または天親《てんじん》ともいう。四〇〇－四八〇年ごろ、別説三二〇－四〇〇年ごろ）との兄弟であった（先に記したように、漢訳は両者に「菩薩」を付す）。アサンガはマイトレーヤ・ナータ Maitreya-nātha（弥勒《みろく》）の教えを受けたといわれるために、マイトレーヤを瑜伽行派の祖とする説もある。マイトレーヤには、中国では「五論《ごろん》の頌《じゅ》（詩）」といわれる著述が知られ、とくに『瑜伽師地論《ゆがしじろん》』（玄奘訳、一〇〇巻）は最も重要視される。ただし、この論は、チベットではアサンガの著と見なす。現在この中の「菩薩《ぼさつ》地《じ》」と「声聞地《しょうもんじ》」と「五識身相応地《ごしきしんそうおうじ》」などとの五地のサンスクリット本が公刊されている。ただし、マイトレーヤは伝説的な要素がかなり多く、実在を否定する説も強い。

アサンガもヴァスバンドゥも、ガンダーラのプルシャプラ（いまのペシャワール）の生まれ。ともに、はじめ有部《うぶ》で出家し、のち大乗に転じた。アサンガには主著の『摂大乗論《しょうだいじょうろん》』（上述）のほか、『大乗阿毘達磨集論《だいじょうあびだつまじゅうろん》』『顕揚聖教論《けんようしょうぎょうろん》』『順中論《じゅんちゅうろん》』『金剛般若経論《こんごうはんにゃきょうろん》』など。ヴアスバンドゥの著述は膨大であり、有部－経量部《きょうりょうぶ》の時期の『倶舎論《くしゃろん》』から、大乗への転換期の『大乗成業論《だいじょうじょうごうろん》』、転換後に唯識説を大成して完結している『唯識二十論《ゆいしきにじゅうろん》』と『唯識三十頌《ゆいしきさんじゅうじゅ》』とがあり、また上述のマイトレーヤとアサンガとの諸著書に対する註釈、そして多くの大乗経典の諸註釈、中でも『十地経論《じゅうじきょうろん》』『法華経論《ほっけきょうろん》』『浄土論《じょうどろん》』（『無量寿経』への註釈）などがよく知られ、そのほかにも『仏性論《ぶっしょうろん》』などの真作か否かの疑義のある書物もある（あまりにも多方面に活躍し、著書が多種多彩多数であるために、ヴァスバンドゥ二人説を主張する学者もいる）。

唯識説は、上述したとおり、潜在心をめぐり、それと現象している諸事象との対応などについて、多岐にわたる議論を展開し、しかも精密を極めるところから、近年とくに精神分析に関心のある人びとなどの注目を浴び、フロイト（S. Freud 一八五六－一九三九）の潜在意識や、ユング（C. G. Jung 一八七五－一九六一）の無意識をはじめ、これらの流れを汲む研究者たちに深い関心を呼んでいる。しかしながら、唯識のあまりにも専門化した学説はやや膠着化《こうちゃくか》して、必ずしも現代人の理解に対応し得ず、ときにそれを拒む傾きもある。以下には、主としてヴァスバンドゥの上述の簡潔な二著に基づきながら、唯識説の入門的な要点のみを記す。

唯識の原語は、ヴィジュニャプティ・マートラター vijñapti-mātratā、ときにヴィジュニャーナ・ヴァーダ vijñāna-vāda という。このうち、マートラ mātra とは「ただそれだけ

（唯）」の意で、ターtāは抽象名詞化する接尾辞、ヴァーダvādaは「説」を意味する。ヴィジュニャーナvijñānaとは、ジュニャーjñā（知る）の語根に、ヴィvi-（区分する）という接頭辞を付して、それを名詞化した語で、「区分して知ること」をいうが、一般に何かを知る際には必ず区分を伴なっているところから、ヴィジュニャーナは「知」そのものであり、ここには「識知《しきち》」と訳しておこう。それと類似するヴィジュニャプティは、やはりジュニャーを語根として、その使役活用形を名詞とした語であり、「知らせること」（さらに厳密には、いわゆる過去受動分詞形であるから「知らしめられてあること」）をいい、やはり「知」そのものを指して、ここでは「識別《しきべつ》」と訳しておく。この両者は、ときに使われ方が異なっても（知＝意識のはたらきをヴィジュニャーナ、その内容をヴィジュニャプティとすることが多い）、完全に同義語と見なしてよく、これらを日常語に置き換えれば、認知ない し認識という語に近く、心象の現出とも換言されよう。また、これらは、上述したチッタcitta（心）やマナスmanas（意）とも共通して、使用の場所に異同が見られるとはいえ、以上の四つはほぼ同義語とされる。ただし、ときにわずかな機能的な区分が認められる例外も少数ながらある。

『唯識二十論』の冒頭の部分は、次のように説明される。私たちは、周囲の事物や外界がそのとおりに実在していると思っている。そして、その中で私たちに触れる対象は、それ自身が存在していると、常識的には固く強く思い込んでいる（そして、それらにとらわれ、あくせくしている）。そのような考えを唯識説は正面から否定して、外界や対象などの一切は、ただ識別のみにすぎない、それらは実は「空」であり、存在してはいないのに、識別によって、存在しているかのごとく現われているのであり、換言すれば、認知ないし認識によって、外界の諸対象は私たちの周囲に存在しているごとくであるけれども、すべてはただ心象の投影にすぎない、と主張し、このように、外界の対象の非存在を『唯識二十論《ゆいしきにじゅうろん》』はそのあとにいっそう詳しく説く。

それを受けて、『唯識三十頌《ゆいしきさんじゅうじゅ》』はさらに突っ込んで、識知《しきち》（心象）の変異（パリナーマ pariṇāma「転変《てんぺん》」と称する）が、対象の存在・外界・世界をつくり出し、構想してゆくさまを的確に説き進める。まずアーラヤ識（原語はアーラヤ・ヴィジュニャーナ ālaya-vijñāna）という語が説かれる。アーラヤは「住居・容器・蔵《くら》」を意味し、ヴィジュニャーナは「識」であるから、アーラヤ識は「蔵識《ぞうしき》」と訳され、多くは音写の阿羅耶識《あらやしき》か阿頼耶識《あらやしき》が用いられる（両者をときに区別して用いることもある）。アーラヤ識は身体・生命を維持（アーダーナ ādāna）しているために、アーダーナ識（執持識《しゅうじしき》と訳し、阿陀那識《あだなしき》と音写する）とも呼ばれる。アーラヤ識は、無限の過去から現在のこの刹那《せつな》に至るまでのすべての行為の残してきた余力・余習《よしゅう》（あとになお残っている潜在力、後述）を、その蔵の中に貯え、しかも次の刹那にその蔵から取り出して生じさせるという能力を有する。アーラヤ識はこのように、あらゆるたね（これをビージャ bija「種子《しゅうじ》」と呼ぶ。なお、「種子」は、慣用として仏教一般では〈しゅうじ〉、密教の梵字を意味するときのみ〈しゅじ〉と読む）を内蔵しているから、「一切種子識《いっさいしゅうじしき》」とも称する。ただし、これはあくまで潜在しており、一切の根原に潜みつつ、一切を生み出す。これが「第一の変異（転変）」と呼ばれる。

アーラヤ識に続いて、次に第二の変異（転変）としてマナ識（原語はマノー・ナーマ・ヴィジュニャーナ mano-nāma-vijñāna マナという名の識知、「末那識《まなしき》」と音写）が説かれる。マナ識はアーラヤ識に基づいて活動し、アーラヤ識を対象とする識であって、アーラヤ識をアートマン（自我）と誤認する。このマナ識は具体的には自我意識に相当し、しかもこれには煩悩《ぼんのう》がつねに伴なわれるから、「汚れたマナス（染汚意《ぜんまい》）」とも称する。

第三の変異（転変）として、眼《げん》・耳《に》・鼻《び》・舌《ぜつ》・身《しん》・意《い》の初期仏教以来の六識《ろくしき》があげられる。これはすでに述べたように、眼識《げんしき》は色《しき》（いろ、かたち）を、耳識《にしき》は声《しょう》（音と同じ）を、鼻識《びしき》は香《こう》を、舌識《ぜつしき》は味《み》を、身識《しんしき》は触《そく》（触れられるもの）を、意識《いしき》は法《ほう》（考えられる対象）を、それぞれ識知し、識別する。この六識もまたアーラヤ識から生じ、六識はマナ識とともに「現勢的な識」であって、「潜勢的な識」であるアーラヤ識と対比される。

このように、アーラヤ識からマナ識（自我意識）と右の六識とが生じ、しかも転変してやまない無常《むじょう》であり、瞬間ごとに生じては滅する刹那《せつな》滅《めつ》である現実においては、マナ識と六識（これを前六識という）との計七識もまた、生ずると同時に滅し、また生ずるという。

このように、いわばたえず一種の流動のうちにある六識およびマナ識は、一刹那だけ現在化して過去に落ちてゆくが、その際に、現在化したときの印象を余習《よしゅう》（これをヴァーサナーvāsanā「習気《じっけ(じって)》」と呼ぶ）としてアーラヤ識に残す。この余習がアーラヤ識に再び種子として貯えられ（これを「薫習《くんじゅう》」と呼ぶ）、それが成熟して発現する（これを「現行《げんぎょう》」と呼ぶ）と、上述の「転の変異（転変）」により、再びマナ識と六識とが生ずる。このような循環が一刹那に反復して行なわれることを、この『唯識三十頌《ゆいしきさんじゅうじゅ》』の前半は説く。

以上を、六識のほうから説明してみよう。外界の対象はすべて識（心象）としてのみある。すなわち、六識（のいずれか、またそのいくつか）によって立てられたものだけが、外界（意識を含むから内界も入る）の対象としてある。たとえば、それぞれの眼識によって、コップでもあり、ガラスでもあり、ときに花瓶でもあり、一個一〇〇〇円でもあり、場合によっては、懐しい回想の品でもあり、あるいは人を傷つける凶器でもある（厳密にはそれぞれに六識の第六の意識がからむ）。この六識はつねに刹那に消え、また生ずる。それらを統括するのが自我であり、この自我もマナ識という自我意識の心象にほかならない。以上の前六識とマナ識との計七識は、煩悩に汚されるが、その汚れは本来は無我であり、空であるのに、それを逸脱したマナ識が自我という仮象を表出して存在化することによる。その見地から、七識すべての汚れはマナ識に集められる。マナ識もまた仮象にすぎない自我とともに刹那に滅するが、その際、それまでまったく表面に現われることのなかった潜在的なアーラヤ識という蔵《くら》の中にその余習《よしゅう》を残し、それが種子《しゅうじ》としてアーラヤ識に貯えられる。アーラヤ識そのものはあくまで潜在していて、対象化されることはあり得ない。こうしてアーラヤ識は、一切の種子を貯えつつ、七識を生ずるという機能を果たして、最も根原的といい得る。『唯識三十頌《ゆいしきさんじゅうじゅ》』の後半は、アーラヤ識とマナ識と六識との計八識によってつくり出された対象の（存在の）在り方を、三種に分けて説く。三種とは、①仮に構想された在り方、これを「遍計所執性《へんげしょしゅうしょう》」と呼ぶ、②相対的な在り方、もしくは他に依存して生起している在り方、これを「依他起性《えたきしょう》」と呼ぶ、③絶対的な在り方、もしくは完成された在り方、これを「円成実性《えんじょうじっしょう》」と呼ぶ。さらにこれについて述べよう。

①仮に構想された在り方は、八識によってつくり出された対象であり、それは実は存在せず、無であり、換言すれば、虚妄《こもう》といってもよい。②相対的な在り方は、八識がつくり出すとはいえ、現在化したり、過去化したりするのに、さまざまな機縁（とくに過去の無明《むみょう》と業《ごう》など）が集まって生起する点に着目し、そのような識と対象との依存関係にある在り方を現わすが、しかしそれも実は存在せず、やはり無であり、これら二つがまったく消え去ったところに、③絶対的な在り方が浮かび上がる。しかし①と②とが無である以上、③もまた無なのであり、これを「三性三無性《さんしょうさんむしょう》」と称する。

こうして、構想された対象（の存在、これを「境《きょう》」という）が、無として消え去ると、その構想を施した識（八識のすべて）もまた無に帰して、識は識でもなく、識も消滅する。これを「境識倶泯《きょうしきぐみん》」（泯は滅ぶ意）という。いわば主体も客体も消え去って、主客の区分（これを「分別《ふんべつ》」という）は消滅して、無二《むに》となり、合《ごう》を果たす。こうして生じた知《ち》を「無分別《むふんべつ》智《ち》」と称し、ここでいう無分別は、今日の日常語の用法とは正反対の、「最も崇高な知の在り方」であって、それは「真如《しんにょ》」（タタター tathatā「ありのまま」）とも名づけられる。この無分別智は、その知が別の状態に転化すること（これをアーシュラヤ・パラーヴリッティ āśraya-parāvṛtti「転依《てんえ》」と呼ぶ）によってのみ可能であり、別名を「転識得智《てんじきとくち》」とも称するが、それは、汚れを離れ、思考を絶していて、善であり、永続し、歓喜に満ち、解脱《げだつ》していて、ニルヴァーナ（涅槃《ねはん》）に等しい。しかもそのことは、瑜伽行《ゆがぎょう》（ヨーガの実践）をどこまでも推進していって、その実践においてはじめて到達される、とこの書は結ぶ。

以上の綱要を説いたヴァスバンドゥのあとに十大弟子がおり、この唯識の学説はさらに専門化して緻密となり、仏教衰滅の一三世紀まで継続する一方、いわゆるアビダルマ化の趨勢《すうせい》をたどる。他方、この理論構成のうちから、またグプタ王朝以来栄えたインド正統哲学（六つの学派があって「六派哲学《ろっぱてつがく》」と呼ぶ）の影響なども重なって、仏教独自の認識論と論理学とが展開し、後期仏教の主要な一角を占める。これに関する研究は、新しいサンスクリット文献やチベット訳資料が広く利用されるようになった現在の仏教学において、欧米を含めて、非常な活況を呈しているとはいえ、あまりにも専門的であり、微細にわたるそれらの解説は、本書の限られたスペースにはとうてい尽くし得ない。

上述した如来蔵《にょらいぞう》思想と唯識説とを統合したテクストが生まれ、それは『楞伽経《りょうがきょう》』を通じて

『大乗起信論《だいじょうきしんろん》』（略して単に『起信論』）によって完結する。両者ともかなり古く、『楞伽経』はサンスクリット本、チベット訳二種、漢訳三本（四四三年、五一三年、七〇〇～七〇四年の訳）がある。また『起信論』は真諦《しんたい》（五五〇年）訳があり、ほかに八世紀前後の実叉難陀《じっしゃなんだ》訳もあるが、インド選述か中国選述かの疑義は現在も解決されていない。

『起信論』はごく小さな論書でありながら、上述の二思想を実に巧妙に統括し、たとえば自《じ》性清浄心《しょうしょうじょうしん》の如来蔵と、汚れをも生ずるアーラヤ識とは、同一の心の表と裏との関係にあり、互いにあい反して対立しながらも、けっして切り離すことはできないと主張して、両者を同一視する。『起信論』は、その「信」に応じて阿弥陀仏《あみだぶつ》信仰を説き、それは「自己《じこ》に如《にょ》来蔵《らいぞう》あり」との信に基づくといい、この如来蔵の自性清浄心の力の発現をとくに「覚《かく》」と称し、覚が完全に現われればそのまま仏であって、仏の本性を「本覚《ほんがく》」と名づける。凡夫《ぼんぷ》においては、覚はなお「不覚《ふかく》」でしかないが、そのうちに覚の力が強まり、唯識の説を通じて覚が完全に現われるならば、それは成仏の実現にほかならず、したがってこれは「始覚《しかく》」と名づけられる。このような覚について、また唯識説の諸識について、その他の諸術語を交じえて細分しつつ総合を果たし、真如《しんにょ》である心性《しんしょう》と、妄念《もうねん》の世界である無明《むみょう》の現実との、一種の矛盾的合一を、『起信論』はきわめて巧みに解説している。

にすぎない。

④ 密教

密教の語に対応するサンスクリット語は存在しない。後述するように、いくつかの語が密教に当てられているけれども、それらは今日広く用いられている密教の一部ずつを表示するにすぎない。

密教は文字どおり「秘密の教え」であり、顕教《けんぎょう》（あらわな教え）に対立する。仏教の創始者である釈尊は、当時世俗一般に流布していた呪術・呪文・迷信・密法の類《たぐ》いを禁止し、また批判・攻撃した。このことは、律《りつ》を含む初期経典の多くに繰り返し説かれ、さらには、たとえば釈尊の遺言の一節に、「師《し》に握拳《あくけん》なし」といって、握りこぶしの中にひそかに隠してある教えはけっして存在せず、すべてを教え示し説き尽くしたと述べている。また近侍したアーナンダ（阿難）の憂いに満ちた問いに対して、最晩年の釈尊は、入滅後は自分の説いてきた教えと戒めとに従うよう、明言する。この意味で、初期仏教の性格を、しいて一言で表わすならば、透明で、理性的であり、ときに倫理的である、といえよう（これの続きは、すぐあとに述べる）。

また、密教と大乗仏教との関係がしばしば問題とされる。密教がインド仏教史の後期に属し、しかも最後期であることは確実であるとはいえ、それが後期大乗仏教に属するか否かは、人により解釈が異なる。詳細は後述するとして、仏教学一般では、密教をほぼ後期大乗のチャンピオンと見なし、それに対して、密教に属する人びと（一部の学者を含む）は、両者に一線を画して密教を特筆しようとする。どちらにもそれ相応の理があって、どちらかに強制することは困難であり、また無意味ともいえよう。

本来、インドには、その最初にさかのぼって、インダス文明の実態は把み得ないとはいえ、ヒンドゥクシュの山脈を越えてインドに侵入し、壮大な文化を築きあげたインド・アーリア人には、当初はむしろ合理主義的な傾向がうかがえた。しかし長期間の民族移動の末に、これまで経験したことのないインダス河流域の高温と、雨期の多湿および乾期の乾燥の両極とに出会い、また非アーリア系の先住民との接触や交流が増大するにつれて、やがてその合理性は一部に空洞が生じてくる。その結果、彼らの最初の聖典の『リグ・ヴェーダRg-veda』は、神々への讃歌が特定の秩序でうたわれながら、ときには不規則な乱調の混入を宥《ゆる》し、その最《さい》たるものとして、わずかながら、約三〇ほどの呪術的色彩の濃いマントラmantra（真言）を含んでいる。さらに、それに続いて創られた三つのヴェーダのうち、最後の『アタルヴァ・ヴェーダAtharva-veda』には、呪文や呪法の占める比重は一段と増加して、災害や悲運などを呪術によって除去しようとする風潮が顕在化する。彼らはやがてガンジス河流域に進出して先住民との混血が増え、インド大平原に定着するようになると、一方で、ウパニシャッド（「秘密の教義」を意味し、『奥義書』と訳される）の哲学の樹立を果たすものの、他方では、上述の風潮はさらに増大し、バラモンの行なう祭祀《さいし》そのものが呪術化され、その呪力によって神々までも、いわんや悪鬼や悪霊などを、すべて支配し、征圧するようになる。

すでに記したように、仏教が創始され、興隆したしばらくの時期は、そのようなバラモンの魔術が農村地域になお勢力を維持するとはいえ、クシャトリヤの活力がみなぎり、新しい産業が栄え、都市が、そして小国家が生まれ、フレッシュで自由な新興の諸思想・諸宗教が輩出して、再び理知的な特色が顕著に伸展した。

理知的と呪術的という両端は、ともに「知る」を意味するヴィド vid とジュニャー jñā という二つの語に、その片鱗がうかがわれよう（「知る」というサンスクリット語は、そのほか数語あるけれども、ここにはこの二つだけを取り上げる）。印欧語にさかのぼるならば、ヴィドは、現在のドイツ語のヴィッセン wissen、英語のウィット wit やウィズダム wisdom に、ジュニャーは、ドイツ語のケンネン kennen、英語のノウ know につらなる（いずれも、意味は「知る」）。

ヴィドからつくられた語にヴェーダ Veda があることは、すでに述べた。仏教の術語中にも、この名詞形のヴィドヤー vidyā は「明《みょう》」と訳されて、それはほぼ「さとり」に近い。また、ヴィドの使役形から派生したヴェーダナー vedanā（「受《じゅ》」と訳す）は、五蘊《ごうん》（色《しき》・受《じゅ》・想《そう》・行《ぎょう》・識《しき》）のひとつとしてきわめて重要視される。このヴィドのインド一般の用例は古く、また広いので、ここには略す。

なお、この「知る」を表わすヴィドのほかに、別種のヴィドがあり、それは「発見する」

から「所有する」という意となり、またその受動形ヴィドヤテー vidyate は「存在する」を意味して、頻繁に諸文献に登場する。これら同型のヴィドを、サンスクリット文法では、動詞の活用の分類で、すなわち前者は一類、後者は六類と区分する（なお「発見される」が「存在する」意を表わすのは、英語の find、ドイツ語の finden も同じ）。

ジュニャーのほうは、ジャーヌ jānu（膝、英語の knee）に関連があるといわれ、父親が生まれた子を膝に抱き上げて観察し、わが子と認知するという「知る」であり、一種の理性的なプロセスを進む。この語の名詞形のジュニャーナ jñāna（知）の登場は、ウパニシャッドに入ってからであり、それが厳密な意味でのインドにおける哲学的思索の誕生であった。換言すれば、合理的な知（識）をこの語は担う。ただし、ジュニャーの語は、多くは種々の接頭辞（vi-, pari-, pra-, abhi-, saṃ- など）によって、種々にニュアンスの相異が生じ、仏教の五蘊《ごうん》についていえば、サンジュニャー saṃjñā（想《そう》）とヴィジュニャーナ vijñāna（識《しき》）とがある。その特異なものとして、アビジュニャー abhijñā とプラジュニャー prajñā とについて説明を加えよう。アビジュニャー（パーリ語はアビンニャー abhiññā。abhi- は「勝れた」の意の接頭辞）は、「さとりの知慧《ちえ》」（「証知《しょうち》」と訳す）のほかに、「神通《じんづう》」の意があり、これは理性を超えた神秘性が含まれて、かえってそれが「さとり」の一面を示す（仏伝では、カーシュヤパ〔カッサパ〕三兄弟は、釈尊の「神通」によって仏弟子となったと伝え、また釈尊には「六神通《ろくじんづう》」が伴われる）。プラジュニャー（パーリ語はパンニャー

paññā）が「智慧《ちえ》」そのものを指示し、「般若《はんにゃ》」と音写されることは、すでに詳述した。それはまさしく「さとりの智慧」であり、むしろ「直観的で総合的な知」と説明される。この両者に対して、ヴィジュニャーナ vijñāna（パーリ語はヴィンニャーナ viññāṇa。vi- は「二つに分ける」意の接頭辞）は、あくまで理性的な「知」であり、「識」と訳されることが多い。

大乗仏教を開拓したスローガンは、プラジュニャー（パーラミター）すなわち般若波羅蜜であることは、先に論じたとおり。それに対して、大乗仏教で用いられたヴィドヤー vidyā には、単に「明《みよう》」もしくは「知《ち》」だけではなくて、「明呪《みようじゆ》」とも訳され、呪文の意が込められる。この用例は、すでに「阿含経」にもその萌芽《ほうが》が見えるとはいえ、しだいにその傾向が強まり、「般若経」においては頻繁になり、ヴィドヤー・マントラ vidyā-mantra という用例も増して、「明呪」から単に「呪」とも訳される。

たしかに初期仏教にも、パリッタ paritta（護呪・護経・呪文）が一部に登場し、たとえば出家者が遊行《ゆぎよう》の際に毒蛇から身を護るパリッタは、律蔵《りつぞう》においても認める（これが初期密教の『孔雀王呪経《くじやくおうじゆきよう》』に発展する）。いわば護身のために（それはいわゆる現世利益の祈願とはまったく異なる）一種の呪文が唱《とな》えられて、それは現在も南方仏教で重要視されている。

先に大乗仏教運動を種々に考察した際、北インドが外来の異民族から激しい迫害を受けたことを記したが、彼らは同時に多種の呪術をインドにもたらした。さらに、大乗仏教興起時代には、農村をバックにしたバラモン教が土着信仰を多く受け入れてヒンドゥ教に転身し、これも仏教徒に徐々に浸透した（なお、バラモン教とヒンドゥ教との違いをしいていえば、前者はヴェーダ聖典に基づき、バラモンの祭祀を中心とし、後者はそれを継承・包括したうえに、すでに紀元前からインド土着の諸要素を混入させて、数百年という長い年月の間に、一般民衆に普及した。すなわち、バラモン教の伝統は、後代のヒンドゥ教に引きつがれて今日に至る）。

しかもその大乗仏教は、教理にせよ、実践にせよ、初期仏教の伝統を守る専門家の出家者ではなくて、元来アマチュアに近い在家者がリードしたこともあって、どうしても、なんらかの神秘的な、さらには呪術的な風潮に靡《なび》きやすく、それと並行して、それらに付随する祈《き》禱《とう》・儀式・儀礼などが整備され、その所産である陀《だ》羅《ら》尼《に》やマントラ（後述）が、クシャーナ王朝時代からグプタ王朝時代、すなわち紀元二〜五世紀はじめにかけて、盛んとなる。なおクシャーナ王朝は、外来民族が支配したために、カースト制度はほぼ有名無実となり、社会秩序の混乱による一種のパニック状態を抑えたのは財力や武力であり、それに対して、無力な民衆が呪術的なものに頼ろうとしたのは、一種の緊急避難として不可避ともされよう。さらにはまた、仏像彫刻が一世紀末に開始されて、やがて隆盛になると、その仏像（画像なども含む）に種々の規範（これを「儀《ぎ》軌《き》」と称する。儀軌はもとインドの諸神崇拝の在り方、それから造像・念《ねん》誦《じゅ》・供《く》養《よう》などの規則を指す）が生まれ、とくに手と指とで、種々の事物・

事象・特質・美徳などを表現する相が、しだいに固定して、これが密教の印相《いんそう》（ムドラーmudrā 印契《いんげい》）に発展する。

以下に、これまですでに用いてきた密教の三つのキー・ワードを、一括して説明しよう。

陀羅尼《だらに》と音写される原語のダーラニー dhāraṇī の語根は、上述したように、ダルマdharma（法）と同じく、ドゥフル dhṛ（保つ）であり、それが「総持《そうじ》」と訳されるのは、一方では、仏教一般に、ヨーガの精神集注において心を一ヵ所に結合することをいい、他方では、密教において、多くの意味を含む短い語を、心にしっかりと「保持」して長く忘れない記憶の能力を表わす。こうしてダーラニーには数種の意義があり、大乗の経や論にも数例があげられるが、早晩、「呪」（呪句・呪文）を指すようになる。類語のダーラナ dhāraṇaが律蔵に見えるけれども、ダーラニーの語は初期経典には現われない（漢訳の「阿含経」にあるのは後代の挿入）。大乗経典になると、ダーラニーはその初期からすこぶる頻繁《ひんぱん》に登場して、それはヴィドヤー（明呪《みょうじゅ》）やマントラ（真言《しんごん》）とほとんど変わらない。

マントラ（真言）は、すでにヴェーダに見え、祭儀に用いられた「呪」をいう。マントラの語は、マン man（考える）に、トラ -tra という用具などを示す接尾辞を付して、本来は「思考の道具」であるが、（聖なる）語や句や文を、また讃歌を表わし、ついで神秘の句や呪文を意味するようになり、その神秘性の濃度が増すと、しばしば「咒」とも書かれるが、しかし「聖なることば」という原意に基づいて「真言」と訳される。マントラの呪には、①まったく無意味の語から成るもの、②ある特定の意義をもつ語から成るもの、③両者の混合、の三種がある。そして、そのマントラの中から一字だけを抽出した一種の記号を「種子《しゅじ》」(ビージャ bīja) という。たとえば、後述する大日如来について、胎蔵界はそのマンダラ (阿《あ》尾《び》羅《ら》吽《うん》欠《けん》〔ア・ヴィ・ラ・フーン・カン a-vi-ra-hūṃ-khaṃ〕) の冒頭の一字を取って「阿《あ》」(ア a)、金剛界はマンダラ (唵《おん》跋《ば》日《さ》羅《ら》駄《だ》都《と》鑁《ばん》〔オーム・ヴァジュラ・ダートゥ・ヴァン oṃ vajra-dhātu vaṃ〕) の末尾の一字を取って「鑁《ばん》」(ヴァン vaṃ) で、それぞれ代表させる。また阿《あ》囉《ら》跛《ぱ》者《ちゃ》曩《な》 (ア・ラ・パ・チャ・ナ a, ra, pa, ca, na) の文殊の五字呪法もよく知られる。

マンダラ maṇḍala (曼陀羅と音写) は、本来は「円い・円・環」などを意味し、やがてそのような壇《だん》を、またその壇を設ける特定の場所をマンダラといい、そこで種々の祈禱や神秘的な儀法などが行なわれた。グプタ王朝時代にヒンドゥ教から採用されたと推定され、それは一種の聖域として崇められた。マンダラ (壇) は、当初はその行事ごとに随時随所に設けられていたものが、のちに特定のところに固定し、また円形が方形となり、さらには地上につくられた土壇場のマンダラが、後代には絵画に描かれるようになる。以上の諸種のマンダラは当時のインドに広く行なわれ、その後まもなく、材料などに変化はあっても、ナベットに、また中国や日本などにおいて隆盛を見る。

密教は「秘密仏教」を意味するが、この秘密の起原は、ある特定のサークルがマンダラを築いて、たとえばホーマ homa（火、「護摩《ごま》」と音写）を焚《た》くなどの神秘性を帯びた特種の作法を行じつつ、真言《しんごん》（マントラ）、陀羅尼を誦し、その中で独自の力を貯える、多くは諸尊をそのマンダラに迎えて、参加者がともに一種のエクスタシィに浸《ひた》りきるという進行において、それに参加している人びとだけがその行事と功徳《くどく》とを占有し、一般には公開せず、一般の介入を認めないところにある。このような密教的な一連の行事は、おそらく四、五世紀ごろから大乗仏教の中に浸透してゆくが、次に述べる「純正密教」の成立以前のそれらは、初期仏教以来のすべてをも合わせて、「雑密《ぞうみつ》」と呼ばれる。

密教（正確には純正密教、略して「純密」）の成立は、七世紀半ばの『大日経《だいにちきょう》』の出現による。この経は、釈迦仏《しゃかぶつ》ではなくて、大毘盧遮那仏《だいびるしゃなぶつ》（マハー・ヴァイローチャナ・ブッダ Mahā-vairocana-Buddha）すなわち大日如来《だいにちにょらい》の説法であり、その教えを聴く相手も説法の場所も特殊に限定されていて、他の多くの大乗経典（いわんや初期経典）とは、形式的にまったく異なる。しかし、その教えの内容は、大乗仏教の教理、とくに「華厳経《けごんきょう》」や「空」を説いた中観《ちゅうがん》や唯識《ゆいしき》などの諸思想を継承しており、基本的には変わらない。おそらく後期大乗仏教の二大潮流であった中観派と瑜伽行派《ゆがぎょうは》との人びとのあいだで、密教的な行事がひそかに行なわれ、しだいにそれが数を増して、前述の特定のエクスタシィという神秘的な宗教体験をもつグループが生まれ、栄えて、密教は大乗仏教からある意味で独立し、進展したと推定される。

『大日経《だいにちきょう》』は、中インドから七一六年に長安に着いた善無畏《ぜんむい》（シュブハーカラシンハ Śubhākarasiṃha 六三七―七三五）が七二四年に漢訳した。その正式な名称は『大毘盧遮那成仏神変加持経《だいびるしゃなじょうぶつじんぺんかじきょう》』といい、経名にも明らかなように、釈迦仏を凌駕《りょうが》する大日如来の成仏・神変・加持を説く。換言すれば、大日如来のさとり・成仏が、超人間的な力によって不可思議なはたらきを現わし、それが衆生に加わって護ることが示される。この成仏（「一切智智《いっさいちち》」と称して、釈迦仏の「一切智《いっさいち》」を超える）は、「菩提心《ぼだいしん》を因《いん》とし、大悲《だいひ》を根本《こんぽん》とし、方便《ほうべん》を究竟《くきょう》（究極）となす」と、経のはじめに宣言していて、方便がいわば絶対視される。この経に基づくマンダラを「大悲胎蔵生《だいひたいぞうしょう》マンダラ」といい、略して「胎蔵マンダラ」と称する（「胎蔵界曼陀羅」というのは日本仏教以来）。サンスクリット原典は発見されていないが、一部が他の経や論に引用され、チベット訳は完備する。

続いて七世紀後半に『金剛頂経《こんごうちょうきょう》』が成立する。全部で一八会《え》（現存しない）のうち、初《しょ》会《え》には、サンスクリット本・チベット訳・漢訳がある。漢訳は、①金剛智《こんごうち》（ヴァジュラボーディ Vajrabodhi 六七一―七四一）、②不空《ふくう》（アモーガヴァジュラ Amoghavajra 七〇五―七七四）、③施護《せご》（ダーナパーラ Dānapāla 九八〇年に北宋に来る、生没年不詳）の三種があり、通常は②の不空訳を指し、それは詳しくは『金剛頂《こんごうちょう》一切如来真実摂《いっさいにょらいしんじつしょう》大乗《だいじょう》現証《げんしょう》大教《だいきょう》王経《おうきょう》』という。不空は少年時代に一度中国に来て金剛智の教えを受け、その没年の七四一年にインドにいったん帰国し、多数の密教経典類を集め携えて、五年後に再度中国に渡来し、この『金剛頂経』ほか数多くの経典（儀軌《ぎき》などを含む）を漢訳した。彼は、羅什《らじゅう》・真諦《しんたい》・玄奘《げんじょう》とともに、四大訳経家にあげられる。

『金剛頂経』はヨーガを重視し、金剛界マンダラを説く。『大日経』と同様、毘盧遮那仏を本尊とするが、種々の点で発展した形跡が見られる。また、『大日経』が空《くう》の思想－中観派《ちゅうがんは》と、『金剛頂経』は唯識思想－瑜伽行派《ゆがぎょうは》と関係が深く、さらには前者が能動的な方便に、後者は般若の智慧《ちえ》に、力点を置く。経名の金剛（ヴァジュラ vajra ダイヤモンド）は、煩悩を打ち砕く鋭い智慧の喩《たと》え（たとえば『金剛般若経』も同じ）であり、または雷電の神インドラのもつ『金剛杵《こんごうしょ》』（杵とは「きね」）の意味も込められていて、『金剛頂経』には金剛の付された術語が多い。そしてこれから、密教を「金剛乗《こんごうじょう》」（ヴァジュラ・ヤーナ Vajra-yāna）と呼ぶ例が生じて広まる。

『理趣経《りしゅきょう》』は、わが国の真言宗の仏事（法事）において漢音による読誦が行なわれており、最もよく知られた密教経典といってよい。理趣《りしゅ》はナヤ naya の訳で、ナヤ（態度、行為、原理、方法、道理などの意）の語根はニー nī（導く、指導する）。経の原名を『プラジューニャーパーラミター・ナヤ Prajñāpāramitā-naya』といい、サンスクリット本は『百五十頌《ひゃくごじゅうじゅ》般若波羅蜜《はんにゃはらみつ》』（アドフヤルダシャティカー・プラジュニャーパーラミター Adhyardhaśatikā Prajñāpāramitā）として公刊されているが、完本ではない。玄奘訳『大般若波羅蜜多経《だいはんにゃはらみったきょう》』六〇〇巻の第五七八巻「般若理趣分《はんにゃりしゅぶん》」が最初の訳で、計六種の漢訳があり（いずれも『大正新脩大蔵経』は「密教部」ではなく「般若部」に収める）、チベット訳も四本ある。それらの中でもっぱら流布《るふ》するのは不空訳『大楽金剛不空真実三麽耶経《だいらくこんごうふくうしんじつさんまやきょう》』であり、これは玄奘訳よりも小さく、内容的にも原典が異なっていて、インドにおいてこの原典に増広や縮小などの改編が行なわれたことを示す。なお右の経名の末尾の三麽耶（サマヤ samaya）は、本来は漠然と「時」を表わす（たとえば、大多数の経の冒頭の「一時」の「時」）が、そのほか「集会」、「旨とする宗」をいい、密教ではこれに「平等」や「誓願」などの意があるとして、仏菩薩のはたらきの象徴とする。

『理趣経』は、男女の愛欲が大胆に説かれることで知られ、その点で『金剛頂経』よりも一歩進んでいる。その内容は、愛欲の奨励でもなく、逆にその捨離《しゃり》でもなくて、愛欲そのものが、空《くう》の思想と本性清浄《ほんしょうしょうじょう》とを媒介として、愛欲のままで浄化されると説く。経には「清《しょう》浄句《じょうく》」（ヴィシュッディ・パダ viśuddhi-pada）の語が盛んに現われ、不空訳の経名の示すように、「大楽《たいらく》」の教えが明らかにされる。

密教では、一般に経典をタントラ tantra と呼ぶ。この語は、元来は布を織る織機《はた》をいい、それから経糸《たていと》、織物《おりもの》、連続、原則、要綱、精髄などの意に拡大する。タントラはきわめて多数あり、通常はチベット仏教の大学者であるプトン（Bu-ston 一二九〇－一三六四）の分類に従って、①所作《しょさ》（クリヤー kriyā-）、②行《ぎょう》（チャリヤー caryā-）、③瑜伽《ゆが》（ヨーガ yoga-）、④無上瑜伽《むじょうゆが》（アヌッタラヨーガ anuttarayoga-）の各タントラの四種に分ける。右の①にはいわゆる雑密《ぞうみつ》が含まれ、②の代表が『大日経』、③の代表が『金剛頂経』であり、『理趣経』もこれに入れられる。④は後述する後期の諸テクストであり、密教ではこれを最高とする。

このタントラの説を用いて、密教をタントラ仏教（Tantric Buddhism, Buddhist Tantras）と呼ぶ例も見られる。ただし、タントラの語はインド一般に広く流布し、その起原も、それによって示される思想内容も、したがって性格づけも不明な点が多く、定義しがたい。タントラからタントラ的（ターントリカ tāntrika）というサンスクリット語が派生し、その語の適用されるもの一般を広くタントリズム Tantrism と呼んで、種々の基本的な困難にもかかわらず、その特徴を数えあげるとするならば、①現世肯定、②神通力《じんづうりき》（シッディ siddhi「完成、命中」の意、音写は悉地《しつじ》）、③治病や蘇生の、また星占いや魔術などの俗信的要素、④女性原理（シャクティ śakti 力、とくに性《セックス》の力）、⑤独自の神秘的な人体生理学など、いずれにせよ秘儀的色彩がきわめて濃い。

密教の呼称には、ほかにマントラ・ヤーナ Mantra-yāna（真言乗《しんごんじょう》）や、上述したヴァジュラ・ヤーナ Vajra-yāna（金剛乗《こんごうじょう》）がある。この二つは起原が定かでなく、また定着も遅い、あるいは一部に偏する（とくにヴァジュラ・ヤーナは『金剛頂経』系）の惧《おそ》れなどがある。後期になると、サハジャ・ヤーナ Sahaja-yāna（倶生乗《くしょうじょう》、サハジャーは生まれつき）や、カーラチャクラ・ヤーナ Kālacakra-yāna（時輪乗《じりんじょう》、迷いの現実を時間の車輪に喩《たと》える）などもある。冒頭に記したように、以上いずれの名称も、密教の全体をそのまま代表するとはいえない。

　後期の密教は、おおよそ八世紀半ば以降を指して、一三世紀初頭のインド仏教衰滅まで続き、さらにそれ以前の時点から現在に至るチベット仏教に継承される。右に述べた無上瑜伽タントラを代表する最初の経典は『秘密集会《ひみつしゅうえ》タントラ』（グヒヤサマージャ・タントラ Guhyasamāja-tantra）であり、『金剛頂経《こんごうちょうきょう》』の後分《ごぶん》（ウッタラ・タントラ uttara-tantra）とされる。サンスクリット本・チベット訳・漢訳がある。種々の特質のうち、ヒンドゥ教から取り入れたシャクティ（性《セックス》の力）が「明妃《みょうひ》」として採用され、愛欲承認がさらに前進して、いわゆる左道《さどう》密教を開拓している点が、とくに目立つ。それの一段と進展したものは、中国には伝わらず、したがって日本の密教ともつながらない。

　密教を代表する二人だけをあげれば、開祖とされるナーガールジュナ Nāgārjuna（龍《りゅう》猛《みょう》、七世紀前半。ただし、開祖のときに付法第三祖とはいわれるものの、その実在性はきわめて疑わしい）と、後期の祖であるインドラブーティ Indrabhūti（八世紀）とが、とくに尊崇される。

　最後に、密教の全体を通ずる特徴を次の三つに概括して示そう。

　第一に、大日如来の本尊のほか、あまたの諸仏諸尊を祀《まつ》り、従来の仏教には登場しない多数の明王《みょうおう》、仏教外の諸神（＝諸天）、鬼神《きじん》、神将《じんしょう》、諸聖者までも取り入れて、それらを大日如来の現われ（アヴァターラ avatāra「権化《ごんげ》」）とし、あるいはまた大日如来の外護者《げごしゃ》として、その全員が勢揃いした一大パンテオンを築き上げ、これがマンダラに表現される。いわばマクロとミクロとをひとつにしたような宇宙を構想して、それを直観によってとらえ、または後述の秘儀によってみずから参加しようとする。

第二に、諸仏、諸尊、諸天などを念じ、真言陀羅尼を唱《とな》え、火を焚《た》くなどをはじめとする秘儀性が顕著であり、それに参加して宗教的エクスタシィにひたり、神秘的な世界に没入する。これは、如来蔵《にょらいぞう》が可能性にとどめたものを、その場に実現して、即身成仏《そくしんじょうぶつ》（ただし、これに相当するサンスクリット語はない）を現実化する。このグループ内部では、現在の幸福が進行し、煩悩《ぼんのう》や愛欲はそのまま承認される。ただし、この秘儀における儀礼は、きわめて重要なファクターとして、種々の複雑な形態をとる。

第三に、上述のマンダラを、理論的・抽象的ではなくて、具体的・現実的に表示し、それらには象徴性がつねに伴なわれる。また、こうして作られた絵画・図表・彫像・音楽などの芸術作品は、一面に神秘性を帯び、他面に現実肯定の精神をリアルに表現している。

第三節　大乗文化

ヒマーラヤの麓《ふもと》近くに誕生したゴータマ・シッダッタが、はるか南のインド大平原東部に位置するブッダガヤーに成道《じょうどう》を果たして、ゴータマ・ブッダ＝釈尊となり、ガンジス河中流やや東よりのベナレス郊外で、そのさとりを最初に説いたことから開始された仏教は、釈尊入滅《にゅうめつ》後インド各地に口誦《くじゅ》により伝来され、アーガマ＝阿含《あごん》経典として部派《ぶは》仏教当初に現形に固定する。この間およそ一五〇年余（別説、二〇〇年余）。それに続くインド仏教史中期には仏教の最盛期を迎えて、一方に、出家者中心の諸部派が、他方に少し遅れて、在家信者の熱意を起動力とする初期大乗《だいじょう》が、それぞれ精力的に活躍し、後者は、釈尊みずからの「金口《こんく》の説法《せっぽう》」そのままでなくとも、その教説の核心を衝《つ》くとの自負のもとに、傑出した経論を続々と創作する。これは約五五〇年続く。紀元三二〇年以降のインド仏教史後期には、仏教帰依《きえ》の影がインド民衆にしだいに希薄化する中で、なお部派が栄える一方に、大乗仏教もその中期には、それまでの教説のいわば内在化に専念して、確固たる理論体系を整備する。後期大乗となると、ヒンドゥ文化などとの密なる接触から、密教がその主流を占め、大乗も部派もそれに傾斜し、やがて専念するに至る。

　こうして、大乗仏教それ自体もきわめて多彩であり、時代とともに種々の変貌が指摘されるとはいうものの、その全体を概括して展望するとき、それは釈尊にはじまる阿含仏教からは幅広い飛躍を遂げて、その飛躍の内実はさておき、多方面に拡大し、発展を示し、やがてはヒンドゥの諸文化をも包含して、いわば「大乗文化《だいじょうぶんか》」とも称すべきものを形成する。そしてこれはもっぱら「北伝《ほくでん》」の経路をたどり、西域から中国へ、のちに朝鮮半島へ、日本へ、また別にインドから直接チベットへと、伝達されて、それぞれに継承されつつ今日に及ぶ。また、経由する地域と国ごとに、大乗文化はその地の諸文化に接して、それらから種々のものを受け入れ、同時に一種の本来的なるものを捨象して、大乗文化の内実はいっそう多くの変貌を含むことになる。歴史的な見地からいえば、仏教は、インド本土に関するかぎり、一三世紀初頭にイスラームのために、その伝承が衰滅するとはいえ、初期仏教の伝統に近い「南伝《なんでん》」の仏教と並んで、北伝の仏教は大乗文化として開花し、その道を歩む。

大乗文化の中核はもとより大乗仏教そのものであり、それは右の諸地域に、とりわけ繁栄の大国から眺めていわば辺境に位置した日本とチベットとには、圧倒的ともいえるほどに重大な影響をもたらして、現在に至る。この二つの国への仏教伝来は、経路は異なるものの、ほぼ同時代の六世紀であり、以後七世紀にかけて、日本には聖徳太子（五七四－六二二）、チベットにはソンツェンガンポ Sroṅ-btsan-sgam-po 王（五八一－六四九）という、仏教に深く帰依《きえ》した大パトロンが同じ五九三年から国政を担い、それ以後、日本は中国仏教（当初は朝鮮仏教）を、チベットはインド仏教を継承して、数百年を刻んでゆくプロセスには、やがてともに密教を全面的に受容し、それがいっそう強力となってゆくところから、この密教をも、もちろん「大乗文化」に含めることにする。

チベット仏教に一言だけ触れておくと、八世紀にはシャーンタラクシタ Śāntarakṣita（寂《じゃく》護《ご》）、パドマサンバヴァ Padmasaṃbhava（蓮華生《れんげしょう》）、カマラシーラ Kamalaśīla（蓮華《れんげ》戒《かい》）、一一世紀にはアティーシャ Atīśa といったインド密教の高僧が招かれて渡来し、チベット仏教に指針を与え、とくにアティーシャは往時の大乗仏教をチベットに再興するとともに、戒律の厳守を徹底した。さらに、チベットの最大の高僧と称せられるツォンカパ Tsoṅ-kha-pa（一三五七－一四一九、宗喀巴《そうかくぱ》）は、仏教の徹底的改革を果たし、それと同時に、顕教にも密教にも精通したこの学僧は「空《くう》」の思想に基づき、中観派《ちゅうがんは》の解釈を密教に徹底させた名著（『ツォンカパ全書』）を著わして、チベット仏教の金字塔を樹立する。その伝統は今日まで脈々として続き、彼の弟子のゲンドゥンドゥプパ dGe-ḥdun-grub-pa（一三九一－一四七四）はのちにダライ・ラマ Dalai bla-ma の初祖とされてから、現在の第一四世に至る。しばしばラマ教とも呼ばれるが、専門家たちの一部はこの名称が仏教とは別種の宗教と理解されがちである弊を嫌い、単にチベット仏教と呼ぶことを主張する。ただし、この仏教はモンゴル一帯からその近隣にかなり広範囲に広がっているために、呼称をめぐってやや不便を残す。

本書の第二部「阿含経典」の冒頭に「大乗非仏説論」を紹介した際、インドにはもとより、中国にもすでに古くそれを唱《とな》えた出家者のグループがあったことを記し、日本では、江戸時代中期における市井の一研究者の富永仲基《とみながなかもと》説を詳述した。その記述中にも、またそれ以外の場所にも触れたとおり、日本は古来「大乗相応の地」の誇りが高く、まさしく大乗文化にどっぷりと浸り、そのことは今日もなんら変わっていない。しかも、日本に伝来した大乗文化は、インドの大乗文化だけではなくて、とくに中国という文化大国の変容を受け、それは一方でいっそう阿含仏教から遠く離れ、他方でさまざまの諸結晶を内蔵する。

大乗はその名のとおり「大きな乗りもの」であり、その「乗」は、本来は教理を指していたものの、やがてその内容は加速度的に拡大して、いささか誇大で過激な表現をとるならば、何もかもを手当たりしだい、かなり任意に、その中に収めようとし、現に収めてしまう。とりわけ、広義の宗教（秘儀や、ときに俗信などをも含む）はもとより、文学・芸術・哲学・倫理・歴史観などのいわゆる人文系や、諸制度や政治や経済などの社会系、天文・暦法・地理のほか、医学や薬学をも網羅する諸技術などの自然（科学）系にわたるきわめて多くのものを、さらには言語や風俗習慣から人生観に至るその他の日常的なものをも、大乗という名のもとに包括している。

中国のように、もともと独自の思想・文化を遠い古代以来維持し続けた国においては、極端に評するならば、仏教はその割れ目に挿入されて、一時的（といっても数百年間）に勢いを振るった程度であるのに対し、チベットもそうであるけれども、日本の場合には、上述したように、大乗仏教‐大乗文化に圧倒的なほどに一色に塗り込められ、しかも日本人の古来の心情や独自な感情が依然として根強く底流をなすところから、日本の仏教には、いつしか日本人における独自性と外来性というあい反するものの混交が進行し、しかもそれはこの「大乗」の語のもとに、容易に、もしくは安易に促進される。日本文化を論ずる際に、このような事情から、すでに独自性と外来性（いまこの場合は、大乗仏教）とを弁別することは、まったく困難を極め、さらにそれらが幾重にも重なり合う重層性・複合性も加わっている以上、「大乗」ないし「大乗文化」の語はあるいは至便であろう。しかしながら、それでは、大乗文化の実質はいったい何であるかを問うとすれば、それに答えることは不可能に近い。

しばらく前まで、日本人が愛用していた日常品のひとつに、風呂敷があり、大乗文化は譬喩的にはまさに「風呂敷文化」と呼んでもよく、大乗仏教そのものまでもそのように考えられていた節《ふし》がある。それは、あれもこれも包み込んで、その中に収められて、外部からは見えず、しかし風呂敷の大きさは限られているために、あまり大きすぎるものは包めず、かつまたその内部はごちゃまぜに混然となる。

大乗仏教を阿含仏教とともに「釈尊一代の説法」と誤解した中国の古人は、当時の諸事情からは不可避と見なさざるを得ないけれども、現在にはけっして通用しない。しかし、大乗文化の信奉者たちは、依然としてそれを容認し、ときに常識化している。しかもその大乗文化は、すでに強調したように、夾雑物《きょうざつぶつ》が多すぎて、内容不明のままあり、したがってときには随意な解釈や、さらには歪《ゆが》んだ理解へとまぎれこむ。この点は、大乗仏教をあまりにも拡大しすぎた大乗文化の弊の如実の現われとして、いまや明白な認識が確立されなければなるまい。

とくに日本仏教のいくつもの特徴の中でも、最も重要と思われるもののひとつに、仏教と政治との癒着《ゆちやく》がある。聖徳太子から奈良仏教まで、仏教はほぼ一貫して、いわば上からの国家仏教の色彩がきわめて濃かった。平安時代の約四〇〇年に及ぶいわゆる貴族仏教も、政治権力と結びつく過程において、密教化が深まり、権力者たちがみずからの治病や延命や種々の安楽（ときにはライヴァルの不幸）を目ざして、仏教者の多くが懸命となった加持祈禱などは、しばしば目にあまるものもある。他方、大乗仏教は薬師信仰や阿弥陀《あみだぶつ》仏信仰に凝縮されて、「彼岸《ひがん》」の理想郷を日本人に教えた。それと同時に、大乗文化はすでに古代、奈良、平安の各時代に、彫像・建築・文学・芸術一般に多大の貢献を果たしており、現代人を驚嘆させる幾多の結晶を生み出した。

鎌倉新仏教によって、仏教はようやく庶民仏教として蘇生する。その際に、日本人の古来の心情である家族主義的な祖先崇拝や、死者を永く深く哀悼する独自の情緒や、また穏和で繊細な感性などが、大乗仏教の壮大な理論体系よりも、簡明直截な特定の一点への収斂《しゆうれん》を期待し、とりわけ現世における安心立命に、ときには強く救済に傾く。それは室町、戦国時代にいっそう顕著となり、鎌倉新仏教の宗祖《しゆうそ》と呼ばれる人びとは例外としても、新・旧の全仏教の諸宗派はたえず庶民の希求に妥協して、その要望に応じつつ、それぞれの宗派の教線・教団の拡大と充実に励み、そこでは、他の仏教圏にはめったに見られない宗派意識が生まれ、強化されて、みずからの宗学にのみ熱中して、大乗仏教全体（いわんや仏教全体）の俯《ふ》瞰《かん》などはすこぶる影が薄くなる。こうして、庶民仏教は宗派仏教と一体化して、ここではたして大乗（マハーヤーナ）と称し得るか否かも疑わしく、それは形式のみに残存して、あの広大な大乗の理想は期待すべくもない、と評されよう。逆に、そこには大乗文化がそれぞれに細分化されて結実し、密教文化、浄土文化、禅文化、法華文化などとして繁栄し、そこに開花した精髄は、現代の日本文化のほぼ原型《アーケタイプ》を形成する。

江戸時代には、幕府の強権が再び仏教を圧迫し、仏教はほんのわずかの例外を除いて政治権力に屈伏させられる。とりわけ、すでにそれまでにほぼ固まりかけていた寺檀《じだん》制度は、庶民の末端にまで及んで、一種の戸籍制度として強力に作用する。各宗派には教学の整備が進んで完成を見ると同時に、葬祭儀礼も定着する。しかも、多数の寺は、やがては庶民の日常的な広範な教育などに多大の貢献を果たした。これらのうち、死者供養に当たる葬儀と忌日・忌年の法要とが寺院の主要行事を占めるようになる。とくに明治以降に、庶民教育は国の教育行政による学校制度にすべて吸収され、また今次の第二次世界大戦以後にいわゆる農地解放が行なわれて、広い所有地を失ったことなどが重なると、近年から現在において、死者供養の諸仏事が世俗の目にはいっそう顕著となり、葬式仏教の異名を免れ得ない一面がある。あるいはまた、いわゆる「現世利益」への祈禱などだけが特筆される傾きがある。

もしも仏教を、教義仏教（doctrinal Buddhism）と民衆仏教（popular Buddhism）とに二分割するとすれば、右のように、鎌倉時代以降に庶民化した日本仏教においては、もはや後者の比重がきわめて重く、教義仏教を継承すべき出家者たちも、各宗の本山や特定の場所などを除くと、彼らの日常生活は諸仏事を交じえるほかは、俗人とほとんど変わらない。とくに「肉食妻帯《にくじきさいたい》、勝手《かって》たるべし」となったうえに、兵役の義務をも負わされた明治以降の出家者に、この傾向は顕著といってよい。ただし、このような民衆仏教と呼ばれる在り方は、伝統保守の現在の南方仏教にも、やや姿を変えて現われている。すなわち、在家信者の民衆は、出家者たちに熱心に布施して来世の平安を願う一方、寺院本堂のごく近くにある祠《ほこら》への参詣をも欠かさない。この祠はデーヴァーラヤ devālaya（デーヴァは神、アーラヤは住居、蔵《くら》）と呼ばれて、その地の各種の神（あるいは神々）を祀《まつ》っていて、民衆はそこで現世の安楽を祈る。そのほか占星術などの俗信もすこぶる盛んであり、パリッタ paritta（短い経で、護経）が護呪《ごじゅ》として寺院でもあまねく読誦される。それにもかかわらず、教義仏教を継承する出家者－寺院には、古来の戒律がそのまま守られており、在家とは明らかに一線を画し、民衆に染まってしまうことは少ない。本書のこれまでの記述は主として教義仏教に偏してきたが、仏教そのものを伝え守り支える重要なファクターとしての民衆仏教を、ここに特記しておきたい。

再び大乗文化に関して論を進めると、それが日本文化にもたらした功績はあまりにも大きく、現在もなお、伝統的な諸芸術などを中心に、いたるところに見いだされる。たとえば、能にしても歌舞伎にしても、謡《うたい》や台詞《せりふ》に仏教の諸術語が氾濫《はんらん》し、あるいは庭園や建築や、また多くの絵画や音楽などにも、大乗文化はときに燦然《さんぜん》と輝き、ときに秘めやかに潜行する。さらには、日本人に特有の一種の相対主義的な世界観ともいうべきものに、大乗思想は、あるいは無意識的ながらも、多大の寄与を果たし、この部分はほとんど政治と関わりがない。しかし、それが行きすぎて、あまりにも庶民化した大乗文化は、かえって仏教そのものの揶揄《やゆ》（からかい）に転ずる。「お釈迦」、「知らぬが仏」、「仏の顔も三度」、「阿弥陀くじ」、「お陀仏」その他、本来いわば神聖なるべき語が、日常の世俗では原形からは逸脱して、ふざけたり、ときには挑発的にさえ用いられる。

そのような変形は仏教の基本的術語の多くのものにも及んで離れがたく、しかもそれに政治ないし権力が絡《から》むと、その誤解や歪曲《わいきょく》は普遍化して、仏教からは遠く離れてしまう。二つだけ例をあげよう。

「諦《たい》」の語は、釈尊の教えとして阿含《あごん》から部派《ぶは》に、また大乗にまで一貫する「四諦《したい》」として、あるいは大乗仏教で格別重視される「二諦《にたい》」として用いられ、それは「真理・真実」そのものを表わす。もとはサンスクリット語のサティヤ satya、パーリ語のサッチャ sacca の訳語であり、その「諦」の漢字も、「明らか」という形容詞、動詞は「つまびらかにする」を意味した。日本仏教でも、少なくとも鎌倉時代までは、「諦」の訓《くん》の「あきらむ」は、「明らかにする、諸観察の末に真相をはっきりさせる」意であった。おそらくは封建制の逼塞《ひっそく》した日常意識に基づく一種の無力感・絶望感から、「あきらむ」「あきらめる」は、「断念・放棄」を表わす用語に転じて、今日に及ぶ。

さらに深い考察を要する術語に「業《ごう》」がある。これはいうまでもなくカルマン karman、カンマ kamma の訳語であり、インド仏教におけるカルマンは、行為とその結果（ときに行為の原因などを含む）の総体を意味し、本来はその行為の主体者である個人に終始した。自業自得《じごうじとく》といわれるように、自己の行為を自己が果たし、その結果を自己が受けて、責任を含む行為全体を自己が担うという、個人に関わる一連の行為の全体系を、「カルマン＝業《ごう》」は意味した。大乗仏教において、いわゆる他者の発見があり、他者と共通する業が説かれて、「共業《ぐうごう》」という術語が重要視されても、それは業の主流とはなっていない。中国仏教の業《ごう》思想は必ずしも明確ではないが、日本において、とりわけ封建制のもとで、その階級制度の維持のために、万人が必ずそれぞれに異なる区別を、特種の強権をもって、区別から差別へと定着させる必要が生じ、それにこの業が「宿業《しゅくごう》」として理論化される。こうして、その宿業に基づく差別を扇動して強化してゆく際に、それをも大乗文化は承認してしまった。本来、インド仏教は、インド社会を縛りつけているカースト制度にあくまで反対し、いっさいの平等を徹底させようと努め、最後までそれを貫いて、それがかえって仏教のインドにおける衰滅の一因でもあったという歴史的事実が、現在では広く知られているにもかかわらず、そしてその平等のもとにおける個の独立が直接的に「業」に担われているのに反して、日本における大乗文化が、その当時の政治的圧力に屈して、体制擁護に加担し、庶民のあいだに、宿業による差別を容認するという事態を生じたことは、そのはなはだしい逆行があまりにもアイロニィに満ちており、驚嘆というよりは、慨嘆《がいたん》を禁じ得ない。

すでに繰り返し記したように、仏教は他のいわゆる世界宗教（キリスト教やイスラームなど）に固有なドグマをもたず、釈尊以来、「対機説法《たいきせっぽう》」といい、「応病与薬《おうびょうよやく》」といい、「人《にん》を見《み》て法《ほう》を説《と》く」といい、さらに「八万四千《はちまんしせん》の法門《ほうもん》」と称する（この数はすでに古い初期経典のひとつの『テーラガーター〔長老偈《ちょうろうげ》〕』一〇二四詩に見える）。仏教はそれを基点として多様性の承認という美点を有し、寛容宥和《ゆうわ》という長所があると同時に、何もかもすべてをそのまま承認し受容するあまり、仏教本来の実態を離れて、いたずらに放恣《ほうし》に流れ、ときにはいかがわしい似而非《えせ》教説がとりわけ大乗文化の中に蔓延《まんえん》し、仏教とくに大乗仏教そのものをみずから無力化して、逆説的に人心を痛めつける惧《おそ》れをはらむ。たとえば右の「業《ごう》」の歪曲《わいきょく》に見られるように、本来は万人の解脱《げだつ》すなわち解放の旗手であるべき仏教が、逆に圧迫に向かう例もある。

大乗仏教が「空」を説く「般若経」にスタートした当時、そこには断固たる否定の精神がみなぎり、それが根強く反復されたことは、本書のその個所にも述べた。したがって、たとえば大乗仏教運動の推進力のひとつに「他者の発見」という私見を示したが、この場合にも、日常の世俗における人間の本性に基づいて、たとえば生活を共にする他者などの、すぐ傍らにいる他者をそのまま指しているのではない。もしもそうであれば、それはいわば人間の自然の感情であり、世俗の当然の感性の延長にすぎず、仏教が宗教として機能する場はまったく存在しない。大乗仏教における「他」は、あくまで否定的契機を媒介としており、換言すれば「自」と「他」とが矛盾し合う相反を内蔵していて、それをつねに意識しつつ、「自」もまた「他」においては「他」であることの了解に達したうえでの「他者の発見」にほかならない。利《り》他《た》はそこに活きる。いずれにせよ、否定、矛盾、超越といった宗教の生命とされる契機が、「般若経」からナーガールジュナ（龍樹《りゅうじゅ》）に至る「空」を裏づけている。

それにもかかわらず、中期大乗で進められた内在化の歩みは、釈尊以来なんらかの形で一貫していた明確な否定の本質を、仏教者の減少や時代の要請などとともに、世俗との妥協に蝕《むしば》まれてしだいに希薄化し、やがて喪失するという、一種の危機に瀕《ひん》する。そのような情況のもとで、大乗文化もしくはその大半は、外部は絢爛《けんらん》たる相を呈し、ごく少数のエリートたちには反映されても、もしもその内部が空洞化したならば、それらは「蜃気《しんき》楼《ろう》」（これを仏典はしばしば「ガンダルヴァ城」と称する）に堕する危《き》惧《ぐ》がきわめて濃い。そのような、外見の粧《よそお》いとは裏腹に、内面はうつろと化し、それまでの惰性に流れて、安逸に馴れきった大乗文化の大半は、本来の「バウッダ」（佛教、正確にはバウッダ・ダルマ）」とはもちろん、大乗仏教そのものからも遠く遊離して、虚栄の文化とその所産とに、みずから酔いしれる。これらの醜態は、大乗文化の栄えたインドだけではなく、中国、朝鮮半島、日本、チベットなどの各所に、過去にそして現在にも、少なからず露呈している。だが、それらは、当然のことながら、到底容認されるべきではあるまい。

再三強調したように、大乗文化は、あくまで大乗仏教とその思想とを中核とするからには、その大乗仏教とはいかなるものであり、またかつてどのようにあったかに関して、深い自覚と反省とが、つねに随伴しなければならぬ。そして、それに基づいてはじめて、その大乗仏教にかかわる人びとすべてが、その現状はいかにあり、さらにいかにあるべきかを、深刻にたえず受けとめて対応し得る。こうして、大乗仏教は蘇生《そせい》を遂げ、その結果、生気をみなぎらせ、活力にあふれて躍動する場を開拓しよう（この例は、歴史上に数多くみられる）。さらに、そのような本原を恢復《かいふく》した大乗仏教に導かれて、大乗文化そのものが、多種多彩なエネルギーを発揮することも可能となろう。ただし、再び念を押していえば、大乗仏教も、大乗文化も、世俗そのままの単なる肯定はあくまで拒否し続けるという確固たる態度が、必ず要請される。

とりわけ、日本の社会に関していえば、そこには、古代から現代まで、安易で軽薄な世俗主義が強い底流をなしている。しかしながら、そのような中にあっても、元来は「バウッダ（佛教）」に、そして直接的には大乗仏教に基盤を置いた大乗文化は、この種の俗悪な世俗主義をどこまでも排除すべきであろう。そこでは、一時的な保身《ほしん》や利得《りとく》や売名《ばいめい》や権勢《けんせい》に目がくらんで、時々刻々に浮動するままの世俗に媚《こ》びつつそれに迎合し、さらにはいわゆる世の流行に浮き身をやつし、ときにそれに便乗したり、促進したり、悪用したりする一種の道化役へと、無自覚・無節操・無責任に頽落《たいらく》することの絶無であるよう、みずからを深く戒め、また仏教に関連するすべての人びとに念願してやまない。

ともあれ、大乗文化は、本来は大乗仏教にプラスされたものを意味し、わが国の文化史・精神史・思想史その他に多大の貢献を果たして今日に及ぶ。それを忘却して、もしもマイナスに機能するならば、いわんや、術策を弄《ろう》して悪辣《あくらつ》な脅迫に及び暴力を振るうようなことが万一《まんいち》にでもあれば、大乗文化は大乗文化そのものを否定し去って消滅し、さらにかえって多大の弊害のみを残すこととなるであろう。

第四部　「宗教」と「哲学」の意義

中村　元

「宗教」と「哲学」の意義

「仏教」ということばは、西洋思想が導入される以前の日本人は、一般にはこれを用いなかった。しかし、現在は、日常の場で、あるいは書物においてこれが使われ、その場合には、発する側も受ける側も、このことばには、確たる概念がすでに定立されていて、相互に正しく認識し合っているかのように、たとえば日本は仏教国であるとか、仏教伝来は欽明天皇の時代であったというふうに、この語を用い合う。

さらにその場合に、発する側にも受け手の側にも、暗黙のうちに、その「仏教」なる概念のさらに上位には、「宗教」という概念が存在していて、その「宗教」に包含されている「仏教」を論じ合っているかのように見受けられる。つまり、「宗教」に内包されるものは、仏教であり、キリスト教であり、イスラーム教、ヒンドゥ教等々のもろもろの似たもの同士の宗教、という位置づけである。

また、一方で、仏教は「宗教」である、といわれているし、逆に厳密な意味では「宗教」ではない、とも批判されることもある。

このように、「仏教」や「宗教」という語は、最も根本的な重要概念を表わす語であるにもかかわらず、発する側も、受け手の側も、曖昧模糊《あいまいもこ》としているあいだに、この語を使ってやりとりが交わされ、それにもかかわらず使い古しているこの語から、さらに新たな共通の認識が導き出されてくるかのように錯覚する。

しかし、立脚する基本において、相互に共通認識しているはずの概念が狂っているとしたならば、ことは重大である。これは、あながち日本人同士のあいだでの認識の違いをいうのではない。国際間においてもまったく同様で、彼我において、平和を論じ、神を論じ、宗教を論ずる際にも、即座にこの問題に逢着する。もし、「宗教」という日常なにげなく用いている語の概念が、彼我相互に大きく概念を異にするものであったならば、それは思いがけない結果を生ずるかもしれぬ。そのゆえに、本稿においては、最も重要で、かつベーシックな「宗教」という語に焦点を置いて、少しく厳密に考えてみたい。以下の叙述は、事柄の重大さのゆえに少々深く掘り下げる必要があり、やや専門的に過ぎるかもしれないが、原意・原語をあえて併置し、参考とした(この論文は、かつて『比較思想研究』第一一号に「世界の諸伝統における『哲学』と『宗教』の意義」と題して掲載し、出典などはその文中と末尾に記したので、それを参照されたい)。論旨は、かつて私が一九八四年八月に、ホノルルにおいて、アメリカ東洋哲学比較哲学会総会で講演した英文原稿に基づく。従前から感じてはいたことであるが、この「宗教」および「哲学」は、単純にして平明であるべきはずが、実は、世界の諸伝統においては、単純なものではないことを改めて示す問題でもあった。

ところで、われわれ日本人がいう「宗教」、そして漢字で表現する「宗教」は、元来、一般的には文字どおりの「宗の教え」で（より厳密には後述しよう）、かつて明治期以前、仏教が「仏道」あるいは「ほとけのおしえ」と呼ばれ、仏教とは呼ばれなかった時代には、宗教は仏教の下位概念語であり、それが明治において西欧思想の導入に伴なって、一応「レリジョン religion」の訳語として「宗教」が当てられ、仏教の上位概念語に昇格して今日に至ったのである。しかし、両者は完全に同一ではない。

それならば、西欧の「レリジョン」と漢字文化圏の「宗教」とを包含したさらに最上位の概念語が定立できないものであろうか？　あるいはまた、この両者の相違はどこにあるのか？　ということになるが、その前にこの両語の起源、そして「宗教」が「レリジョン」の訳語となった経過等から考察していきたい。この場合、ただちに同じく明治期の西欧思想の導入によって創出された「フィロソフィー philosophy」の訳語としての「哲学」の語の吟味が関連してくる。

「哲学」とは何であるか？　それを定義することは非常に困難である。今日、万人が一致して一斉に承認するような、それの定義は存在しないようである。『エンサイクロペディア・ブリタニカ』（第一五版）は、「哲学とは何であるか？」ということを定義し、または型式化(formulate) する試みを放棄してしまった。そこには「哲学」という名の項目がないのである！　だから、「哲学」というものについての定義や説明は、そこには存在しない。その代わりに、「西洋哲学史」という長い論文がある。それがすべてである！　この論文の最初において、著者は、哲学が何であるか、ということについて種々の見解を述べているが、彼自身の意見を述べるのを避けている。たぶん、これが、学者としては、最も学問的な、また最も信頼できる態度なのであろう。

しかしながら、一般の辞典は、定義をしないでおくという態度を容認することはできない。そうでなければだれも辞典を買わないだろう。ウェブスターの『二十世紀辞典』(*Webster's Twentieth Century Dictionary*) は、おそらくしぶしぶながら、「哲学」の定義を述べて次のようにいう。——「思想および行為を支配する過程の研究。宇宙を規制し、あらゆる知識や実在の基底に存する原理や法則の理論または研究」と。非常に曖昧《あいまい》である！しかしなんぴともその定義に反対はしないであろう。

では「宗教」は、どうなのであろうか？『エンサイクロペディア・ブリタニカ』の同じ版を見ると、そこには「宗教」というだけの項目はない。その代わりに、「宗教哲学」(Philosophy of Religion)、「宗教の研究」(Study of Religion) というような項目があるだけである。非常に学問的な態度であり、賢明な政策である！　ウェブスターの『二十世紀辞典』には、「宗教」を定義して次のようにいう。——「宇宙の創造主（単数ならびに複数）ならびに支配者（単数ならびに複数）として服従さるべく、また崇拝さるべき神的なまたは超人的な力またはもろもろの力を信ずること」と。この定義は、若干の曖昧な、また問題とさるべき諸理念を内包している。しかし、これが西洋における「宗教（レリジョン）」についての一般の理解を表わしているのであろう。

ともかく西洋では「哲学」と「宗教」とは異なった概念なのである。

西洋では「宗教」と「哲学」という二つの術語はかなり鋭く、互いに区別されていたが、東洋の諸伝統では、その区別をする境界線が見分けがたいことがしばしばである。

そもそも、東洋の伝統において「哲学（フィロソフィー）」と呼ばれるものが存在していたかどうか、ということは、しばしば論議されてきた。近代哲学の意味における「哲学」に対応するものは、極東の諸国には存在しなかったようである。日本の知識人が、一世紀以上も前に、近代西洋の哲学を知るに至ったときに、彼らにとっては、哲学なるものは、何かしら新しいものであると思った。彼らは驚いた。西周《にしあまね》（一八二九－一八九七）は、西洋哲学を日本に導入することに努めた人であるが、彼は「哲学」という新語を造成してフィロソフィー philosophy を意味するものとし、彼の著『百一新論《ひゃくいつしんろん》』（一八七四〈明治七年〉）の中でこの語を用いた。

もちろん、昔の日本でも、日本の知識人たちは、哲学的思索に従事した。しかし、そこには、「哲学」と呼ばれる特別の学問分科は存在しなかったのである。それのための一つの理由は、たぶん宗教に対する反感・敵対がなかったので、「哲学」と呼ばれる別の独立の学問分科を発展させようとは欲しなかったからである。西周が philosophy の日本語の訳語として「哲学」という語をつくったときに、彼は「天道」と「人道」との両者を意味しようとしていたのである。彼は儒教や仏教や、そのほか多くの他の思想体系をも「哲学」という概念のうちに含めていたのである。

ともかく、西周以来、「哲学」という術語の使用が固まり定着し、人びとのあいだで広く用いられるようになった。すでに、井上哲次郎等の編による『哲学字彙《てつがくじい》』（一八八一年〈明治一四〉四月、東京大学三学部印行）の中では、「哲学」という訳語を用いている。新たに造成されたこの新語は、中国、朝鮮半島、ベトナム、ならびに海外華僑たちのあいだに導き入れられた。今では、この語は、彼らのあいだでは全く一般的に広く用いられている。この事実は、哲学というものが極東の知識人たちにとっては、なにかしら新しいものであったということ、さらに、近代西洋において哲学と呼ばれるものは、過去の極東には欠けていたということを意味する。

南アジアのインドならびにその隣接諸国では、事情が異なっていた。インドでは伝統的な術語である「ダルシャナ darśana」が、西洋の「哲学」に対応するものである、とインドの知識人たちは考えた。彼らは、「哲学」という術語を、伝統的な「ダルシャナ」という語をもって翻訳した。インドの諸大学では哲学科のことを「ダルシャナ・バーガ」（darśana-bhāga ダルシャナの学科）と呼んでいる。一四世紀の哲学者マーダヴァ（Mādhava）はインドのあらゆる哲学体系を紹介論評して『サルヴァダルシャナ・サングラハ』*Sarvadarśana-*

saṃgraha（全哲学綱要）を著わしたが、その題名をコーウェル（E. B. Cawell）およびゴウフ（A. E. Gough）は『レヴュー・オブ・ザ・ディファレント・システムズ・オブ・ヒンドゥ・フィロソフィー』（*Review of the Different Systems of Hindu Philosophy*）と訳している。すなわち翻訳者は「ダルシャナ」という語は、フィロソフィカル・システム（philosophical system 知を愛する体系＝哲学）を意味すると解したのである。

マーダヴァよりもはるか以前に、ジャイナ教の哲学者であるハリバドラ（Haribhadra 九世紀）は『シャッダルシャナ・サムッチャヤ』*Ṣaḍdarśana-samuccaya*（六派哲学集成）を著わしたが、彼はそれぞれの哲学体系を「ダルシャナ」と呼んでいる。

語源的にいうと、ダルシャナとは「見ること」という意味であるから、英語のワールド・ヴューworldview（世界観）という語におけるview、ドイツ語のヴェルト・アンシャウングWeltanschauung（世界観）やレーベンス・アンシャウングLebensanschauung（人生観）におけるAnschauung（直観、観）に近い。

インドの伝統のうちには、哲学を意味する他の語が存在する。それは「アーンヴィークシキーānvīkṣikī」である。この語は『カウティリヤ実利論』（*Kauṭilīyam Arthaśāstram*）に現われるのが最初のようである。

実利論のうちで最も重要かつ代表的なものは、インドの最初の統一王朝であるマウリヤ王朝（紀元前三一七－一八〇）の建設者チャンドラグプタの宰相であったカウティリヤ

（Kauṭilya、別名チャーナキヤ Cāṇakya）の著と伝えられる『カウティリヤ実利論』である。これは経世家のために政治・経済・外交・処世等万端に関して教示を与えている指南書であるが、その内容のすべてがカウティリヤ自身の筆になるものではなくて、それから数百年を経たほぼ紀元三世紀ごろに現形のように完成されたのであろう、と推定されている。

この書は、目的を達するためには手段を選ばず、もっぱら権謀術数を説いているために、しばしばマキアヴェリ（Machiavelli 一四六九－一五二七）の『君主論』に比せられるのであるが、その中心思想は著しく功利主義的・現実主義的であり、また唯物論的色彩を帯びている。

『カウティリヤ実利論』は、第一章（ヴィドヤーサムッデーシャ Vidyāsamuddeśa）において、四種のヴィドヤー（vidyā 学問）を認めている。すなわち、①哲学（アーンヴィークシキー ānvīkṣikī）、②神学（トライー trayī ヴェーダ学）、③経済学（ヴァールッターvārttā）、④国法学（ダンダニーティ daṇḍanīti）である。そして、そのうち哲学としては、サーンキヤ、ヨーガ（のちに、いわゆる「六派哲学」に属す学派）、順世《じゅんせ》派（唯物論）をあげている。ここで興味深いことには、ヴァイシェーシカ、ニヤーヤの両学派に言及していない。のちのニヤーヤ学派においては、哲学（アーンヴィークシキー ānvīkṣikī）とはとりも直さずニヤーヤの学問のことである、と主張したほどであるのに、ここでその両派があげられていないところから見ると、その両派は、まだその当時には、哲学学派として社会的に充分に認められていなかったのであろう。また、同じくミーマーンサー学派およびヴェーダーンタ学派も言及されていない。何故であろうか？『カウティリヤ実利論』が現形のごとくに編纂《へんさん》された三世紀ごろには、この両派が存続していたことは疑いない事実である。しかし、これに言及していないという事実は、この実利論の作者が両学派を哲学学派とは認めていなかったことを示すのであろう。『カウティリヤ実利論』によると、哲学とは、理論によって論証考究することをその本質としている。しかるにミーマーンサー学派とヴェーダーンタ学派とは、純論理的な哲学的思索を行なう学派とは認めがたい。両派はヴェーダ聖典を絶対視し、それに関連してのみ哲学的考究を行なっているのである。したがって、『カウティリヤ実利論』の作者は、この両学派をヴェーダ神学（トライー trayī）のうちに含めてしまったのである。

さらにもっと歴史的事態に即していうならば、同実利論作者が「哲学」なる学問を独立せしめたことが、実は新しい態度であったのである。他の一部の諸学者は、哲学そのものの独立性を承認しないで、「哲学」を「神学」の特殊な部門と見なしていた。つまり、哲学は神学のうちに含められていたのである。

このような見方に対して『カウティリヤ実利論』の作者（三世紀ごろの編者）は、サーンキヤ、ヨーガ、順世派の三者は、神学とは区別さるべきものであると思って、これらを「哲学」として独立の学問の資格を付与したのである。もっとも、哲学を神学（ヴェーダ学）と対立させる考え方は、すでに古く法典の中にも現われている。たとえば『ガウタマ律法経《りつぽうきよう》』一一・三では、「(王は) 三ヴェーダと哲学とに熟達すべし」という。したがって、哲学を独立の学科と見なす傾向はすでに古くから存するのであるが、しかし、とくにこれを強調したのは『カウティリヤ実利論』であると考えなければならない。こういう事情にあっては、ヴェーダと密接な関係のあるミーマーンサーおよびヴェーダーンタ両学派が神学（ヴェーダ学）のうちに含めて考えられていたことは、むしろ当然である。

したがって、この三世紀ごろの時代においても、ウパニシャッドを遵奉《じゆんぽう》するバラモンの一群は引き続いて存在していたのであるが、この実利論作者の目から見ると、彼らはいまだ聖典解釈学者の域を脱していなかったので、同論の作者は、彼らを理論的思索を行なう哲学者とは見なさないで、むしろヴェーダ神学者の一部と考えていたのである。ゆえに、ミーマーンサーおよびヴェーダーンタ学派の派名があげられていないことは、少しも不思議ではない。

かかる評価は、後世の実利学者カーマンダキ（Kāmandaki 六世紀）においてもまったく同じである。彼もミーマーンサーおよびヴェーダーンタ学派の学問はヴェーダ学（トライートrayī）の中に含まれると考えていた。また、学問としては、上述の哲学・神学・経済学・国法学の四種のみを立てる見解は、のちの慣習法を集成した『ヤージニャヴァルキヤ法典』（*Yājñavalkya-smṛti* I, 310）ならびにニヤーヤ派の学者に承認せられた（ただし、『マヌ法典』七・四三では、ヴェーダ学と内我の学とを区別している）。そして、ヴェーダーンタ学派に対するかかる評価は、また、ニヤーヤ学派にもそのまま継承されている。ゆえに『カウティリヤ実利論』の学問分類法は、一つの型としてのちの学者を永く規定し、そうしてこの系統の学者のあいだでは、ウパニシャッド学（ウパニシャッドヴィドヤー Upaniṣadvidyā）は独立した哲学とは認められなかったのである。

ニヤーヤ学派の学者であるヴァーツヤーヤナは、『カウティリヤ実利論』に説く学問の四種の区別をそのまま承認した。そして、彼によると、哲学（アーンヴィークシキー ānvīkṣikī）は第四の学（チャトゥルティー・ヴィドヤー caturthī vidyā）であるが、それはとりも直さず「正理学」（ニヤーヤヴィドヤー nyāyavidyā、ニヤーヤシャーストラ nyāyaśāstra、論理学）である。哲学とは論理学にほかならないのである。彼は「疑惑（サンシャヤ saṃśaya）等の項目（諦《たい》）を立ててニヤーヤ学派の哲学体系を構成することは、無意義ではないか。なんとなれば、それらは認識作用（プラマーナ pramāṇa、量）と認識対象（プラムチヤ prameya、所量）との中に含められてしまい、別々のものではないからである」という論難に対して、「やはり疑惑等の項を立てなければならない」ということを主張して、「もしもそれらの〈疑惑等の項〉を、とくに区別して説くことがないならば、この〈哲学〉は、あたかもウパニシャッドのごとくに、単なる内我の学たるのみとなるであろう。それゆえに疑惑等の項によって〈哲学が〉別に確立されるのである」と論じている。同じくニヤーヤ学派の学者であるウッディヨータカラはこれに注して、「(もしも、哲学に疑惑等の項がなかったならば、) 単なる内我の学たるのみとなるから、あたかもウパニシャッド学のごとくに、ヴェーダ学のうちに含まれることになる。そうすると四つの〈学問〉が存するのではないことになる」という。

したがって、ヴァーツヤーヤナもウッディヨータカラも、「ウパニシャッド学」あるいは「内我の学」(アドゥヤートマ・ヴィドヤー adhyātma-vidyā) は哲学ではなくて、神学あるいはヴェーダ学にすぎないと考えていたのである。彼らによると、自然人生の万端について疑惑 (サンシャヤ) を起こして、次いで理論によってこれに解決を与える学問こそ「哲学」(アーンヴィークシキー ānvīkṣikī) という名に値するのである。しかるに、ヴェーダーンタ学派はウパニシャッド聖典のみを尊重し、独立なる論理的思索の意義を否認するのであるから、その哲学は純粋の意味における哲学ではないと考えて、「哲学」の名を付することを拒否したのである。この点に関しても、これらのニヤーヤ哲学者たちは実利論作者と同様の見解をもっていたことが明らかである。

このように初期のニヤーヤ哲学者たちは、ヴェーダーンタ哲学に「哲学」としての意義および価値を認めることを拒否したのである。

ところが、「宗教」、そして「レリジョン religion」となると、事情は異なる。日本の知識人が西洋からレリジョンの概念を導き入れねばならなかったときに、彼らは、この概念に仏教の伝統的な「宗教」という語をあてはめた（明治一四年〈一八八一〉に刊行された前掲『哲学字彙』では、「宗教」という訳語が用いられている）。この同一視は、中国・朝鮮半島・ベトナムの知識人たちによって承認された。そこで、東アジアの諸国を通じて、「宗教」という語が、今日では「レリジョン」を意味するものとして一般に用いられている。

しかしながら、「宗教」は必ずしも「レリジョン」と同一ではない。「宗教」（中国語では、ツォン・チャオ tsung chiao）というのはとくに仏教的な概念なのである。この語は、「宗」と「教」との二字より成る。「宗」とは、原初的、根本的な究極の原理、あるいは究極的な真理を意味する（近年の甲骨文字の研究によると、「宗」とは祖先を意味するという）。それは言語をもってして表現できないものである。ところが「教」は、ことばの助けを借りる教え、または説明である。究極の原理は言語をもってする表現を超えたものであるが、人の心にそれを伝えるためには、人はことばにたよらねばならない。真理または実在のもつこの両局面が「宗教」という語のうちに内含されているのである。

多くの場合には、この「宗教」という合成語は「宗《しゅう》の教《きょう》」という意味で用いられている。それはほとんど「宗教的な教え」というのに等しい。日本の知識人が「レリジョン」を翻訳するためにこの語を取り上げたというのは、ごく当然である。この語の起源を、われわれは『ランカーヴァターラ・スートラ』（Laṅkāvatāra-sūtra『楞伽経《りょうがきょう》』）にまでたどることができる。この経典には、「宗」と「教」とが並んであげられている（南条本、四八、一七二ぺージ以下)。

(1)「宗」のサンスクリット原語はシッダーンタ siddhānta またはシッダーンタ・ナヤ siddhānta-naya である。それは概念化を超えたものである。それは、自分が直観的に知り得るものなのである。それは鈴木《すずき》大拙《だいせつ》博士はリアリゼーション realization と訳した。略していうと、それはプラティヤートマ pratyātma(鈴木博士の訳語では、セルフ・アテインメント self-attainment)と称せられるが、それは内的直観(インナー・インチュイション inner intuition)とでも訳され得るであろう。この場合には、仏教でいうシッダーンタ siddhānta という術語は、ヒンドゥ教の哲学で考えるシッダーンタ siddhānta(定説)とは非常に異なったものである。

(2)「教」のサンスクリット原語は、デーシャナー deśanā またはシャーサナ śāsana、またはデーシャナー・ナヤ deśanā-naya である。

こういうわけで、この二つの概念は、先の『ランカーヴァターラ・スートラ(楞伽経)』のうちには、次のように説明されている(南条本、一二七、一四八ページ)。

ある求道者(ボーディサットヴァ=菩薩)が、世尊にたずねた、――「わたくしや他の求道者たちが、その根本の道理をよく理解したならば、それによって、根本の道理(シッダーンタ・ナヤ)の特質を理解して、速かに無上の全きさとりを達成して、いかなる理論家（タールキカ tārkika、すなわちフィロソファ philosopher に相当）によっても、いかなる異教の学者（ティールタカラ tīrthakara）によっても他に導き去られることのないようになるところの、その根本の道理の特質を、尊師……は、どうかわたくしにお説きください。」

尊師は答えた、――「では、よく聞け。よく注意せよ。わたしは、そなたに説くであろう、……根本の道理の特質には、二種類ある。それは一切の直弟子たち・独りで努める修行者たち・求道者たちの体得するものである。すなわち、根本の道理（シッダーンタ・ナヤ）と、その教え（デーシャナー・ナヤ）とである。

そのうちで、根本の道理（シッダーンタ・ナヤ）とは、自ら体得するという特性のものであり、ことば・思考・文字を離れ、汚れの無い境地におもむかせるものであり、みずから内面的に理解する境地を特質としていて、一切の異教徒や悪魔を除いたものであり、それらの異教徒や悪魔どもを破摧《はさい》して、自らさとった境地が輝き照らす。これが、根本の道理の特質である。（中略）

では、教えに関する道理（デーシャナー・ナヤ）とは、何であるか？　それは、すなわち、九分教《くぶんぎょう》の教えによる種々なる教示であり、異と同・有と無という対立的見解（パクシャ pakṣa）を離れ、巧みな手だて・方法に基づき、人びとに対しては正しい見解に入らしめるものであり、人があることを信受する傾きがあるならば、それをその人に説くのであ

る。これが教えに関する道理の特質である。（中略）

根本（シッダーンタ）と〔ことばによる教えの〕道理（ナヤ naya）と、すなわち自ら体得すること（プラティヤートマ pratyātma）と教え（シャーサナ śāsana）と、――両者の区別を知る人々は、理論的思弁（タルカ tarka）の力に屈することはないであろう。（第一五頌）

愚人どもが分別して妄想するような物は真実には存在しない。〔対象が〕存在しないことによって解脱《げだつ》が存する。論理的思弁家たちが、どうしてそれを求めないことがあろうか？」（第一六頌）

この場合には、宗教の教えは承認されているのである。しかし哲学的思弁は排斥されているのである。他の場合にもまた次のように説かれている。

「さらにまた愚人・凡夫は……無始時《むしじ》（始まりのない永久の昔）以来の誤った妄想が重くのしかかっている自らの分別思考をなし、舞踊に踊りたけり、自己の本来の道理（スヴァシッダーンタ・ナヤ svasiddhānta-naya）とそれを説く教示（デーシャナー）に通じていないで、自らの心のうちに見られる外界の事物の特質に執著《しゅうじゃく》し、もともと単なる手段である教示を学ぶことに執著している。そうして四句分別の道理に汚されず、清らかである自己の本来の道理を適切に理解しようとしない。」

これに対して求道者はブッダに向かって懇願する。

「さようでございます。わたくしや、他の求道者たち・立派な人びとが、未来の世に、教えの道理や根本の道理に巧みに通じていて悪い理論家たち（クタールキカ kutārkika）や、異学の徒（ティールタカラ tīrthakara）や、伝統説を固守する人びと（シュラーヴァカ śrāvaka）や、独りで修行してさとる人びとの実践法を行なう人びとに獲得されないようにするために、教えの道理と根本の道理（デーシャナー・シッダーンタ・ナヤ）の特質を、尊師はわたくしにお説きください。」……

ブッダは教えていう、――「過去・未来・現在の諸《もろもろ》の如来、敬わるべき人びと、全きさとりを開いた人びとにとっての道理（ダルマ・ナヤ dharma-naya）は二種類である。すなわち、教えを説く道理（デーシャナー・ナヤ deśanā-naya）と、根本のさとりを確立させる道理（シッダーンタプラティヤヤヴァスターナ・ナヤ siddhāntapratyayavasthāna-naya）とである。」

この二種のうち前者を説明していう、――「〈教えを学び誦《とな》える道理〉（デーシャナー・パータ・ナヤ deśanā-pāṭha-naya）とは、すなわち、種々なる功徳の糧《かて》である経典の教示であり、心に信受しているのに応じて人びとに説くのである。」

以上のことは教義学または神学の領域に属する。しかし、さとり、直観の領域はまったく異なっている。

「ところで根本の道理（シッダーンタ・ナヤ）とは、いかなるものであるのか？ ヨーガ行者たちがそれによって、自己の心に見られる対象の分別妄想を除くこと、すなわち、同一性・別異性・両者性・非両者性の一方の偏見に堕すること、心・マナス・意識（マノーヴィジニャーナ）を超え、自ら内面的に知るすぐれた境地・理由と論証と見解の特徴が止息し、一切の悪い思弁家、異教の徒・伝統的な教説を固守する人びと、独りで修行し、さとりを開く人びと、無・有という二つの極端説に堕している人びとに汚されることのないもの――それを、わたしは根本の道理（シッダーンタ）であると説くのである。」

こういうわけで、要約すると、宗教には二つの局面がある。それは、①自覚、自らさとること、と、②それを論議することとである。

「それが、根本の道理とそれについての教えという特性であり、そなた、ならびに他の求道者たち、立派な人びとは、そこにおいて修養（ヨーギン yogin）すべきなのである。

その点について説いていわく、――わたしにとっては、道理（ナヤ）は二種類である。根本の道理（シッダーンタ）と、それについての教え（デーシャナー）とである。

わたしはその教えを愚人どもに説き、根本の道理（シッダーンタ）をヨーガ行者たちに説く。」（第六一頌）

南アジア（インド、スリランカなど）の伝統のうちでは、ただの一言で西洋の「レリジョン」という観念に相当するものを見出すのは困難である。「レリジョン」という観念を表示するためには、インドの知識人たちは、伝統的なダルマ（dharma）という観念にたよった。ダルマは、倫理的なものでもあり得るし、法的なものでもあり得る。したがって、ダルマは、西洋のレリジョンという観念にぴったり合致するものではない。

ともかく、現代のヒンディ語では、仏教は「バウッダ・ダルマ」（Bauddha-dharma）と呼ばれている。ヒンドゥ教は、「ヒンドゥ・ダルマ」（Hindu-dharma）と呼ばれている。キリスト教は「クリスティ・ダルマ」（Khristi-dharma）と呼ばれる。イスラーム教徒は、現代のサンスクリット語では「ヤヴァナ・ダルマ・サムバンディー」（Yavana-dharma-sambandhī）、または「ヤヴァナ・ダルマ・アヴァラムビー」（Yavana-dharma-avalambī）と呼ばれる。ヤヴァナ Yavana とは、イオーニアに由来する語で、もともとギリシア人のことを意味していたのに、なにゆえにイスラーム教を「ヤヴァナ・ダルマ」と呼ぶのか、その理由を、わたくしは知らない。おそらく、ヒンドゥクシュ山脈を越えてインドに入って来た人は、みなヤヴァナと呼ばれていたので、それを受けていたのであろう。現代のヒンディ語では、イスラーム教は、「ムサルマーニー・ダルマ」(Musalmānī-dharma) と呼ばれている。

これらの語が用いられているということは、宗教は永遠で普遍的なものでなければならぬと考える南アジア人の思惟方法を反映しているのである(なお、そのほかに、インドネシアの憲法では宗教のことを「アーガム āgam」というが、これはサンスクリット語の「伝承」を意味する語アーガマ āgama を取り入れたのである。また、アフガニスタンならびにそれ以西の国では、宗教のことをディーン dīn というが、これはアラビア語に由来する。それらを検討することは、ここでは省略したい)。

ダルマという語は、必ずしも「法」とか「法則」だけを意味するものではなかった。すでにウパニシャッドにおいて、ダルマは根本的なものを意味している。

『カータカ・ウパニシャッド』においては、求道心に燃える少年ナチケータス (Naciketas) の死後生存の問題に関する質問に対して、死神ヤマ (yama) はただちに次のように答えている。

「この問題に関してはかつて神々すらも疑った。実に容易に知り得べきことではない。この〈法（ダルマ）〉は微妙《みみよう》である。

ナチケータスよ。他の恩典を選べ。われを苦しめることなかれ。わがために（この恩典を）捨てよ。」（一・二一）

この場合の〈法（ダルマ）〉は多分に仏教的意義であるが、次のヴァッチャ姓の遊行者《ゆぎようしゃ》に教える経典においても、死後の生存等の問題を論じたあとで同様のことを説いている。

「ヴァッチャよ、この〈法〉は実に甚深《じんじん》、難見《なんけん》にして、覚《さと》り難《がた》く、寂静《じやくじよう》、殊勝《しゆしよう》、慮絶《りよぜつ》、微妙《みみよう》にして、智者《ちしや》によってのみ知られるものである。それは異なった見解に従う者、異なった信を持つ者、異なった興味を懐《いだ》く者、異なって実修する者、異なって行《ぎよう》ずる者である汝《なんじ》によっては、知り難いものである。」（*MN.* vol. I, p.487）

なお、真理が微妙にして極めて見ることかたきものであるということは、仏典のうちの極めて古いガーター（韻文《いんぶん》）のうちにも説かれている。たとえば、釈尊が成道《じようとう》直後に人びとに説法することを躊躇《ちゆうちよ》した際の心境を示す詩句として、次のようにいう。

「わが苦辛《くしん》によって達したこのことを、いま説くべき要はない。
貪欲と瞋恚《しんい》とに敗れた人びとには、この〈法〉はいとも悟《さと》り易いものではない。
世の常の流れに逆らい、微妙《みみょう》にして、深く、見難く、微細《みさい》である。
貪欲に汚れ、闇黒のかたまりに蔽《おお》われた人びとは、（それを）見ることができない。」
(SN. Vol. I, p.136)

以上の考察から知られることは、〈法（ダルマ）〉は宗教を意味し得るが、しかし、既成宗教の差違を超越しているということである。それは、人類に普遍的なものでなければならぬ。いずれか一つの特殊な宗教に限られるものであってはならぬ。

このように考えるならば、南アジアの人々が宗教を意味すると考えている「ダルマ」の観念は、東アジアの仏教徒たちが考えている「宗」または「シッダーンタ siddhānta」の観念に極めて近い、ということができるであろう。それはすでに述べたように、概念化を超えたものであり、直観的に知り得るものである。

西周《にしあまね》が『百一新論』という題名の書を著わしたときには、この標題は、儒教、仏教および西洋の種々なる哲学体系は、一に帰するという思想を表明していたのである。彼は、永遠にして普遍的な原理を目ざしていたのである。

一般的にいうならば、個々の宗教を表示するのにイズム -ism という語を用いる西洋人一般のやり方に対して、アジア人のあいだには、強い反感が支配している。彼らは、「仏教はイズムではない」「ヒンドゥ教はイズムではない。ただダルマなのである」という。

　われわれが哲学一般と宗教一般とを比べると、両者は必ずしも常に別のものであるとはいえない。両者は二分法によって二分され、常に区別されているのではない。両者はしばしば重なり合う。若干の宗教実践者たちは、繁瑣《はんさ》微細《びさい》な論議に従事した。他方、若干の哲学者たちは、宗教的であった。若干の哲学者たちにとっては、哲学とは「人生の叡智《えいち》を求めること」であり、そう解釈される場合の哲学の意義は、ギリシア語のその語源（後述）に最も近いものであった。他の哲学者たちにとっては、哲学とは、「宇宙を全体として理解しようとする試み」であった。もしも、われわれが「生き方」という観念に焦点を当てるならば、ギリシア哲学も大規模にそのうちに含まれてしまうであろう。

　元来、哲学そのものが、実践的な人生の「生き方」であった。死後の霊魂を信ずるギリシア密儀のオルフェウス教の共同体にとっては、哲学とは、なかんずく、人生の「生き方」であった。それはバーネットの指摘するとおりである（Burnet, J., *Early Greek Philosophy.* New York 1958, pp.82f.)。「イオーニアでは……フィロソフィアとは、ほぼ好奇心というほどのことを意味していた。そして、その語の伝用から、アテーナイ一般で知られていたカルチュア culture という意義――イソクラテースの場合に見られるように――が成立したようである。他方、ピタゴラスの影響をたどることができる場合には、その語はさらに深い意味をもつことになった。哲学はそれ自身『浄化』であり、『車輪』からの離脱の仕方であった。それは、『ファイドン』*Phaedo* のうちに、あのように崇高に表明されている観念であり、それは明らかにピタゴラス派の教義に激発されている。哲学をこのように見なす見方は、それ以後、最も良きギリシア思想を特徴づけるものとなった。」

もちろん、バーネットは、哲学がこの線に沿って堕落する危険のあったことを認めていた。彼が留意して注意したのとは反対の陣営でも、哲学の同様の実践的な動機を認めることができる。唯物論者であったデモクリトスは、哲学は、魂を苦悩から救い出すための手段であると考えていた。「薬は身体の病気を癒し、知慧（ソフィア）は魂を激情（パシィ）から解放する」（デモクリトス断片三一）。

プラトンは、人は地上の生活から逃げ出して、天上にいる神のようになるべきだと考えた。『テアイテトス』（*Theaetetus*, 176 b）の中で、ソクラテスはいう。――

「テオドロス　すべての人々に、ソクラテス、あなたのいわれることを、もし私同様にいい聞かせてくださるならば、人間社会はもっと平和になって、劣等な悪いものはもっと少なくなることでしょうに。

ソクラテス　でも、その劣悪なものがなくなるというわけにはいかんでしょうよ、テオドロス、何か知らん、いつもすぐれた善いものには、それの反対のものがなければならないのですからね。それにまたその悪くて劣ったものが神々の間に居場所をもっているというわけにもいかないし。むしろ、それがわれわれの住むこの場所を取巻いて、われわれ限りある生をもつ種族について廻るというのはどうしても必然なのですよ。それだからまた、できるだけ早く、この世からかの世へ逃げて行くようにしなければならんということにもなるのです。そして、その『世を逃れる』というのは、できるだけ神に似るということなのです。そして、その神まねびとは、思慮のある人間になって、それでも人に対しては正、神の前には義なる者となることなのです。しかしながら、何しろ、あなた！　なかなかもってまったく容易なことでは、何故に人がわが身の品性をすぐれた善いものにするように努力しなければならないのか、また何故にこれを劣った悪いものにしてはならないのかという理由は、かくてかの多数者が前者を求めて後者を避けるようにしなければならぬとして語っているようなことのためではないのだ、ということを説き聞かせることはできんのですから、しようがありません。すなわち、彼らの語るところでは、人に悪いやつだと思われないためであるとか、善いりっぱな人だと思われるためであるとかいうのでして、このようなことは、私の見るところをもってすれば、まことにいわゆる老生常譚《ろうせいじょうだん》（婆さんたちのたわいもないおしゃべり）なるものなのでして、われわれはむしろ事の真実を次のごとくいうことにしたいものです。すなわち、神なるものは、どの道断じて不正のないものであって、およそ可能なる限りの最も正なるものなのである。（中略）

ソクラテス　ものの模範となるものが、真実在の世界にはちゃんと定まってあるのでして、一方にはおよそ神なるものが最大幸福の模範としてあり、他方にはおよそ神ならぬものが最大不幸のそれとしてあるという、このかくのごとき事情を彼らは見ることなしに、その迷妄とはなはだしき愚昧《ぐまい》とによって、自分たちは気づかないけれども、彼らはその不正な行ないのために神ならぬものへ似るとともに神まねびからは遠ざかりつつあるのです。そして、実にこの罪の報いとして、彼らはそのまねぶところのものと同じような生を送りつつあるということなのです。しかし、彼らは、われわれが、彼らの人もおそれる凄《すご》腕《うで》などというものから脱却しなくっては、この世を終わっても、この世の悪に染まぬ清浄のかの世界は彼らを受け入れてはくれまいから、彼らは依然この世にとどまって、悪しき者は悪しきものの連合《つれあい》というわけで、自分たち自身がある通りの、それらしい世過ぎをいつまでもしていることになるだろうといったところで、まったくもって彼らは何でもやってのける大手腕家のつもりで、そんなことは痴人の妄言であるとして聞き流すことでしょう。」

ソクラテスが正義という点で神を考えるとき、彼の立場は、すっかりインドのダルマに近くなる。そのダルマはインドにおいてはレリジョンの同義語なのである。さらにまたダルマは、ギリシアにおけるディケー dikē の観念と同一視されている。このことは、バクトリアからインドに侵入したギリシア人諸王の発行した貨幣について確かめられる。

宗教的倫理的傾向は、ギリシア哲学史全体を通じて認められる、といわれている。ドイツのインド学者ヴァルター・ルーベン Walter Ruben はいう、「すでにクセノファネース、パルメニデース、プラトン、さらにおそらくアリストテレスについてもある点ではいえることであるが、哲学は神学の俾女《ひじょ》（ancilla theologiae「神学の召使い」）であった。単に知らんがためのゆえに純粋のテオリア（理論）として追求されたのではなかった」。

他の諸伝統における哲学または宗教に相当するものを、古代の中国人および日本人は、単に「道」と呼んだ。それは「生きる道」である。西洋思想の導入される以前には、仏教は「仏教」と呼ばれることは少なく、むしろ「仏道」と呼ばれていた。仏による生き方なのである（「佛教」という語は、漢訳仏典のうちにブッダ・サーサナ Buddha-sāsana〈仏の教え〉の訳語として出てくるが、〈既成宗教としての仏教〉という語には用いられなかったようである）。「仏教」というときには、教義的な傾向、教義を重要視する態度を思わせる。そういう傾向、態度は、若干の他の宗教においては非常に重要であるが、仏教ではさほど問題にならない。

以上、西洋における「哲学」および「宗教」という術語および他の諸伝統におけるそれらの対応語の意味を検討することによって、これらの諸伝統に共通な共通分母は、「生き方」ということであるらしい、という結論に到達した。われわれは、哲学の種々なる分科、たとえば認識論、記号論理学などという分科の意味をけっして軽視するものではない。しかし、それらは、中核の重点、「生き方」に従属するはずのものなのである。

もしも、われわれが、哲学または宗教という二つのうちのいずれか一つを重視し、強調することを、あまりにも厳格に行なって、一方を考究の範囲から除いてしまうならば、われわれは幾多の重要な問題を逸してしまうことになる。ある西洋の哲学者の抱いていた観念あるいは態度に相当するものが、東洋の哲学者のうちに見出されないで、かえって東洋の宗教思想家のうちに見出されることもあり得る。また、それと反対のこともあり得る。たとえば、東洋の宗教に顕著な「寛容の徳」は、西洋では伝統的な宗教家によって強調されたことは少なく、むしろ、啓蒙期の哲学者たちによって強調された。ところが、中国、日本では、伝統的な宗教家よりもむしろ西洋化した近代哲学者たちによって強調された。

こういうわけで、われわれが、研究範囲を、両者のうちのいずれか一つ、すなわち、「宗教」または「哲学」という一方に限ってしまうならば、われわれは若干の重要な問題を逸してしまうおそれがある。

他方、われわれが、もっと広い包括的な範囲に立って、ことがらを構造的に考究するならば、仮に「思想構造学」とでもいうべきものに達する新たな道が開かれることになるであろう。

（この論文は、さらに原語や註記などを加えて、中村元『比較思想の軌跡』〈東京書籍、一九九三年刊〉第一章の「三」に掲載されてある。）

第五部　経典読誦のすすめ

中村　元
三枝充悳

あらゆる詩文がそうであるように、経典においてもそれを目で読むこと（読《どく》）と、声を出して〔そらんじて〕となえること（誦《じゅ》）とは、おのずと趣を異にする。実際に読誦することによって両者の違いがわかり、そこには新たな何ものかの発見もあろう。

ここには、仏教徒に最も基本とされる「三宝《さんぼう》に帰依《きえ》する文《もん》（三帰依文）」と、日本人に最も親しまれている『般若心経』とを掲げる。三帰依文には、漢訳のみならず、諸言語の経典のニュアンスを知ることのできるサンスクリット・パーリ・チベット文、そして英文など、また種々に変化したとなえ方などを添えた。

付言すれば、わが国の仏教寺院では、漢訳経典が渡来した時代を反映して、その時どきに盛行していた呉音《ごおん》・漢音《かんおん》などが入り交じり、しかも各宗派の独特な慣用読みも加わっての読誦であるが、本書はそのような細部にはとらわれずに、現代用語規準を主とした。

サンスクリット文などのローマ字・片仮名表記は、もとより原文のニュアンスそのものではないとしても、ほぼ等しく味わうことができると思う。ぜひ、声を出して「誦」されるようおすすめする。

■三《さん》帰《き》依《え》文《もん》

〔漢訳文〕

自《じ》帰《き》依《え》仏《ぶつ》
自《じ》帰《き》依《え》法《ほう》
自《じ》帰《き》依《え》僧《そう》

〔現代文〕

私は仏に帰依いたします。
私は法に帰依いたします。
私は僧に帰依いたします。

〔パーリ文〕

ブッダム・サラナム・ガッチャーミ
ダンマム・サラナム・ガッチャーミ
サンガム・サラナム・ガッチャーミ

Buddhaṃ saraṇaṃ gacchāmi.
Dhammaṃ saraṇaṃ gacchāmi.
Saṅghaṃ saraṇaṃ gacchāmi.

儀礼では三度となえる。二回めには各行の始めにドゥチヤム・ピ dutiyaṃ pi という語を入れるが、これは「第二回目にも」の意味であり、さらに続けて、タチヤム・ピ tatiyaṃ pi（「第三回目にも」）と冠してとなえる。

この文章の意味は、「わたくしは、よるべとしてのブッダにおもむきます」（以下、ダルマ、サンガについても同様）ということで、その趣意は「わたくしは、ブッダに帰依します」（他の文句も同様）ということになる。

〔サンスクリット文〕

ほとんどパーリ文と同じであるが、ただサラナム saraṇaṃ がシャラナム śaraṇaṃ、ダンマム dhammaṃ がダルマム dharmaṃ となっているだけの違いである。

ブッダム・シャラナム・ガッチャーミ　Buddhaṃ śaraṇaṃ gacchāmi.
ダルマム・シャラナム・ガッチャーミ　Dharmaṃ śaraṇaṃ gacchāmi.
サンガム・シャラナム・ガッチャーミ　Saṅghaṃ śaraṇaṃ gacchāmi.

〔チベット文〕

サンギェ・ラ・キャプ・ス・チ・オー　Saṅs-rgyas-la skyabs-su mchiḥo.
チョエ・ラ・キャプ・ス・チ・オー　Chos-la skyabs-su mchiḥo.
ゲン・ドゥン・ラ・キャプ・ス・チ・オー　Dge-ḥdun-la skyabs-su mchiḥo.

〔日本文例〕

漢訳そのままに「自帰依仏《じきえぶつ》、自帰依法《じきえほう》、自帰依僧《じきえそう》」となるはずであるが、実際には諸宗派では、それぞれ修飾の文句をつけてとなえている。

法隆寺では、「三帰《さんき》」として左のようにとなえる。「三説」とは三たびとなえることである。

我《が》昔《しゃく》所《しょ》造《ぞう》諸《しょ》悪《あく》業《ごう》　皆《かい》由《ゆ》無《む》始《し》貪《とん》瞋《じん》癡《ち》
従《じゅう》身《しん》語《ご》意《い》之《し》所《しょ》生《しょう》　一《いっ》切《さい》我《が》今《こん》皆《かい》懺《さん》悔《げ》

我《が》弟《で》子《し》尽《じん》未《み》来《らい》際《さい》　帰《き》依《え》仏《ぶつ》両《りょう》足《ぞく》尊《そん》
帰《き》依《え》法《ほう》離《り》欲《よく》尊《そん》　帰《き》依《え》僧《そう》衆《しゅう》中《ちゅう》尊《ぞん》　三説
我《が》弟《で》子《し》尽《じん》未《み》来《らい》際《さい》　帰《き》依《え》仏《ぶつ》竟《きょう》
帰《き》依《え》法《ほう》竟《きょう》　帰《き》依《え》僧《そう》竟《きょう》　三説
願《がん》以《に》此《し》功《く》徳《どく》　普《ふ》及《ぎゅう》於《お》一《いっ》切《さい》
我《が》等《とう》与《よ》衆《しゅ》生《じょう》　皆《かい》共《ぐ》成《じょう》仏《ぶつ》道《どう》

曹洞宗では、「三帰《さんき》戒文《かいもん》」として一唱一拝し、三度左のようにとなえ、また「三帰《さんき》礼文《らいもん》」として、「自帰依仏……」以下をとなえる。

南《な》無《む》帰《き》依《え》仏《ぶつ》　南《な》無《む》帰《き》依《え》法《ほう》
南《な》無《む》帰《き》依《え》僧《そう》　帰《き》依《え》仏《ぶつ》無《む》上《じょう》尊《そん》
帰《き》依《え》法《ほう》離《り》塵《じん》尊《そん》　帰《き》依《え》僧《そう》和《わ》合《ごう》尊《そん》

帰《き》依《え》仏《ぶっ》竟《きょう》　帰《き》依《え》法《ほう》竟《きょう》　帰《き》依《え》僧《そう》竟《きょう》

自《じ》帰《き》依《え》仏《ぶっ》　当《とう》願《がん》衆《しゅ》生《じょう》　体《たい》解《げ》大《だい》道《どう》　発《ほっ》無《む》上《じょう》意《い》

自《じ》帰《き》依《え》法《ほう》　当《とう》願《がん》衆《しゅ》生《じょう》　深《じん》入《にゅう》経《きょう》蔵《ぞう》　智《ち》慧《え》如《にょ》海《かい》

自《じ》帰《き》依《え》僧《そう》　当《とう》願《がん》衆《しゅ》生《じょう》　統《とう》理《り》大《だい》衆《しゅう》　一《いっ》切《さい》無《む》碍《げ》

浄土真宗では、次のような「帰敬文《ききょうもん》」をとなえる。


（導師）

人身《にんじん》受け難《がた》し、今已《いますで》に受《う》く、仏法《ぶっぽう》聞《き》き難《がた》し、今已《いますで》に聞《き》く。この身《み》今生《こんじょう》に向《むか》って度《ど》せずんば、さらにいずれの生《しょう》に向《むか》ってかこの身《み》を度《ど》せん。大衆諸共《だいしゅもろとも》に至心《ししん》に三宝《さんぼう》に帰依《きえ》したてまつるべし。


（一同）

自《みずか》ら仏《ぶつ》に帰依《きえ》したてまつる。まさに願《ねが》わくは衆生《しゅじょう》とともに大道《だいどう》を体解《たいげ》して無上意《むじょうい》を発《おこ》さん。

自《みずか》ら法《ほう》に帰依《きえ》したてまつる。まさに願《ねが》わくは衆生《しゅじょう》とともに深《ふか》く経蔵《きょうぞう》に入《い》りて智慧海《ちえうみ》の如《ごと》くならん。

自《みずか》ら僧《そう》に帰依《きえ》したてまつる。まさに願《ねが》わくは衆生《しゅじょう》とともに大衆《だいしゅ》を統理《とうり》して一切無碍《いっさいむげ》ならん。

（導師）

無上甚深微妙《むじょうじんじんみみょう》の法《ほう》は、百千万劫《ひゃくせんまんごう》にも遭遇《あいあ》うこと難《かた》し。われ今見聞《いまけんもん》し受持《じゅじ》することを得《え》たり。願《ねが》わくは如来《にょらい》の真実義《しんじつぎ》を解《げ》したてまつらん。

右は、「開経偈《かいきょうげ》」として、ほぼ諸宗派を通じて行なわれ、左記のような漢文でも読まれる。

無上甚深微妙法《むじょうじんじんみみょうほう》　百千萬劫難遭遇《ひゃくせんまんごうなんそうぐう》
我今見聞得受持《がこんけんもんとくじゅじ》　願解如來真實義《がんげにょらいしんじつぎ》

浄土宗では、次のような「三奉礼《さんぼうらい》」（仏法僧三宝を敬い礼拝する文）をとなえる。

一心《いっしん》敬礼《きょうらい》　十方法界常住仏《じっぽうほうかいじょうじゅうぶ》
一心《いっしん》敬礼《きょうらい》　十方法界常住法《じっぽうほうかいじょうじゅうほう》
一心《いっしん》敬礼《きょうらい》　十方法界常住僧《じっぽうほうかいじょうじゅうそう》

改革的な神田寺では「三帰依」として次のように教えている（太字のところをとなえ終わって低頭）。

自ら《みずか》仏《さとれるもの》に帰依《きえ》したてまつる。
仏《さとれるもの》は両足《ひととしひと》の尊《とうとき》なり。当《まさ》に願《ねが》わくは衆生《ひとびと》とともに。大道《さとりのみち》を体解《ふみしめ》て無上意《ふるいたつこころ》を発《おこ》さむ。

自ら法《ことわりのみち》に帰依したてまつる。
法《ことわりのみち》は離欲《おのれなき》の尊《とうとさ》なり。当《まさ》に願《ねが》わくは衆生《ひとびと》とともに。深《ふか》く経蔵《おしえのくら》に入《い》りて智慧《ちえ》海《うみ》の如《ごと》くならむ。

自ら僧《つどいのちから》に帰依したてまつる。
僧《つどいのちから》は久住《いやさかえ》の尊《とうとさ》なり。当《まさ》に願《ねが》わくは衆生《ひとびと》とともに。大衆《よのひと》を統理《すべてととの》えて一切無碍《よろずさわりなきもの》とならむ。

〔英　文〕

アメリカの仏教会（Buddhist Churches of America、西本願寺系）では、次のいずれかをとなえている。

I put my faith in the Buddha.
I put my faith in the Dharma.
I put my faith in the Sangha.

I go to the Buddha for guidance.

I go to the Dharma for guidance.
I go to the Sangha for guidance.

■般若心経《はんにゃしんぎょう》

〔漢訳文〕

般《はん》若《にゃ》波《は》羅《ら》蜜《みっ》多《た》心《しん》経《ぎょう》

唐《とう》三《さん》蔵《ぞう》法《ほう》師《し》玄《げん》奘《じょう》訳《やく》

観《かん》自《じ》在《ざい》菩《ぼ》薩《さっ》　行《ぎょう》深《じん》般《はん》若《にゃ》波《は》羅《ら》蜜《みっ》多《た》時《じ》　照《しょう》見《けん》五《ご》蘊《うん》皆《かい》空《くう》
度《ど》一《いっ》切《さい》苦《く》厄《やく》　舎《しゃ》利《り》子《し》　色《しき》不《ふ》異《い》空《くう》　空《くう》不《ふ》異《い》色《しき》　色《しき》即《そく》
是《ぜ》空《くう》　空《くう》即《そく》是《ぜ》色《しき》　受《じゅ》想《そう》行《ぎょう》識《しき》亦《やく》復《ぶ》如《にょ》是《ぜ》　舎《しゃ》利《り》子《し》　是《ぜ》諸《しょ》
法《ほう》空《くう》相《そう》　不《ふ》生《しょう》不《ふ》滅《めつ》　不《ふ》垢《く》不《ふ》浄《じょう》　不《ふ》増《ぞう》不《ふ》減《げん》　是《ぜ》故《こ》空《くう》中《ちゅう》
無《む》色《しき》　無《む》受《じゅ》想《そう》行《ぎょう》識《しき》　無《む》眼《げん》耳《に》鼻《び》舌《ぜっ》身《しん》意《い》　無《む》色《しき》声《しょう》香《こう》味《み》
触《そく》法《ほう》　無《む》眼《げん》界《かい》　乃《ない》至《し》無《む》意《い》識《しき》界《かい》　無《む》無《む》明《みょう》　亦《やく》無《む》無《む》明《みょう》尽《じん》
乃《ない》至《し》無《む》老《ろう》死《し》　亦《やく》無《む》老《ろう》死《し》尽《じん》　無《む》苦《く》集《じゅう》滅《めつ》道《どう》　無《む》智《ち》亦《やく》無《む》
得《とく》　以《い》無《む》所《しょ》得《とく》故《こ》　菩《ぼ》提《だい》薩《さっ》埵《た》　依《え》般《はん》若《にゃ》波《は》羅《ら》蜜《みっ》多《た》故《こ》

心《しん》無《む》罣《けい》礙《げ》　無《む》罣《けい》礙《げ》故《こ》　無《む》有《う》恐《く》怖《ふ》　遠《おん》離《り》〔一《いっ》切《さい》〕顛《てん》倒《どう》
夢《む》想《そう》　究《く》竟《きょう》涅《ね》槃《はん》　三《さん》世《ぜ》諸《しょ》仏《ぶつ》　依《え》般《はん》若《にゃ》波《は》羅《ら》蜜《みっ》多《た》故《こ》
得《とく》阿《あ》耨《のく》多《た》羅《ら》三《さん》藐《みゃく》三《さん》菩《ぼ》提《だい》　故《こ》知《ち》般《はん》若《にゃ》波《は》羅《ら》蜜《みっ》多《た》　是《ぜ》大《だい》
神《じん》咒《しゅ》　是《ぜ》大《だい》明《みょう》咒《しゅ》　是《ぜ》無《む》上《じょう》咒《しゅ》　是《ぜ》無《む》等《とう》等《どう》咒《しゅ》　能《のう》除《じょ》一《いっ》
切《さい》苦《く》　真《しん》実《じつ》不《ふ》虚《こ》故《こ》　説《せつ》般《はん》若《にゃ》波《は》羅《ら》蜜《みっ》多《た》咒《しゅ》　即《そく》説《せつ》咒《しゅ》曰《わっ》
掲《ぎゃ》帝《てい》　掲《ぎゃ》帝《てい》　般《は》羅《ら》掲《ぎゃ》帝《てい》　般《は》羅《ら》僧《そう》掲《ぎゃ》帝《てい》　菩《ぼ》提《じ》僧《そ》莎《わ》訶《か》
般《はん》若《にゃ》（波《は》羅《ら》蜜《みっ》多《た》）心《しん》経《ぎょう》

〔註〕＊振り仮名は、現代用語と慣用の読みとを併用した。
＊経名は、サンスクリット本は経の末尾に、漢訳は経の前後に付される。
＊蘊は「うん」または「おん」、菩薩の薩は「さつ」または「さ」とも誦される。
＊三本《さんぼん》（宋本・元本・明本）では、最後の咒の帝を諦、般は波、僧沙は薩婆とする。
＊流通本《るつうぼん》では、掲を羯としたり、題名に「仏説」や「摩訶」などを冠したりする。読誦用『心経』では末尾の（　）内は略す。
＊縮冊蔵経・卍蔵経・大正蔵経の原文には〔一切〕という字はなく、サンスクリット原文にも〔一切〕という訳語に当たるサルヴァ sarva という原語は入っていない。

〔訓読文〕

般若波羅蜜多心経《はんにゃはらみったしんぎょう》

唐《とう》の三蔵法師《さんぞうほうし》玄奘《げんじょう》訳《やく》す

観自在菩薩《かんじざいぼさつ》、深般若波羅蜜多《じんはんにゃはらみった》を行《ぎょう》じし時《とき》、五蘊皆空《ごうんかいくう》なりと照見《しょうけん》して、一切《いっさい》の苦厄《くやく》を度《ど》したまえり。舎利子《しゃりし》よ、色《しき》は空《くう》に異《こと》ならず。空《くう》は色《しき》に異《こと》ならず。色《しき》はすなわちこれ空《くう》、空《くう》はすなわちこれ色《しき》なり。受想行識《じゅそうぎょうしき》もまたまたかくのごとし。舎利子《しゃりし》よ、この諸法《しょほう》は空相《くうそう》にして、生《しょう》ぜず、滅《めっ》せず、垢《あか》つかず、浄《きよ》からず、増《ま》さず、減《へ》らず、この故《ゆえ》に、空《くう》の中《なか》には、色《しき》もなく、受《じゅ》も想《そう》も行《ぎょう》も識《しき》もなく、眼《げん》も耳《に》も鼻《び》も舌《ぜっ》も身《しん》も意《い》もなく、色《しき》も声《しょう》も香《こう》も味《み》も触《そく》も法《ほう》もなし。眼界《げんかい》もなく、乃至《ないし》、意識界《いしきかい》もなし。無明《むみょう》もなく、また、無明《むみょう》の尽《つ》くることもなし。乃至《ないし》、老《ろう》も死《し》もなく、また、老《ろう》と死《し》の尽《つ》くることもなし。苦《く》も集《じゅう》も滅《めっ》も道《どう》もなく、智《ち》もなく、また、得《とく》もなし。得《う》る所《ところ》なきを以《もっ》ての故《ゆえ》に。菩提薩埵《ぼだいさった》は、般若波羅蜜多《はんにゃはらみった》に依《よ》るが故《ゆえ》に。心《こころ》に罣礙《けいげ》なし。罣礙《けいげ》なきが故《ゆえ》に、恐怖《くふ》あることなく、〔一切《いっさい》の〕顚倒夢想《てんどうむそう》を遠離《おんり》して涅槃《ねはん》を究竟《くきょう》す。三世諸仏《さんぜしょぶつ》も般若波羅蜜多《はんにゃはらみった》に依《よ》るが故《ゆえ》に、阿耨多羅三藐三菩提《あのくたらさんみゃくさんぼだい》を得《え》たまえり。故《ゆえ》に知《し》るべし、般若波羅蜜多《はんにゃはらみった》はこれ大神咒《だいじんじゅ》なり。これ大明咒《だいみょうじゅ》なり。これ無上咒《むじょうしゅ》なり。これ無等等咒《むとうどうしゅ》なり。よく一切《いっさい》の苦《く》を除《のぞ》き、真実《しんじつ》にして虚《こ》ならざるが故《ゆえ》に。般若波羅蜜多《はんにゃはらみった》の咒《じゅ》を説《と》く。すなわち咒《じゅ》を説《と》いて曰《い》わく、

掲帝《ぎゃてい》　掲帝《ぎゃてい》　般羅《はら》掲帝《ぎゃてい》　般羅《はら》僧掲帝《そうぎゃてい》　菩提僧莎訶《ぼじそわか》
般若《はんにゃ》（波羅《はら》蜜多《みった》）心経《しんぎょう》

〔サンスクリット文〕

〔註〕以下の〔サンスクリット文〕、その〔読み〕、〔訳文〕に付した＊印は、目安としてそれぞれの同一の部分を示したものである。

（＊1）Namas Sarvajñāya

（＊2）Āryāvalokiteśvaro bodhisattvo gaṃbhīrāyāṃ prajñāpāramitāyāṃ caryāṃ caramāṇo vyavalokayati sma: pañca skandhās, tāṃś ca svabhāva-śūnyān paśyati sma.

（＊3）iha Śāriputra rūpaṃ śūnyatā, śūnyataiva rūpam. rūpān na pṛthak śūnyatā, śūnyatāyā na pṛthag rūpam. yad rūpaṃ sā śūnyatā, yā śūnyatā tad rūpam. evam eva vedanā-saṃjñā-saṃskāra-vijñānāni.

（＊4）iha Śāriputra sarva-dharmāḥ śūnyatā-lakṣaṇā anutpannā aniruddhā amalāvimalā nonā na paripūrṇāḥ. tasmāc Chāriputra śūnyatāyāṃ na rūpaṃ na vedanā na saṃjñā na saṃskārā na vijñānaṃ. na cakṣuḥ-śrotra-ghrāṇa-jihvā-kāya-manāṃsi, na rūpa-śabda-gandha-rasa-spraṣṭavyadharmāḥ, na cakṣur-dhātur yāvan na mano-vijñāna-dhātuḥ.

（＊5）　na vidyā nāvidyā na vidyākṣayo nāvidyākṣayo yāvan na jarāmaraṇaṃ na jarāmaraṇakṣayo na duḥkha-samudaya-nirodha-mārgā na jñānaṃ na prāptiḥ.

（＊6）　tasmād aprāptitvād bodhisattvānāṃ prajñāpāramitām āśritya viharaty a-cittāvaraṇaḥ. cittāvaraṇa-nāstitvād atrasto viparyāsātikrānto niṣṭhanirvāṇaḥ. tryadhvavyavasthitāḥ sarva-buddhāḥ prajñāpāramitām āśrityānuttarāṃ samyaksambodhiṃ abhisambuddhāḥ.

（＊7）　tasmāj jñātavyaṃ prajñāpāramitā mahāmantro mahāvidyāmantro 'nuttaramantro 'samasama-mantraḥ, sarvaduḥkhapraśamanaḥ. satyam amithyatvāt prajñāpāramitāyām ukto mantraḥ, tad yathā:

（＊8）　gate gate pāragate pāra-saṃgate bodhi svāhā.

（＊9）　iti Prajñāpāramitā-hṛdayaṃ samāptam.

〔サンスクリット文の読み〕

（＊1）　ナマス　サルヴァジュニャーヤ

（＊2）　アールヤーヴァローキテーシュヴァロー　ボーディサットヴォー　ガンビー

ラーヤーム　プラジュニャーパーラミターヤーム　チャルヤーム　チャラマーノー　ヴャヴァローカヤティ　スマ。パンチャ　スカンダース、タームシュチャ　スヴァバーヴァ＝シューニャーン　パシュヤティ　スマ。

（＊3）　イハ　シャーリプトラ　ルーパム　シューニャター、シューニャタイヴァルーパム。ルーパーン　ナ　プリタク　シューニャター、シューニャーヤーナ　プリタグ　ルーパム。ヤド　ルーパム　サー　シューニャター、ヤー　シューニャター　タド　ルーパム。エーヴァム　エーヴァ　ヴェーダナー＝サンジュニャー＝サンスカーラ＝ヴィジュニャーナーニ。

（＊4）　イハ　シャーリプトラ　サルヴァ＝ダルマーハ　シューニャター＝ラクシャナー　アヌゥトパンナー　アニルッダー　アマラーヴィマラー　ノーナー　ナパリプールナーハ。タスマーチ　チャーリプトラ　シューニャターヤーム　ナルーパム　ナ　ヴェーダナー　ナ　サンジュニャー　ナ　サンスカーラー　ナヴィジュニャーナム。ナ　チャクシュフ＝シュロートラ＝グフラーナ＝ジフヴァー＝カーヤ＝マナームシ、ナ　ルーパ＝シャブダ＝ガンダ＝ラサ＝スプラシタヴヤ＝ダルマーハ、ナ　チャクシュル＝ダートゥル　ヤーヴァン　ナ　マノー＝ヴィジュニャーナ＝ダートゥフ。

（＊5）　ナ　ヴィドヤー　ナーヴィドヤー　ナ　ヴィドヤークシャヨー　ナーヴィド

ヤークシャヨー　ヤーヴァン　ナ　ジャラーマラナム　ナ　ジャラーマラナクシャヨー　ナ　ドゥフカ＝サムダヤ＝ニローダ＝マールガー、ナ　ジュニャーナム　ナ　プラープティフ。

（＊6）　タスマード　アプラープティトヴァード　ボーディサットヴァーナーム　プラジュニャーパーラミターム　アーシュリトヤ　ヴィハラティ　ア＝チッターヴァラナハ。チッターヴァラナ＝ナースティトヴァード　アトラストー　ヴィパルヤーサーティクラーントー　ニシタニルヴァーナハ。トリヤドヴァヴヤヴァスティターハ　サルヴァ＝ブッダーハ　プラジュニャーパーラミターム　アーシュリトヤーヌッタラーム　サムヤクサンボーディム　アビサムブッダーハ。

（＊7）　タスマージ　ジュニャータヴヤム　プラジュニャーパーラミター＝マハーマントロー　マハーヴィドヤーマントロー　アヌッタラマントロー　アサマサマ＝マントラハ、サルヴァドゥフカプラシャマナハ。サティヤム　アミトフヤトヴァート　プラジュニャーパーラミターヤーム　ウクトー　マントラハ、タドヤター。

（＊8）　ガテー　ガテー　パーラガテー　パーラ＝サムガテー　ボーディ　スヴァーハー。

（＊9）　イティ　プラジュニャーパーラミター＝フリダヤム　サマープタム。

〔訳　文〕

（＊1）　全知者である覚った人に礼したてまつる。

（＊2）　求道者《ぐどうしゃ》にして聖なる観音は、深遠な智慧《ちえ》の完成を実践していたときに、存在するものには五つの構成要素があると見きわめた。しかも、かれは、これらの構成要素が、その本性からいうと、実体のないものであると見抜いたのであった。

（＊3）　シャーリプトラよ。この世においては、物質的現象には実体がないのであり、実体がないからこそ、物質的現象で（あり得るので）ある。実体がないといっても、それは物質的現象を離れてはいない。また、物質的現象は、実体がないことを離れて物質的現象であるのではない。（このようにして、）およそ物質的現象というものは、すべて、実体がないことである。およそ実体がないということは、物質的現象なのである。これと同じように、感覚も、表象も、意志も、知識も、すべて実体がないのである。

（＊4）　シャーリプトラよ。この世においては、すべての存在するものには実体がないという特性がある。生じたということもなく、滅したということもなく、汚れたものでもなく、汚れを離れたものでもなく、減るということもなく、増すということもない。それゆえに、シャーリプトラよ。実体がないという立場においては、物質的現象もなく、感覚もなく、表象もなく、意志もなく、知識もない。眼もなく、耳もなく、鼻もなく、舌もなく、身体もなく、心もなく、かたちもなく、声もなく、香りもなく、味もなく、触れられる対象もなく、心の対象もない。眼の領域から意識の領域にいたるまでことごとくないのである。

(＊5) (さとりもなければ、)迷いもなく、(さとりがなくなることもなければ、)迷いがなくなることもない。こうして、ついに、老いも死もなく、老いと死がなくなることもないというにいたるのである。苦しみも、苦しみの原因も、苦しみを制することも、苦しみを制する道もない。知ることもなく、得るところもない。

(＊6) それゆえに、得るということがないから、諸《もろもろ》の求道者の智慧の完成に安んじて、人は、心を覆われることなく住している。心を覆うものがないから、恐れがなく、顚倒《てんどう》した心を遠く離れて、永遠の平安に入っているのである。過去・現在・未来の三世にいます目ざめた人々は、すべて、智慧の完成に安んじて、この上ない正しい目ざめを覚り得られた。

(＊7) それゆえに人は知るべきである。智慧の完成の大いなる真言、大いなるさとりの真言、無上の真言、無比の真言は、すべての苦しみを鎮《しず》めるものであり、偽りがないから真実であると。その真言は、智慧の完成において次のように説かれた。

(＊8)「ガテー　ガテー　パーラガテー　パーラサンガテー　ボーディ　スヴァーハー」

(往ける者よ、往ける者よ、彼岸《ひがん》に往ける者よ、彼岸に全《まった》く往ける者よ、さとりよ、幸あれ。)

(＊9)ここに、智慧の完成の心が終わった。

学術文庫版あとがき

本書は、一九八七年に小学館より単行本が上梓され、一九九六年には小学館ライブラリーの一冊として再度、刊行された。その後、私の執筆部分のみを抜粋し、二〇〇三年に法藏館から出された著作集（『三枝充悳著作集　第三巻』）に収録したが、原本の形での刊行は、今回が三度目となる。

今回の学術文庫版は、小学館ライブラリーを底本とし、わずかの字句に修訂を加えている。最後になったが、講談社学術文庫版刊行にあたり校正に協力された筑波大学准教授の小野基氏、「解説」執筆の労を執ってくれた東京大学教授丘山新氏に、篤い謝意を表する。

二〇〇九年十月

三枝充悳

解説

丘山　新

仏教の概説書が多く出版されているなかで、本書は二十年あまり前に出版されたものであるにもかかわらず、現在でも数少ない、非常に信頼しうる仏教概説書であり、また難解な仏教教理や用語をひろく一般の思想の分野にも開放して論じたものとして、定評が確立した貴重な書物である。

その基本的な理由として、第一に、本書の著者である中村元、三枝充悳両博士の文献学的な面での信頼性であり、第二に、両博士の仏教に限定されない思想的な視野の広さに基づく明快な論述の魅力であろう。ちなみに、中村博士は比較思想学会の創始者でもあり、三枝博士もまた日本を代表する比較思想の研究者でもある。

本書は、したがって、仏教の入門書でもあるが、他の概説書の内容に飽きたらなさを感じた方々や、仏教研究を志す若い人にも是非読んでいただきたいものであり、さらには仏教研究者も参照すべき書物である。

タイトルの「バウッダ」とは、サンスクリット語のBauddha（ブッダを信奉する人）に由来する。日本では、かつて「仏法」、もしくは「仏道」として語られてきたものが、西欧思想の輸入が始まった明治期以降、「仏教」と呼ばれるようになった。そして中村博士は本書序文で、仏法が仏教となったところで、すでに西洋的思惟による変容がある、と指摘されている。こうした斬新な視点は、本書全体を貫くものであり、読者にさまざまな刺激を与えるものになっている。

さて、仏教は歴史の生成と諸地域への流布という時間軸、空間軸上で種々の形をとるが、それらすべての仏教に共通するのが「三宝」、すなわち「仏・法・僧」である。このことを中村博士がまず押さえた上で、本書では釈尊の教えを直接に伝えるとされる阿含経典から大乗経典まで、三枝博士が時代にそっての叙述を説き起こす。結尾で再び中村博士が登場、「『宗教』と『哲学』の意義」を鋭い視点で解析し、宗教と哲学とを包括的、構造的に考究する。そこで「思想構造学」を示唆しているのは、専門領域での狭小な論議にぬりこめられがちな昨今、まことに大きな問題提起といえよう。同時に、中国、日本における「道」を「生きる道」、すなわち人の生きる道とし、仏道を「仏による生き方」と述べつつ、東西の哲学・宗教の共通分母を「生き方」と結ぶスケールの大きさ、深さは見事というほかない。

本書『バウッダ』の底に流れるものは、まさにこの「人の生き方」へのまなざしであるといえようか。本書序文での中村博士の「宗教書でも、仏教書でもない」との言は、深く、このことを指すと思われる。

本書の内容に関し、筆者なりに強調しておきたいことを二点、述べておきたい。一つは、初期仏教（従来は原始仏教と呼称されてきたものであり、その問題点を指摘したのも三枝博士である）と日本の関わり方から、「教え」の伝播の形について。もう一つは、大乗仏教が興起したことの意味について、である。

まず、初期仏教と日本だが、本書第二部「阿含経典」で語られるように、釈尊やその弟子たちの言行は、初期仏教経典、すなわち阿含経典のみに残されている。限りなく釈尊の実像に近い資料は阿含経典にあり、のちに興起する大乗経典にはない。

だが一般に、日本人は大乗経典を「釈尊の教え」と受け止め、それを仏教として理解している。本書で三枝博士はそのことを繰り返し指摘し、日本の仏教者が大乗経典をのみ仏教経典とし、阿含経典を軽視、もしくは無視することを嘆いておられる。あるいは、大乗仏教（多くの人の救われ）に対し、初期仏教を小乗（自分だけの救われ）と蔑視する傾向のあることを批判しておられる。この点に関して、私は全く同感であるが、なぜ、このようなことになったのであろうか。簡単にいえば、日本への伝来は中国経由であったからだ。

大きく、仏教圏にはインドから南方、スリランカ経由でミャンマー、タイなど東南アジアに伝わる南伝仏教圏と、ガンダーラ、中央アジアを経て中国やその後に朝鮮、日本などに伝わる北伝仏教圏がある。南伝仏教圏には初期仏教経典のみが伝わり、大乗経典類けない。

一方、北方ルートは、初期仏教も大乗仏教も雑多に入り混じって伝わった。三枝博士の言葉を借りるなら「釈尊」と「大乗の諸仏」が一緒になって伝わっていったのである。

北伝仏教圏である中国の人々は、そこで説かれていることのあまりの相違、あるいは幅広さに困惑し、これに整合性を持たせるべく苦心した。その結果、『法華経』などを手がかりに、初期仏教は初心者向け、大乗仏教はそれを超えた中級、上級者向けと位置づけたのである。したがって、中国では阿含経典が軽視され、あまり関心が払われず、この姿勢が日本にも伝わることになったのである。

日本に「仏教」が伝わるのは六世紀頃だが、重んじられたのは大乗経典で、つまり、大乗経典が「釈尊の教え」として伝わった、ということなのだ。この点はしっかり認識しておきたいところだが、このような初期仏教経典を軽視する事情には、中村博士の示される「人の生き方」の伝わり方についての深い意味が隠されていると筆者は考える。

仏教には「正・像・末」という考えがある。すなわち、釈尊の生きた当時そのままに教えの言葉が語られ、修行と悟りとがそのままに継承される時代が「正法」、釈尊が亡くなって久しく、教えの言葉は守られつつも、修行者は堕落しはじめ、悟る人々がいなくなる時代が「像法」、言葉としての教えのみが残り、修行、悟りも滅するのが「末法」で、これを末法の世という。

この歴史の三つのプロセスが明らかに語るのは、およそ人の言葉、もしくは教え、哲学、思想といったものは、人から人へと伝わるもので、有為の人がそこに現れなければ、つまり、時代の大きな変遷につれ、かつて説かれた言葉に生き生きとした血肉を加える智慧とエネルギーを持つ「ひと」がいなければ、どのように優れた言葉、思想も、残ってゆかない、ということである。すなわち、「人の生き方」は、人によってしか伝わりえない、という事実だ。

端的にいえば、日本に仏教を伝えた渡来僧、あるいは中国に留学して帰国した僧は、先述の中国的な仏教受容の状況により、大乗仏教の僧がほとんどだった。つまり、初期仏教の経典はあっても、それを自分の言葉で説き、実践し、人々を導く「ひと」がいなかったのだ。

日本にキリスト教は根づいても、イスラーム教は根づいていない。コーランという聖典はあっても、アッラーの言葉を説く人間がいなかったからである。「人の生き方・人の道」の空間的広がりと、時間的長さを支えるのは、ただ人によってのみなされうるのだ。

日本における初期仏教の軽視は、経典の問題ではなく、人の欠落に由来するのである。

十九世紀から本格的になったヨーロッパの仏教研究では、釈尊の教えは初期仏教経典にあるとされ、それに刺激されて「大乗非仏説」が一部の研究者によって称えられるようになったなかで、日本でも漢訳された阿含経典だけではなく、南方に伝えられたパーリ語原典からの初期仏教の研究が始められた。『スッタニパータ――ブッダのことば』をはじめとする初期仏教経典の現代語訳は昭和十年代に始まるが、これを今日、我々に親しく紹介すべく、平明な翻訳で世に出されたのが中村博士である。むろん、その前に優れた先達のあったことはたしかだが、釈尊の教えを最も直接に伝えるであろう『スッタニパータ』を生き生きと現代に蘇らせたのは、中村博士という「ひと」である。

その意味で、これまでの日本における初期仏教を軽視する風潮は、中村博士によって改められ、新たな道が開かれたのだ、といっても過言ではなかろう。三枝博士の大著『初期仏教の思想』も、これを継ぐものである。

次に、大乗仏教興起の意味について。ここでは二つのことを指摘しておきたい。すなわち、一つは三枝博士の語る「他者の発見」と、その他者へのまなざしが、どこに由来するか、についてである。

紀元一世紀前後に興起する新たな宗教運動、すなわち大乗仏教運動のなかに、三枝博士は「他者の発見」を見ておられる。釈尊と大乗の諸仏との相違を、釈尊の語る目覚めは、あくまで自己の内にあり、他者はそれを見守り、助けるにとどまるが、大乗においては、「凡夫の菩薩」の誕生により、自分たちは「一切衆生の一員」という自覚から、同じ立場と境遇にある他者を見いだし、そこから利他へと展開していった、ということだ。

このように、自分という存在ばかりでなく、自分と、この世にともに存在する誰か、すなわち他者の存在が意識されるようになったのは、インドばかりではない。不思議なことに、大乗の興起する紀元一世紀頃、世界各地で同じような意識が生じており、私はそれを三枝博士の「他者の発見」にちなみ、「他者の発見の時代」、あるいは、「他者の自覚の時代」と呼んでいる。すなわち、イエスによるキリスト教、中国における道教が現れるのも、この時代なのである。

それ以前、つまり釈尊が活躍していた時代の前後における思想家は、ギリシアではソクラテスやプラトンをはじめとする多くのソフィストたち、キリスト教に先行するユダヤでは旧約聖書のなかの預言者たち、中国では孔子をはじめとする諸子百家である。彼らはみな、人間をまずは「自分」ととらえ、その自分と世界との関係のなかで、神や永遠なるものを思考していた。

こうした「自分」と「永遠なるもの」「超越者」との関わりに意識が注がれていた人間たちが、ある時、一挙に、しかも互いに影響されることなく、自然発生的に、自分と誰か、すなわち「他者」の関わりに目覚めた、というのは、実に興味深いことである。

その背後には、今日のインターネットによる人間の意識、世界観の変化と似たような、世界規模の環境や文明の変化による社会と人間のありかたの変化があるのかもしれない。

生物学では、個的発生は類的発生を繰り返すという。すなわち、人間の一生と人類の誕生と滅亡とは、その成長発達段階が重なる、ということだ。赤子は自分と周囲との差異を判然とつけない。自分以外の存在、周囲との関係性に気づくことが人間を人間たらしめるおおもとであり、それは必ず他者との出会いによって生ずる。こうした人間の成長のプロセスを人類の歴史にあてはめてみるなら、他者を発見する大乗やイエスの時代を、人類の青春期と考えることも可能ではなかろうか。

いずれにしても、「他者の発見」が、ひとり大乗仏教の興起にとどまらず、世界各地での精神現象であったことは注目すべきことといえよう。

また、三枝博士は、大乗の説く利他の実践の精神に関し、これを釈尊の慈悲に辿ることに疑義を呈しておられる。

大乗の出現については、形態的に現在諸説があるが、思想的に自分のさとりより、他者の利を優先させる利他の実践を説く大乗の基本精神が、どのような起原を持つかについては、三枝博士は不明とされる。簡単にいうなら、釈尊の直接の教えのなかに、この利他の精神を見つけ出すのは難しく、それが三枝博士のいう釈尊と大乗の諸仏との間の判然たる裁断（序文）、ということであろう。

たしかに、『スッタニパータ』に示されるブッダの言葉に、具体的な利他の精神を説く言葉は見受けられない。だが、私見によれば、利他の精神、すなわち、他者の発見、ともに生きる他者の存在への釈尊の意識的目覚めは、たしかにあった、と思える。釈尊はそれを言葉ではなく、まさに身を以て示した。

こうした釈尊の他者への眼差しと行為とを裏付ける言葉が、わずかながら『スッタニパータ』の「慈しみ」の章にはある。すなわち、

「あたかも、母が己《おの》が独り子を命を賭けても護るように、そのように一切の生きとし生ける

ものどもに対しても、無量の（慈しみの）こころを起すべし。また全世界に対して無量の慈しみの意を起すべし。上に、下に、また横に、障害なく怨みなく敵意なき（慈しみを行うべし）」（一四九～一五〇、中村元訳）

この言葉は、自己完結的解脱という目覚めを得て、自分の周囲をあらためて見渡した釈尊に、新たに、はじめて、見えてきた世界の光景をありありと物語るものではあるまいか。「いかなる生物生類であっても」「全世界に対して」と、すべての命を等しく見渡す世界の「見え方」にこそ、私は大乗精神の萌芽を見たいと思う。

東西の哲学、宗教の共通分母が「生き方」であるなら、キリスト教のイエスの生き方、イスラーム教のムハンマドの生き方、仏教の釈尊の生き方のそれぞれは、それぞれの「人の生き方」を説いたものといえよう。

イエスは活動三年ほどで三十代の命を十字架上で終えた。ムハンマドはおよそ二十年の布教ののち六十代で没している。釈尊は三十五歳での大悟ののち、八十歳の入寂までの長い年月を諸国遊行の旅を続け、一切衆生とともに生きた。その意味で、釈尊という「人」の生きた道はそのまま初期仏教から大乗仏教への道であり、今なお、私たちに「人の生き方」を示し続けているといえよう。

本書『バウッダ』は、このようなことを考える上でも、まことに示唆に富む貴重な書物なのである。

（東京大学東洋文化研究所教授）

主要参照文献

三枝充悳

水野弘元『法句経の研究』春秋社・一九八一年

同『経典　その成立と展開』佼成出版社・一九八〇年

中村元『インド思想史』第2版、岩波全書、岩波書店・一九六八年

同『近世日本の批判的精神　中村元選集第7巻』春秋社・一九六五年

同『インド思想の諸問題　中村元選集第10巻』春秋社・一九六七年

同『ゴータマ・ブッダ　釈尊の生涯　中村元選集第11巻』春秋社・一九六九年

同『原始仏教の成立　中村元選集第12巻』春秋社・一九六九年

同『原始仏教の思想（上）　中村元選集第13巻』春秋社・一九七〇年

同『原始仏教の思想（下）　中村元選集第14巻』春秋社・一九七一年

同『原始仏教の生活倫理　中村元選集第15巻』春秋社・一九七二年

同『ブッダのことば　スッタニパータ』増訂版、岩波文庫、岩波書店・一九八四年

同『ブッダの真理のことば 感興のことば』岩波文庫、岩波書店・一九七八年

同『ブッダ最後の旅　大パリニッバーナ経』岩波文庫、岩波書店・一九八〇年

同『原始仏教　その思想と生活』NHKブックス、日本放送出版協会・一九七〇年

同『仏教語大辞典』全三巻、東京書籍・一九七五年

同『ナーガールジュナ　人類の知的遺産13』講談社・一九八〇年

同（共訳）『般若心経・金剛般若経』岩波文庫、岩波書店・一九六〇年

同（共訳）『浄土三部経』二巻、岩波文庫、岩波書店・一九六三～六四年

長尾雅人『中観と唯識』岩波書店・一九七八年
平川彰『律蔵の研究』山喜房仏書林・一九六〇年
同『原始仏教の研究　教団組織の原型』春秋社・一九六四年
同『初期大乗仏教の研究』春秋社・一九六八年
同『インド・中国・日本仏教通史』春秋社・一九七七年
同『インド仏教史　上巻』春秋社・一九七四年
同『インド仏教史　下巻』春秋社・一九七九年
平川彰・梶山雄一・高崎直道編『講座・大乗仏教』全一〇巻、春秋社・一九八一～八五年
玉城康四郎『仏教の思想』全五巻と別巻、法藏館・一九八五年
梶山雄一『般若経』中公新書、中央公論社・一九七六年
同『空の思想　仏教における言葉と沈黙』人文書院・一九八三年
同『仏教における存在と知識』紀伊國屋書店・一九八三年
同『菩薩ということ』人文書院・一九八四年
静谷正雄『初期大乗仏教の成立過程』百華苑・一九七四年
高崎直道『如来蔵思想の形成　インド大乗仏教思想研究』春秋社・一九七五年
同『仏性とは何か』法藏選書、法藏館・一九八五年
同『仏教入門』東京大学出版会・一九八三年
前田恵学『原始仏教聖典の成立史研究』山喜房仏書林・一九六四年
同編『現代スリランカの上座仏教』山喜房仏書林・一九八六年
藤田宏達『原始浄土思想の研究』岩波書店・一九七〇年
同『梵文和訳　無量寿経・阿弥陀経』法藏館・一九七五年
早島鏡正・高崎直道・原実・前田專学『インド思想史』東京大学出版会・一九八二年

塚本啓祥『初期佛教教團史の研究』山喜房仏書林・改訂増補・一九八〇年
原実「Gaṇḍa-vyūha 題名考」『中村元博士還暦記念論集　インド思想と仏教』春秋社・一九七三年
三枝充悳『インド仏教思想史』レグルス文庫、第三文明社・一九七五年
同『般若経の真理』春秋社・一九七一年
同『仏教小年表』大蔵出版・改訂版・一九八四年
同『初期仏教の思想』東洋哲学研究所・一九七八年
同『比較思想序論　比較思想論集1』春秋社・一九八二年
同『東と西の思想　比較思想論集2』春秋社・一九八二年
同『仏教と西洋思想　比較思想論集3』春秋社・一九八三年
同『龍樹・親鸞ノート』法藏館・一九八三年
同『ヴァスバンドゥ　人類の知的遺産14』講談社・一九八三年
同『中論　縁起・空・中の思想』全三巻、レグルス文庫、第三文明社・一九八四年
同『中論偈頌總覧』第三文明社・一九八五年
同「〈原始仏教〉について」『東洋学術研究』第二五巻第一号・一九八六年
同「インド仏教史の時代区分」『印度学仏教学研究』第三五巻第一号・一九八六年
Erich Frauwallner, *Geschichte der Indischen Philosophie*, 1. Band Otto Müller Verlag Salzburg 1953.

上述の中村元と三枝充悳との公刊書のうち、一九九五年末までに次の改訂版が刊行された。

中村元『ヴェーダの思想　中村元選集〔決定版〕第8巻』春秋社・一九八九年

同『ウパニシャッドの思想　中村元選集〔決定版〕第9巻』春秋社・一九九〇年
同『思想の自由とジャイナ教　中村元選集〔決定版〕第10巻』春秋社・一九九一年
同『ゴータマ・ブッダⅠ　中村元選集〔決定版〕第11巻』春秋社・一九九二年
同『ゴータマ・ブッダⅡ　中村元選集〔決定版〕第12巻』春秋社・一九九二年
同『仏弟子の生涯　中村元選集〔決定版〕第13巻』春秋社・一九九一年
同『原始仏教の成立　中村元選集〔決定版〕第14巻』春秋社・一九九二年
同『原始仏教の思想Ⅰ　中村元選集〔決定版〕第15巻』春秋社・一九九三年
同『原始仏教の思想Ⅱ　中村元選集〔決定版〕第16巻』春秋社・一九九四年
同『原始仏教の生活倫理　中村元選集〔決定版〕第17巻』春秋社・一九九五年
同『原始仏教の社会思想　中村元選集〔決定版〕第18巻』春秋社・一九九三年
同『原始仏教から大乗仏教へ　中村元選集〔決定版〕第20巻』春秋社・一九九四年
同『大乗仏教の思想　中村元選集〔決定版〕第21巻』春秋社・一九九五年
同『空の論理　中村元選集〔決定版〕第22巻』春秋社・一九九四年
同『仏教美術に生きる理想　中村元選集〔決定版〕第23巻』春秋社・一九九五年
三枝充悳『初期仏教の思想』全三巻、レグルス文庫、第三文明社・一九九五年

索引

か 行

さ 行

た 行

ま　行

わ　行

KODANSHA

本書の原本は一九八七年、小学館から刊行されました。

中村　元（なかむら　はじめ）

1912～1999。東京大学印度哲学梵文学科卒業。インド哲学者，仏教学者。東京大学名誉教授，日本学士院会員。専攻はインド哲学・仏教学。勲一等瑞宝章，文化勲章，紫綬褒章受章。

三枝充悳（さいぐさ　みつよし）

1923～2010。東京大学文学部哲学科卒業後，ミュンヘン大学に留学，Ph.D.を受ける。筑波大学教授，日本大学教授などを歴任。専攻は宗教哲学・仏教学・比較思想。文学博士。

講談社学術文庫

定価はカバーに表示してあります。

バウッダ［佛教《ぶつきょう》］

中村《なかむら》　元《はじめ》／三枝充悳《さいぐさみつよし》

2009年12月10日　第1刷発行
2024年1月29日　第13刷発行

発行者　髙橋明男
発行所　株式会社講談社
東京都文京区音羽2-12-21 〒112-8001
電話　編集（03）5395-3512
販売（03）5395-5817
業務（03）5395-3615

装　幀　蟹江征治
印　刷　株式会社広済堂ネクスト
製　本　株式会社国宝社
本文データ制作　講談社デジタル製作

ISBN978-4-06-291973-9

「講談社学術文庫」の刊行に当たって

これは、学術をポケットに入れることをモットーとして生まれた文庫である。学術は少年の心を養い、成年の心を満たす。その学術がポケットにはいる形で、万人のものになることは、生涯教育をうたう現代の理想である。

こうした考え方は、学術を巨大な城のように見る世間の常識に反するかもしれない。また、一部の人たちからは、学術の権威をおとすものと非難されるかもしれない。しかし、それはいずれも学術の新しい在り方を解しないものといわざるをえない。

学術は、まず魔術への挑戦から始まった。やがて、いわゆる常識をつぎつぎに改めていった。学術の権威は、幾百年、幾千年にわたる、苦しい戦いの成果である。こうしてきずきあげられた城が、一見して近づきがたいものにうつるのは、そのためである。しかし、学術の権威を、その形の上だけで判断してはならない。その生成のあとをかえりみれば、その根は常に人々の生活の中にあった。学術が大きな力たりうるのはそのためであって、生活をはなれた学術は、どこにもない。

開かれた社会といわれる現代にとって、これはまったく自明である。生活と学術との間に、もし距離があるとすれば、何をおいてもこれを埋めねばならない。もしこの距離が形の上の迷信からきているとすれば、その迷信をうち破らねばならぬ。

学術文庫は、内外の迷信を打破し、学術のために新しい天地をひらく意図をもって生まれた。文庫という小さい形と、学術という壮大な城とが、完全に両立するためには、なおいくらかの時を必要とするであろう。しかし、学術をポケットにした社会が、人間の生活にとってより豊かな社会であることは、たしかである。そうした社会の実現のために、文庫の世界に新しいジャンルを加えることができれば幸いである。

一九七六年六月

野間省一